World as a Perspective

世界做為一種視野

國家
如何
反彈回升

THE
UPSWING

羅伯特●普特南
夏琳●蓋瑞特 著

陳信宏 譯

ROBERT D. PUTNAM
SHAYLYN ROMNEY GARRETT

HOW AMERICA
CAME TOGETHER
A CENTURY AGO

AND

HOW WE CAN
DO IT AGAIN

目　次

復興美國民主之鑰？
簡介普特南與社會資本理論

林宗弘 / 中央研究院社會學研究所研究員

　　在人類的漫長歷史上，專制統治居多，民主制度通常是例外。完全擺脫君主統治的現代民主制度，誕生於十八世紀末的美國獨立革命，此後民主化的三波浪潮雖然在地理範圍上不斷擴張，直到二百多年後的二十一世紀初期，民主制度所涵蓋的地球人口總數才超過一半，此後連續倒退十餘年，勉強維持半數，迄今形成以美國霸權為首的民主國家，與中國、俄羅斯等威權體制分庭抗禮的局勢，而臺灣也成為這一波威權化浪潮與民主對抗的前線之一。

　　在這個蜿蜒曲折的全球民主發展之路上，美國建國之後經歷向西擴張國土、解放奴隸的血腥內戰、鍍金時代與進步時代、大戰期間的新政到民權運動，二百多年來波瀾壯闊推動國內民主改革的歷史，往往是其他國家借鏡的主要對象。在一九九〇年代，自由主義下的美國全球秩序似乎所向披靡，即使是九一一的恐怖攻擊，也無法摧毀世人對美式民主的信任，這個光明的「山巔之城」過去曾為眾人所嚮往，近十餘年來，卻與民主制度的命運類似，備受質疑與

挑戰。

　　冷戰結束後美國推動的經濟全球化有時被稱為「華盛頓共識」，然而二○○七年後的金融海嘯引爆全球大衰退，震央就在華爾街的投資銀行，對此一共識造成重大挫敗，對美國民主制度優勢的質疑，不僅來自外部的霸權競爭對手例如中俄等國，也來自國內的金權政治與貧富分化，導致選民的兩極化與民粹主義者的崛起，例如前總統川普所帶來的政治挑戰。

　　《國家如何反彈回升》是一本與美國民主衰退正面對決的鉅著。針對美國政治與社會所面對的內外危機，本書試圖解釋其根源與解決之道：如同十九世紀來到美國的年輕法國仕紳托克維爾，發現活躍的結社是民主政治的基礎，作者認為公民社會的發展與衰退，是帶動美國興衰的根源與潛在的動力。

社會資本與民主的興衰

　　普特南（Robert D. Putnam）是當代美國影響力最大的政治學與社會學者之一，在一九八○年代就因為在國際關係雙層博弈理論分析而聲譽鵲起。隨後一系列針對結社的知名研究，打造出「社會資本」（social capital）的研究社群，也使得這個概念成為二十一世紀社會科學文獻裡最常被使用的關鍵字之一。

　　雖然社會資本一詞在英語世界早已出現，其概念是透過法國社會學家布迪厄（Pierre Bourdieu）的重新詮釋，才開始受到學術界重視。布迪厄將社會流動的領域與籌碼分為至少四類，即經濟資本、

社會資本、政治資本與文化資本，每一種資本領域有其相對自主的統治階級與遊戲規則，形塑獨特的積累方式與互換的「匯率」，例如文化資本需要長期培養，擁有經濟資本的財閥不一定能夠獲得高貴的藝術品味等文化資本、也未必會成為政治領袖。

對布迪厄來說，社會資本是在持久互惠的人際網絡中的潛在資源，行動者可以動員這些資源來追求其他社會目標，因此衍生出個人層次的社會資本理論。其中，臺灣旅美社會學者、中央研究院院士林南對此進行了深入且廣泛的研究，發現無論在西方或華人社會，「關係」都很重要。一個人的社會資本即「關係」或「人脈」，包括所認識的人數、所認識的人的社會地位高低、與交往廣泛程度等，會有助於個人獲得好職業、提高收入與促進身心健康等優勢。東西方文化雖有差異，例如華人更靠親屬，西方多靠朋友，但人脈廣總是有用的。

相對於林南的個人社會資本理論，普特南探討的主要是社區或整體層次的社會資本。在《使民主運轉起來：現代義大利的公民傳統》一書裡，普特南與其合作學者對照了北義大利與南義大利的歷史、當代的經濟發展與民主滿意度等指標，發現北義大利的經濟成長與民主效能非常卓越，而南義大利則受困於低度發展、政治貪腐與黑幫橫行。同為一國之內，制度設計類似的地方民主政府，為何南北義大利形成了這麼大的政治、經濟制度績效落差？

回顧十九世紀中義大利統一之前的歷史，北部長期實行城邦民主或寡頭自治，政治權力分散、民眾熱中政治參與和集會結社，公民社會發達，南方則在西西里王國統治之下超過八百年，民眾受到

天主教會影響甚鉅，與政治人物形成個人忠誠式的派系與恩庇關係。普特南在該書中提出，北部義大利的政治績效並非來自政治制度或經濟發展本身，而是公民參與所形成的社會資本，這些社會資本的測量方式包括工會會員數、非政府組織的密度、自由媒體的數量等，一個城市的社會資本愈豐富、其經濟成長率與政治滿意度就愈高。

借用教育社會學家柯爾曼（James Coleman）與後來的諾貝爾經濟學獎得主伊莉諾・歐斯壯（Elinor Ostrom）的解釋，普特南將社會資本定義為：「能夠藉由促進協作來改善社會效率之社會組織特性，例如：規範、信任和網絡。」普特南指出政治哲學當中的兩個傳統：第一個是霍布斯的巨靈比喻，認為人與人之間的自然狀態將導致無法限制的暴力衝突，因此需要一個獨裁者來壓制眾人、形成國家；另一個是洛克的社會契約論，認為統治權來自眾人合意的社會契約而非暴力。現代政府統治最重要的績效來自公共財的投資，包括治安、道路橋梁等基礎設施、乃至於教育與健康等具有高度外部效益的支出，這些投資面對集體行動難題，例如白搭便車與囚犯難題，導致公共財的供應短缺，而社會資本有助於眾人同意與合作的績效。若是社會資本充足，可以大幅減少政府強制力介入、提高眾人合意加稅與投資的機率與減少搭便車的行為，也會提升政府供應各種公共財的數量與品質，形成洛克式均衡，這正是北義大利發展優勢的來源。

在一九九三年《使民主運轉起來》經典著作發表之後，社會資本理論大受好評，無論是個人或集體層次的社會資本研究版圖迅速

擴張，影響了許多社會科學領域，例如有研究發現社會網絡有助於科技創新與企業發展等，但普特南本人更關注美國公民社會的分化與政治績效的衰退。在《獨自打保齡》（2000）一書中，普特南用保齡球館的數量來測量美國社區的社交活動，此外也包括其他指標，顯示美國的各種公民社團會員人數逐年衰退，使得美國民主前途堪憂。本書在相當程度上可以視為《獨自打保齡》論點的擴大與更新。

社會資本懷疑論的挑戰

在二十一世紀初，社會資本理論獲得進一步開展，學者將社會資本進一步區分為多種類型，例如在災難社會學領域的相關研究將社會資本分成三類：牽絆式（bonding）、橫跨式（bridging）與縱連式（linking）社會資本，對於災後重建的「韌性」（resilience）發揮顯著的作用。整體而言，認為社會資本對於經濟發展或公共政策有正面作用的相關研究，仍蔚為主流，也有少數跨國比較研究，開始探索造成公民社會發展或衰弱的前提或決定因素。

然而，社會資本在實證研究裡的操作化與測量非常分歧，導致所謂的「內生性問題」（endogenous problem），也就是因果倒置，比如有人認為是經濟發展導致公民社會參與而非相反，這類議題經常遭受經濟學界的質疑。不過，方法論層次的探討，並非對「社會資本」理論最嚴厲的批評。

有些學者質疑「公民社會」未必有利於民主政治的穩定。例如，女性政治學者薛莉・柏曼（Sheri Berman, 1997）對德國威瑪共和政府

崩潰的研究指出，活躍的公民社會經常造成政治對立，例如極左的共產黨與極右的納粹黨，反而使民眾兩極化並造成政治僵局，最近一篇政治經濟學研究使用更細緻的公民社團資料，重複證實「社會資本」的許多測量與納粹黨崛起的地區有顯著的正相關。在東歐顏色革命與北非中亞茉莉花革命時期，逐漸壯大的「懷疑論」學者認為，公民社會的發展未必都有利於民主轉型，運動過度激化反而會妨礙民主鞏固。

最近，在《自由的窄廊》（2019）一書裡，艾塞默魯（Daron Acemoglu）與羅賓森（James Robinson）這兩位重要的政治經濟學者進一步擴展了懷疑論的思考，認為國家與公民社會之間既競爭又合作的權力均衡形成了一條自由的窄廊，國家太強就會走向極權統治的巨靈，公民社會太強又會導致嚴苛的文化限制，恐怕會扼殺個人自由與經濟創新，最好的情況就是國家與社會雙方都不能取得絕對的優勢。

在有關美國的社會資本興衰之相關研究裡，特別是對於網路科技的效果，學者也對普特南的悲觀論提出了挑戰。普特南認為大眾媒體與網際網路削弱實際的社會交往，使美國人更孤立。相反的，與美籍西班牙裔的城市社會學者柯司特（Manuel Castells）類似，臺籍學者林南傾向認為網際網路科技應該會使社會交往跨越空間限制，有利於社會資本的形成與延續。其中最有趣的挑戰或許是來自以「創意階級」與創意城市著名的都市社會學家佛羅里達（Richard Florida），他發現普特南用來測量美國城市社會資本的一些指標，例如藍領工會、教會活動與保齡球館，正好與這些城市經濟衰退和人

口減少高度相關，相反的，同性伴侶的比率是城市經濟成長與人口移入的最佳指標之一，這個結果顯示，城市的民主參與、性別多元與文化包容程度，容易促成經濟創新與產業群聚，但不是依賴普特南所提到的那些封閉的傳統社團組織，而是靠新興世代的開放型人際網絡。

對公民社會的懷疑論、或是對網路科技的樂觀論，這些典型全球化時代的自由派論述，同樣面臨地緣政治變化的嚴苛挑戰。主張國家主權正在消亡、政治經濟權力應該下放給全球城市與創意階級的理論，在美中貿易戰、中國爭取科技主權與美國重返創新國家路線之後，如今已經成為昨日黃花。

威權國家介入網路科技也改變了國家與社會的權力均衡。茉莉花革命之後，中國與俄羅斯等威權政體加緊控制網路，發展出完整的科技獨裁體制，例如筆者與張鈞智博士合作發表的一篇論文發現，威權體制的網路審查能力愈強，民眾的集體行動與公民社會發展就愈差，而香港的民主運動經驗也顯示，網路自由與公民社會發展對中共統治造成極大的威脅。如果公民社會未必有助於民主轉型，習近平又有什麼好擔心的？何必要進行網路審查、限制國際組織協助中國人民組織社團、或極力打壓香港的自由媒體與非政府組織呢？

美國的民主能復興嗎？

顯然，對公民社會或「關係」的懷疑或反思，不足以掩蓋「社

會資本理論」對人類社交與集體行動的洞見。作為社會資本的一代
宗師，普特南持續挺身捍衛自己的學術立場與公共關懷，他對美國
政治的關注與介入持續且深入，早已成為重要的公共知識分子。例
如在二〇〇三年出版的《在一起最好：重建美國社區》（*Better To-
gether: Restoring the American Community*）裡提倡類似社區營造社會資本
的公共政策，在《歐巴馬時代》（2010）一書裡，普特南與合作學者
探討了美國少數族群與英國移民所遭遇的不平等與歧視，探究了美
國種族與英國移民這兩種範疇建構，如何影響公共政策與爭論的重
點，在《階級世代》（2015）一書裡，普特南探討美國的貧富差距、
家庭轉型與教育資源，特別是社區組織的崩解，如何導致千禧世代
的社會流動停滯，致使藥物濫用與犯罪問題惡化。

從《獨自打保齡》以來，儘管經歷前述懷疑論者的批評與反思，
普特南始終認為社會資本是民主治理績效的關鍵來源，在前述幾本
重要著作裡，他反覆檢討美國社區、種族、階級與世代差異等困擾
美國人民團結的因素，最終集結在《國家如何反彈回升》這本鉅著
裡。然而，本書不僅想要釐清當代美國所面對的各種社會分歧或政
治分化，更希望以史為鑑，找出改革的動力。

在本書裡，普特南展示了他長期研究生涯的資料蒐集與處理能
力，彙整了美國從進步時代到二十一世紀初期，在經濟分配、政治
參與、社會資本、價值理念的各種社會調查與政府資料來源，得到
了非常類似的發展趨勢，即明顯的「倒 U 形」發展，經濟分配先是
改善然後惡化、教育體系先是擴張然後停滯、絕望死或平均壽命等
健康指標也出現先上升、後停滯甚至近年來有所惡化，投票率與工

會組織也是先上升、後下降，民主與共和兩黨的支持者從仍有共識逐漸變得互不信任，這一切變化，都與公民結社的成長與衰退共同發生，而且從十九世紀末到一九六〇年代的改善趨勢，在一九七〇年代開始停滯或轉向。

與普特南過去的作品相比，本書不僅延續了前述公民社會或社會資本的論證，更突出了價值觀念的長期變化，即在一九七〇年代從社群主義轉向個人主義，對美國社會的影響。普特南在本書第五章裡大量使用文本探勘與關鍵詞頻分析，發現一系列有關組織或團結的詞彙（包括取菜市場名）比例大幅衰退，強調個人主義與獨特性（包括給新生兒取獨特名字）的詞彙比例大幅上升，形成了「自我—集體—自我」的價值變遷。這個趨勢不僅顯示在優勢白人的主流價值變化上，民權運動之後就連非裔的社群組織也在衰退，一九七〇年代的性別革命，在新千禧年後也逐漸停滯甚至變得保守。

如果光看最近三十年美國的社會變遷，可能會誤認為西方民主已經邁向衰退的命運，然而這絕非普特南的論點，相反的，他指出進步主義之前，十九世紀末所謂鍍金時代的貧富差距、性別與種族不平等，都比今日美國還要嚴重，而當年的黑道與金權政治也魚肉鄉里。在進步主義時期，美國民主克服了這重重困難，改善了幾乎所有的公共政策與社會問題，相對於一九七〇年代後的個人主義與社會疏離，社會資本與社群主義是美國民主改革背後主要的動力來源，過度糾結於因果論證而忽視明顯的相輔相成，恐怕見樹不見林。

作為研究社會資本的學徒或公民社會的參與者，筆者一向是普特南的忠實讀者，也願意鼓勵批判性地閱讀他的著作，並從中尋找

改革臺灣社會的方案。綜觀普特南的生涯，可以發現其學術與政治關懷始終如一。用一句話總括，《國家如何反彈回升》可謂普特南復興美國民主之愛的學術情書，收信的是每一位關注公民社會前途的讀者。在本書出版之際，復興民主不僅是美國社會的公共議題，或許也能提供全球與臺灣民主制度突破逆境、持續進步的解方。

1 | 過去乃是序幕

「……過去乃是序幕，未來則是你我的責任。」

——莎士比亞，《暴風雨》

一八三〇年代初，一位名叫托克維爾（Alexis de Tocqueville）的法國貴族在政府的要求下前往美國，任務是對美國監獄制度獲得更多瞭解。當時美國是新興的民主國家，建國才不到半個世紀，因此許多國家都將美國視為一項大膽的實驗。透過憲法及參與式政府來確保自由與平等的做法是否能夠成功，仍是尚無定論的問題。

托克維爾在這個新成立的國家四處遊歷，寫下詳細的筆記，滿滿都是只有從外人的觀點才能夠提出的觀察與洞見。他思索了美國公共生活的幾乎每個面向、與無數的美國公民談過話、觀察日常互動，也檢視了構成這個新國家的各種社群與制度。最重要的是，他注意到當初那些粗獷的拓荒者奮力爭取個人自由之後，現在他們的後代也堅決捍衛個人自由。不過，他也觀察到眾人會因為共同目標

而團結合作，無論在公領域或私領域都是如此，而且他還發現各式各樣的社團對於無限制的個人主義形成了一種節制。托克維爾深深明白個人主義的危險（「個人主義」是他創造出來的詞語），因而在美國目睹的情景令他深受激勵：美國的公民極力保護自己的獨立，但藉著廣泛而且深入的結社，他們得以克服自私的欲望、集體參與解決問題，並且合作建立一個充滿活力、相較於當時的歐洲也平等得令人吃驚的社會。而他們做到這一切的方法，就是追求他所謂的「受到正確理解的自利」。[1]

　　無可否認，托克維爾看到的美國乃是建立在屠殺美洲原住民、奴役非裔美國人，以及剝奪女性投票權的基礎上，而且他也非常清楚奴隸制度的弊端；但我們這個國家對於民主的實踐雖然遠非完美，托克維爾卻在其中看到了一種求取平衡的嘗試，包括在自由與平等這兩種理想之間的平衡，還有在尊重個人與顧全社群這兩者之間的平衡。他看到獨立的個人一起合作捍衛共同的自由、追求共享的繁榮，並且支持公有事業以及為那些公有事業提供保護的文化規範。美國的民主雖然仍有盲點，也有危險潛伏在它的若干缺陷與特點當中，但托克維爾認為美國的民主發展得欣欣向榮。[2]

　　托克維爾要是在美國經歷了更多歲月之後再次來到這裡，可能會得到什麼樣的發現？美國是不是能夠達到個人自由與共同利益之間的平衡？機會平等是不是能夠獲得實現，並且確實造成所有人的共同繁榮？此外，眾人共有的文化價值觀、對於民主制度的尊重，以及活躍的結社生活，是否真的能夠抗拒暴政？且讓我們來看看美國在這些方面的世紀末資產負債表。

　　在包羅廣泛的繁榮問題這方面，美國的發展可說是達到了不能再好的程度。通訊、運輸與生活水準的大幅進展，為幾乎所有的美國人民帶來了歷史上前所未有的物質財富。愈來愈多的教育機會大幅促進了社會與經濟方面的公平競爭。各式各樣可供大眾消費的平價商品，以及創新的娛樂形式（而且全都愈來愈易於獲取），也改善了幾乎所有人的日常生活。整體而言，美國人享有的教育機會、富足生活以及個人自由，都達到了先前世代只能夠夢想的程度。這種現象也許會促使觀察者對於這個美國描繪出一幅美好的圖像：教育、科技創新與長久持續的經濟成長，促成了廣泛的進步與繁榮。

　　然而，這樣的繁榮畢竟有其代價。由科技進展所催生的產業雖使巨型公司得以賺取空前利潤，但這些財富向下滲流的部分卻是少之又少。貧窮人口的實際生活也許比前人有所改善，但經濟成長的效益卻高度集中於金字塔的頂端。極端富裕和極端貧窮的現象隨處可見。

　　根深柢固的菁英階級與無法掙脫的下層階級之間的階級區隔，對於努力想要往上爬的人口而言，經常是在生理層面、社會層面與心理層面上的嚴重阻礙。年輕人與新進移民滿懷希望投入勞動市場，認定自己可以藉著毅力與努力實現美國夢，結果卻經常不免幻滅，發現自己的競爭劣勢如此之大，而且要跳過鴻溝加入另外那一半人口的行列又是如此困難。美國人的理想主義因此愈來愈轉為憤懣不滿，認為自己面對的是受到操控的體制。

　　不過，與過往的分歧不只是表現在日益高升的不平等現象以及因此造成的悲觀，也可見於愈來愈深刻形塑了這個國家的制度當

中。幾乎在每個產業部門當中，企業集團都取代了地方經濟與工藝經濟，包括農業部門也是如此。美國吃苦耐勞的個人在喪失認同、自主性與掌控力的情況下苦苦掙扎，被吸收進入過度整合的企業機器當中，成為沒有面貌的勞工，被迫湊集微薄的薪水勉強維持生計。獨占企業透過併購而獲取大量利潤，並且得到無與倫比的經濟影響力。由於企業擁有極大的力量，勞工的籌碼因此縮減，而資本家也把市場力量以及對股東負責當成壓低薪資的藉口。企業不斷在國內外找尋更加弱勢的人口，以便用更低的薪資僱用所需的人力。

美國社會底層的生活在不少重要面向都獲得了大幅改善，有些評論家因此抱持樂觀態度，認為狀況只會愈來愈好。不過，這些改善主要乃是長時間從事缺乏保障的低薪工作所獲得的結果。奴隸制度確實受到了廢止，但結構性不平等的嚴酷現實卻導致許多有色人種身陷跨世代的貧窮當中，而且美國黑人的處境在某些方面其實愈趨惡化。此外，在這個明顯偏好男性工作人口的社會裡，女性仍然難以獲得平等的參與。中產階級的經濟福祉逐漸萎縮，飆升的私人債務則經常是所得難以提升的重要原因。

企業的經濟實力已然轉變為政治實力。企業的蓬勃發展雖是得益於公共體制的結果，但隨著利潤增長，這些企業也以愈來愈有創意的方式規避自己對公共體制應負的財務與道德責任。商業巨擘藉著收買政治人物與政黨，成功阻擋了對企業施加規範的薄弱嘗試。政治人物向富有的捐款者收取鉅款，用於贏得選舉，從而在財富與權力之間造就了一種危險的相互關係。利益團體也從不停歇地施壓政治人物，一方面要求他們支持企業追求的目標，另一方面又矛盾

地要求他們不要干預自由市場。因此,日趨互賴的經濟當中有巨大的區塊大致上並沒有受到規範,於是整套體系也就偶爾不免失控。不過,極富者還是不受影響,儘管他們莽撞的行為經常促成經濟崩盤。

　　規範不足又更加促使美國龐大的天然資源遭到不負責任的使用。美國的國內生產毛額雖然迅速飆升,但野生動植物消失的速率令人憂心,燃料來源與各種原物料受到恣意開發,汙染也對生命造成威脅。美國雖有許多土地劃定為公有地,但那些公有地的命運卻受到激烈辯論,原因是企業在利益的驅使下一再施壓政府,要求開放保護區從事採礦、放牧,以及開採燃料,主張永不饜足的經濟需要自然資源的餵養。原住民族雖然居住在那些土地並且將那些土地奉為神聖,但他們的權利與文化卻遭到商業利益排擠。此外,受到汙染的產品,包括食物在內,也還是照常出售,絲毫不顧慮消費者的健康或安全。當前這個時代的企業心態,似乎是只顧經濟利益,不管會造成什麼後果。

　　當今的書報雜誌,充斥著社會領袖在私人生活與職業生活中的醜聞,只見記者忙著揭露走火入魔的美國當中的腐敗核心。政治人物經常遭到踢爆貪腐行為:他們以權力和恩惠進行交易,並以愈來愈有創意的方式善用自己的地位。性醜聞在菁英階層也相當常見,甚至連知名宗教領袖也不得倖免。犯罪與道德腐敗是大眾娛樂裡到處可見的主題,凸顯了金字塔頂端的放縱與底端的貧乏這兩者之間的對比。

　　美國許多最富有的人士都會試著藉由履行公民義務以掩飾自己

的惡行，從而向各種慈善事業捐贈大筆金錢。這些善款打造了建築物、成立了機構、支撐了文化基礎建設，但交換條件通常是讓捐贈者的名字得以永垂不朽地標示於某個立面。產業領袖經常因為出身寒微但發揮了創業家的「真實毅力」而備受崇拜，並且因此成為社會與文化偶像，儘管他們的行為不盡合乎道德。這種現象對一般美國大眾所傳達的訊息似乎是，任何人只要願意不擇手段，都可以鹹魚翻身，脫貧致富。

目前廣受美國社會矚目的許多企業泰斗，確實都遵行一種個人主義的意識形態，幾乎毫不掩飾內心的自私以及自認高人一等的姿態。把自力更生奉為至高價值的人生哲學普遍可見，追求不受限制的自利也被視為一種值得讚揚的道德標準。認為人在每個關頭上都應該採取對自己最好的做法，而且只有願意奉行這種準則的人才有資格在經濟當中獲得勝利：這樣的想法已經轉譯成一套細膩但深富影響力的文化敘事，主張市場的公平性無懈可擊，窮人則是咎有應得。重分配方案經常被批評為浪費，並且是對資源不負責任的使用方式。不過，奢華浮誇的派對、全球旅行以及富麗堂皇的豪宅這類炫富的表現，卻是菁英階級的社交貨幣。而撐起這一切的，則是一群日益成長的下層階級，成員以外來移工為大宗。

私人生活趨向自我中心的這種發展，也可見於公共領域當中。在政治上，過度強調利己而不惜損人的傾向，已造就了一種毫不留情的零和競爭環境，也一再導致妥協無法達成。公共辯論的重點不在於思辨不同觀念，而是要把對手妖魔化。政黨的政見也趨向極端。至於掌權者，則是為了鞏固影響力，只要有選民不支持自己的

觀點，就致力剝奪對方的投票權。這些情形造成的結果，就是國家在經濟、意識形態、種族與族裔等面向愈來愈分裂，而且支配國家的領導者，也愈來愈是最精通於將對手各個擊破的人物。如此一來，無可避免的結果就是政治僵局以及公部門做起事來綁手綁腳。基礎建設衰敗、基本服務不足以及公共計畫跟不上時代的狀況，乃是國家的恥辱。公民因此有充分理由認為民選官員根本完成不了任何事情。

這樣的氛圍，也造成各方普遍對於國家的政黨感到幻滅。兩大黨似乎都沒有能力因應美國的問題，許多選民因此轉向第三黨尋求更好的選項。自由至上主義的傾向廣為普及，但在另一個極端，社會主義的追隨者也增加了。此外，高漲的民粹主義浪潮掀起許多人的熱情，尤其是鄉下人口。美國的民主制度承受著極化的沉重壓力。

除了這種經濟與政治方面的問題之外，社會與文化上的不滿也逐漸上升。迅速進展的科技改變了美國，新型態的通訊和運輸以無數的方式造成人際連結的斷絕與重新建構，也造成認同、信仰以及價值體系的重整。有些人抱著樂觀的態度宣揚科技打破藩籬並且拉近了人與人的距離，但其他許多人卻是在傳統社會結構逐漸消失的情況下體驗到寂寞、孤單，以及缺乏群體互動。

愈來愈全球化的資訊時代，使人對於來自世界各個角落的新聞應接不暇，想要理解這一切的人恐將無法招架這樣的資訊爆炸。科學、哲學與宗教的新觀念以驚人的速度一再推翻傳統圭臬。此外，受到商業與消費所支配的文化，也使得廣告成為美國日常生活中一個無所不在而且經常令人感嘆的部分。即便是民主制度的組成元素

當中至關緊要的自由媒體，其可靠性也開始引人質疑，只見對於利潤的追求壓倒了挖掘真相的責任感。

　　急促的生活步調經常被認為是造成壓力和焦慮普及的元凶。在美國民眾忙著跟上別人以及奮力追求成功的同時，各類興奮劑的需求也逐步上升。對於生產力日益成長而且不計代價的需求，導致許多個人與家庭付出了身體健康與情感健康的代價。這些科技、經濟、政治與社會的強大力量共同造成的結果，是一種令人暈頭轉向的感受，令人普遍覺得一般人愈來愈沒有能力控制那些形塑自己個人生活的力量。焦慮在年輕人之間也逐漸上升，原因是他們面臨了史無前例的挑戰，而且他們的人生不論是壽命長度還是富足的程度，看起來也都很可能會比不上他們的父母。在那些生長於較早時代的人口眼中，這個國家已經變得讓人認不出來也難以理解，使得許多年長的美國人轉而懷念起過往的時代。

　　有些美國民眾面對這許許多多的失序型態，採取的反應是在愈來愈激烈的社會與經濟競爭當中對他們認定的對手展開攻擊。種族與性別歧視不但持續存在，甚至還更加惡化。實際上，先前在種族平等方面達成的進步，在許多面向都遭遇逆流。白人至上主義的暴力行為逐漸增加，而且白人當局對於這種行為經常是予以鼓勵，而不是加以遏止。緊張關係一再出現，衝突也經常趨於血腥，而對於執法機關的信任則是隨著每一次的衝突而不斷降低。大批湧入的外來移民，由於帶著在美國人眼中顯得陌生又充滿威脅的觀念與宗教信仰前來，因此遭到仇恨與暴力的對待。本土主義（nativism）不但常見，而且許多人還認為這種思想在文化上可以接受，甚至是愛國

的表現。限制甚至暫時禁止特定群體的外來移民，已經獲得愈來愈多的支持，而這些遭到針對的群體可能是來自特定國家，或是抱持著異於美國的政治或宗教觀點。非法進入美國的移民人數節節高升。另一方面，受到意識形態驅使的恐怖分子則引發了對於所有外來移民的負面反應，其中包括執法機關的取締，由司法部長支持的全國性查緝，以及威脅公民自由的措施。遠比以往更多的美國民眾似乎不再認為我們所有人都是身在同一條船上。

　　面對不確定性與不安全感，美國人除了彼此之間相互為敵之外，也紛紛轉向自毀式的行為與信念。藥物濫用情形猖獗不已，對於家庭結構造成悲劇性的衝擊，也奪走了許多生命。物質主義所承諾提供的也只是虛妄的撫慰。另外一種吸引人的做法，則是採取憤世嫉俗、袖手旁觀或者末日世界觀的態度，主張美國實驗已然失敗，我們唯一的希望就是在這一切崩解之後再從頭來過。美國大眾不論是採行指責、內省、放空還是放棄的反應，總之都愈來愈因為歧見、幻滅與絕望而陷入麻木狀態。的確，當今許多美國民眾似乎只在這一點上意見一致：現在是古往今來最糟的時代。

　　美國的創立理當就此消除經濟與政治權力結構相互重疊的狀況，但隨著這種情形以細微而不易察知的方式再度浮現，憂心忡忡的觀察者（托克維爾如果還在，想必也會是其中一員）因此以「寡頭政治」、「金權政治」、甚至是「暴政」等字眼提出警告。另外有些人則是感嘆美國在道德與文化方面都踏上了錯誤的道路。他們不禁納悶，美國的民主是不是已經處在崩潰邊緣？

　　前述的這個國家雖然從各個面向來看都像是今天的美國，但實

際上卻**不是**如此。以上描寫的這份資產負債表，實際上是對這個國家在另一個時代的一幅精確畫像，在二十世紀開頭，距離托克維爾對於這個欣欣向榮的民主國家寫下那份振奮人心的描述僅有五十年而已。

一八七〇年代、一八八〇年代與一八九〇年代的美國，和今天的相似程度高得驚人。[3] 不平等現象、政治極化、社會失序以及文化自戀廣為盛行，而且和現在一樣全都伴隨著史無前例的科技進展、繁榮以及物質財富。其相似程度之高，使以上的描述幾乎可以完全套用在當今的美國。在今天回顧馬克・吐溫貶稱為鍍金時代的那段時期，竟然有如看見鏡中的倒影。

當然，其他評論家早已注意到這種令人擔憂的相似性。他們正確地提出警告，指稱我們如果不改變方向，今天的美國人將會犯下任由自己歷史上的醜陋章節再度上演的過錯。不過，這項比較雖然極為恰當，卻終究不免引人好奇：上次這個國家陷入這麼引人憂心的狀況，最後帶來了什麼樣的結果？明顯可見，十九世紀晚期的那些末日預言以及令人深感絕望的焦慮都沒有實現；害怕美國實驗將會無可挽回地脫軌失控，也已經證明是沒有根據的恐懼。所以，我們到底是怎麼從上一個美國鍍金時代演變到當今的困境？在這兩者之間的那一百年間發生了什麼事？

本書的用意在於嘗試回答這些問題，所以不是對現況的仔細評估，也不是對十九、二十世紀之交那段時期的詳盡描繪，而是企圖提供一個比較廣闊的歷史觀點，並且援引眾多新近彙整的統計證據。這套證據為這個國家過去一百二十五年來的歷史提供了一幅奠

基於資料之上的圖像，不但新穎又引人注目，概括於圖 1.1。

　　以下闡述的趨勢，乃是彙整了經濟、政治、社會與文化這四個關鍵領域在一百年間的現象，運用數十種不同標準予以衡量的結果。（構成這四條曲線的數字將會在後續四章加以探究。）仔細檢視美國生活這四個面向的同時，我們提出了這個基本問題：自從二十世紀之交以來，情形到底是有所改善還是更加惡化？換句話說，自從上一個鍍金時代以來的這一百二十五年間，美國究竟是朝著什麼樣的方向邁進：

- 經濟平等程度是提高還是降低？
- 政治當中的禮讓（comity）和妥協是增加還是減少？
- 社會生活的凝聚力是加強還是減弱？
- 文化價值觀當中的利他精神是增加還是減少？

　　我們記錄這些問題的答案，結果發現一項確切無疑而且令人訝異的模式。在每一件個別的案例當中，趨勢曲線看起來都像是顛倒的 U 字形，在同一個時間點開始緩慢上升，然後也在極為相似的時間範圍內反轉向下。[4]

　　許多不同的衡量標準顯示，在美國的第一個鍍金時代之後，緊接著出現了六十多年雖不完美但持續朝著正向前進的發展，包括經濟平等程度不斷**提高**，公共領域出現愈來愈多的合作，社會結構更加**堅實**，以及日益**壯大**的團結文化。在二十世紀的頭六十幾年裡，我們實際上縮減了鍍金時代造成的經濟落差，不只在經濟大蕭條與

圖1.1：經濟、政治、社會與文化趨勢，1895-2015

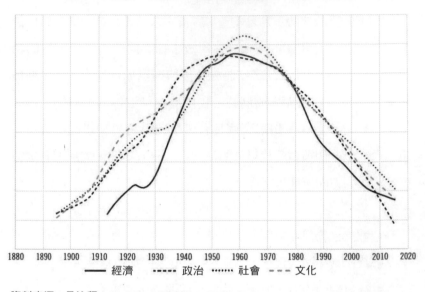

資料來源：見注釋1.4。Data LOESS smoothed: .2.

第二次世界大戰期間有所進步，而且在前後的數十年間也是如此。
在那段時期當中，我們也逐漸克服了極端的政治極化，並且學會從
事跨黨派的合作。我們在社群和家庭方面也發展出愈來愈緊密的連
結。此外，我們的文化也變得更加注重每個人對別人所負的責任，
而不再那麼聚焦於個人狹隘的自我利益。簡言之，美國經歷了一段
戲劇性、多面向而且毋庸置疑的正向發展。

在這段為期數十年的時間裡，美國開始聚焦於同心協力所能夠
達到的成果，而且對於這一點的關注可能遠勝過以往。這種對於共
同責任與集體進步的重視，並不像許多人聲稱的那樣只是克服經濟
大蕭條以及打敗軸心國之後的慶祝舉動而已。如同這幅圖表所清楚

顯示，而且後續章節提出的資料也將會證明的，這種表現其實是先前五十年間明白可見的趨勢共同造成的結果。

到了二十世紀中葉，鍍金時代已經是遙遠的記憶。美國已轉變為一個更平等、更善於合作、更團結也更博愛的國家。在二十世紀中葉的這個時刻，我們的社會雖然遠非完美，而且正如後續章節將會仔細討論的，種族隔離與沙文主義都仍然存在，但隨著一九六○年代展開，我們愈來愈注意到自己的不完美，尤其是在種族與性別方面。我們的新總統把我們描述為一群蓄勢待發，準備共同因應挑戰的人民。「不要問國家可以為你做什麼，」他說：「而是要問你能夠為國家做什麼。」對於歷史上那個階段的美國人民而言，甘迺迪主張集體福祉比個人福祉更重要的論點，並不違反當時的文化。他的修辭雖然強而有力，但聽在當代人的耳朵裡，他只不過是指出明顯可見的事實而已。

在二十世紀的頭六十年間，美國明顯成為一個比較以「集體」（We）為重的國家，而且這樣的演變也的確衡量得出來。

但接下來，如同前引的圖表所示，也如同經歷過那段時期的人所深知的，我們共同的經濟、政治、社會與文化生活長達數十年的正向發展卻在一九六○年代中期瞬間反轉了方向。美國突然陷入明白可見的衰退。從一九六○年代中期直到今天，藉由眾多層面的數十種具體衡量標準來看，我們經歷了經濟平等的**衰退**、公共領域當中的妥協出現**退化**、社會結構遭到**破壞**，而且也**淪入**了文化自戀。隨著時序從一九六○年代進入一九七○年代、八○年代以及後續的時期，我們以更快的步調重新創造出上一個鍍金時代的社會經濟落

差。在這段時期當中，我們以政治極化取代了合作，任由社群和家庭當中的連結大幅消解，而且我們的文化也變得遠遠更加聚焦於個人主義，對於共同利益則是興趣缺缺。自從一九五〇年代以來，我們在擴張個人權利方面達成了重要進展（經常是建立在先前數十年間出現的進步之上），但在共同繁榮與社群價值方面卻是大為**退步**。

甘迺迪預示了即將來臨的轉變，因為事後回顧起來，他充滿理想的修辭乃是宣告於我們辛苦攀爬達到的高峰上，但我們卻即將再度滾落下來。當初那個高峰雖然絕對遠遠不及美國在平等與包容方面所希望達到的高度，卻是截至當時為止最接近於實現開國元勛的這項願景：「一個國家……讓全民共享自由與正義。」因此，甘迺迪呼籲全民把共同利益放在自我利益之上的話語，在當時聽起來也許像是一道召喚新時代的號角聲，號召全民開創更多共同勝利的新疆界，但在整個二十世紀過去之後的今天，我們卻可以看出他其實是在不自知的情況下為一個即將結束的時代吹起了熄燈號。

過去五十年來，美國已明白成為一個更加以「自我」（I）為重的國家，而且這樣的演變也的確衡量得出來。

整體而言，我們揭露的每一項趨勢都可見於相關的學術文獻裡，只是那些趨勢主要都只受到個別檢視。學者極少體認到其中引人注目的一致性，也就是眾多不同因素在二十世紀當中都沿著相同的曲線進程發展。[5] 此外，對這些趨勢的檢視也經常完全聚焦於後半段的曲線，也就是美國的衰退，而忽略了同樣值得注意的前半段，亦即美國的正向發展。相較之下，我們的研究則是廣泛分析許多不同變數在長時間當中的變化，藉此揭露更深層的結構與文化傾

向，而那些傾向乃是根源於二十世紀的頭數十年間，最後造成今天這種多面向的國家危機。

　　利用先進的資料分析方法，把我們的四個關鍵指標結合成一套總合的統計敘事，我們因此得以發現一項單一核心的現象：一條顛倒的 U 字形曲線，可為過去一百二十五年來的美國發展提出受到科學驗證的概述。呈現於圖 1.2 的這項後設趨勢，我們稱之為「自我—集體—自我」曲線：先是逐步邁向更多的互賴與合作，接著再迅速落入更多的獨立與利己主義。這種現象反映在我們對於平等的經驗、我們的民主表達、我們累積的社會資本、我們的文化認同，以及我們對於這個國家的宗旨所共有的理解當中。

圖1.2：社群主義相對於個人主義在美國的發展，1890-2017

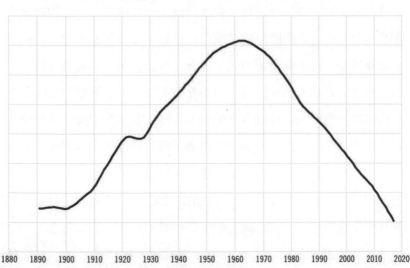

資料來源：見注釋1.4。Data LOESS smoothed: .1.

　　在本書接下來的四章裡，每一章都會探究一項單核趨勢：經濟、政治、社會與文化，並且省思那項趨勢的發展如何促使我們的國家朝著正向發展邁向「集體」的精神，以及後續的衰退而趨向「自我」的精神。隨著我們聚焦於每一條倒 U 形曲線，我們將會深入探究背後構成此一整體趨勢的眾多統計指標。但同樣重要的是，我們也會探究其歷史背景，也就是由各種情境、力量與因素匯集而成的獨特狀況，而可能有助於此一趨勢的形成。因此，在本書的歷史敘事當中，隨著我們透過經濟、政治、社會與文化這四個基本分析鏡片檢視二十世紀的發展，我們將會數度談到相同的人物與事件。

　　除此之外，我們還會把種族與性別這兩個分析視角套用在這段時期，並且分別用一章的篇幅予以陳述。實際上，如果要對「自我」和「集體」在二十世紀的發展進行完整的討論，就不能不提出這個問題：這些趨勢有沒有反映在傳統上遭到排擠的群體的經驗當中？不過，由於我們的分析必須仰賴橫跨一百多年歷史的資料集，因此對於拉丁裔、亞裔美國人、美洲原住民以及其他有色人種的經驗所從事的討論，也就遠遠比不上非裔美國人。這絕對不是因為那些群體以及他們的獨特故事不重要，而是因為本書依賴的那些統計數據來源，在二十世紀晚期之前並未一貫地獨立出非裔美國人以外的其他有色人種的資料，因此幾乎不可能嚴謹地看出關於這些人種的長期趨勢。因此，我們對於種族的討論只聚焦於非裔美國人，對於其他少數種族與族裔的論述則相當有限。

　　在我們探究的這一百二十五年期間裡，經濟不平等、政治極化、社會分裂與文化自戀的總合衡量結果雖然都呈現出極為近似的

倒 U 形曲線，但種族與性別平等方面的情形卻是複雜得多。由於非裔美國人、女性以及其他許多族群在二十世紀的頭六十幾年都必須經過奮力爭取才能夠得到基本的平等與包容，因此我們大概可以合理假設美國在這段時期所邁向的「集體」，在先天上就帶有種族與性別歧視的特質。實際上，這項研究絕對不能不考慮這項極為真實的可能性：也就是成形於這段時期的「集體」，在根本上乃是屬於白人男性的「集體」。

二十世紀美國的種族與性別歷史經常不是被描述為一條倒 U 形曲線，而比較像是一根曲棍球桿。換句話說，對於黑人與女性而言，在六〇年代中期的民權運動和女權革命為他們的處境帶來前所未有的迅速改善之前，偏狹、不平等與壓迫的廣泛現象經常都被視為不變的常態。不過，這種卡通式的歷史觀在不少重要面向具有誤導性。我們在後續章節將會談到，仔細解讀資料之後，可以發現種族與性別平等早在一九七〇年以前就獲得驚人進展，而且實際上還構成了一段長期的進步，與前述的那些變數所呈現出來的故事互相對應。隨著美國對「集體」的認知在二十世紀頭六十幾年間有所擴展，黑人與女性也確實從中得益，原因是教育、所得、健康與投票當中的種族與性別落差逐漸出現縮減。因此，我們主張一九六〇與七〇年代的權利革命必須要視為並非出人意料的發展，而是超過四十年的進步所帶來的結果。此一進步最常出現於長久以來持續受到隔離的領域，並且主要是由美國黑人本身所推動（就種族平等而言），而不是來自制度變革。這樣的進步雖然絕對遠遠不足，卻仍是二十世紀平等與包容史當中一個極度重要的部分。

此外，我們對二十世紀美國的種族問題所進行的檢視也將會揭露這一點：美國人雖然經常認為一九七〇年之後的幾十年間是種族平等獲得最大進展的時期，但這段期間對於美國黑人而言卻是進步大幅減緩。（性別平等的故事則不太相同，我們將在第七章詳細說明。）這段進步減緩的時期不僅明顯可見，而且相當出人意料，但同時卻**也**合乎前述那些曲線所呈現出來的故事。隨著美國在一九七〇年之後開始轉向個人主義與自戀的發展，我們似乎也在同時對於追求真正的種族平等「放開了油門」。這個出人意料，甚至可說是違反常理的故事，不是著眼於種族平等的絕對程度，而是聚焦在種族平等狀態**隨著時間改變的幅度**，結果令人對美國的種族關係當中某些廣獲接納的觀念因此產生質疑。所以，在種族平等方面，曲線的形狀雖然看起來不同，但潛藏在資料背後的現象卻對美國的「自我—集體—自我」世紀構成了出人意料的細膩證實。我們將在第六與第七章詳細闡述這一點，因此前面的章節對於種族與性別的問題只會稍微提及。

然而，非裔美國人和女性在二十世紀初期雖然達成了真實而且經常沒有受到充分重視的進步，我們的分析卻也揭露了這項無可否認的事實：二十世紀中葉的「集體」在種族與性別方面仍然高度偏狹，而且美國的和諧與凝聚性在當時雖然達到史無前例的高點，實際上距離目標卻仍然相當遙遠。因此，我們必須避免以懷舊的觀點把一九五〇年代視為美國追求平等社會的某種「黃金時代」，原因就是有色人種、女性以及其他處境艱難的群體所遭遇的經驗。實際上，我們將會看到明確的證據，顯示美國在二十世紀的頭六十幾年

間未能創造出一個具有徹底包容性與平等性的「集體」，正是這個國家後來轉向「自我」的一大關鍵因素。為什麼會如此，以及這點對於我們今天面臨的挑戰帶有什麼意義，將會是本書探究的其中一個發人深省的問題。此外，這個問題也可能會是一個關鍵，可讓我們進一步理解在民權運動和女性革命已經過去了半個世紀的今天，我們的社會為什麼還是存在著根深柢固的種族與族裔藩籬，而且依舊努力要界定與達成性別平等。

一直未能達成種族與性別方面的平等與包容，是我們這個國家當中一個令人深感困擾的面向，並且違反了美國實驗的基本原則。不過，這絕不是這個國家目前面臨的唯一問題。在政治上，我們以格外憤怒的方式互相鬥爭；在經濟上，貧富之間的落差在生活的幾乎所有面向當中都極為巨大；在社會生活中，我們經常感到寂寞、疏離以及絕望；此外，我們的「自拍」文化也一再顯露其本身的盲目自戀。今天，我們生活在一個極度極化、極度不平等、極度分裂，也極度自我中心的國家，而且我們所有人對此都點滴在心。將近五十年來，除了少數幾個短暫時期以外，不分黨派的大多數美國人民都認為我們的國家「走偏了」，而且抱持這種想法的人在過去十年來更是比其他人多出一倍以上。[6] 皮尤研究中心（Pew Research Center）在不久之前的一項研究顯示，美國民眾對於未來「廣泛感到悲觀」，其中明顯的多數預測貧富差距會持續擴大，政治分歧會更加嚴重，而且未來三十年美國在世界舞臺上的重要性將會降低。[7] 美國心理學會的報告指出，對於一般美國民眾而言，「我們國家的未來」竟是比他們本身的財務或工作狀況更大的壓力來源。[8]

　　我們怎麼會走到這步田地？除非我們能夠回答這個問題，否則就注定只能落入愈來愈黑暗的深淵。

　　一九六〇年代是二十世紀歷史上一個非比尋常的重要轉折點，一個改變了國家走向的關鍵時刻。不過，如同本書將會主張的，唯有把六〇年代視為**第二次**的轉折，而不是第一次轉折，才有可能精確回答我們怎麼會走到這步田地的問題。一九六〇年代中期展開的衰退現象，對於經歷過那段時期的人而言雖然極為重要，造成的影響在大體上卻是與二十世紀初始的狀況相等，只是方向相反而已。唯有把視野拉開，將這兩個轉折點放在一起思考，才有可能開始精確理解我們怎麼會落入當下的困境，以及該如何才能再度擺脫這個泥沼。我們的希望是，對這個國家過去一百二十五年來的歷史描繪出一幅奠基在證據上的新面貌，也許能開始彌合以「好啦，老人家」[9] 這句迷因為代表的世代鴻溝，以及這個國家的其他許多裂痕，從而建構出一個共同的未來願景，可讓我們所有人**一起**努力追求。

　　研究鍍金時代的史學家蕾貝卡・愛德華茲（Rebecca Edwards）指出：「從歷史上的一個時期得到的教訓，很大程度上取決於個人選擇的起點與終點。」[10] 本書主張我們今天必須從中學習的那個歷史時代不是始於一九六〇年代。僅僅回溯這麼短的時間，導致許多評論家落入了懷舊的陷阱，只能感嘆樂園的消失，並且爭執著我們是否應該重建那個樂園以及該怎麼加以重建。換句話說，只聚焦於正向發展達到巔峰的那個時刻並不是非常具有啟發性。把目光轉往正向發展的開頭時刻，則證明是遠遠更有效益的做法，尤其是那個時

刻的背景環境與我們今天具有引人注目的相似性。如同本書的書名
所示，我們的論點不是主張我們應該抱著懷舊的心情回歸美國的某
個偉大巔峰，而是應該從一段相當近似於我們這個時代的絕望時期
當中獲取啟發，可能也從中得到指引，因為當初美國人民就是在那
段時期之後以能夠量測出來的程度把歷史成功扭轉到前景比較光明
的方向。

　　如果莎士比亞寫得沒錯，「過去乃是序幕」，那麼往後的發展無
疑取決於我們能否對先前走過的路獲得正確的理解。鮮少有人記得
莎翁的這句名言還有後半段：「未來則是你我的責任。」後半段的
這句話所代表的不是悲觀的歷史決定論，而是以務實甚至於樂觀的
論點主張過去只是設下了可供未來選擇的行動計畫。對我們的過去
看得更清楚，可讓我們對於掌控未來做出更好的準備。

　　那麼，就讓我們從頭說起吧。

　　本書認為當今問題的根源可以追溯到上次這些同樣的問題對我
們的民主造成威脅之時，並且講述一則奠基於證據之上的故事，說
明我們怎麼陷入當前的困境。我們將會檢視經濟不平等、政治極
化、社會分裂、文化自戀、種族歧視與性別歧視分別在過去一百二
十五年來如何演變，而不只是過去五十年間。這麼做將會發掘出某
些意料之外的轉折，而且評論家與史學家對於二十世紀這個「美國
世紀」所提出的某些既定真理也會因此受到挑戰。

　　與其引述某些近期事件或者提出一項長期衰退的敘事，我們將
會這麼主張：要理解美國當今的狀態，首先必須承認我們現在看到
的每一項負面趨勢，在今人的記憶範圍內都曾經朝相反的方向發

展。我們也將證明指出，經濟、政治、社會與文化的百年趨勢其實
都相似得令人吃驚，所以我們把這四項趨勢全部概括於一種現象當
中：二十世紀的美國實驗是一段邁向團結的長期正向發展，接著倏
然轉向個人主義。也就是從「自我」到「集體」，接著又回歸「自我」。

　　《國家如何反彈回升》是二十世紀美國的歷史，但無疑是一項
簡化的歷史，也省略了許多同樣重要的東西。但這麼做卻能夠凸顯
與我們當今面對的挑戰高度相關的真實趨勢。所以，本書是一部宏
觀史的習作，也因此在史學家之間必然具有爭議性。此外，書寫當
代史不免動輒得咎，因為我們對過去的理解總是會隨著未來的發展
而改變。高峰、低谷以及轉折點都會隨著每十年過去而產生新的意
義。不過，我們借用了懷海德（Alfred North Whitehead）的這句銘
言：「尋求精簡，然後加以懷疑。」[11] 最後，本書的重點不在於因
果分析，而是在於敘事。在我們的認知裡，敘事不只是具有娛樂性
的故事，而是在互為因果的趨勢當中相互連結的事件。敘事線相互
糾結纏繞，無法析離，但還是可以解讀，因此對於我們展望未來具
有啟發性。

　　如同托克維爾正確指出的，美國實驗要能夠成功，個人自由必
須受到堅定保護，但也必須設法與追求共同利益的努力取得平衡。
個人追求自利的自由確實帶有極大的潛力，但毫不節制地踩在別人
的權益上運用這種自由，卻有可能摧毀保障此一自由的社會所奠基
其上的基礎。回顧二十世紀的完整演變，我們即可見到這些觀念及
其帶來的後果鮮明呈現在詳細的歷史與統計數據當中。最後，我們
將會探討我們的研究發現對於當今的改革人士帶有什麼意義，因為

我們描述的發展曲線不是歷史的必然，而是由人類能動性建構而成，正如莎士比亞所言。

　　我們可望從這項分析當中學到最重要的一課，也許就是過去的美國曾在我們的文化、社群、政治與經濟當中體驗過一場不受節制的個人主義風暴，而當時那場風暴也和當今一樣，造成了令美國民眾深感厭惡的國家形勢。不過，我們當初既然成功度過了那場風暴，現在就能夠再次做到。如果說有哪個歷史時刻所帶來的教訓是我們身為一個國家所必須學習的，那麼就是美國的第一個鍍金時代轉向進步時代的那個時刻。那個時刻啟動了巨大的變化，幫助我們重新找回這個國家的光明前景，而且其影響在半個世紀當中擴散至美國生活的幾乎每一個角落。[12] 因此，瞭解是什麼原因促成那些趨勢的開展，也就成為極度重要的事情。所以，我們在本書的最後將會檢視什麼樣的轉折為二十世紀的社群主義正向發展奠定了基礎，試圖從當時部分人物的故事當中獲得教訓，因為他們拒絕放棄對於歷史的掌控，並且刻意採取行動逆轉歷史的走向。比起那些經歷了一段號稱是黃金時代的人而言，這些人物的故事也許更能夠讓我們找到所需的工具和啟發，以便為美國創造又一次的正向發展：這次要以堅定不移的信念追求完全的包容，而這樣的包容將會帶領我們邁向更高的巔峰，更完整也更持久地實現「集體」承諾。

2 | 經濟：平等的興起與衰退

　　我們對於美國的「自我─集體─自我」世紀所講述的故事，首先要從過去一百二十五年來的經濟繁榮與物質財富這兩方面的趨勢談起，並且檢視經濟上的損失與得益在這段時期的平均分配程度。

　　所以，美國人到底過得怎麼樣？我們先從物質享受談起。在這方面，平克（Steven Pinker）[1] 這類強調光明面的樂觀主義者所提出的論點似乎頗具說服力，因此我們必須先承認長期累積的進步。從我們享有的奢侈品，甚至是我們的壽命長度來衡量，美國的繁榮已經穩定而強勁地增長了一個世紀以上，部分是因為科技進展，部分是因為創業精神，還有一部分是因為明智的公共投資，尤其是在教育和基礎建設方面。不過，我們等一下就會提供許多證據，顯示這些長期增益隱蔽了所得、財富與福祉在美國人民之間高度的分配不平等。

繁榮、健康與教育：享用不盡的豐饒

　　自從一九○○年以來，美國人平均而言變得更加健康、更加富有，而且就算不是更有智慧，至少也是接受了比較多的教育，儘管我們待會兒將會看到，教育的故事其實比較複雜。在這數十年間，我們的壽命延長了將近一倍，也從戶外廁所演變到智慧型手機，從行駛在泥土路上的馬車演進到太空觀光，從鄉下小店進展到利用無人機遞送商品。

　　客觀量測顯示，這一個多世紀以來的進步不僅幅度驚人，而且幾乎不曾間斷。對於這項進步最簡單的量測可見於圖 2.1，其中顯示了人均國內生產毛額的每年成長。[2]

　　經濟學家證明指出（如同圖 2.1 明白顯示的），自從工業革命以來，經濟繁榮的上升曲線就以非凡的穩定度維持在每年 2% 的成長。的確，在一八七一年之後的一百年間，美國經濟的穩定步調只有在經濟大蕭條期間出現明顯可見的偏離（當時人均國內生產毛額在四年的時間裡下滑了將近 20%），但接著就由第二次世界大戰帶來的旺盛景氣補了回來。不過，如同經濟學家瓊斯（C. I. Jones）指出的：「在我看來，這項衰退之所以顯得醒目，主要是因為看起來有多麼異於常態。其他許多經濟衰退幾乎不會引起注意：在很長的時間裡，經濟成長都蓋過了經濟波動。」[3]

　　經濟學家投注了許多心神力氣要解釋此一持續性的成長。這項成長一度被視為「典型事實」，[4] 也就是廣獲接受而幾乎沒有人質疑的事實。到了比較晚近，成長率在一九七○年之後似乎大幅減緩，

圖 2.1：美國人均國內生產毛額的長期實質成長，1871-2016

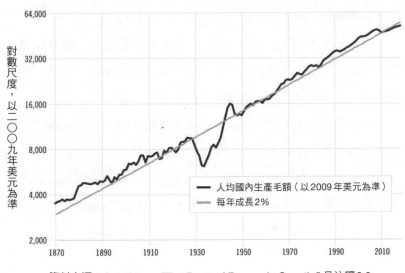

資料來源：C. I. Jones, "The Facts of Economic Growth." 見注釋2.2。

滑落到每年 2% 的長期成長率之下，也許是因為科技創新已不再造成生產力的穩定成長。[5] 如果有人樂觀地認為那 2% 的「典型」成長率在未來將會持續下去，那麼這項發現應該足以澆熄他們的興奮之情。不過，在本書探究的這段時期當中，物質進步在大部分的時間裡都顯得穩定而且確切無疑。

　　許多學術著作以及許多政治運動都對此一成長的可能解釋多所辯論，但就我們此處的目的而言，核心因素顯然是科技和教育進展，受到公共與私人投資的大力促成。在這個世紀當中，與經濟繁榮最相關的科技以及教育型態當然有所變化，例如在二十世紀上半葉是高中、電話與汽車，在下半葉則是大學、微晶片以及生物科

技。不過，一如童書裡奮力爬坡的小火車頭，美國經濟也年復一年
持續不停攀升，背後的推動力主要是科技和教育。

　　對於充實了美國大眾日常生活的物質享受所進行的許多衡量，
也都同樣反映出這種穩定上升的曲線。有些圖表顯示了我們的物質
生活如何在一九〇〇年以來逐漸出現轉變。

　　以我們的住宅為例。圖 2.2 顯示美國的一般住宅隨著每十年過
去而不斷增大，比起十九世紀末大了將近一倍。另一方面，在一九
〇〇年每七個美國人只有不到一人享有抽水馬桶這種便利設施，在
接下來的七十年間也在那些愈來愈大的住宅裡成為幾乎普遍可見的
配備，還有節省時間與勞力的家電也是如此，例如吸塵器在一九二

圖 2.2：美國的住宅愈來愈大，1891-2010

資料來源：Moura, Smith, and Belzer, "120 Years of U.S. Residential Housing
　　Stock and Floor Space." 見注釋2.6。

〇到一九七〇年這半個世紀裡，普及率就從原本只有 10% 的美國住宅上升到 90%。[6] 簡言之，在長達一個世紀以上的時間裡，隨著每十年過去，美國的住宅不斷變得愈來愈大、愈來愈舒適，也愈來愈容易打理。當然，不是所有美國人都住在同樣豪華的房屋裡，我們也將在本章的下一節把目光轉向不平等的問題；但平均而言，美國的住宅標準與期望確實大幅飆升。

　　交通方面也是如此。在這一點上，只要舉一個例子就夠了。圖 2.3 顯示美國人在一百多年間對於汽車的愛好持續大幅上升。[7] 的確，短暫的成長停滯時期只發生在經濟大蕭條、第二次世界大戰（汽車生產在戰時受到中止），以及近期的經濟大衰退。實際上，在

圖 2.3：汽車激增，1900-2015

資料來源：*Transportation Energy Data Book,* Department of Energy, Table 3.6.

一九一五至二〇一五年間，美國每千名人口當中的汽車數量從二十五輛暴增至八百二十輛：在整整一百年間的每年成長率高達 3.5%！這項極具衝擊力的統計數據，顯示數以億計的美國民眾都得以享受到大幅改善的交通便利與舒適度。

其他許許多多的圖表也都可以用來顯示各種改善生活的裝置持續不斷激增，從電話到冰箱、洗衣機，乃至電子娛樂產品。[8] 要概括描述美國一般大眾在物質生活水準方面的長期趨勢，只要稍微修改杜邦公司二十世紀中葉推出的一句廣告口號即可：「透過科技，以更美好的事物創造更美好的生活。」

關於生死的統計數據，也能為美國在過去一百二十五年來的穩定物質進步提供更加基本的證據。圖 2.4 聚焦於嬰兒死亡率百年來的大幅下降：在二十世紀初始之際，每一千名新生兒當中有一百二十九人會在一歲生日前死亡；但在二十一世紀揭開序幕之時，這個令人悲痛的數字已降低到不及七個人。當然，如同我們在本書稍後將會強調的，重要的種族與階級落差仍然存在，但美國社會的所有區塊都得益於這項巨大的進展。

圖 2.5 拉大視野，檢視完整生命週期當中的平均壽命所具有的類似趨勢。（在健康情形穩定改善的非凡紀錄裡，唯一的偏離乃是一九一八年致命程度驚人的流感大流行。）出生於一九〇〇年的美國人，平均壽命為四十七歲。他們的子女（假設出生於一九二五年）可以活到五十九歲，他們的孫子女（出生於一九五〇年）可以活到六十八歲，曾孫（出生於一九七五年）可以活到七十三歲，曾曾孫（出生於二〇〇〇年）則可以活到七十七歲。在不到一百年的時間

圖 2.4：嬰兒死亡率，1890-2013

資料來源：*Historical Statistics of the United States,* Table Ab 920.

圖 2.5：平均壽命，1900-2017

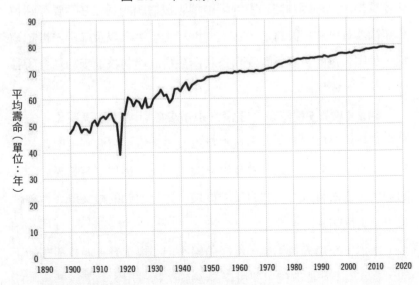

資料來源：National Center for Health Statistics.

裡，一般美國大眾的壽命就延長了三十年。

　　人口健康這項看似無可阻擋的改善，實際上代表了兩個相當不同的時代，這兩個時代分別克服了不同的死因。二十世紀上半葉的得益來自於公共衛生的進展（尤其是潔淨的水）、營養的改善，以及抗生素的發展。[9]傳染病的死亡率在二十世紀上半葉降低 90%，平均壽命的增加有一大部分都是源自於此。這第一個時代的效益主要集中在兒童身上，至於對抗老年疾病則是沒有什麼進展。

　　相較之下，到了二十世紀下半葉，在打敗傳染病之後，醫學進展轉向製藥（例如降血脂藥物立普妥〔Lipitor〕的出現）、早期診斷的醫學科技，以及外科技術（例如血管擴張術），大幅降低了老年人口的死亡率。老年人口的首要死因先是心臟病，接著愈來愈轉為癌症。公開反吸菸運動也帶來了重要貢獻，但其效果不免延後許久才看得出來，因為在二十世紀中葉吸菸造成的死亡必然要等到數十年後才會發生。簡言之，在二十世紀上下半葉以及二十一世紀初期，美國人民的長壽不斷受到公共衛生措施與科技進步的結合所強化。

　　圖 2.4 與 2.5 都隱藏了健康當中重要的社會不平等現象，尤其是在種族與階級方面。我們在本章以及後續章節將會高度聚焦於這些落差現象。儘管如此，當今的一般美國民眾仍然享有遠勝於前人的健康，壽命將會比他們的父母更長，比起他們的祖父母或者曾祖父母又更是如此。

　　不過，在過去幾年裡，這條曲線不但不再上升，而且還開始下滑。[10]這項不幸的改變主要可以歸咎於藥物濫用、酗酒或者自殺所

造成的死亡人數大幅飆升：也就是一般所謂的「絕望死」。[11] 在《絕望死與資本主義的未來》（*Deaths of Despair and the Future of Capitalism*）這部二〇二〇年的著作裡，經濟學家安・凱思（Anne Case）與迪頓（Angus Deaton）提出強而有力的證據，顯示絕望死的案例日益增加，並且發現這種趨勢的起因在於根深柢固的社會不平等。[12] 用藥過量的情形在近來尤其大幅飆升，反映了鴉片類藥物泛濫的現象，而促成這種現象的因素包括社會衝突、社會流動受阻，以及製藥產業致命性的不當行為。[13] 絕望死的情形雖然遍及全國，對鄉下社群、勞工階級的個人以及青年的影響卻尤其嚴重。[14] 絕望死在近年來的出現之所以重要，不只是因為其中顯露的人類悲劇，也因為這種現象是一項警訊，顯示本書探討的廣泛社會趨勢可能還會造成更多的災害。

儘管如此，美國長期樂觀主義者的整體論點看來還是頗為有力。我們也許可以把這種看待二十世紀與二十一世紀初的觀點稱為「來自矽谷或麻省理工學院的看法」。每十年，甚至是幾乎每一年，我們的物質生活與實體生活都持續不斷改善，主要原因是背後的科技進展。

實際上，美國人民也同意這樣的診斷：皮尤研究中心在二〇一七年舉行調查，要求美國民眾指出過去半個世紀以來改善幅度最大的生活面向，結果絕大多數的人都認為是科技（42%）以及醫學與健康（14%）；接著請他們預測將來半個世紀改善幅度最大的生活面向，結果科技（22%）以及醫學與健康（20%）又再度名列前茅。[15]

至於教育這個美國生活中的另一個領域，乍看之下雖然似乎顯

示了一模一樣的穩定大幅改善，可是一旦仔細檢視，即可發現教育趨勢有著細膩的差異。

在二十世紀揭開序幕之時，提供免費公共初等教育的「普通學校」在美國已經相當普及，唯一的重要例外是南方的非裔美國人口。[16]當時美國的識字率和受教育率幾乎可說是全世界最高。不過，中等教育和大學教育仍然僅限於人口當中的一小部分。

美國在二十世紀的兩大教育革命即是建立在那個堅實的基礎上，先是造就將近完全普及的高中教育，接著又帶來極為普遍的大學教育。美國人通常在青年時期完成正式教育，然後在餘生當中都維持著那樣的教育水準，所以涵蓋全部人口的教育程度衡量結果變化得相當緩慢，就像是滿滿一整個浴缸的水，其水溫變化的速度一定遠遠比不上水龍頭的水流一樣。就算教育普及出現了重大進展，此一進展造成的影響也必定會因為在數十年前接受教育（或者不曾接受教育）的那些世代仍然存在而難以彰顯。因此，要看出教育創新造成的立即影響，我們必須聚焦於陸續出現的一批批**青年**出生群的教育程度。這項分別，就是會計當中的「存量」與「流量」這兩種概念的分別，而我們在這裡要聚焦的就是「流量」。

高中革命是由二十世紀初期的「高中運動」所促成，特色是創立免費公立高中，先從美國西部與中西部的小鎮開始，接著擴展到北部的都會區，最後遍及全國。[17]如同圖 2.6 所示，遲至一九一○年，每十名美國人都還只有不到一人擁有高中學歷；但才過了不到五十年，隨著公立高中在全國各地的社區大量設立，達到此一教育程度的人數也暴增至每十人之中將近有七人之多。（在這段持續不

停的成長當中，唯一的例外是第二次世界大戰期間，因為當時許多年輕人都到海外作戰。）一九一〇年之後那半個世紀的教育進展極度迅速，因此效果在個別家庭裡都明顯可見。在一九六〇年代中期成年的年輕人當中，有四分之三都持有高中畢業證書。相較之下，他們的父母輩只有不到半數擁有這樣的教育程度，祖父母輩更是只有十分之一左右。

這項極度成功的制度創新帶來了**兩種**結果：一是美國勞工的生產力巨幅提升（因此為這個時期的整體經濟成長貢獻了一大部分），二是向上流動的增加，原因是高中教育普及創造了公平的競爭環境。[18] 經濟成長與社會平等一同穩定向上提升，與某些人認為平等與成長互不相容的假定恰恰相反。在六〇年代揭幕之際，那樣的教育、經濟與社會進步都還看不到盡頭。

不過，如同圖 2.6 所示，美國接著卻先是在教育方面放開了油門，開始呈現滑行狀態（甚至開始減緩速度），結果在高中的擴張上造成出人意料的暫停，而且持續了四十年以上。[19] 直到二十一世紀，高中畢業人數比例才再度開始上升，只不過圖 2.6 當中顯示的官方數據恐怕有灌水之嫌，實際上二〇〇〇年之後的上升情形也許來得比較晚，幅度比較小，也沒有那麼穩定持續。最新的研究指出，適度衡量之下的高中畢業率也許只比半個世紀前高出五個百分點，而先前那半個世紀的成長幅度則是超過七十個百分點。[20] 所以，以高中畢業為準的教育程度提升雖然持續了超過一百二十五年，一九六〇年代中期之後那段令人費解的長時間暫停卻值得我們在本書後續再度加以探討，因為事實證明社會進步的其他許多衡量

圖 2.6：高中畢業率，1870-2015

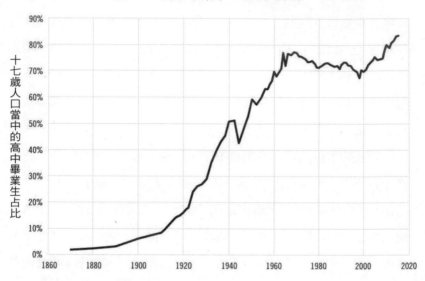

資料來源：*Historical Statistics of the United States;* National Center for Educational Statistics.

結果也都在同一個時期出現停滯。[21]

　　大學革命在二十世紀當中發生得稍微比較晚，而且步調也比較和緩，如同圖 2.7 所示。在二十世紀上半葉，接受過四年大學教育的人口比率從一九一〇年的 3% 左右緩慢上升到一九五〇年的 8% 左右。接著，在戰後時期，大學生的占比曲線出現了比較陡峭的上升。最早的上升推力來自於《美國退伍軍人權利法案》（*GI Bill*），因為這項法案為所有回國的第二次世界大戰退伍軍人提供了大學教育學費的高額折扣，[22] 儘管符合資格者絕大多數都是白人，而且幾乎完全都是男性。在白人男性當中，接受大學教育的比率在一九六〇年代初期開始顯著上升，短暫拉大了既有的性別與種族落差。不

圖 2.7：大學畢業率，1910-2013

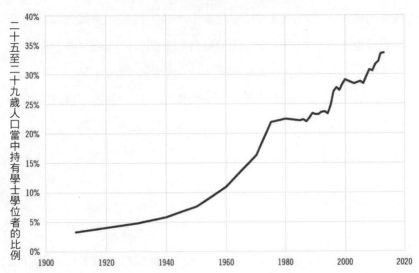

資料來源：Digest of Education Statistics, National Center for Educational Statistics.

過，不到十年之後，上大學的抱負也開始普及於女性和非白人族群之間。到了一九八〇年代初期，性別與種族落差已經開始縮減。[23]簡言之，在二十世紀的頭七十五年間，擁有大學學歷的美國年輕人口比率從 3% 以愈來愈快的速度上升到 22%。接著，在一九七五年，也就是高中畢業生比率出現「放開油門」的成長停滯現象大約十年之後，大學畢業生比率長達百年的上升也陷入了將近二十年的類似現象。直到二十世紀末，教育程度的衡量結果才再度恢復成長。

　　總而言之，如同本章這一節所探究的一切進步衡量結果，教育也在超過一百年的時間裡出現顯著的進展。不過，不同於物質財富

以及身體健康的指標，教育進步並沒有徹底中斷，部分原因可能是
教育的進步和物質以及醫學的進步不一樣，比較不直接依賴無可阻
擋的科技進展，而是比較取決於社會制度與行為改變。我們將在本
書後續回頭探討這種令人費解的「放開油門」現象，但目前只能將
其視為異常狀況。本節的基本故事很簡單：平均而言，就許多重要
的衡量標準來看，美國人民的生活持續不斷改善了超過一百年的時
間。

經濟平等

　　明顯可見，全國平均不免會掩飾部分群體得益較多而其他群體
得益較少或甚至有所損失的情形；平均就是這麼一回事。不過，得
益與損失的分配必須受到重視，而本章剩下的部分就是要探究此一
分配狀況自從十九世紀末以來出現了什麼樣的改變。[24] 過去一百二
十五年來的經濟平等出現過哪些起伏？

　　如同我們在第一章提過的，第一個鍍金時代的經濟落差非常巨
大，一邊是數以百萬計的貧窮外來移民、生活困苦的黑人（雖然已
經獲得解放），以及生長於美國本土的白人勞動階級，另一邊則是
經濟菁英當中那些富裕的強盜式資本家。不平等現象在十九世紀下
半葉的演變情形沒有充分的統計數據，但全國經濟不平等在這段時
期的淨增長似乎幅度不大，部分原因是南方黑人的經濟處境在奴隸
解放之後獲得可觀的改善。不過，在最頂端的層級，日益增長的經
濟大餅當中被最富有的美國人口拿走的那一塊更是大為膨脹。粗略

來說，金字塔頂端 1% 人口在國民所得當中所占的份額增加了將近一倍，從一八七〇年的不到 10% 成長至一九一三年的接近 20%。[25] 所得、財富與地位的不平等極為巨大，而且看似注定會永久不停拉大。

　　然而，接下來卻出現了一段持續時間長得出人意料的美好時期，約莫有六十年之久。經濟不平等在這段期間大幅縮減，經濟史學家稱之為「大夷平」或者「大收斂」。[26] 這段時期的起迄時間無法精確界定，但近期由林德特（Peter H. Lindert）與威廉森（Jeffrey G. Williamson）針對美國經濟史所提出的一項廣獲接納的記述，把這段時期粗略界定在一九一三至一九七〇年之間。[27] 確切的幅度與時間取決於我們聚焦在所得分配的哪個部分（最頂端、廣泛的中段，還是最底層的貧窮人口），也取決於我們只檢視「市場」所得，還是把政府的課稅與移轉措施也納入考量。不過，幾乎所有的證據都證實了相同的整體模式。林德特與威廉森說明指出：

　　大夷平時期發生的狀況遠遠不僅是頂端人口的所得占比減少。在中階與低階層級，不平等也都出現了縮減。此外，大夷平不只是彰顯了政府以課稅與移轉手段在富人與窮人之間進行的重分配。不論在這些課稅與移轉手段之前還是之後，所得的平等都有所提升。[28]

所得

　　圖 2.8 呈現出這項趨勢，為了簡潔起見而聚焦於頂端 1% 的美國人口在國民所得當中的占比。[29]（為了前後一致，本書所有圖表的呈現方式都是以「向上」代表「更平等」、「更以社群為重」等等。因此，下圖的縱軸乃是以「向上」代表頂端 1% 的家庭在所得當中的占比減少。）圖 2.8 的兩條曲線（一條代表市場所得，另一條代表經過課稅以及例如聯邦醫療補助〔Medicaid〕這種移轉措施調整之後的所得狀況）從一九一三年到一九七〇年代中期的上升趨勢頗為和緩，而且不太平穩，但這樣的正向發展反映了經濟平等在那段

圖 2.8：美國的所得平等情形，1913-2014

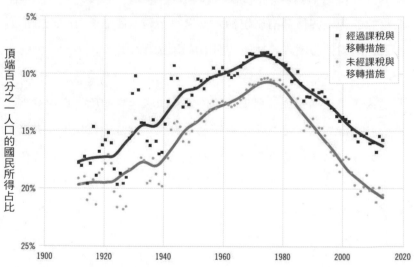

資料來源：Piketty, Saez, and Zucman, *QJEcon* May 2018. Data LOESS smoothed: .2.

期間的持續提升。不論我們怎麼衡量，富人與窮人之間的落差在那六十年間確實逐漸縮減。

　　下方的曲線代表尚未受到課稅與移轉措施，所以比較不平等的所得分配；上方的曲線則是經過課稅與移轉措施之後比較平等的分配。所以，兩條曲線之間的空間代表了政府重分配措施的淨效果。在未經課稅與移轉措施之前，最富裕的 1% 美國人在一九一三年擁有國民所得的 19%；但到了一九七六年，他們的所得占比近乎腰斬為 10.5%。經過課稅與移轉措施之後，頂端 1% 人口的國民所得占比又下滑得更多，從 18% 降到 8%。（到了二〇一四年，這些數字已翻倍回升至課稅與移轉前的 20% 以及課稅與移轉後的 16%。）我們後續會再更詳細討論課稅與移轉措施在過去一百二十五年來的演變如何影響了不平等的狀況。儘管如此，經過所有條件的限定之後，幾乎每一種衡量標準都顯示出相同的基本曲線：六十年的收斂發展以及程度愈來愈高的平等。重點不是美國在一夕之間就變得完全平等，而是在二十世紀的頭一、二十年間，這個國家的走向出現了改變：不但沒有朝著不平等的方向繼續走下去，反而朝著愈來愈平等的方向邁進。

　　如同我們在本章稍早看過的，在同樣的這段六十年期間，美國的經濟總量也出現了可觀的成長；幾乎所有人都從這項成長得益，不論貧富。不過，在大收斂期間，低收入與中等收入的群體在日益**擴大**的經濟大餅當中分得的份額出現了**成長**。林德特與威廉森估計指出，在這段時期，「美國頂端 1% 家庭的實質所得上升了 21.5%，但……其他 99% 的平均實質家庭所得……則是增至原本的三倍以

上」。[30] 換句話說，在二十世紀的頭六十幾年間，國家繁榮與財富的平等分配出現了同向發展。在那段期間，我們並不像某些經濟理論主張的那樣必須在成長與平等之間做出選擇：當時我們不但集體變得愈來愈富裕，而且也愈來愈平等。二十世紀中葉的美國絕對算不上是完全平等的天堂，但經過超過六十年的持續進步之後，第一個鍍金時代那種豪富與赤貧之間的鴻溝已經被拋在腦後。

接著，如同圖 2.8 所示，大收斂在一九七〇年代中期突然出人意料地急遽反轉，隨之而來的是半個世紀的大分歧，也就是所得平等大幅下降。到了二十一世紀初年，美國的所得不平等（尤其是在未經課稅與移轉措施之前）已達到百年來未見的嚴重程度。這項反轉極度突然，因此最早針對此一現象進行探討的學術著作取了這麼一個副標題：「兩個半世紀的故事」。[31] 最近的這半個世紀與先前的那半個世紀形成鮮明對比，成長是藉著犧牲平等而來，大部分的成長紅利都落入富人的口袋。

財富

本書的其中一個目的，是要理解**所得**分配在美國出現的這條倒 U 形曲線；不過，我們暫且先來看看**財富**分配的類似**趨勢**。[32] 財富指的不是我們在一年當中賺得的收入，而是我們多年來經由儲蓄和繼承所累積的錢財，所以財富分配的不平等狀況經常遠高於所得，原因是所有家庭當中差不多有半數的淨值基本上為零，[33] 也就是過著收支勉強打平的生活。不過，財富不平等的程度就像所得不平等

一樣，在過去數十年來變化很大，而且可能不令人意外的是，這兩者的趨勢密切相關。圖 2.9 顯示了美國的財富分配在過去一百年來的演變。[34]

第一個鍍金時代最鮮明可見的面向，就是財富的極端分配狀態。早在一九一三年，最富有的 1% 人口就擁有全國總財富的45%，而在興旺的二〇年代期間，這項占比還在幾年間攀升至48%，如圖 2.9 所示。不過，在接下來的六十年裡，他們的財富占比卻下滑超過一半而來到 22%，一大原因是金融管制以及對於所得和遺產的累進稅制，但也有一部分是因為重分配支出。換句話說，所得的大收斂也反映在財富的大收斂上。

圖 2.9：美國的財富分配，1913-2014

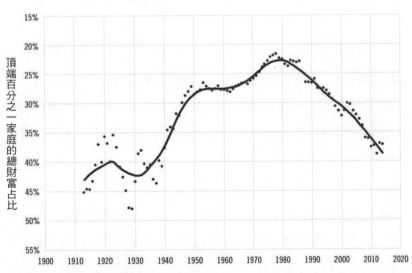

資料來源：Piketty, Saez, and Zucman, *QJEcon* May 2018. Data LOESS smoothed: .2.

不過，近數十年來，頂端 1% 人口在美國總財富中的占比在二〇一四年又回升到了將近 40%，並且持續增加。[35] 近年來，頂端 1% 人口在家庭**所得**當中的占比差不多是 20%，但在家庭**財富**當中卻占了將近 40%。頂端 1% 擁有的**財富**份額，在一九八〇年代初期只占總國民財富不到 25%，但到了二〇一六年已增加將近一倍，達到 40% 以上。實際上，現在美國頂端 0.1% 的家庭擁有了大約 20% 的家庭財富，幾乎與第一個鍍金時代的巔峰時期相當。[36] 另一方面，下層 95% 的人口擁有的國民財富份額在大收斂時期也出現將近翻倍的成長，從一九二〇年代末期的 28% 左右增加至一九八〇年代的 54% 左右，但接著又急遽下滑，落到接近於一個世紀前的那種巨大不平等。簡言之，現在頂端 1% 擁有的國民財富份額將近下層 90% 擁有份額的兩倍，因此有充分的理由稱我們這個時代為新鍍金時代。[37]

更仔細比較圖 2.8 與 2.9，就會發現財富分配當中反轉朝向不平等發展的 U 形轉折比所得落後了五到十年左右（前者出現在一九八〇年代中期，後者則是在一九七〇年代中期），想來大概是富人必須累積幾年的數百萬美元獎金之後，才買得起第一架私人噴射機。如同賽斯（Emmanuel Saez）與祖克曼（Gabriel Zucman）所言：「所得不平等對於財富分配具有滾雪球效應。」[38] 另一方面，財富不平等在近來的激增已開始回頭促成所得的更加不平等：自從二〇〇〇年左右以來，所得不平等大部分的增加都是來自於資本所得的不平等。[39] 因此，這兩種經濟不平等的型態具有互相增強的效果。

身為這個領域的首要學者，賽斯斷定指出：

美國的所得與財富集中現象在二十世紀上半葉雙雙大幅下降，並且在第二次世界大戰之後的三十年間穩定維持於低檔狀態。不過，不平等現象在一九七〇年代以來出現激增，現在美國結合了勞動所得的極度不平等以及財富的極度不平等。[40]

大收斂

　　圖 2.8 與 2.9 的後半段在當代政治與經濟評論當中經常受到討論，聚焦於貧富之間的大分歧。評論家與政治人物正確地感嘆貧富之間愈來愈大的差距，而且他們的論述通常以一九七〇年代的紛亂時期作為起點。不過，我們想要講述的這一則更有意思而且終究也比較激勵人心的故事，起點早了半個世紀，始於那個倒 U 形轉折的前半段：也就是二十世紀頭六十幾年間的大收斂。

　　如同我們稍後將會檢視的，大收斂的制度、社會與文化種子乃是在一八九〇到一九一〇年左右的進步時代播下的。不過，這些種子並沒有一夕發芽。如果仔細檢視，可以發現所得與財富的分配在一九一〇至一九三〇年間大幅振盪，如圖 2.8 與 2.9 所示。威爾遜總統為了「讓民主安全存在於世界上」而參與第一次世界大戰之後，戰時的國家團結帶來了短暫的平等主義效果。不過，隨著保守派的哈定總統執政所帶來的回歸「正常」，以及興旺的二〇年代帶來的股市泡沫，鍍金時代那種財富與所得集中於頂端的情形也迅速恢復。然而，克勞蒂亞・戈丁（Claudia Goldin）與卡茨（Lawrence Katz）卻發現，在同一個時期的勞動階級與中產階級當中，平等的程度出

現了可觀的增加。[41] 在社會頂端的亂流底下，經濟不平等的深層趨勢已開始轉向。

一九二九年的華爾街股災之後，頂端 1% 的奢華縱樂隨即戛然而止，並且是早在小羅斯福帶著新政計畫於一九三三年走馬上任之前就已如此。我們稍後就會看到，新政的計畫有一大部分都是奠基在進步時代的創新之上，從而釋放出了大收斂的完整威力。第二次世界大戰迫使政府必須巨幅增稅，因此又進一步促成「我們全都在同一條船上」的感受，於是經濟平等的衡量結果又更加提高，就和第一次世界大戰期間一樣。兩次世界大戰都與平等的迅速提升有關，似乎證實了十九世紀社會學家涂爾幹的觀點，認為戰時所有人共同經歷的苦難會促成高度的團結，進而帶來平等。近代一項類似的理論，則是把戰爭視為「造就平等的巨大力量」。[42]

不過，這段戰後時期卻與第一次世界大戰之後不一樣，那些平等主義規範在戰時的團結精神與控制措施結束之後仍然長久持續了下來。戰爭在一九四五年畫下的句點，並沒有像當初一九二〇年代那樣引發回歸嚴重不平等的發展。相反的，如同圖 2.8 與 2.9 明白顯示的，在第二次世界大戰之後的數十年間，貧富之間的差距不斷持續縮減。貧窮與中等所得美國民眾在戰後繁榮當中分得的份額逐漸增加，因此進一步降低所得不平等，而與興旺的二〇年代形成強烈對比。「從一九四五到一九七五年，」社會學家梅西（Douglas Massey）寫道：「在新政期間實施的結構安排之下，貧窮率不斷下降，所得中位數一再上升，不平等現象逐步下滑，只見一股經濟浪潮抬升了所有的船隻。」[43] 實際上，在這段期間，小船浮升的速度

比遊艇還快。經濟學家皮凱提（Thomas Piketty）、賽斯與祖克曼指出，在戰後的這幾十年間，最貧窮的 20% 人口經過課稅與移轉措施之後的所得，成長速度比最富有的 1% 快上三倍：前者的成長幅度為 179%，後者為 58%。[44]

經濟平等主義在第二次世界大戰結束後為何長久持續下來，而不是像第一次世界大戰之後那樣倏然而止，將會受到證明是一項值得注意的謎，因為由此可見所得分配背後的驅動力是一種比戰時的急迫需求更基本的東西。在一次大戰與二次大戰的戰後時期之間，有什麼東西出現了變化，而對於這個東西的追尋即是本書後續章節的目標。儘管如此，到了一九七〇年代初期，第二次世界大戰的犧牲（以及對於工資和物價的控制）早已飄然遠去，但「我們全都在同一條船上」的平等主義精神卻顯然存續了下來。

大分歧

不過，如同我們看到的，接著卻出現了遠離經濟平等的 U 形急轉彎。經濟史學家林德特與威廉森如此描述這個巨大改變的幅度：「如同先前的平等化，不平等的提高也發生在各個所得階層當中，不只是頂端 1% 人口分得的份額出現增加。」[45]

一九七〇年代初期，勞工的實質工資開始出現長期的停滯，持續了將近半個世紀，儘管整體經濟仍然不斷成長。起初，中產階級與上層階級共同拉開了與勞動階級還有窮人的距離。接著，在一九八〇年代，金字塔頂端開始拉開與中產階級的距離，基本上就是把

總國民所得的 8% 從下層 50% 人口的手中移轉給頂端的 1%。最後，到了一九九〇年代，最頂端的人口（頂端的 0.1%）更是愈來愈拉開和其他人的距離，包括頂端 1% 當中的其他人口。[46] 不可否認，頂端 10%（基本上都是高收入的專業人士）和其他人的距離在這些年間持續不斷拉大，但差距鴻溝擴大速度最快而且令人不禁為之屏息的地方，乃是集中在最頂端。[47] 在一九七四到二〇一四這四十年的時間裡，第十百分位（底層十分之一）家庭經過通膨調整的每年市場所得下滑了 320 美元，第二十百分位（底層五分之一）上升 388 美元，位於全國中位數的家庭上升 5,232 美元，頂端 5% 上升 75,053 美元，頂端 1% 上升 929,108 美元，頂端 0.1% 則是上升 4,846,718 美元。你沒看錯，以上這些都是真切無誤的數字！[48]

在大收斂的那數十年間，一般美國民眾在日益成長的經濟大餅當中分得的份額愈來愈多；但大分歧這數十年間的狀況卻是形成強烈對比，只見經濟大餅的成長受到頂端一群愈來愈小的群體所獨占。由此造成的改變極為巨大。根據估計，當今的所得分配情形如果與一九七〇年相同，那麼下層 99% 人口的年所得差不多會增加一兆美元，頂端 1% 的年所得則是會減少一兆美元。[49]

這種經濟日趨不平等的情形，和社會其他領域愈來愈嚴重的不平等有關，包括我們的子女追求向上流動的前景，甚至是我們的身體健康。

來自二十世紀上半葉的證據太過稀少，因此難以確認社經流動的趨勢。不過，最好的證據是向上流動（也就是出生在貧窮家庭的兒童可望打造出比父母富裕的人生）在二十世紀上半葉出現增長，

部分原因是高中革命的功勞。經濟學家卡德（David Card）與他的同僚把這個時代稱為「向上流動的黃金時代」。[50] 如同我們在本章先前看過的，在二十世紀的頭六十幾年間，美國青年有愈來愈高的比例畢業於高中與大學。因此，在這段時期出生以及接受教育的兒童，有愈來愈多人的教育程度都超越了自己的父母，而且收入也可能比父母高。

　　不過，如同我們在前一節也看過的，整體的教育進步在一九七〇年代初期陷入停滯，於是向上流動也隨之中止。從切提（Raj Chetty）與他的同僚所從事的開創性研究當中，我們知道自從在一

圖 2.10：跨世代經濟流動性的起落，1947-2010

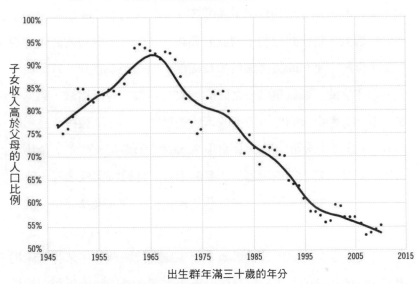

子女收入高於父母的人口比例

出生群年滿三十歲的年分

資料來源："The Long Run Evolution of Absolute Intergenerational Mobility," Data LOESS smoothed: .25.

九六〇年代晚期達到成人收入水準的那批青年開始，所得方面的向上流動就一直不斷衰減。「子女的收入高過父母的機會，在過去半個世紀已從 90% 下滑到 50%。」[51] 他們把流動性的這種衰減大部分歸咎於經濟成長果實愈來愈不平等的分配。零星但相互一致的證據也顯示經濟流動性從一九一〇年代中期的出生群（他們在一九四〇年代中期達到成人收入水準）開始上升，一路延續至一九三〇年代晚期的出生群（在一九六〇年代中期達到成人收入水準），如圖 2.10 所示。這點本身則又顯示，跨世代經濟流動性可能走上了與橫跨數十年的經濟不平等相同的道路：在大收斂期間不斷上升，一直持續到一九七〇年左右，接著在後續的半個世紀急遽下滑。[52]

　　如同我們在本章稍早看過的，美國民眾的「平均」健康狀況在二十世紀的大部分時間持續不斷改善。不過，這個「平均」掩蓋了不同區塊的人口所經歷的不同發展曲線。各個社會階級的健康趨勢在二十世紀上半葉的證據雖然頗為稀疏，但差不多在一八八〇與一九六〇年之間，種族與階級之間的健康落差似乎有所縮減，只見少數族群和勞動階級的健康情形改善的速度勝過中產階級與上層階級白人。對於疾病率和死亡率具有重大影響的公衛措施改善，都集中於聚居許多貧窮人口的地區。[53] 舉例而言，林德特與威廉森描述了各個所得階級的嬰兒死亡率在這些年間出現「令人嘆為觀止」的收斂情形。[54]

　　不過，整體人口的健康近數十年來雖然持續改善，某些健康指標當中的階級落差（可能也有種族落差）卻在過去四十年間開始擴大。貧窮人口在先前獲得的健康改善似乎已然減緩，有些案例甚至

出現了逆轉。英國醫學期刊《刺胳針》（*The Lancet*）當中一篇針對近來十幾項研究的評論指出，在過去三十至四十年來，「生存方面的社經落差出現了⋯⋯擴大。美國的中等所得與高所得人口的平均壽命有所延長，但貧窮人口的平均壽命卻陷入停滯，有些人口群體甚至還反而縮短。」[55] 由美國國家醫學院召集的一群專家指出：「研究人員廣泛認同，近數十年來，美國由社經地位造成的死亡率落差已經出現擴大。」[56]

　　如同我們先前提過的，經濟學家凱斯與迪頓描述了在一九七○年代中期之後成年的勞動階級白人當中，出現了一波「絕望之死」的浪潮。[57] 到了更晚近，美國國會聯合經濟委員會這個跨黨派組織的研究人員，則是追蹤了自從二十世紀初始以來的「絕望之死」現象。[58] 他們的研究結果（概括於圖 2.11）明白顯示這種死亡案例確實如凱斯與迪頓所發現的那樣在近來出現激增，但新的研究結果也顯示這類死亡案例早在二十世紀初期就頗為普遍，但在進步時代展開之後即迅速減少，在二十世紀中葉達到低點，接著才又逐步爬升到今天的極高比率。我們至今仍不瞭解「絕望之死」症候群的病因，但凱斯與迪頓的研究強烈顯示這種情形與經濟困頓以及不平等有關。換句話說，我們有充分理由擔憂大分歧已經蔓延到各種非經濟領域，諸如社會流動性與健康，就像先前的大收斂所帶來的平等主義影響也不僅限於直接的經濟效果當中。

　　不平等不只能夠在個人層次上衡量，也可以針對區域進行衡量。所以，我們可以合理地提出這個疑問：區域不平等（也就是富裕地區和貧窮地區在經濟福祉上的落差）在過去一百二十五年當中

圖 2.11：絕望死的增減，1900-2017

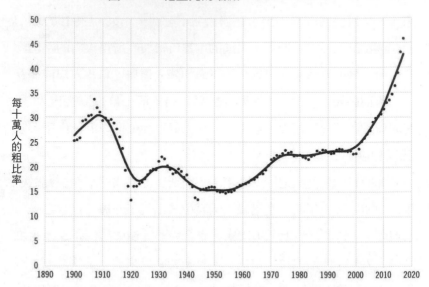

資料來源："Long-Term Trends in Deaths of Despair." Joint Econ Committee. Data LOESS smoothed: .15.

出現了怎樣的改變？廣獲認同的看法認為，區域不平等在二十世紀頭七十或八十年間持續不斷下降，與個人平等在大收斂期間的發展曲線完全相同。這項區域性收斂最重要的一項推動力，就是美國南方長期穩定追上全國其他地區的發展；而造成這項發展的原因，一部分是同一經濟體當中的不同部位之間自然而然的收斂，另一部分是聯邦政府為南方提供協助的明確政策。[59]

　　同樣也廣獲認同的是，區域收斂在一九七〇年代晚期中止，差不多就在個人所得的大收斂進入尾聲的同時，儘管研究者對於區域收斂在那個時候是否實際上出現逆轉並沒有一致的看法。這項意見

分歧有一大部分都是基於晦澀難懂的衡量方式差異，無法在此詳細說明，但那些認為區域分歧逐漸擴大的人士，通常都把矛頭指向「知識經濟」以及這種經濟集中在少數幾個高科技聖地的情形，尤其是在美國的東西兩岸。在川普執政期間，這些區域落差已成為全國公共辯論的中心議題，而且我們的政治對於該怎麼處理那些「落後」區域所抱持的意見也愈來愈趨極化。因此，關於區域不平等的辯論深深缺乏學術性，也只有未來的研究才能夠證明個人不平等和區域不平等之間的平行發展是否完整，若是的話，又該如何因應。[60]

我們怎麼會走到這步田地？[61]

是什麼因素造成大收斂，又是什麼因素造成了大分歧？近年來，我們已經聽過許多關於後者的辯論，但關於前者卻是少之又少。然而，這兩者其實不是個別的議題，因為一九七〇年代以前朝向平等的正向發展以及後續的衰退，在相當高的程度上都是由同樣的因素造成。

國際因素無疑是背景故事當中很重要的一部分，因為二十世紀那條基本的 U 形曲線在大多數的先進國家當中都可以看到。[62] 全球化是很有可能的禍首，因為人員與商品還有金錢的國際流動在二十世紀上半葉都處於低檔，接著在下半葉開始增加。[63] 不過，其他西方國家也經歷了相同的國際壓力，但是不平等的上升幅度卻沒有那麼大，可見美國的國內制度與政策確實扮演了重要角色。詳細的研究發現，外來移民對美國所得不平等的整體影響很小，對於高階級

的不平等更是毫無影響，但高階級正是所得分配變化最大的地方。[64]

國際貿易對不平等的影響是一項備受爭論的議題。在許多年的時間裡，經濟研究經常傾向於低估貿易對工資不平等的影響，認定勞工如果在一個產業裡失業，必定很快就可以在別的產業裡找到工作。不過，這種共識在二十一世紀的頭一、二十年間開始改變，現在學者都以比較慎重的態度看待貿易對工資結構造成的衝擊。貿易對不平等的影響在大分歧期間受到的研究遠多於在大收斂期間。儘管如此，若是對既有文獻做出合理的總結，應可說貿易對平等 U 形曲線的前後兩半所造成的影響都相當重要，但效果不大。[65] 此外，就算進口貿易確實對美國整體經濟有所幫助而只是對工業勞工不利，那麼我們也還是必須解釋整體的得益為什麼沒有經由重分配而對受害者提供補償。這個問題在根本上是政治問題，而不是經濟問題，因此必須留待下一章討論政治之時再加以探究。

簡言之，對美國人民造成深遠影響的那條代表經濟平等與不平等的倒 U 形曲線，雖然可能在部分程度上是全球趨勢造成的結果，但最主要的驅動力仍是國內因素，而那些因素就是我們此處聚焦的對象。事實證明，始自二十世紀頭十年間的國內制度與社會改革，竟然在相當驚人的程度上可以同時用來解釋經濟平等的提高與衰退，因為那些改革本身的盛衰正與平等和不平等長達一百年的變化節奏相同。代表經濟平等起伏的那條 U 形曲線，和一套制度變革的盛衰互相平行，並且很有可能至少在部分程度上是那套制度變革造成的結果；而那套制度變革便是在進步時代期間首度草擬並且落實。

換句話說，進步時代的社會創新與制度改革驅使美國踏上了一

條邁向經濟平等的新道路，為後來一路延續到一九七〇年代的大收斂奠定了基礎。包括夢想者與實作者在內的進步時代改革人士，打造了許多創新，諸如公立高中、工會、聯邦租稅架構、反托拉斯立法、金融管制等等。[66] 這些創新並未立刻消除所得差距，這點可從二〇年代的動盪看得出來，但對於構成大收斂基底的那些進一步發展而言（尤其是在新政期間，但不僅限於此），這些創新卻是必要的基礎。

相反的，到了一九七〇年代，早期的那些社會創新與制度改革全都開始消退，甚至出現反轉。如同我們在本章稍早看過的，教育的成長在一九六五年左右出現「暫停」；工會在一九五八年開始踏上長期的衰退；減稅在一九六〇年代中期開始導致租稅結構愈來愈趨向累退性；一九七〇年之後的放鬆管制，尤其是對金融機構的放鬆管制，推翻了始於進步時代的改革措施；而最細微但也可能最重要的一點是，「我們全都在同一條船上」的集體心態受到一種自由至上主義（有時具有誤導性地被人稱為「新自由主義」）心態所取代，認為我們並不在同一條船上。這些改變促成了一九七〇年代中期趨向不平等的那個轉折，如圖 2.8 所示。

關於這些政策轉向以及後續造成的所得和財富分配轉變，有一項熱門的解讀是把一九八一年之後的雷根革命指為罪魁禍首。因此，極為值得注意的一點乃是，在幾乎每一個案例當中，關鍵的轉捩點都出現在雷根執政之前十年以上。簡言之，一九八〇年的總統大選以及後續展開的雷根主義，其實是美國政治經濟當中這項巨變的落後指標。二十世紀頭數十年間的社會與政策創新受到的反轉，

可能是二十一世紀大分歧的近因，就像當初這些社會與政策創新的出現，也是大收斂的近因一樣。[67] 且讓我們簡短檢視相關證據。

教育創新與科技變革

　　大多數的專家都認為大收斂的主要肇因是在一九一○年前後的進步時代所出現的科技進展與教育創新（尤其是公立高中）。在其他條件相等的情況下，教育愈普及就表示平等程度愈高，因為高技術勞工的供給量增加會對高所得造成向下壓力，而低技術勞工的供給量減少則會對低所得造成向上壓力。這種變化會受到科技進展抵銷，因為科技進展會提高對於高技術勞工的需求（從而提高他們的所得），並且壓低低技術勞工的所得。因此，有一部開創性的著作，目標是要解釋所得平等在這段時期的起伏，其書名就稱為《教育和科技的賽跑》（*The Race Between Education and Technology*）。[68]

　　公立中等教育從二十世紀初期開始的巨大成長，還有大學教育在第二次世界大戰之後的巨大成長（見圖 2.6 與 2.7），帶來了兩項重要後果：國家經濟成長率因此提高，向上流動率也因此增加，原因是教育普及為出身背景不佳的兒童提供了比較公平的起跑點。另外還有一項相關的後果，則是這些改革提高了美國民眾的技術水準，從而拉高了中產階級與勞動階級的相對所得。在二十世紀的頭六十幾年間，對於技術的需求雖然逐漸上升，這項變化卻比不上高中與大學畢業生的迅速增加。[69] 由於美國的勞動人口成為全世界教育程度最高的一群，因此教育和科技之間的平衡偏向有益於平等的發展。

　　不過，在二十世紀的最後三十幾年間，科技和教育之間的賽跑卻出現了翻轉。如同在圖 2.6 與 2.7 當中明顯可見的，高中與大學的成長在一九七〇年代雙雙陷入停滯，從而導致技術勞工供給量的長期穩定增加因此中止。另一方面，經濟學家所謂的「技術偏向型科技變遷」（skill-biased technological change）造成技術程度愈來愈高的勞工受到的相對需求開始提高。高中教育對於在一九二〇至一九七〇年代期間支配了經濟成長的生產線而言雖然不錯，對於在二十世紀最後幾十年間取代了生產線的高科技實驗室而言卻是不再足夠。

　　大多數的經濟學家都認同科技變遷是促成不平等在近期增長的一項重要因素。儘管如此，始於進步時代的教育成長要是在一九七〇年代之後能夠延續並且加速發展，經濟成長與平等的神奇結合大有可能持續下去。然而，「我們」美國人卻在一九七〇年代放開了教育的油門，而從原本的加速進步轉為滑行。於是，平等長期以來逐步上升的趨勢也幾乎立刻反轉，如圖 2.8 所示。

　　概要來說，這大概是目前對於大收斂與大分歧所提出的解釋當中最廣獲接納的論點。[70] 不過，這個論點卻難以解釋頂端 1% 和美國其他勞動人口之間的落差所出現的縮減與擴大，尤其是近年來的爆炸性擴大現象。此外，這項解釋雖然因為強調勞動市場的變化而有時被人描述為「奠基於市場」，但其根基實際上是深植於政治乃至道德當中。

　　公立高中與大學在一九一〇至一九七五年間的迅速成長不是偶然。這樣的發展需要重大的公共投資，並且是興起於一項全國性的草根改革運動，正如戈丁所強調的。[71] 美國人民為什麼如此熱切支

持一九一〇至一九七〇年間的公共教育投資？這樣的廣泛支持又為什麼會消退？前面說「我們」放開了油門就是指這一點而言。至於我們為什麼會那麼做，則是本書後續會再回頭探討的一項重要難題。

工會 [72]

在鍍金時代，工會的組織為工業的領導者提供了一項潛在的抗衡力量，代表著以互助和團結的常態取代個人主義常態的發展。工會在十九世紀晚期與二十世紀初期迅速蔓延，儘管並不平均。不過，工會面臨了來自業主與經理人的強硬反抗，法院也標舉勞工與業主的個人自由而對工會形成阻力。[73]

主張各類勞工都應該加入「一個大工會」的勞動騎士團（Knights of Labor），會員人數從一八八〇年的二萬八千一百人遽增到六年後的七十二萬九千人，但接著在一八九〇年滑落到十萬人，到了一八九四年更是因為技術勞工與非技術勞工以及黑人與白人勞工之間的內部衝突而徹底瓦解。這個團體的領導角色迅速由美國勞工聯合會（American Federation of Labor）取而代之，連同一連串成立於各式手工藝與工業當中的工會：礦工（成立於一八九〇年）、電工（一八九一）、碼頭工人（一八九二）、成衣工人（一九〇〇）、卡車司機（一九〇三）等等。才不到七年（一八九七至一九〇四），全國的工會會員人數就成長到將近原來的四倍，在非農業勞動人口當中的占比從原本的 3.5% 激增至 12.3%。事實證明這一次的工會組織運動比較持久，會員人數在整個二十世紀都沒有下滑至這個新的高水位

線之下。[74]

　　罷工成了勞工對抗管理階層最有力的武器，於是在一八七〇年之後的數十年間，美國出現了「全世界任何工業國家當中最血腥也最暴力的勞動歷史」。[75] 這場鬥爭的雙方都不是以彬彬有禮的方式透過集體協商尋求妥協，而是雙雙採用暴力：從一八九二年的赫姆斯德鋼鐵罷工（Homestead steel strike）當中惡名昭彰的街頭衝突，乃至一八九四年同樣暴力的芝加哥普爾曼罷工（Pullman strike），再到一九〇二年發生在賓州的無煙煤罷工。一八九四年，民主黨總統克里夫蘭（Grover Cleveland）與司法部長奧爾尼（Richard Olney）打造了一套策略，利用法院禁制令中止普爾曼罷工。不過，到了一九〇二年，進步派共和黨總統老羅斯福任命了化解礦工罷工的無煙煤委員會，從而給予工會實質上的承認。在「富人」擔憂「窮人」造成無政府狀態與革命的這種背景之下，互助主義與妥協開始逐漸勝過個人主義與衝突，儘管勞資關係的新模式還得等上幾十年才會出現。

　　工會的會員人數在早期這些年間不停振盪，隨著經濟狀態與政治氣候而變，但長期趨勢仍是呈現上升。在此一發展的背景當中，則是對於純粹自由放任資本主義愈來愈強烈的抗拒（而且不只是在勞工之間如此），轉而偏好「產業民主」，把勞工權利以及他們在民主社群裡身為平等公民的角色連結起來。[76] 保守派人士在一九二〇年代再度展開反工會行動，結果工會的會員人數從第一次世界大戰剛結束後的五百萬高峰減少了三分之一，在一九二九年只剩下三百五十萬。進步時代的創新在一九二〇年代出現的這種「中止」或甚

圖 2.12：工會會員人數，1890-2015

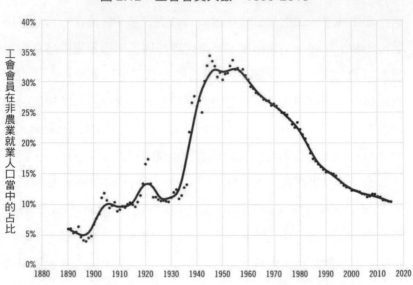

資料來源：Freeman, "Spurts in Union Growth"; Hirsch and Macpherson, "Unionstats." Data LOESS smoothed: .2. 見注釋2.80。

至逆轉現象，將會是本書的歷史敘事當中一個反覆出現的特徵。不過，不必等到新政出現，工會就在一九三〇年恢復成長，當時壓垮了就業的經濟大蕭條才剛展開（見圖 2.12）。

　　十九世紀晚期反覆出現的失業潮，長久以來一再削弱工會的發展，所以工會的會員人數在一九三〇年代開始成長之後，許多觀察家都大感意外。無可否認的是，新通過的立法終將使得工會更容易組織。一九三五年的《全國勞資關係法》（ National Labor Relations Act ）最為著名，但早在小羅斯福當選之前，一九三二年劃時代的《諾利斯－拉瓜迪法案》（ Norris-LaGuardia Act ）就取消了對工會組織造成阻

礙的若干法律。這項時間較早的法案由兩名進步派共和黨人提出，而將其簽署為法律的也是一名進步派共和黨人：胡佛總統。

不過，立法不是工會恢復成長的唯一解釋，因為在一九二○年代的停滯之後重新出現的成長，其實比這項立法還早。一九三○年代的工會成長有一大部分都是由下而上：這個時期大多數的勞工之所以會組織起來，是因為工會的罷工，而不是《全國勞資關係法》的選舉。[77] 立法雖然重要，但勞工本身已開始出現團結的精神，偶爾甚至能夠跨越族裔與種族的界線。[78]

簡言之，認為一九三○年代的工會成長是新政造成的結果這種偶爾可以聽到的主張，其實是一種過度簡化的說法，儘管新政與第二次世界大戰無疑是一九三五至一九四五年間那場驚人成長的部分因素。在一九二九年，只有 10% 左右的勞工是工會會員；但到了一九四五年，這個數字已上升至 35% 左右。也許還有更高比例的人口是工會家庭的成員，而且工會在這段時期也廣獲大眾認可。蓋洛普民調顯示，在一九三六至一九六六這三十年間，工會支持者相對於批評者的人數都穩定高於三比一。[79] 在這段時期，大多數的美國人民都開始理解到團結的好處。

不過，到了一九六○年代，工會的會員人數比率（以及工會在社會與文化上的重要性，這點將在第四章回頭探討）卻已展開一場漫長而且看似無可阻擋的下滑，以致到了二○一○年代，只剩下公部門的工會還有可觀的會員人數（尤其是老師）。服務部門雖然採取了創新的做法組織低薪勞工，卻也無濟於事。已經有許多著作探究過此一長期衰退的肇因，而此處也不適合詳盡檢視這方面的辯

論。[80] 最重要的因素包括：

- 美國經濟的結構變化把就業重點從藍領生產勞工轉向白領勞工，其中許多都是在服務與知識產業當中。不過，即便在特定部門與產業裡，工會會員人數也遠遠減少許多，所以從藍領轉向白領的變化，只能解釋不到四分之一的整體會員人數減少情形。[81]

- 勞資對立死灰復燃。這點的象徵包括一九四七年的《塔夫特—哈特萊法案》（*Taft-Hartley Act*；在杜魯門的否決下仍然獲得通過），限制了工會的運作空間，還有新上任的雷根政府在一九八一年遏止全國飛航管制員罷工。[82]（一九六〇年代冒出的一波州立法使公部門的工會得以出現可觀成長，但這項趨勢在二十一世紀初年陷入停頓。）陽光帶（Sun Belt）的興起，是工會在社會保守的南方地區勢力孱弱所促成的結果，而此一結果又回頭促成全國工會的弱化。

- 工會犯下的錯誤，包括惹人厭惡的公部門罷工，以及工會貪腐情形受到揭發，尤其是在卡車司機工會當中，在在都削弱了工會的公共正當性。[83]

- 工會不再是社交聯繫的地點。造成這種情形的部分原因是年輕勞工愈來愈傾向個人主義，寧願關在市郊的家裡看電視，也不願在工會和別人一起打保齡球。我們在第四章將會回頭探討這項因素。[84] 在全國各地，這類社交聯繫的重要性在一九六〇年代之後逐漸降低，以致工會只剩下扮演集體協商代

　　表的功能。

　　工會會員人數的起伏帶有重要的經濟影響，但這些起伏背後的肇因除了經濟以外，還有政治、社會與文化等因素。

　　如果把圖 2.8 當中的所得平等趨勢拿來和圖 2.12 的工會會員人數趨勢互相比較，我們能夠從中得到什麼啟發？首先，在一八九九至一九二○年的這二十年間，工會會員人數比率大略成長為原本的三倍。因此，工會化的發展是大收斂的領先指標，比趨向所得平等的轉折提早了十到二十年。同樣的，工會在一九五八年之後長達六十年的穩定衰退，比起所得分配的轉振點早了十到二十年，也是大分歧的領先指標。除此之外，圖 2.12 的工會會員人數倒 U 形曲線其實完全對應了圖 2.8 與 2.9 根據所得與財富平等所畫出的倒 U 形曲線。[85]

　　此一相關性本身當然不足以證明其中一者是另外兩者的肇因，因為工會會員人數與經濟不平等的變化也有可能是反應了其他某個尚未發現的因素。這樣的平行現象極為引人注目，而且我們在本書裡還會發現其他許多類似的平行現象。

　　本章的焦點在於所得與財富的分配平等。工會在種族與性別平等方面的歷史紀錄有好有壞，[86] 我們在第六與第七章將會回頭討論這個主題。不過，在經濟或階級平等方面，許多近期的研究都證實工會的成長在一九三○至一九六○年代促進了所得平等，而且一九六○年代之後的工會衰微促進了大分歧。在大收斂期間，工會提升了低收入家庭的所得，從而縮減了所得分配的落差。[87] 相反的，工

會的衰微則是在大分歧期間促成了所得不平等。[88]

　　這些影響只有一小部分來自於工會針對成員所得從事集體協商所造成的直接衝擊。[89] 研究發現，在大收斂期間，工會的發展甚至也對沒有加入工會的勞動人口[90]、廣泛的平等常態[91] 以及執行長的薪酬造成了平等化的影響。[92] 在大收斂期間，工會也為致力於促進所得平等的政治勢力提供了強大的支持。由於以上這些原因，有幾項獨立研究顯示，所得平等在一九七〇年代之後的衰退約有四分之一可以由工會化的沒落所解釋。[93] 如同高中運動，工會也是二十世紀初期追求「集體」的社會創新當中的另一個重要例子；這樣的社會創新在後續的六十年間促成了大收斂，而且這些創新在二十世紀中葉之後的衰微也促成了隨之而來的大分歧。

公共經濟政策

　　除了像工會這樣的社會創新以外，進步人士也以公共政策方面的創新來因應巨大的不平等落差。[94] 進步時代的這些政策改革並未消除貧富之間的差距，至少沒有在一夕之間達成。一九二〇年代的政治逆轉導致邁向更加平等的趨勢延宕了十年。不過，接著出現了新政，於是邁向平等的趨勢以更大的力道重新展開，並且受到第二次世界大戰所強化，在戰後又持續了四分之一個世紀。其中最為知名的政策創新有：（1）對個人與企業的所得和財產實施累進稅；（2）管制大型金融機構；（3）規定最低工資。

　　此處沒有必要詳盡探討這些政策，我們的目標只是要證明這些政策領域當中的活動全都依循跟所得平等本身一樣的倒 U 形曲線發

展，而且不是偶然。換句話說，要瞭解大收斂與大分歧，我們就必須瞭解美國人民以及我們的領袖所做出的政策選擇，在二十世紀初乃至一九七〇年代為什麼都偏好平等，但接著在極短的時間內卻又突然翻轉方向，造成對於平等的損害。這段過程實際上不只和經濟有關，而是也涉及政治，並且不只是政黨政治。

課稅與支出 [95]

隨著超級富豪和其他人的落差在第一次鍍金時代日趨擴大，累進稅改革獲得的支持因此擴展及於各種政治立場，也及於全國各地。累進稅創新是從州的層級開始施行。「十五個州在一八九〇年代開始針對高額遺產課稅；到了一九一〇年代，已有超過四十個州課徵遺產稅。」[96] 第一項聯邦所得稅（除了為支持南北戰爭而實施的臨時稅以外），以及第一項遺產稅，都在一八九四年獲得跨黨派的支持而通過。保守派的最高法院在一年後以違憲為由封殺了這些稅收，但進步人士要求矯正國內巨大經濟不平等現象的壓力仍然持續升高。共和黨總統塔夫特在一九〇九年提議修憲。到了一九一三年，這項提議已在兩大黨之間獲得足夠的共識（包括參眾兩院三分之二的議員，以及四分之三的州），因此成功修訂憲法而制定了第一項常設聯邦所得稅。這項稅收的課稅級距與累進度起初相當低，但富人應該比窮人繳交更多稅金這項原則已然確立。第一次世界大戰、新政，以及第二次世界大戰把聯邦所得稅的課稅級距和累進度不斷推高，而在一九四〇年代至一九六〇年代中期達到高點。

圖 2.13 當中的實線代表聯邦所得稅的累進度在頭一百年間的

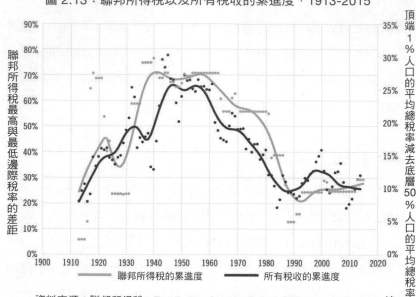

圖 2.13：聯邦所得稅以及所有稅收的累進度，1913-2015

聯邦所得稅最高與最低邊際稅率的差距

頂端 1％人口的平均總稅率減去底層 50％人口的平均總稅率

聯邦所得稅的累進度　　　　所有稅收的累進度

資料來源：聯邦所得稅：Tax Policy Center. Data LOESS smoothed: .2. 總稅收：Piketty, Saez, and Zucman, *QJEcon* May 2018. Data LOESS smoothed: 0.15.

發展，其型態是我們現在已經相當熟悉的倒 U 形曲線，轉捩點出現在一九六〇年代中期。在那個高點之後，聯邦所得稅的累進度不論在哪一黨的總統執政下都不斷下滑，從甘迺迪到川普都是如此，到了二十世紀末已接近一九一〇與二〇年代的低點。（不過，圖 2.13 也顯示近年有些總統試圖遏止這種下滑狀況，而稍微恢復課稅法規的累進度；這些總統也是橫跨兩大黨，包括老布希、柯林頓與歐巴馬。）

　　由於聯邦所得稅在美國各種稅收當中只占了一小部分，圖 2.13 當中的灰線因此顯示了所有稅收的累進度起伏狀況（包括州稅與地

圖 2.14：聯邦公司稅最高稅率，1909-2018

資料來源：Tax Foundation; World Tax Database; IRS. Data LOESS smoothed: 0.15.

方稅、為了社會安全保險而課徵的聯邦薪資稅，還有公司稅與遺產稅）。此一衡量標準乃是獨立於聯邦所得稅而計算出來的結果，採用獨立的資料來源；但儘管如此，兩者還是具有非常密切的相關性。[97] 所有稅收的累進度變化，只有部分是受到聯邦所得稅率促成的結果。實際上，薪資稅具有累退性，而且這些稅的增加（以社會安全保險費的名義課徵），是課稅制度在一九五〇年代以來更朝累退性發展這項整體趨勢的一大肇因。[98] 由於圖 2.13 涵蓋了許多不同型態的稅收，由全國各地許多不同層級的政府課徵，而且那些政府也是各由不同政黨執政，因此其長期變化不可能只是單純反映出個別黨

派「對富人敲竹槓」的傾向，而必然是揭露了政治權力與經濟平等主義模式當中比較普遍的變化。簡言之，美國課稅制度的累進度趨勢（在二十世紀上半葉趨向增加，在下半葉轉向減少）分別強化了平等在一九七〇年以前的正向發展以及一九七〇年之後的衰退。

　　進步時代改革者在課稅方面的另外兩項創新，也是大收斂與大分歧的重要促成因素。聯邦公司所得稅在一九〇九年實施，一般估計由股東承擔，因此基本上具有累進性。如同圖 2.14 所示，最高級距公司稅的升降也呈現出熟悉的 U 形曲線，從一九〇九年的 1% 穩定上升到一九六八至一九六九年間的高峰，達 53%，接著又從一九七〇年開始逐漸下滑，直到川普總統在二〇一八年的減稅措施將其減至 21%，達到八十年來的最低點。[99]

　　進步時代的第三項租稅改革，則是以財富繼承的不平等為目標。體現於巨大家族財產的繼承優勢深深違反了機會平等的規範（亦即所有人在人生中的起跑點都應該一致），因此就連洛克斐勒與卡內基等最富有的鍍金時代受益者也都支持對高額遺產課稅。[100] 遺產稅最高稅率以及涵蓋於此一稅項當中的遺產規模呈現出明白可見的倒 U 形曲線，在一九一六到一九四一年間大幅上升（尤其是在一九三一至一九四一年間），接著轉為緩慢上漲，一直持續到一九七六年，當時只要是超過三十萬美元的遺產就必須課稅，而且最高稅率達 77%。[101] 值得注意的是，遺產稅趨向嚴格的這項發展不只是單純歸因於小羅斯福、新政，以及戰時的預算需求。實際上，遺產稅升高幅度最急遽的一次（一九三〇至一九三二），竟是在胡佛任內通過！[102]

圖 2.15：遺產稅最高稅率以及免稅額，1916-2017

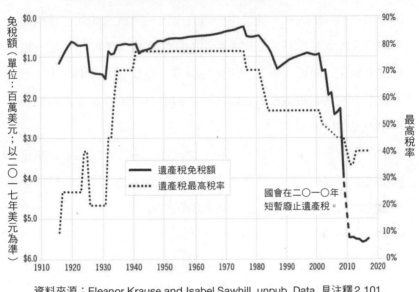

資料來源：Eleanor Krause and Isabel Sawhill, unpub. Data. 見注釋 2.101.

　　不過，依循我們熟悉的倒 U 形曲線，遺產稅的最高稅率在一九七六年後的四十年間逐漸下降，開始課稅的門檻也逐漸提高，如圖 2.15 所示。川普的減稅措施在二〇一六年把遺產稅的免稅額提高到五百五十萬美元，最高稅率則是降到 40%，導致遺產稅的影響力幾乎退回鍍金時代的程度。

　　總而言之，如同皮凱提與賽斯所主張的，大收斂出現的一項重要原因是「累進所得稅（以及累進遺產稅與公司所得稅）的創造與發展」。[103] 此外，賽斯與他的同僚也指出這項引人注意的事實：課稅制度的累進性與稅前所得平等之間存在著強烈相關性。換句話說，高稅賦不只會削減高所得，而且稅前所得分配與租稅累進性這

兩者的決定也似乎有所關聯，也許是因為這兩者都有一部分是為了因應相同的外部因素，或是由於別的原因。[104] 就算如此，我們對於美國租稅的累進度長期變化所從事的簡短檢視仍然顯示了這一點：在政黨政見、租稅遊說者、稅務委員會，以及全國各地數千個管轄區當中的稅務官吏這樣的表面之下，潛藏著一股平等主義力量長達百年的起伏變化。

政府財政政策不只包含課稅，也涵蓋支出。如同我們在本章先前提過的，包括課稅與移轉在內的政府財政活動所造成的淨效果，是適度增進所得平等，但此一增進的重要性會隨著時間而異，也會因課稅和移轉而有所不同。圖 2.8 那兩條曲線之間的距離變化，可以用來粗略衡量政府在不同時期的課稅與支出決策對於消弭不平等的效果有多大。支出面的累進度在二十世紀上下半葉都不斷上升，基本上是因為政府總規模的成長，以及政府支出在淨效果上具有重分配性。因此，一直到一九八○年左右，政府在課稅與支出方面的措施都傾向於強化平等；但在一九八○年之後，租稅變化雖然傾向於強化不平等，支出變化卻還是傾向於降低不平等。所以，就整體而言，自從一九八○年以來的租稅與支出稍微降低了所得不平等，讓平等狀況原本應該幅度會更大的衰退得到緩衝。

但重要的是，大部分的這些擴大支出都代表了中產階級資格型福利計畫的成長，諸如社會安全保險以及聯邦醫療保險。[105] 在這些日益增長的移轉計畫之下，最大受益者是身處於所得分配中段 40% 的中老年美國民眾，而不是底層的 50%。這樣的支出（實際上是把金錢從年輕人手中移轉到中老年人身上）把所得的**年齡**分配變得更

平等，大體上終結了老年貧窮這種在一九六○年代期間令眾多社會改革者（例如《另一個美國》〔The Other America〕的作者哈靈頓〔Michael Harrington〕）深感憤慨的禍害。不過，這些新支出對於所得的**階級**分配並**沒有**如此顯著的效果，而這點也令哈靈頓感到憂心。[106]「對抗貧窮之戰」只贏得一場戰役，就是對抗老年貧窮之戰。這些移轉對於頂端 1% 與底層 50% 之間的落差並沒有造成什麼縮減的效果。「因此，下層半數的成年人口被排除在經濟成長之外超過四十年之久，而且他們的稅後所得雖然稍有提高，卻也都被健康支出的增加吸收殆盡，」經濟學家皮凱提、賽斯與祖克曼總結指出。[107]

　　要看出美國社會福利制度在過去半個世紀以來的偏差發展，一個方法是把每個家庭的每月平均「福利」獲益拿來和退休勞工與配偶享有的每月平均社會安全保險給付互相比較，如圖 2.16 所示。從一九三○年代中期到一九七○年左右（也就是我們現在已經相當熟悉的轉捩點），這兩種分別針對「窮人」與「老年人」所提供的補助一直齊頭並進，在一九七○年達到 900 美元左右（以二○○三年美元為準換算）。不過，在後續的三十年間，社會安全保險的平均實質給付持續提高，在二○○一年達到 1,483 美元，但平均實質福利給付卻不斷下降，在二○○一年滑落到 392 美元。[108] 由於社會安全保險給付依照通貨膨脹調整，但福利給付卻沒有，使得這兩個群體的差異愈來愈大。[109]

　　總而言之，在大收斂期間，租稅與支出都朝累進方向發展，所以政府重分配是平等提升的一大助力。相對之下，在大分歧出現之後，租稅轉向累退發展，儘管支出仍然持續趨向累進，從而減緩了

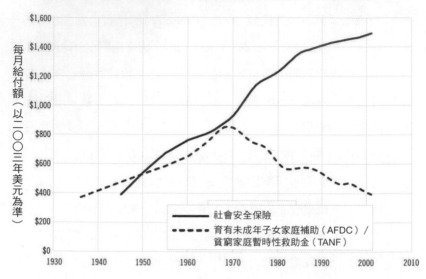

圖 2.16：以老年與貧窮人口為對象的社會支出，1936-2001

資料來源：Robert Sahr, *PS* 2004. 見注釋2.108。Data LOESS smoothed: 0.15.

一九八〇年之後邁向不平等的趨勢，至少對於年老的中產階級人口是如此。政府財政活動的淨效果在解釋大分歧方面比較沒那麼有效，比較重要的是市場及其他非市場力量。不過，必須要記住的是，政府的非財政作為（或者不作為）也可能對所得不平等具有強大的間接影響；一個重要的例子，就是我們接下來要談的管制政策。

金融管制

　　大型托拉斯與獨占企業的反競爭行為，尤其是大型金融機構的不當行為，是鍍金時代抗議活動的其中一項主題。一八七三與一八九三年的金融恐慌（由輕率而且經常具有欺詐與貪腐性的金融投機

活動造成，尤其是在銀行與鐵路業當中）造成長期的嚴重蕭條，鄉下貧窮現象與工業失業情形日益升高，從而帶來平民主義運動與政黨的興起，並且終究促成進步時代的改革。這一切在當今的美國生活中都可以找到鮮明的平行現象，尤其是在二〇〇八年金融危機與經濟大衰退之後。[110]

不意外，金融管制是進步時代的一大政策創新（例如成立具有監理權的聯邦準備理事會，以及一系列的「解散托拉斯」措施）。在經濟大蕭條之後，這些制度受到各種創新的大幅強化，例如成立美國證券交易委員會。在一九三〇至一九五〇年代之間，聯邦行政部門又陸續在這些基礎上實施更加嚴格的管制措施，而且這些措施一直持續到一九七〇年代晚期的放鬆管制運動為止。大收斂期間對於金融服務的加強管制，造成金融業者的收入大幅減少。由於在華爾街公司與大銀行工作的人士在所得分配的頂端層級當中非常醒目，因此減少他們的收入乃是促進平等的一股重要力量。[111]

如同圖 2.17 所示，在自由市場經濟學家的影響下，金融市場的放鬆管制於一九七〇年代展開，造成了又一條熟悉的倒 U 形曲線。經濟學家菲利蓬（Thomas Philippon）與雷謝夫（Ariell Reshef）指出，金融鬆綁無可避免地造成與金融服務產業有關的所得往上攀升。[112] 實際上，他們估計認為，在大分歧期間的所得不平等增加總量當中，有 15% 到 25% 都可以歸因於這項因素。

當然，反競爭而且未受管制的市場集中是當今備受討論的議題，而且不只是在金融領域當中，就和一百二十五年前一樣。不論在當時還是現在，這個問題都是在科技最先進的部門裡最明顯可

圖 2.17：金融市場的管制與鬆綁，1909-2006

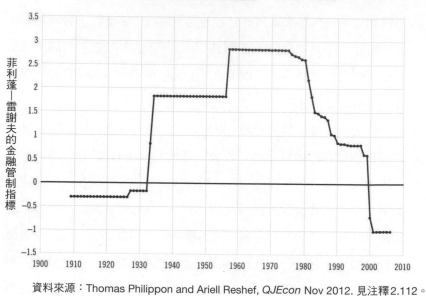

資料來源：Thomas Philippon and Ariell Reshef, *QJEcon* Nov 2012. 見注釋2.112。

見：在當時是鐵路、電話、鐵與鋼等產業，在今天則是網路與製藥大廠。不過，反競爭行為在當時與現在也都一樣普遍可見於許多產業當中。在這一百二十五年間，我們在非金融部門裡並未找到類似的市場集中或市場管制資料，所以無法畫出一幅相當於圖 2.17 這樣的圖表，但這項原則不只適用於十九世紀末，它看起來也同樣適用於二十一世紀初。[113] 我們在第五章將會探討，一九七〇年代的放鬆管制運動背後的智識根源，其實植基於一九六〇年代的新右派。

最低工資

最後一個能夠映照出並且有助於解釋二十世紀的經濟平等起伏

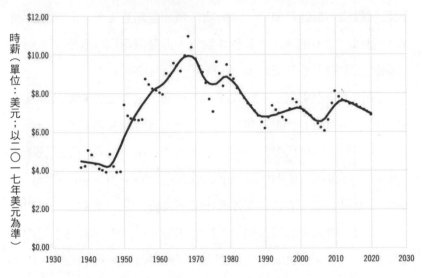

圖 2.18：美國實質最低工資，1938-2020

資料來源：Department of Labor; Federal Reserve. Data LOESS smoothed: 0.15.

現象的公共政策例子，是最低工資政策。在二十世紀的頭數十年間，美國不少個州都實驗過最低工資法，[114] 但聯邦政府卻是直到新政晚期才跟進。在那之後，經過通膨調整的全國最低工資所經歷的變化也呈現出我們熟悉的倒 U 形曲線，在一九六八年達到巔峰，和我們在本章探究過的其他曲線幾乎在同一個時間（見圖 2.18）。

　　近年來，最低工資的起伏因為在大收斂與大分歧當中扮演了重要角色而吸引了許多注意，許多州與地方政府也都在近來提高了最低工資，企圖藉此逆轉所得不平等的發展。[115] 關於最低工資法對工資水準的直接影響，是不是會因為這種法律對於低薪就業機會造成的間接負面影響而完全或者部分遭到抵銷，經濟學家目前的意見極

為分歧。各州與地方政府推出的眾多新措施可望在不久之後協助解決這項爭論，但就目前而言，一項合理的觀點是這種法律可能對所得分配底端的不平等現象有些許效果，但是對頂端毫無影響，而近年來最巨大的不平等正是集中在所得分配的頂端。[116]

最低工資歷史當中最引人注目的意涵，也許是它的起伏非常密切依循相同的倒 U 形曲線發展，先是在進步時代起源於州的層級，接著在一九三〇年代提升到國家層級，並且在一九六〇年代晚期達到巔峰，然後和其他與所得不平等具有因果關係的一切因素在同一個時間出現衰退。因此，在各式各樣不同的公共政策當中，我們都可以看到一種廣泛的鐘擺現象：在半個多世紀當中朝著更平等的方向發展，接著又在至少半個世紀的時間裡轉趨不平等的方向。由於這些政策本身都影響了美國的所得最終分配，所以也就難怪政策鐘擺看來似乎與結果鐘擺具有完全的相關性。不過，其背後的因果關係可能沒有這種相關性所暗示的那麼簡單。

社會規範

許多經濟學家在仔細檢視過所得不平等在過去半個世紀以來的日益增長之後，都強調我們概述過的那些因素。「在美國，」皮凱提、賽斯與祖克曼指出：「所得下層 50% 的停滯，以及頂端 1% 的急遽上升，正與累進稅的減少、廣泛的管制鬆綁（尤其是在金融部門）、工會弱化，以及聯邦最低工資的衰退同時間出現。」[117]

另一方面，政策並非「外生」（用經濟學家的話來說），亦即政

策不是外部因素，不像太陽黑子那樣，其肇因可以略去不理。相反的，注意到這些政策擺盪的重要性，更會迫使我們必須解釋政策改變的時機與方向。偏好平等的政策為什麼會在大收斂期間實施，而這些政策又為什麼在一九六五年前後十年間紛紛出現改變？所有這些獨立因素都在一百年的時間裡出現同步的上升與下降，就像一支訓練有素的芭蕾舞團一樣，實在不太可能是巧合。

從比較大的框架來看，經濟平等趨勢的起源很可能大部分都是來自於純經濟領域之外。政治看起來很有可能是背景故事當中的一個重要部分，我們在下一章將會探討這一點。[118]另一方面，如同我們在討論雷根主義之時注意到的，政治本身所扮演的因果角色可能很複雜。從平等轉變到不平等政策與結果的轉捩點，比起雷根在總統選舉中大獲全勝的時間還早；所以就此一意義上而言，政治似乎是經濟變化的落後指標，而不是領先指標，但我們在本書中將會數度回頭探究這個引人好奇的問題。

在曲線的上升與下降當中，社會規範的改變很有可能都是背景故事中很重要的一部分。經濟學家通常不願援引這類「軟性」因素，部分原因是這種因素非常難以衡量。儘管如此，許多研究大收斂與大分歧的頂尖經濟學家，包括克魯曼（Paul Krugman）、皮凱提、賽斯、阿特金森（Anthony Atkinson）與戴蒙德（Peter Diamond）在內，都一致認為如果不把公平與正直等規範納入考量，根本不可能解釋經濟平等的大幅擺盪。[119]

二十世紀初始對於「金權政治」極為猛烈而且持續增長的敵意，反映了大眾對於不平等現象的道德憤慨，而這種道德憤慨在強調社

會達爾文主義與所有權的鍍金時代並不存在。這項規範變化在一九二〇年代短暫受到紅色恐慌所打斷，但經濟大蕭條造成的嚴重災害再度為社會團結的理想賦予了力量，而不再注重赤裸裸的個人主義，即便是像胡佛這樣的共和黨人也是如此。[120] 眾人在第二次世界大戰當中廣泛共同承擔的犧牲，在最偉大的一代裡高度強化了平等主義的規範，而這個世代也接著在戰後的四分之一個世紀中主導美國社會與政治。高階主管的薪酬在這段時期無疑受到節制，而予以抑制的力量包括公平與禮儀的規範，以及所謂的「憤慨」因素。[121]

我們在第五章將會更直接探究美國的文化在一九六〇年代有多麼大幅轉向個人主義，但只要透過一項比較，即可顯示出這項轉變如何影響了高階主管的薪酬。一九六〇年代初期，商業大亨喬治・羅姆尼（George Romney）是美國汽車公司的董事長暨執行長，他所獲得的薪酬也相當豐厚。在他薪酬最高的一九六〇年，他也只進帳了六十六萬一千美元（相當於今天的五百五十萬美元）。儘管如此，他還是經常拒絕各種獎金與加薪，認為那些酬勞超過了合宜的程度。舉例而言，他在一九六〇年拒絕了一筆十萬美元的獎金，並且在五年當中總共拒絕了二十六萬八千美元的酬勞（約略相當於他在那段期間總收入的 20%）。他擔心薪酬過高可能對高階主管造成的影響：過度豐厚的報酬可能會造成「追求成功的誘惑，恐怕會令人無法專心於更重要的事物」。[122] 此外，他的收入還有三分之一以上用於繳稅。

五十年後，他的兒子米特（Mitt Romney）在二〇一〇年賺進二千一百七十萬美元，約是父親最高收入的四倍。在這筆收入當中，

他繳交的實際稅率只有 13.9%，約是他父親所繳稅率的三分之一。沒有證據顯示米特曾經自願交還自己的薪酬，但他和妻子在二〇一〇年捐贈了三百萬美元的慈善捐款，包括捐給摩門教會一百五十萬美元。在二〇一二年的總統選舉期間，他說：「有 47% 的人口……依賴政府過活，自認為是受害者……這些人完全沒繳所得稅……所以，我的工作不是要擔心這些人。我絕對無法說服他們為自己負起責任，把自己照顧好。」他的父親也曾在一九六八年競選總統，當時社會規範從「自我」轉為「集體」的六十年趨勢正值巔峰，他從沒說過這樣的話。[123]

　　這無疑是極端案例。一九六〇年代大多數的高階主管都不像喬治那麼慷慨，今天也很少有人像米特賺得那麼多。儘管如此，他們兩人對於經濟平等的不同觀點，卻可讓我們清楚看出薪酬與經濟平等的規範在過去半個世紀以來的轉變。的確，這些規範轉變提供了一項可能深具說服力的解釋，能夠說明不平等現象在整個二十世紀期間的轉變，還有公共政策的轉變，諸如同樣在六〇年代中期出現轉捩點的教育投資與租稅累進度。我們將在第五章回頭探討社會規範變化的問題。

　　就目前而言，我們可以總結以上從一個簡單得令人吃驚的圖表當中對於經濟平等的趨勢所獲得的瞭解，因為我們在此處檢視的各項趨勢，相互之間都密切吻合。圖 2.19 把本章所有相關的圖表結合成單一一條曲線，呈現出我們在此處檢視的各項衡量標準當中一再看到的那種倒 U 形。[124] 這條曲線顯示了進步時代為了增進經濟平等的基礎性努力、興旺的二〇年代期間短暫的逆轉，以及一九三

圖 2.19：經濟平等，1913-2015

資料來源：見注釋1.4。Data LOESS smoothed: .1.

○年之後以更大的力道重新趨向平等，最後在一九六○年左右達成
大收斂。接著，我們看見大分歧期間以愈來愈快的速度朝相反方向
發展，邁向愈來愈高的不平等，一路持續至二十一世紀。這項經濟
發展模式的廣泛意涵（也就是我們所謂的「自我─集體─自我」曲
線當中的一個面向）及其可能的肇因，將在後續的章節加以釐清。

3 ｜ 政治：從部落主義到相互禮讓，
接著又退回原點

　　眾所皆知，美國的開國元勳未能預見他們創立的這個新共和國當中將會出現不同政黨，但如同麥迪遜在「聯邦黨人第十號文件」（Federalist 10）指出的，他們完全瞭解「拉幫結派的潛在肇因……深植於人的本性」。歧見是政治當中一項恆久不變的特徵，尤其是民主政治。不過，歧見如何被框架以及如何受到解決，在美國歷史上並非固定不變。史學家記錄了我們的政治鬥爭如何在激烈程度上起起伏伏：舉例而言，美國在一八一五至一八二五年間曾是「和睦年代」（Era of Good Feelings），但四十年後卻陷入了南北戰爭的自相殘殺。

　　在本章，我們要探究政治衝突在過去一百二十五年來如何受到框架以及重新框架。我們首先要從事的是描述工作：自從十九世紀末以來，美國的政治極化有哪些起伏？我們將會發現，從許多衡量標準來看，極化現象在這段期間都呈現為一條倒 U 形曲線，和我們在前一章看到的經濟平等曲線極為近似。在本章結尾，我們將會從

單純的描述轉為探究極端極化可能會對美國民主造成什麼影響。

　　極化究竟是什麼意思，又可以怎麼衡量，是近數十年令政治學家爭辯不已的問題。不過，有一幅圖表卻廣獲接受為這項辯論的起點。對於二十世紀政黨史，幾乎所有政治學家都接受圖 3.1 所呈現的這個基本曲線版本，儘管這條曲線的後半段所受到的探究遠多於前半段。這幅圖顯示跨黨合作情形在十九世紀末並不多，而且還持續衰退（換句話說，黨派衝突相當激烈，而且還不斷加劇）。[1]（如同第二章說明過的，為了避免混亂，本書所有圖表的安排方式都是以「向上」代表更加平等、較不極化、更多人際連結，以及更注重社群主義。）鍍金時代是一段強烈政治極化的時期。不過，新世紀的展開與進步運動的興起帶來了一個轉捩點，跨黨合作開始變得愈來愈常見，只有在興旺的二〇年代短暫趨緩，接著就又在新政與第二次世界大戰期間達到新高。這項合作趨勢在一九五〇年代就不再上升，不過黨派對立要到一九七〇年代才開始變得愈來愈激烈，而且跨黨合作也逐漸減少。[2] 黨派對立在過去五十年持續加速發展，造成了我們今天生活在其中的這個嚴重極化的世界。本章首先針對存在於圖 3.1 背後的政治起伏提出歷史記述。在本章的後半段，我們將轉向極化和去極化的各個層面、肇因以及後果當中的量化證據，從而問道：「那又怎麼樣？」

第一個鍍金時代以來政黨政治的起伏

　　近數十年來，極化現象主要都發生在左派與右派以及自由派與

保守派這類大家熟悉的意識形態層面上。不過，極化並非向來都與意識形態的距離有關。[3] 十九世紀末的政黨衝突乃是聚焦於和我們當今這個時代不太一樣的領域當中，但不論當時還是現在的政治都一樣極化，如圖 3.1 所示。這兩個時期都可以見到激烈的黨派傾軋，而且這兩個時期的極化也都是奠基在強烈的黨內凝聚力以及政黨之間的零和衝突之上。這種衝突抗拒妥協，並且致力於妖魔化對手，雙方之間完全找不到共同點，每一方都把勝利界定為對方的失敗。

　　十九世紀末的政治分歧根源於南北戰爭（共和黨在北方揮舞著「血衣」，煽動民眾仇視民主黨的「穩固南方」）以及區域經濟落差（以

圖 3.1：國會裡的跨黨合作，1895-2017

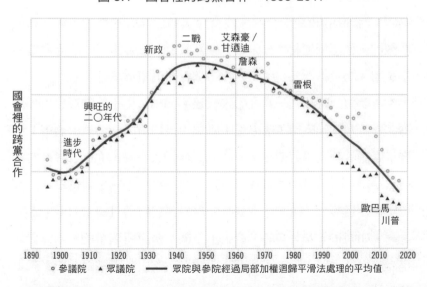

資料來源：Congressional Roll-Call Votes Database 2019. Data LOESS smoothed: .2.

農業為主的南方與西部,相對於工業化的中西部與東北部),但這些差異極少是我們今天所認知的「意識形態」差別。舉例而言,在一八六〇至一九一二年這半個世紀期間唯一當選的民主黨總統,是克里夫蘭這位所謂的波旁民主黨人。他大體上都支持保守派商業利益,但在一八九七年卻又獨力否決了種族歧視性的反外來移民立法。鍍金時代的極化主要不是關於政府大小相對於自由市場的問題,儘管這個議題在下一個世紀將是政黨政治的主要爭點。

　　十九世紀末的政黨立場主要是遵循部落主義,也就是各自形成巨大的恩庇網絡,相互競逐利益。強化區域經濟分歧的因素,還有族裔隔閡以及和當今的情形頗為近似的文化與城鄉差距。禁酒令(以及它背後的宗教保守主義)是美國政治在一八九〇年代之後的一條主要分界線,到了一九三〇年代才因為受到廢除而不再是國家議題。[4] 當時的政黨衝突雖然沒有今天的這種意識形態色彩,卻極為激烈,如同納斯特(Thomas Nast)在當時繪製的一幅政治漫畫所示(圖3.2)。和今天一樣,當時跨黨聯盟也頗為罕見。[5]

　　隨著鍍金時代在一八九〇年代達到巔峰,極化的情形也更加激烈。一八九三年恐慌(帶來美國歷史上最嚴重的一場經濟衰退)引發了廣泛的勞資暴力衝突。一八九六年由民主黨的布萊安(William Jennings Bryan)與共和黨的麥金利(William McKinley)競選總統的那場重組性選舉,是後南北戰爭時期最針鋒相對而且勢均力敵的選舉之一。如同布萊安著名的「黃金十字架」演說所顯示的,兩黨尖銳爭辯關稅與貨幣政策。布萊安展開雙臂,擺出基督被釘在十字架上的姿勢,他怒聲指出:

由於我們身後站著這個國家以及全世界的生產大眾，再加上商
業利益、勞工利益以及所有勞苦工作者的支持，我們會這樣回
應那些要求實施金本位制的主張：「你們不能把這頂荊棘頭冠
強戴在勞工的額頭上；你們不能把人類釘上黃金十字架。」[6]

一八九六年選舉背後的政黨衝突除了奠基在階級或意識形態
上，也植根於產業部門和地域的隔閡當中，因為大多數的共和黨人
都是工業選民，尤其分布在北方與東部，而大多數的民主黨人則是
分布在農業地區，尤其是在南方與西部。舉例而言，在一八九六年
的眾議院選舉當中，當選的共和黨議員有 86% 都來自工業地區，
而當選的民主黨議員則有 60% 來自農業地區。[7]

在一八七○年代開始蔓延於工業化北方的罷工與暴力浪潮，以
及最後隨之而來的無政府恐怖主義，一路持續到一九二○年代。[8]
另一方面，隨著重建時期在一八七七年結束，南方白人對黑人的壓

圖 3.2：納斯特針對 1870 年的黨派傾軋繪製的漫畫

SECTARIAN BITTERNESS.

資料來源：*Harper's Weekly* 13, Feb. 26, 1870. Courtesy of Harvard University Library.

迫也日趨暴力，終究造成整個南方區域實施種族隔離的吉姆·克勞法（Jim Crow），在一八九六年經由「普萊西訴佛格森案」（Plessy v. Ferguson）受到最高法院批准。一八八〇年代湧現一股對黑人動私刑的浪潮，並且在一八九二年達到每隔一天就有一起暴行的可怕發生率。儘管美國北方深感擔憂，這種情形卻還是持續了數十年之久。[9] 不過，不論黑人的處境有多麼艱困，種族議題卻是直到二十世紀後期才在全國性政黨的政策方針當中成為重要議題。[10] 我們在第六章將會回頭探討這個時期的種族壓迫史，以及種族發展在接下來那個世紀出現進步與退步的複雜過程。就目前而言，關鍵的重點是在二十世紀之交，美國北方與南方的政治都呈現充滿暴力的分裂狀態，是過去將近半個世紀以來未曾見過的情形。

這些黨派分歧的激烈程度導致新出現的重大問題未能受到認知與解決。在愈來愈多的選民眼中，兩大傳統政黨及其領袖並未幫助國家因應新出現的急迫議題。平民黨（Populists）、自由銀黨（Free Silver Party）與社會黨（Socialists）等第三政黨紛紛崛起，於是改革聯盟逐漸開始跨越政黨界線。進步運動（以及老羅斯福後來成立的進步黨，又稱「公麋黨」〔Bull Moose Party〕）就體現了這種不滿。到了一九一二年，這類第三政黨在總統大選當中已可囊括 35% 的全國普選票。這是第三政黨在美國歷史上達到的巔峰，也是大眾對於極化政黨制度感到不滿的徵象。[11]

在國家施政目標當中爭搶位置的新議題，包括老年人口、失業人口與殘障人口的保險；累進所得稅與遺產稅；環境法規；勞動改革；大型獨占企業過大的權力；女性投票權；競選財務改革；以及

全民健康保險。（這些議題和我們當今的政治議題之間的近似程度令人吃驚。）這類改革受到的支持，起初都是集中在進步派民主黨人當中，但隨著新世紀展開，像是老羅斯福這樣的自由派共和黨人也成為進步主義的強力擁護者，於是共和黨開始分裂成「保守派」與新興的「進步派」。這項跨黨的進步主義運動首先在一八八〇與一九九〇年代浮現於州與地方層級，但隨著老羅斯福在一九〇一年因為麥金利遭到刺殺而出人意料地接任總統之後，即在國家層級逐漸獲得重視。如同我們在下一章以及最後一章將會看到的，公民社會當中的社運人士與社會運動，包括激進工會會員、睦鄰運動組織者、改革派地方政治人物乃至教會領袖，都在此一過程中扮演了重要角色。

　　一如政治學家諾爾（Hans Noel）所言：「進步主義人士打亂了既有的政黨聯盟。……進步主義元素跨越了政黨，並且最終重塑了那些政黨。」[12] 的確，到了一九一二年，老羅斯福、塔夫特與威爾遜這三大總統候選人都自稱為進步主義的支持者。他們的政策並不相同，而且他們所屬政黨的黨員也不全都是進步主義者，但他們三人卻都支持反壟斷措施以及累進聯邦所得稅。老羅斯福的公麋黨雖在這場選舉中落敗，該黨的一九一二年政見卻協助確立了威爾遜總統任內的進步主義政策目標、新政，以及其他發展。[13]

　　政黨界線在進步時代開始模糊的一個徵象（可見於圖 3.1），就是那個時期的重大改革分別受到共和黨與民主黨政府施行，而且獲得的支持（以及反對）也都橫跨兩黨。在一九〇六至一九一九年間通過的十大改革當中，包括州際商業委員會、《純淨食品與藥物

法》、聯邦所得稅、參議員直選、一九一三年的關稅削減、聯邦準
備系統、《克萊頓反托拉斯法》、童工規範、禁酒令，以及女性投票
權，行政當局在參眾兩院平均都可獲得 78% 的本黨議員支持，還
有 40% 的反對黨議員支持。[14] 按照政黨界線投票的做法，開始受到
跨黨聯盟所取代。

　　第一次世界大戰之後，跨黨派的進步運動持續緩和黨派的極
化，尤其是在國會當中，儘管步調不如戰前的進步主義全盛期那麼
快速。國會改革降低了中央集權領導結構的權力，於是更多立法行
動開始出現在委員會裡，因為跨黨聯盟（重新形成為跨黨派的「進
步聯盟」〔Progressive Coalition〕，並且獲得正式地位）在委員會裡能
夠更加獨立於兩黨而自由運作。[15] 就連在十九世紀曾是政黨分歧關
鍵軸線的貿易政策，到了一九二〇年代也不再那麼壁壘分明，例如
在關稅議題當中也可見到跨黨聯盟。即便在總統政治當中，兩黨在
一九二〇年都曾經考慮過提名進步派的共和黨員胡佛作為總統候選
人。小羅斯福曾在私下寫道：「胡佛無疑是個了不起的人物，我希
望我能夠讓他成為美國總統。」[16]

　　當然，進步運動沒有消除極化現象，但它促使兩大黨的領袖思
考改革主義、平等主義，甚至是社群主義的觀點，因此為後續數十
年的降低極化奠定了基礎。這項進步主義趨勢不只如圖 3.1 所示的
那樣影響了國會表決行為，也把兩黨當中一群新世代的改革者帶入
政治裡，於是他們也就主導了後續數十年的總統政治。這些人雖然
不是全都終生保持進步主義的立場，但二十世紀上半葉的十位共和
黨總統提名人與八位民主黨總統提名人當中，分別有八位和六位在

世紀之交展開政治生涯之時都是廣義進步運動的成員。[17] 在政治當中，一如我們在前一章檢視過的經濟政策一樣，進步時代也對二十世紀上半葉造成了深遠影響。

不過，進步運動的直接影響在一九二〇年代開始消退，共和黨人與民主黨人之間的合流似乎趨於減緩。在老羅斯福之後，共和黨人開始拒卻利用政府來因應社會議題的這種進步主義觀念。在政府於第一次世界大戰期間迅速擴張之後，共和黨員哈定以「回歸常態」的口號當選總統。他的後繼者柯立芝在二十年前原是以進步主義者的身分踏入政治，但在一九二五年擔任總統期間，卻一面削減租稅與支出，同時一面宣稱「美國人民的要務就是做生意」。[18]

一九二八年的選舉反映了美國社會在十九世紀末最深沉的衝突：關於外來移民、宗教、禁酒令，以及小鎮相對於大都會。這場選舉當中的兩名對手分別是艾爾・史密斯（Al Smith）與胡佛，前者是信奉天主教的都會紐約人，後者則是曾任採礦工程師，打出了進步人道主義者的名聲，並由於其貴格會信徒的生長背景而真心投入社群和服務。胡佛的傳記作家肯尼斯・懷特（Kenneth Whyte）稱他為自由派共和黨人，是「進步主義的化身」，尤其是比較技術官僚版本的進步主義。[19] 在總統任內，面對一九二九年史無前例的全球經濟崩潰，胡佛雖然受限於當時那種對於政府行動抱持懷疑態度的正統保守派經濟理論，但在其他面向上，他仍然傳承了進步時代的精神，也自認為是進步時代的繼承人。[20]

經濟大蕭條造成的心理創傷、小羅斯福在一九三二年獲得的壓倒性勝選，以及後續的新政，造成許多共和黨進步主義者轉變為反

動者。胡佛在一九三二年的慘敗之後，對於小羅斯福及其新政就變成愈來愈激憤的批評者。在整個一九三〇年代期間，富有而保守的商界人士在反動的美國自由聯盟（American Liberty League）引領下，對小羅斯福展開惡毒的攻擊，指稱他「背叛了自己的階級」。小羅斯福則是不慍不火地回應道：「我歡迎他們的仇恨」，並且將他們稱為「經濟保皇派」。[21]

另一方面，隨著新政的推行，跨越黨派的結盟以及政策立場並未減少，而是愈來愈常見，因此降低了政黨的極化。新政造成進步派民主黨人與保守派南方民主黨人的歧見愈來愈深，也讓自由派與保守派的共和黨人愈趨分裂。[22] 一群強而有力的自由派共和黨人，主要分布在當時仍然勢力龐大的東北部，試圖藉著接受小羅斯福的社會福利政策以重振自身的政黨，但同時也抨擊他的經濟「國家主義」。時運不濟的蘭登（Alf Landon）是中間派共和黨員，他在一九三六年獲得共和黨提名為總統候選人，提出的政見走中間路線，對新政當中的關鍵元素採支持立場。[23]

共和黨在一九三六年遭遇了更甚於一九三二年的大敗之後，黨內有更多領袖體認到接受新政大部分內容的必要性。一九三八年，迅速崛起的紐約州長湯瑪斯·杜威（Thomas E. Dewey；他後來在一九四四與一九四八年兩度獲得共和黨提名為總統候選人）自稱為「新政共和黨員」。在一九四〇年大選前夕，參議員范登堡（Arthur Vandenberg）這位極度保守的孤立主義者寫了一篇廣受注意的文章：〈必須挽救新政〉。[24]

另一方面，在小羅斯福的第二任內，保守派的南方民主黨人對

於新政愈來愈感不滿，一部分（確實只占一部分）是因為種族的問題。有些學者把一九三〇年代晚期的去極化歸因於南方民主黨人為了種族問題而脫離新政聯盟。[25] 這項事實（也因此連同種族問題在內）明顯可見是事情發展當中的一個重要部分，但是並無法解釋共和黨對於新政出人意料的支持。平均而言，復興金融公司、《農業調整法》、田納西河谷管理局、《全國工業復興法》、《國家住宅法》、公共事業振興署、社會安全保險、《全國勞資關係法》以及《勞動公平標準法》，這九大新政改革都獲得 81% 的民主黨國會議員支持，但支持的共和黨國會議員也達將近半數（47%）。[26]

　　簡言之，兩黨內部都在種族、外交政策與社經政策等方面出現分裂，但兩黨的總統候選人在政見立場上卻是出乎意料的相近。一般觀點認為經濟大蕭條是兩黨壁壘分明激烈鬥爭的時期，但政黨政治的歷史事實卻不是這樣。在一八九〇年代，艱困的情勢造成了激烈的政黨極化，但一九三〇年代的情勢雖然更加艱困，跨黨合作卻達到幾乎史無前例的程度。當時的跨黨合作雖然很明顯並不完全，但已足以和當今的政黨政治形成鮮明的對比。

　　一九四〇年，分裂的共和黨提名現在早已被人遺忘的威爾基（Wendell Willkie）作為總統候選人。威爾基是成功的生意人，原本是進步派民主黨活躍人士，在獲得提名前幾個月才轉而加入共和黨，他反對新政初期的工業政策，尤其是田納西河谷管理局，因而獲得全國知名度。不過，他是國際主義者（和小羅斯福一樣），也是種族與性別平等的倡導者（甚至比小羅斯福更甚）。如同在一九三六年，共和黨在一九四〇年提出的政見與總統候選人也都支持新

政的核心成就，包括金融機構的規範管制、集體協商、失業補助，甚至是社會安全保險，但仍然猛烈抨擊新政的「國家主義」與小羅斯福的「傲慢」。

此外，一九四〇年的共和黨政見支持《平等權利修正案》，也譴責歧視黑人的行為。換句話說，在種族與性別平等方面，一九四〇年的共和黨實際上比民主黨還要偏左。[27] 在一九三〇至七〇年代之間，非裔美國人以相當緩慢的速度逐漸改變支持對象，從他們對林肯所屬的政黨懷有的歷史性忠誠，轉為以同樣堅定的忠誠度支持那個提出新政以及《一九六四年民權法案》的政黨。[28]

一九四〇年大選本身和大多數的選戰一樣，候選人之間也競爭得極為激烈。不過，選舉落幕之後，威爾基就立刻呼籲共和黨竭盡全力和羅斯福政府合作，小羅斯福對他這樣的善意也予以回報。最後，威爾基未能打敗共和黨內的保守勢力，但即使在他銷聲匿跡之後，接受新政的政治必要性仍然持續存在。簡言之，在一九三〇年代的經濟大蕭條期間，早在珍珠港事變把美國捲入第二次世界大戰之前，共和黨與民主黨之間始於進步時代但在一九二〇年代減緩的合流現象，就已經恢復甚至還加速發展，正如圖 3.1 所示。

不意外，政黨分歧在第二次世界大戰期間達到二十世紀的最低點。一九四四年，紐約州長杜威終於獲得共和黨提名為總統候選人。如同總統史學家鮑勒（Paul Boller）所寫的：「杜威打的選戰可以說是共識自由主義的模範。他贊同新政大多數的社會立法，也支持羅斯福的外交政策，包括參與戰後的國際組織，而將批評幾乎完全聚焦於新政的推行管理以及戰時經濟。」[29] 另一方面，如同圖 3.1

所示，一九四一到一九四五年間的跨黨合作並沒有比一九三九年多出多少，也不多於戰後的數十年間。換句話說，正如我們在前一章檢視過的那種邁向經濟平等的趨勢，跨黨合作不是只有在戰爭期間出現的暫時現象，而是一項將近半個世紀以來明顯可見的去極化發展的強化結果，而且在戰爭結束後又持續了二十五年。

在第二次世界大戰結束後超過二十年間，美國政治維持了遠遠不那麼部落主義以及極化的狀態，不像二十世紀初始那樣充滿了激烈甚至暴力的衝突，也沒有二十一世紀初期那麼尖銳的政黨對立。針對一九〇一到二〇一七年間所有總統就職演說的內容進行非正式的分析，可以看出一九四九至一九六五年間的就職演說（杜魯門、艾森豪、甘迺迪與詹森）頗為獨特，因為其中強調的乃是共同的價值觀、公平以及團結，而不是自立自強、個人主義以及認同。

舉例而言，在一九五三年，屬於共和黨的第三十四任總統在宣誓就職之後唸誦了他自己的禱詞：「我們尤其祈禱內心的關懷能夠及於所有人，不論其地位、種族或職業。但願合作……能夠是抱持不同政治信念的人……共同追求的目標。」一九六五年，屬於民主黨的第三十六任總統對於種族與經濟平等的陳述比起二十世紀的其他所有總統都還要鏗鏘有力。他說：「正義要求我們記住這一點：如果有任何一位公民否定自己的同胞，宣稱『他的膚色和我不一樣，或是他的信仰奇怪而陌生』，那麼這個人在那一刻就是背叛了美國。」我們實在很難想像第四十五任總統說出這樣的話。[30]

兩黨對於種族平等的重視逐漸升高，是「集體」價值觀高漲的其中一個面向。舉例而言，艾森豪積極落實了杜魯門在一九四八年

為了取消軍隊裡的種族隔離而發布的行政命令。民權短暫成為一項
跨黨派的議題，由進步派的北方民主黨人與自由派的北方共和黨人
聯手合作，儘管他們的作為仍然不足以充分因應種族不平等的問
題。然而，種族方面的這種兩黨合作並未能夠長久持續。

　　不過，平等主義與社群主義在戰後時期的高漲，卻是與種族議
題完全無關。如同我們在前一章看過的，經濟結果在這個時代持續
變得愈來愈平等。在一九五二年當選而成為一個世代以來的首位共
和黨總統的艾森豪，在接受共和黨提名之前其實考慮過代表民主黨
競選總統。他在一九五二年的選戰把自己形塑成一個意識形態保守
的共和黨員，但執政之後卻是走溫和派路線，而且是現代史上最不
具黨派色彩的總統。他的國內政策實際上與他在一九五二還有一九
五六年面對的民主黨對手史蒂文森（Adlai Stevenson）所提出的政策
差別不大。艾森豪把自己的立場描述為「現代共和主義」。他在一
九五四年十一月八日寫給哥哥艾德格的信裡指出：「要是有任何一
個政黨試圖廢止社會安全保險、失業保險，以及取消勞動法與農場
計畫，那個黨一定會從此在我們的政黨歷史上消失。」艾森豪在第
一任期間遭到共和黨的保守勢力挑戰，甚至曾私下考慮過成立一個
名叫「中間路線」的新政黨，尋求共和黨與民主黨的共同點。在政
黨去極化發展臻於巔峰的二十世紀中葉，他是一位極為合適的總
統。[31]

　　有些史學家在事後回顧，把這段時期稱為「保守共識」時期。
和一九六〇年代中期比較起來，這段時期確實頗為保守。然而，艾
森豪其實擴展了新政的核心元素，包括社會安全保險、最低工資規

範，以及勞動法律。他在一九五四年擴大社會安全保險的承保範圍，額外納入了一千萬名農場與服務業勞工。這些勞工之所以被原本的新政計畫排除在外，部分原因是他們絕大多數都是黑人和女性。在艾森豪就職之後最早採行的其中一項措施，就是成立新的衛生教育福利部。他在任期間，社會福利支出相當於國民生產毛額（GNP）的比例從一九五二年的 7.6% 上升到一九六一年的 11.5%。[32]

艾森豪雖然承認從戰時遺留下來的高稅率確實造成沉重的負擔，卻強調美國人民也希望擴大社會安全保險、失業保險、更多的公共住宅、更好的醫療保險、更多學校，以及在基礎建設方面的龐大投資（州際公路系統是他最自豪的國內成就）。他說明指出，這些東西全都需要花錢，而那些錢必須從稅收而來；這樣的態度與共和黨在第一次世界大戰之後刪減稅收和預算的做法大相逕庭。這一切全都是來自一位共和黨總統，與溫和派的民主黨國會領袖雷本（Sam Rayburn）以及詹森合作，造就出的政策被後代的共和黨領袖撻伐為「提高課稅再增加支出的自由主義」。[33]

儘管如此，我們絕不該誇大一九五○年代初期那個「和睦年代」的氛圍，因為那是一個反共情緒高漲的時期，紅色恐慌與韓戰造成了頻繁出現的叛國指控。一九五四年，參議員麥卡錫把小羅斯福到艾森豪的那段期間稱為「叛國二十年」。一九六○年，身為共和黨右翼領袖的參議員高華德（Barry Goldwater）回顧一九五○年代，埋怨指稱艾森豪「實施了廉價版的新政」。[34] 儘管如此，在二十世紀中葉，主流政治價值觀還是包含共治、折衷，以及跨黨合作。兩度獲得共和黨提名的總統候選人杜威為這個時期溫和的黨派關係提

出辯護，指稱「政黨的相似性是美國政治體系如此強而有力的核心所在」。[35]

在一九六〇年的總統大選當中，甘迺迪與尼克森雙雙採取中間路線，在國內政策上沒有多少差異。甘迺迪雖然偶爾會使用一些自由派的修辭，但他實際上是一名保守派民主黨員。他曾經引用傑佛遜的話，向自由派警告指出：「巨大的創新不該憑恃著些微的多數而強制施行。」[36] 由於他強調要在兩黨共識的基礎上行事，再加上參議院的議事拖延行為，從而導致政策停滯：這種情形在種族與民權領域最明顯可見，但不僅限於此。然而，正如美國民眾在二十一世紀發現的，政策停滯現象也有可能由極化本身所造成。

到了一九六〇年代初期，遭到邊緣化將近三十年的共和黨右翼忍不住公然反抗。高華德呼籲為人民提供「不同的選擇，而不是一模一樣的東西」，就反映了這樣的心態，表達出新右派重新興起的自由至上主義。一九六四年，高華德擊敗了共和黨的自由派，主張「在捍衛自由當中，採取極端主義不是壞事」，而且「在追逐正義當中，溫和節制不是美德」。不過，當時的選民還沒有辦法接受這樣的極化選擇，於是高華德慘敗給詹森，而且詹森在事前就正確預測到自己橫跨兩黨的訴求將會帶來選舉上的大勝：「自認為是自由派的選民會覺得我是自由派，自認為是保守派的選民則是會覺得我是保守派。」[37] 這是黨派政治處於低檔的時候。

在一九六四年獲得壓倒性大勝的鼓舞下，詹森於是在種族與不平等議題上往左靠，從而開啟了一項在後續半個世紀當中不斷擴大的意識形態分歧。儘管如此，在詹森影響深遠的「大社會」計畫（包

括向貧窮宣戰、民權、投票權、聯邦醫療保險／聯邦醫療補助、聯邦教育補助，以及移民改革等：在半個世紀之後的當今這個時代，這些都是激烈政黨極化的核心議題），其中所有的重大法案都獲得兩黨當中的多數或者可觀的少數支持。平均而言，這些法案獲得74%的民主黨國會議員以及63%的共和黨國會議員支持，後來對於大社會計畫當中的左派極端主義提出強烈譴責的共和黨人都忘卻了這項事實。[38]詹森在暗地裡和參議員德克森（Everett Dirksen）這位名義上的共和黨國會領袖合作，就像他自己在十年前也曾經與艾森豪合作一樣。一九六八年，尼克森競選總統之時的共和黨政見也接受了大社會計畫當中的所有重大改革，就像艾森豪在一九五〇年代接受了新政的核心措施一樣。事實證明，這場選戰是自由派共和主義的高點，也是政黨極化在二十世紀的另一個低點。

　　當選總統之後的尼克森是難以捉摸的過渡性人物。在國內政策方面，他是溫和派（但種族與民權議題不包含在內）。他雖然是高度黨同伐異的人物，而且投機又偏執，在追逐權力方面更是睚眥必報，但他在意識形態上卻是頗有彈性，能夠接受自由派的政策。如同史學家派特森（James Patterson）所言，除了老羅斯福以外，「尼克森無疑是二十世紀最具自由派特色的共和黨總統」。[39]他大致上維繫了大社會計畫；提高社會支出；支持環境保護署、《清潔空氣法》（ Clean Air Act ）、《職業安全衛生法》（ Occupational Safety and Health Act ）、國家藝術與人文基金；簽署教育法修正案第九條，終結了教育當中的性別歧視；聲稱「在經濟方面，我現在成了凱因斯主義者」；[40]甚至提議設立全國健康保險制度以及基本年薪保障，儘管這兩項提

議後來都沒有落實。

　　不過，在種族這項極度重要的議題上，尼克森卻是帶領共和黨大幅往右靠，部分原因是為了因應第三黨總統候選人、前阿拉巴馬州長喬治・華萊士（George Wallace）煽動種族仇恨的競選手法。尼克森在這方面的意圖起初並不明確。舉例而言，他任命的第一位住宅與都市發展部長是喬治・羅姆尼。喬治・羅姆尼是美國汽車公司的總裁以及未來共和黨總統候選人米特・羅姆尼的父親，也是進步共和主義最後的代表人物。[41] 羅姆尼的共和主義並不是把世界視為資方與勞方、白人與黑人、朋友與仇敵、同胞與非我族類之間的零和鬥爭。擔任住宅與都市發展部長期間，他堅持認為少數族群應該要能夠住進富裕白人市郊的高品質住宅。不過，在新的共和黨當中，他已經成為一個政治負擔，是二十世紀早期遺留下來的老古董，因此在一九七二年被尼克森強迫下臺。

　　在一九六〇年代與一九七〇年代初期，兩黨的政黨政治都陷入起伏不定的狀態。民主黨在民權、性別權利以及社會權利方面向左靠，加上共和黨煽動並利用民權運動獲得的勝利所激起的白人反彈情緒，在社會、文化與政治方面都造成愈來愈強烈的極化。南方民主黨人因為民權立法而退黨，自由派的共和黨人則是因為該黨在這些議題上向右靠而在黨內邊緣化。兩黨內部的中間派當權集團都遭到弱化，主因就是種族衝突。

　　共和黨在一九六四年提名了數十年來最保守的候選人，而在一九七二年，就在新左派接手了草根群體之後，民主黨則提名了麥高文（George McGovern）：他可能是有史以來兩大黨提名過立場最

左的候選人。[42] 就短期來看，這兩個「提供不同選擇」的候選人都以慘敗收場，但他們兩人也預示了後來那個選項愈來愈極端的時期。

到了一九六〇年代晚期，跨黨合作已然褪了流行。一九六八年，華萊士埋怨兩大黨「根本沒什麼不同」，而美國首要的自由派權威布洛德（David Broder）也對於政黨極化的欠缺表達感嘆：「這個國家真正需要的，是來點赤裸裸的政黨鬥爭。」[43] 他這樣的說法也許是在模仿美國政治學會（American Political Science Association）發表於一九五〇年的報告：〈邁向更負責任的兩黨制度〉（Toward a More Responsible Two-Party System），[44] 其中呼籲美國的兩大黨應該要有更大的差異，而不該有如半斤與八兩一樣。不久之後，華萊士、布洛德以及政治學會的學者就得到了他們想要的這種狀況。

黨同伐異的部落主義開始重新出現，一開始頗為緩慢，但接著速度就愈來愈快，力道也愈來愈大。開始於一九六〇年代末期的極化發展，原本的主要驅動力是種族議題，只見兩黨的差異愈來愈大，內部的同質性也愈來愈高。詹森與尼克森是轉向極化發展的兩名先驅（反諷的是，他們兩人在各自的黨內都是溫和派），因為詹森在一九六四至一九六五年間簽署了民權相關法案，導致民主黨失去了保守的南方人士（據報詹森在事前就預測到這一點[45]）；而尼克森則是在一九六八年採取一項基本上具有種族歧視色彩的「南方策略」，於是吸收了那些保守的南方人士成為共和黨員。[46]

經過水門案、越戰以及一九六〇年代晚期與一九七〇年代初期的其他種種衝突之後（這些衝突將在第八章討論），福特與卡特這兩位總統短暫回歸中間路線，試圖遏止愈來愈趨極化的發展。不

過，到了一九七五年，雷根已高舉充滿激情的大旗，「沒有柔和淺淡的色彩，而是醒目鮮豔的顏色。」在一九八〇年之後，雷根革命更是把共和黨愈來愈往右拉，而且這樣的動態也一路延續到二十一世紀。[47] 始自民權議題的極化發展迅速蔓延到其他許多議題上，只見兩黨對於先前並沒有黨派歧見的議題紛紛採取相互對立的立場，從而擴大並且強化了基本的極化。這些愈來愈趨極化的議題包括：

- 「大政府」：如同我們見過的，像是艾森豪這樣的戰後時期共和黨人，曾為高租稅辯護，稱之為擴大公共服務的必要代價。不過，隨著新保守主義在高華德與經濟學家傅利曼（Milton Friedman）的支持下於一九六〇年代展開，共和黨也跟著大幅向右靠。[48] 這時的他們指出，「大政府」以及「提高課稅再增加支出」的自由主義政策會導致赤字、通膨與失業，而且政府管制也會干擾自由市場的效率。[49]「政府不是問題的解方，」雷根在一九八一年的就職演說指出：「政府正是問題所在。」[50] 到了一九九〇年代，柯林頓領導下的民主黨在社會福利、犯罪與管制鬆綁等議題上開始跟著共和黨往右走，但還是跟不上共和黨的速度；於是，這個愈來愈大的意識形態鴻溝很快就成了極化的主要面向。像是傑西・傑克遜（Jesse Jackson）這樣的左派民主黨人，在一九九五年對於民主黨當權派往中間靠攏的做法提出反對：「現在美國的狀況是名義上雖有兩黨，實際上卻是一個黨取了兩個名字。一個是共和黨，另一個是共和黨輕量版。」這句話實際上呼

應了高華德在三十年前提出的抱怨。[51]

● 墮胎與宗教：在一九六○年代晚期，民主黨人原本是比共和黨人**更**有可能定時上教堂的虔誠教徒。[52] 在一九七三年的「羅伊訴韋德案」（Roe v. Wade）判決出爐之時，美國民眾並沒有因為政黨或宗教而對墮胎議題抱有特定立場。南方浸信會最初的反應其實是支持墮胎。不過，到了一九七六年（尤其是在一九九○年代期間），黨派對立、宗教信仰，以及看待墮胎的態度開始演變成近乎徹底極化的狀態，而這一點也成為二十一世紀初期政黨分歧的核心議題。出人意料的是，這項轉變的出現主要是因為美國民眾依據他們日趨極化的政黨認同調整自己的宗教信念以及看待墮胎的觀點，而不是反過來的狀況。[53] 政黨對立即將成為美國社會的首要裂縫，政黨認同則是主要的力場。

● 環境：對於再度興起的環境運動，尼克森政府的回應原本相當正面，成立了環境保護署，並且通過一九七○年的《清潔空氣法》。不過，在雷根主義出現之後，共和黨對於環境保護就愈來愈持懷疑的態度。此一趨勢的最高表現，就是該黨的領袖在二十一世紀以毫不妥協的態度否認氣候科學。

● 教育：在詹森推行向貧窮宣戰的政策之時，曾有 40% 左右的共和黨參眾議員加入 80% 左右的民主黨議員行列，表決支持具有指標意義的《一九六五年初等與中等教育法案》（*Elementary and Secondary Education Act of 1965*）。不過，隨著學校去除種族隔離的議題熱度逐漸上升，而且自由市場思想在一

九八〇年代瀰漫於共和黨內之後，兩黨在公立學校相對於私校或特許學校的議題上開始趨向分歧，而且這項分歧一路延續至下一個世紀。最後，即便是針對閱讀教學究竟該採取「字母拼讀法」還是「全語言教育」的技術性辯論，也成了一場帶有政黨色彩的「閱讀戰爭」。[54]

所以，過去半個世紀以來重新興起的政黨極化原是始於種族（這是美國歷史當中揮之不去的核心衝突），但極化的發展很快就瀰漫到了種族以外的議題。[55] 到了歐巴馬與川普時期，國會裡的跨黨合作幾乎不存在了；在這段時期的六次重大表決當中，行政部門獲得的支持在本黨議員當中高達 95%，但反對黨議員只有 3%。[56] 就統計數字上來看，政黨極化已迅速接近數學上的完美程度。

種族衝突起初造成兩黨雙雙偏離溫和的中間路線，形成一種對稱的極化，但一九七五年之後的極化動態卻是大幅失去平衡，這點可見於政黨對於上述特定議題的態度演變當中。在一項接一項的議題裡，民主黨大體上都保持在中間偏左的立場，但共和黨的重心則是愈來愈往右移，如圖 3.3 所示。換句話說，兩黨合作之所以在過去半個世紀消失於美國政治當中，主要是因為共和黨不斷變得愈來愈極端。這種往右偏移的現象，至少有一部分的原因是富有而且高度保守的商業菁英所投資的長期努力，致力於把美國政治往右推。這種努力至少在象徵層次上可見於劉易斯・鮑威爾（Lewis F. Powell Jr.）一九七一年所寫的一份備忘錄，其中表達了一項協同進行的長期政治策略。[57] 前一章描述的頂端不平等現象，就是以這種方式促

圖 3.3：美國眾議院的不平衡極化，1879-2019

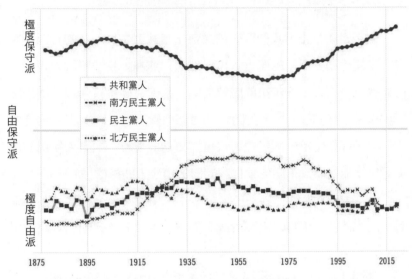

資料來源：Jeffrey B. Lewis et al., Congressional Roll-Call Votes Database (2019).

成了本章檢視的這種極化程度迅速升高的情形。不過，我們後續將會指出，此處的因果箭頭並不是只有指向一個方向。

　　政治學家麥卡蒂（Nolan McCarty）把幾乎所有的中立評估概括如下：「在極化愈來愈嚴重的時期裡，主要的推動力乃是共和黨日趨保守的發展。」[58] 這樣的不平衡在來年是否會持續下去，取決於民主黨會不會往左移動，尤其是民主黨國會議員。不過，如同圖3.3 所顯示的，如果歷史經驗可以當成未來的指引，那麼這樣的變動也可能需要花上數十年的時間才會出現。這些變動與抗衡的變化所造成的結果是，在當代美國，政黨的極化與部落化已經達到南北戰爭以來僅見的程度，而且還看不到盡頭。

極化的層面、肇因，以及後果

截至目前為止，我們已經依據每十年甚至是每一年的時間範圍探究了極化和去極化的歷史敘事。在這一節裡，我們將放大視野，綜觀過去一百二十五年來的完整趨勢，探索這條漫長曲線可能的肇因與後果。在圖 3.1 裡，我們看到這條曲線出現在國會表決趨勢當中，但像那樣的單一衡量標準很可能會造成誤導。如果能夠用其他衡量標準加以證實，即可強化我們對於這條大曲線的信心。

圖 3.4 正是提供了另一項衡量標準，依據的是全國性報紙的報導，內容涉及民選官員之間的政黨衝突，不限於國會唱名表決的場

圖 3.4：全國媒體報導當中的跨黨禮讓與衝突，1890-2013

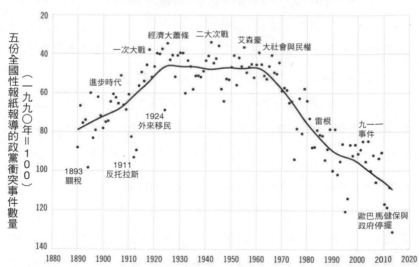

資料來源：Azzimonti, "Partisan Conflict and Private Investment." Data LOESS smoothed: .25.

域。[59] 這項指標因年而異，取決於當下出現在國家施政目標的議
題。儘管如此，基本趨勢仍然明白可見，證實了出現在國會表決當
中的那條倒 U 形曲線。在一八九〇年代的鍍金時代尾聲，政黨衝突
相當嚴重（因此跨黨禮讓相當少見）。隨著進步時代展開，政黨衝
突開始減弱，並且持續了四十年。正如在國會表決裡，反映於全國
媒體當中的跨黨合作也在第二次世界大戰期間達到高峰，而且也和
國會表決的狀況一樣，那段黨派相對和諧的時期也幾乎毫不減弱地
持續到一九六〇年代。最後，這幅圖顯示了一九七〇年之後這半個
世紀以來基本上沒有間斷的迅速極化發展，終究達到二十一世紀初
期這種史無前例的政黨衝突。簡言之，這項獨立衡量標準在所有基
本面向上，都證實了圖 3.1 所顯示的那條我們已經相當熟悉的倒 U
形曲線。

大眾層次的極化

我們至今為止在政治機構與領導人的層次上所探究的極化衡量
標準，從一八九〇年代到二〇一〇年代這整段時期都可以取得資
料，不但顯示了二十世紀中葉以前的去極化發展，也顯示了極化在
一九七〇年以後的再度興起。[60] 我們現在把焦點轉向平民百姓之間
的極化，能夠取得的證據主要只限於一九七〇年之後，因為系統性
的意見調查在那時才開始普及。除了少數的重要例外，我們並無法
評估美國大眾在政黨極化降低的那半個世紀期間的極化趨勢。實際
上，我們大體上都看不見這場戲的第一幕，因為舞臺布幕到了第二

幕才升起。我們頂多只有在少數幾個案例當中能夠窺見第一幕的結尾而已。

在這整段期間當中，只有少數的衡量標準能夠讓人看出一般選民的政黨對立程度，其中一項就是「分裂投票」現象，亦即選民在總統與國會議員上分別投票給不同黨的候選人。在極化程度低的時期，分裂投票相當常見，因為兩黨的差別看來不大；但在高度極化的時期，選民就很少會出現這種效忠對象混雜的情形。舉例而言，在高度極化的川普時代，全國的注意力都聚焦於少數幾個這種案例（例如希拉蕊領先選區的共和黨國會候選人當選，或者川普領先選區的民主黨國會候選人當選），就是因為這種情形極為罕見。然而，在四十年前，卻有將近半數的國會議員都是當選於對手政黨總統候選人領先的選區當中。

這種改變模式在原則上也許反映了由上而下或者由下而上的動態，也就是選民對於政黨忠誠度的改變，或者政黨提名行為的改變（例如審查候選人以剔除「僅是名義上的共和黨人」或者「僅是名義上的民主黨人」）。在這兩種案例中，分裂投票的趨勢都呼應了我們熟悉的政黨極化倒 U 形曲線，如圖 3.5 所示。[61] 選民層次的極化似乎密切跟隨政治菁英層次的極化現象，只是在時間上落後十年左右。這種落後的狀況顯示（但無法證明），極化發展可能是由政黨領袖帶頭，然後選民才逐漸選邊站，而終究達到與菁英層次相同的極化程度。

在平民百姓對於跨黨態度的一項直接衡量標準當中，我們有幸能夠取得早期的資料，遠比一九七〇年代的政黨極化轉捩點還要早

圖 3.5：分裂投票的起伏，1900-2016

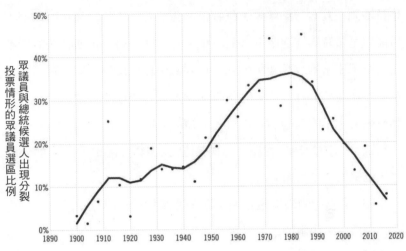

資料來源：Fiorina, *Unstable Majorities,* Fig. 7.4. Data LOESS smoothed: .25.

了許多。根據一九三〇年代末留存下來的早期蓋洛普民調資料，在當今已經蔚為標準的總統支持問題上，不同政黨支持者對於現任總統的評價也呈現出熟悉的 U 形曲線，先是出現去極化現象，接著又回頭朝向極化發展。[62]（見圖 3.6，其中顯示了總統獲得的支持度在自己所屬政黨的選民與對手政黨的選民之間的落差。）從一九三七年九月到一九四八年六月這段超過十年的時間裡，民主黨與共和黨選民對於總統的評價逐漸趨向**收斂**。別忘了，這段時期就是威爾基與杜威率領共和黨人接納新政的時候。當然，這段為期十一年的去極化發展也涵蓋了第二次世界大戰，這點正合乎戰爭（至少是得到民眾支持的戰爭）能夠造成國家團結的看法。

　　不過，如同我們在前一章檢視過的經濟收斂案例，以及在本章

稍早檢視過的菁英層次的政治去極化情形，這種大眾層次的去極化也持續到一九七〇年代，距離戰爭結束已有三十年之久，所以絕不可能只是戰時團結遺留下來的現象。在美國一般民眾對總統的觀感當中呈現出來的政黨極化程度，直到戰爭結束後將近四十年的一九八四年才達到一九三八年的戰前水準，而且持續的時間很短暫。直到戰後六十年的二〇〇五年左右，總統評價呈現出來的政黨對立才一再達到戰前的極化程度。戰時團結也許是去極化現象的部分解釋，但絕對不是主因。

圖 3.6 當中的最後幾年顯示這項衡量標準已趨近統計界限，也就是總統所屬政黨的**所有**選民都認同他的表現，反對黨的選民則是**完全**沒人肯定他的表現。[63] 在二〇一三至二〇一九年間，總統所屬政黨的選民對他的支持度平均達到 88% 左右，反對黨選民的支持度則只有 8% 左右，落差達八十個百分點！相較之下，在一九四七年一月，有 41% 的共和黨人支持杜魯門，而民主黨人對他的支持度則只有 61%；在一九六四年二月，64% 的共和黨人支持詹森，民主黨人則是 84%。我們已經相當習慣把極度極化視為常態，幾乎忘了遲至雷根革命初年，總統支持度的政黨落差也通常只有三十個百分點左右，相當於總統獲得的肯定在自身政黨的支持者當中達三分之二，在反對黨選民當中則是三分之一。

衡量大眾去極化的這兩項標準（分裂投票與總統支持率）直到一九八〇年代才真正開始出現反轉，比起極化情形在國會層次再度興起的時間晚了整整十年。另一方面，如同我們現在即將看到的，在選舉層次上依據政黨立場投票的情形（這種情形在一九五〇與一

圖 3.6：總統支持度的政黨對立情形，1938-2019（蓋洛普民調）

資料來源：Gallup Polls. 見注釋3.62。Data LOESS smoothed: .1.

九六〇年代期間整體呈現**消退現象**），在一九七〇年代開始升高，而且所謂的「情感極化」趨勢（也就是我們對敵對政黨**的感覺**）也似乎在一九八〇年代末期出現**翻轉**。簡言之，依據粗略的經驗法則，大眾層次與菁英層次的許多政治極化衡量標準都在一九七〇年代開始上升，並於一九八〇年代加速升高，但大眾層次的極化通常比菁英層次的極化落後十年左右。

　　針對選民的態度與行為進行系統性調查的做法在一九五二年開始出現之後，我們即可開始衡量政黨認同對於選民行為的直接影響，還有選民在多高的程度上承繼了父母的政黨效忠對象。結果顯示，這些呈現美國平民百姓當中的政黨極化與部落化程度的指標，

也表現出熟悉的 U 形發展，從一九五二年一路下滑到一九七〇年代中期，然後再轉而上升。[64] 從一九五〇年代到一九七〇年代期間，投票行為顯得愈來愈不受政黨效忠對象以及家庭傳統所決定。在此同時，對於政黨的認同也變得較為淡薄，極端的政黨擁護者減少，獨立選民則是增加。當時的分析家把這項趨勢稱為「脫鉤」，而且這種大體上相當於去極化的發展看起來也將會長久持續下去。

　　不過，到了一九七〇年代這個熟悉的轉捩點，這些趨勢卻突然出現反轉，只見愈來愈多的選民開始自稱為「堅定」的民主黨人或者「堅定」的共和黨人，而且這樣的認同也愈來愈能夠準確預測實際上的投票行為。選民的長期政黨認同及其實際投票行為之間的相關性，在一九五二至一九七六年間逐漸下滑，但接著卻出乎意料地開始快速上升。[65] 在後續的半個世紀裡，選民的黨籍和他們對特定議題所抱持的意識形態立場以及實際投票行為之間的一致性愈來愈高，而選舉當中的政黨界線也劃分得愈來愈嚴格與明確。

　　許多讀者也許認為菁英的極化（政黨偏離中間路線）會造成對兩黨都感到不滿的獨立選民增加，但我們從其他證據發現，許多選民在政策觀點上都會「跟隨領袖」。比起三十年前，現在有更多人會聲稱自己是「獨立選民」，對兩黨都不屑一顧，但證據顯示「獨立選民」這個類別具有高度的異質性，其中包含許多自我偽裝的政黨擁護者，與這種現象同時並存的，是政黨擁護者的政黨忠誠度變得更為強烈的趨勢。有些自稱「獨立」的選民其實表現得更像是特定政黨的擁護者，因為他們現在愈來愈不會在每一次的選舉當中改變投票對象。一個可能的解讀是，在擁護特定政黨而且跟隨領袖的

選民當中，有愈來愈多人都趨向高度極化與部落化，令其他許多選民感到倒胃口，因此那些選民可能是以「獨立」這個標籤把自己和部落化的行為區隔開來。[66]

政治學家巴福米（Joseph Bafumi）與夏皮羅（Robert Y. Shapiro）在二〇〇八年寫道：

> 這種政黨對立使得選民比起以往更加受制於左翼與右翼的意識形態思考。自從一九七〇年代中期〔至今〕的發展，就是個人表達的政黨歸屬與自稱的意識形態之間出現愈來愈強烈的連結，而且政黨對立以及表達出來的自由派與保守派意識形態，和美國民眾對於政策相關議題的意見也出現愈來愈強烈的連結。這種黨派與意識形態的分群以及極化過程，愈來愈反映了兩黨政治領袖更加鮮明的黨派與意識形態衝突，並且也為這樣的衝突進一步添加柴火。[67]

巴福米與夏皮羅的結論指出，這種政黨立場更加嚴格鮮明的現象，與一九六〇年代的政治動盪所造成的後果有關，包括南方在種族議題上重新劃分了政黨界線，還有墮胎、女權、宗教、環境保護等新議題的出現，正如我們在先前的國家政黨政治敘事當中所描述的一樣。[68]

我們對於大眾政治極化的討論，之所以聚焦於政黨極化與政治部落化，而不是聚焦在特定的國內外議題（諸如全球暖化或健康保險或者管制鬆綁）所受到的同意或反對，有三個彼此相關的理由。

第一，在民意調查於一九六〇年代開始詢問相關題目之前，我們沒有辦法充分衡量選民對於特定議題的觀點。第二，後續半個世紀的研究所得到最堅實的一項發現，就是大多數的普通選民對於公共議題的細節都缺乏瞭解，因此他們對於當下的許多議題完全沒有看法。[69] 比起政策辯論，大多數人都有更加急迫的日常事務需要擔憂。最後，近來的政治學研究發現，選民通常會調整自己的政策立場以迎合自己的「部落」政黨效忠對象，而不是為了政策立場而改變自己支持的政黨。[70] 熱愛看球的球迷通常對自己支持的球隊懷有強烈的愛好，儘管他們無法為自己的情感提出合理的解釋。同樣的，政治學家亞申（Christopher Achen）與巴特斯（Larry Bartels）也指出：「民主政治的根本要素是對於團體與黨派的忠誠，而不是政策的偏好或意識形態。」[71] 麥可‧巴柏（Michael Barber）與波普（Jeremy C. Pope）發現，「團體忠誠驅動意見的力量，比任何意識形態原則都還要強大。」[72] 政黨認同比較是一種部落情感，不是意識形態的堅持，而這就是政黨極化的故事當中極為重要的一部分。

在黨派部落主義愈來愈受強調的情況下，選民對於總統候選人的個人特質所抱持的評價也愈來愈由政黨忠誠度所界定。在一九八〇年之後，每個政黨的擁護者對於自身政黨的候選人都愈來愈只看見正面特質，對於敵對政黨的候選人則是只看見負面特質。資料顯示「政黨擁護者愈來愈把敵對政黨的候選人視為具有**人格**上的缺陷」。[73] 這樣的模式反映了情感極化的情形，而我們待會兒就會看到，這種情感極化乃是當代政治的一項關鍵特徵。

一個世代的政治認同與下一個世代的實際政治行為之間的對

應，也是政治部落主義的另一個細膩標誌，因為這種對應代表了家庭傳統形塑當代政治行為的力量。選民的政黨認同（以及投票對象）和他們父母的政黨認同之間的相關性，在一九五八年到一九六〇年代晚期之間逐步**降低**[74]（意指部落主義減緩），但接著卻在一九六〇年代晚期到二〇一五年間大幅上升（意指部落主義加劇）。[75] 在缺乏民調資料的情況下，我們可能永遠不會知道跨世代相關性在二十世紀上半葉有多麼密切，但我們至少知道的是，隨著一九五〇年代開始出現的選舉民調令我們得以知曉個別選民的行為之後，當時部落主義正逐漸減緩，而且這樣的趨勢還接著持續了二十年。一九七〇年代初期，這項衡量標準顯示部落主義開始增強，至今更是達到史上新高。

　　即便在遠離全國政治頂峰的地方事務當中，大眾極化在一九七〇年代初期之後也變得愈來愈普遍，但不是因為有哪些人出現，而是因為有哪些人沒有出現。自稱為中間派的選民對於公共會議、地方公民組織、政黨以及政治集會的參與率，在一九七三至一九九四年間下滑了一半以上。自稱為「溫和」自由派或是保守派的選民，參與率只有降低三分之一左右。至於自稱為「高度」自由派或者「高度」保守派的選民，參與率的下滑程度更少。反諷的是，在愈來愈多美國民眾認為自己的政治觀點屬於「中間派」或者「溫和派」的同時，在實際上出席會議、撰寫信件、參加公民委員會，甚至是上教堂的人口當中，位於意識形態光譜極端的人士所占的比例卻愈來愈高。由於溫和派不再發聲，較為極端的觀點因此在美國的草根公民生活當中愈來愈占據主導地位。儘管許多美國民眾仍然自認為是

溫和派，地方公民生活卻不斷變得愈來愈極化。[76]

　　在出版於二〇〇八年且廣受討論的《大分群》（ *The Big Sort* ）當中，政治觀察家利明瑋（Bill Bishop）與庫興（Robert Cushing）主張美國民眾愈來愈把自己歸入具有政治同質性而且在地理上相互分隔的飛地，而兩個政黨部落在文化與生活型態上愈來愈大的差異，對於這種依據政黨認同進行的分群而言不但是肇因，也是後果。社會科學家對於既有的證據是否支持這些主張抱持懷疑，但近來的證據似乎愈來愈吻合《大分群》的假設。[77] 儘管如此，關於過去半個世紀是否出現了這種**地理**上的大分群，目前只能以謹慎的態度說：尚未證實。

　　不過，**社會**方面的大分群卻是明顯可見。由於美國民眾的政治觀點與他們的政黨以及社會歸屬愈來愈趨一致，黨派偏見乃至敵意已開始瀰漫於一般美國百姓的私人生活當中。[78] 相互交叉的人際關係以及「缺乏一致性」的認同（例如自由派共和黨人或者保守派民主黨人、福音派民主黨人或者非裔美籍共和黨人）曾經緩和黨派偏見，但這種情形在今天已經頗為罕見。[79] 皮尤研究中心發現，在二〇一六年，75% 的美國民眾表示自己的朋友圈裡沒有政治歧見。相較於不久之前的二〇〇〇年，這項比率則是 65%。[80] 政治部落主義已然高升。如果用一個比較不具貶義的詞，也許可以把「部落主義」說成「團隊精神」。可是不論我們怎麼稱呼，這種情形和本章稍早探究過的那種出現在國會以及其他政治機構的政黨極化現象，已經成了概念上的同類。

　　於是，隨著美國民眾愈來愈在兩個政黨之間自我分群，而且社

會認同也愈來愈與政黨效忠對象完全一致，政黨與政黨之間的偏見乃至憤怒因此日趨嚴重。人際之間的黨派敵意也跟著升高。[81] 美國選民愈來愈認為對手政黨的支持者抱有極端的意識形態並且具有人格缺陷。民主黨人與共和黨人都愈來愈厭惡甚至憎恨自己的對手。評估其他美國人的「智力」時，對其他政黨有刻板印象的比例，從一九六〇年的 6% 上升到二〇〇八年的 48%；有關「自私」的感受，對其他政黨有偏見的比例，也從 21% 上升到 47%。在略多於二十年的時間裡（一九九四至二〇一六），對於對手政黨支持者懷有「極度討人厭」觀點的比率從不到 20% 一路上升到 56% 左右。[82]

　　這種樣態也出現在國家選舉研究（National Election Study）所量測的「情感溫度計」這種從零到一百的分數當中。[83] 對於自己支持的政黨所懷有的情感雖然總是比對於對手政黨所抱持的態度來得溫暖，但是內團體的感受在多年來並**沒有**太大的改變，一直穩定維持在 70°左右。不過，在一九七八至二〇一六年間，對於對手政黨的情感溫度不斷下降，從原本的略低於中立（48°）滑落到頗為冰冷（30°），如圖 3.7 所示。[84]（較早的資料量測了一般人看待「民主黨人」或「共和黨人」而不是政黨本身的態度，結果顯示黨派敵意在一九六〇年代期間其實處於下降狀態，直到一九七〇年代中期才開始急遽上升。[85]）

　　從這些情感溫度計當中看到的黨派敵意，現在比種族或宗教敵意還來得強烈，因為種族與宗教敵意多年來都有下降。換句話說，在種族與宗教裂痕逐漸縮減（這點頗為出人意料）的同時，黨派裂痕卻趨於擴大。[86] 的確，如同政治學家艾延加（Shanto Iyengar）及其

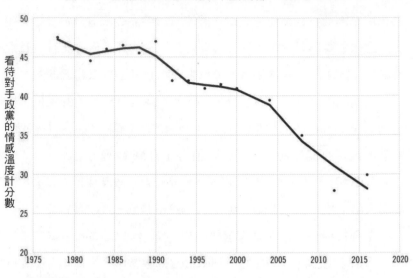

圖 3.7：政黨相互間的情感不斷冷卻，1978-2016

資料來源：American National Election Studies. Data LOESS smoothed: .33.

同事在不久之前指出的：「在二十一世紀的第二個十年間，〔美國〕最重要的斷層線不是種族、宗教或經濟狀態，而是政黨歸屬。」[87]簡言之，在美國平民百姓層次上的黨派對立愈來愈被框架為「自己人」對抗「非我族類」，而且不只是在公共生活中如此，甚至在私人生活裡也是。[88]

　　這種情感極化的升高，甚至影響了政治立場不同的人士通婚所受到的看待態度。從一九六〇到二〇一〇年間，反對自己的子女和異黨人士結婚的比例，在民主黨人當中從 4% 上升到 33%，共和黨人則是從 5% 上升到 49%。[89]這種黨派偏見也出現在線上交友與實際婚姻當中，只見眾人愈來愈傾向於依據政治歸屬挑選伴侶，更甚

於依據教育程度或宗教信仰。[90] 在過去半個世紀裡，跨越種族與宗教界線的婚姻遠比過去常見，[91] 但跨越政黨界線的婚姻卻是遠比過去少見。[92] 這種夫妻之間的政治觀點愈來愈一致的現象，也進而強化了下一代對於政黨認同的承繼，因為我們知道在父母政治觀點相同的情況下，子女會更容易承繼上一代的政黨認同。透過這種極為私密的方式，黨派立場在過去半個世紀以來逐漸取代宗教，成為美國「部落」歸屬的主要基礎。[93]

　　如果我們剛剛看到的這種情形確實沒錯，黨派認同的強烈程度在過去半個世紀以來已高過其他社會認同，例如區域、職業、階級、宗教甚至是種族認同，那麼一個言之成理的問題（鑒於我們對長達一個世紀的極化與去極化這條 U 形曲線所彙整的大量證據），就是一九〇〇至一九六五年間是否發生了與此相反的進程，而如果是的話，又是為什麼？當然，認同有可能引起分裂，但認同本身具有可塑性，並非無可避免的固定不變，而且實際上也可以是團結的來源。如同我們將在第五章指出的，一九〇〇至一九六五年間的美國認同似乎帶有愈來愈廣的集體意識。所以，從極化而且部落化的鍍金時代到去除極化的二十世紀中葉這段期間，黨派認同與情感極化也許出現了衰減。只不過較早那個時期的黨派認同我們沒有直接證據（原因是舞臺布幕在第一幕的時候尚未拉起），這項假設終究無法獲得證實。歸根結柢，我們雖然無法確定美國平民百姓在過去一百二十五年來的極化情感趨勢，但可以確定政黨極化所呈現的基本 U 形曲線。

該怎麼解釋？[94]

　　菁英與大眾層次的極化究竟何者是因，何者是果，在過去數十年來是備受政治學家爭論的一個雞生蛋、蛋生雞的問題。[95] 平民百姓與民選官員的觀點都反映了部落化的起伏，但此一相關性無法告訴我們究竟何者是因，何者是果：究竟是公民促成領導人的節制或者缺乏節制，還是領導人向選民提供了比較極化或者較不極化的選項？

　　不同政黨的國會議員在意識形態上愈來愈壁壘分明，這點已經廣泛獲得共識，但特定議題的大眾極化證據則是頗受爭議。明顯可見的是，選民愈來愈依據意識形態自我分群：現在已經愈來愈少有自由派的共和黨人以及保守派的民主黨人，而且共和黨擁護者與民主黨擁護者在各種議題上的立場也愈來愈分歧。投票行為與黨派立場的一致性已然提升，如同我們先前所見。

　　不過，就算大眾極化的證據明顯可見，選民還是有可能只是單純對政黨菁英提出的極化選項做出回應而已。極化發展在一九七〇年代似乎始於菁英層次，接著在一九八〇年代蔓延至全體選民，只見投票人對於領導者提出並且受到活躍分子鼓勵的那些歧異愈來愈大的選項做出回應，而自我分群歸入各自對立的陣營當中。[96] 菁英與大眾極化的模式並未決定性地證明促成改變的推動力究竟是來自政黨領袖還是選民。也許雙方都是部分的肇因來源，並且相互增強，由選民的黨派敵意與領導者的拒絕妥協形成惡性循環的兩面。大眾對於對手政黨如果缺乏信賴，政治人物就沒有什麼妥協的誘

因；而政治人物一旦不妥協，就等於是向支持者示意堅定反對是恰當的做法。

目前專家整體上的意見認為，在這項菁英與大眾的互動當中，主要的推動力乃是由上而下。菁英向選民傳達極化的訊息，以便藉著黨派訴求獲取支持。由於政黨領袖傳達的這些訊息，選民因此經常改變自己對於議題的觀點。隨著領導者對於特定議題「傳達」愈來愈分歧的觀點，這樣的分歧也有可能會迅速散播於他們的追隨者之間。[97] 近期就有這麼一項案例：兩黨對於美俄關係長期以來的共識，在二○一六年之後迅速轉變為大眾極化的議題，原因是川普總統向自己的支持群眾示意對於俄國抱持善意已成為適當的政策觀點。還有一個先前提過的例子，則是對於墮胎的觀點，一般選民對於這項議題的看法似乎也因為政治領袖的示意而變得更為極化。[98] 這種由上而下的因果關係，正符合大眾極化通常比菁英極化落後十到二十年的情形。

有些學者特別強調評論家與政治活躍分子是政黨極化的主要推動力，在民選官員與平民百姓當中都促成了更嚴重的極端主義。[99] 共和黨與民主黨活躍分子的意識形態分歧在一九六○年代之後大幅擴大，而且如同我們看過的，現在仍然積極參與地方公民活動的人士愈來愈是來自意識形態的兩極。對於鼓勵極端主義，以及把衝突的層面擴展到基於身分認同的議題群組，倡議者與社會運動似乎都扮演著重要角色。這些選擇受到媒體的報導，也受到尋求勝選的政治領袖大聲傳達。這些因素的結合很可能促成選民自我分群為不同的黨派陣營。

　　比較本章和前一章的倒 U 形曲線圖表，可以看出經濟不平等與政治極化在過去一百二十五年來呈現出亦步亦趨的發展。不過，正如世世代代的社會科學研究者耳熟能詳的那句話，相關性無法證明因果關係。開創這方面研究的麥卡蒂、普爾（Keith T. Poole）與羅森塔爾（Howard Rosenthal）原本主張不平等肇致了極化，[100] 但現在廣泛認為這種觀點不符合時序的變化。我們自己的分析顯示不平等頂多只是落後變數（意思是不平等升高的時間比極化升高的時間還要晚），所以不太可能會是這項關係當中的主要推動力。政治學家戴特瑞（Bryan J. Dettrey）與詹姆斯・坎貝爾（James E. Campbell）在晚近主張「所得不平等看來不是極化升高的重要肇因」；經濟學家杜卡（John V. Duca）與賽文（Jason L. Saving）則認定不平等與極化具有雙向因果關係。[101] 不平等與極化在長時間下具有高度相關性的現象，也合乎這兩者都是某個未知第三因素造成的後果這種可能性，而這種可能性將在後續的章節探討。

　　學者與評論家對於過去半個世紀的極化發展還提出了其他各式各樣的可能肇因，但二十世紀上半葉漫長的去極化趨勢卻遠遠沒有得到那麼多的注意，而且許多解釋也不合乎那個時期真正的政黨政治史。實際上，即便是在一九七〇年之後極化開始升高的時期，許多假定的因果要素也還是難以找到有力的證據。不論是個別政治人物所扮演的角色，還是諸如選區劃分不公或者競選財務問題等選舉或立法制度所扮演的角色，都可以見到這樣的情形。[102] 大眾媒體的變化（從一九〇〇年的「黃色新聞」到二十世紀中葉的華特叔叔〔即知名主播克朗凱 Walter Cronkite〕，再到當今的福斯新聞與推特

〔twitter〕推送的訊息）是這項謎題當中一個頗具可信度的答案，但研究並未明確發現究竟何者是因，何者是果。[103] 我們在本書後續會再回頭探究極化在這一百二十五年間的完整起伏循環。

極化的後果？

民主需要各個政黨在政治市場上尋求選民支持而從事公平且活躍的競爭。實際上，有一項深富影響力的民主理論，主張政黨競爭就是民主的定義。[104] 美國民主在二十世紀上半葉最重要的限制，正是種族平等在大體上都被排除於政黨競爭的訴求之外。反過來說，美國民主在一九二〇至一九六〇年代期間最重要的收穫，就是種族平等成為政黨競爭的中心議題。所以，政黨歧異本身對於民主而言其實是健康的情形。

另一方面，過去半個世紀那種激烈而且普遍的政治極化明顯損害了美國的民主。美國政治的當代觀察者都察覺到這種極化對於公共生活的傷害性衝擊。人稱「大調停者」，在參議院服務的時間從一九六七到一九八四年的田納西州共和黨參議員霍華・貝克（Howard Baker）曾經說過一句名言，指稱體認到「另外那個人可能是對的」具有極高的政治價值。在那個極化程度較低的時代，能夠看到議題的兩面，進而尋求雙贏的解決方案，乃是政治人物的典型行事方法。不過，隨著這種技巧或者傾向逐漸衰微，爭執因此變得愈來愈難以化解。[105]

在平民百姓的層次上，則是如政治哲學家丹妮爾・艾倫（Danielle

Allen）所言，在民主當中，我們這一方一旦落敗，就必須要理解到
這一點：在短期內接受失敗，是保全民主這個長期目標的必要行
為。「生活在民主當中必然有輸有贏，所以身為民主公民所該擁有
的強健精神，就是要知道如何因應落敗，而繼續待在比賽中。」[106]
極化的情形削弱了這種精神。

　　麥卡蒂明白闡述了美國的極化為何導致國家決策出現愈來愈多
僵局。[107] 我們的麥迪遜式（Madisonian）分權、制衡以及聯邦主義，
再加上隨時可能出現的參議院議事拖延，造成了眾多的否決點，導
致阻擋議案要比通過容易得多。此外，政黨之間如果不互相讓步，
要達到通過議案的成果又會更加困難。這種結構效應在政黨之間激
烈競爭的時期會受到放大，原因是兩黨在這種時期更有可能會以微
小的差距分別掌握行政與立法部門。在我們那條 U 形曲線的兩端，
都可以看到極端極化的情形以及造成僵局更加惡化的「不穩定多
數」，這樣的狀況也許不是巧合。[108] 過去一百二十五年間最重要的
立法改革方案，包括進步時代的改革、新政、大社會，甚至是雷根
革命，都獲得兩黨的大幅支持，這點絕非偶然。[109]

　　由極化帶來的粗暴無禮和僵局所造成的一個後果，就是美國政
府的效能因此降低，比較沒有能力引領這個國家的命運，包括因應
揮之不去的經濟與族裔不平等問題。我們這個時代一項引人注目的
趨勢，就是大眾對於我們的政治機構本身愈來愈缺乏信心，儘管政
治學家對於這點究竟是極化的肇因還是結果仍然眾說紛紜。在二十
世紀中葉，共和黨與民主黨的支持者通常都還是信任政府（頂多只
是偶爾會懷有不信任感），不論掌權的是哪一黨。不過，這種對於

政府的整體信賴感在一九六〇年代中期開始降低，尤其是在野黨的支持者（不論當時的在野黨是哪一黨）。在這種循環持續之下，對於政府的整體信心逐漸下滑，同黨與不同黨之間的隔閡則是不斷擴大。政黨極化使得民眾對於政府的信任也愈來愈趨極化。

我們沒有十九世紀的民意調查資料，但政治學家海瑟林頓（Marc J. Hetherington）與魯道夫（Thomas J. Rudolph）推測政府的大眾信任度在鍍金時代比較低，當時的極化程度也比較高（如同我們在本章稍早看過的）。[110] 因此，我們也許可以猜測對於政府的信任在一九六〇年代之前不斷升高，反映了二十世紀中葉那段漫長的政黨趨同時期所出現的各種社會與經濟成果。為數極少的早期調查資料（見圖 3.8），顯示政府的信任度在一九五八至一九六四年間呈現上升，但接著就從一九六四年的 77% 暴跌至一九七八年的 29%，遭到越戰、水門案，還有一九六〇年代晚期與一九七〇年代初期的種族和經濟困境所削弱。政府的信任度在雷根與柯林頓時期的繁榮當中出現了短暫的些微反彈，但在二〇〇〇年後又下探得更深，並且絲毫不受二十一世紀的經濟榮景所影響。這項政府信任度的標準指數現在擺盪於 15 到 20 之間，遠低於六十年前臻於巔峰的 75% 左右。圖 3.8 概括顯示了一般美國民眾對於政府能夠發揮效能的信心所出現的驚人崩解，而這項趨勢也符合我們現在對於這段時期已經相當熟悉的政黨極化模式。

聯邦政府信任度的降低，是美國平民百姓政治偏激程度日漸升高這種整體模式當中的一部分。公眾偏激與政治疏離也遵循同樣令人沮喪的發展模式，一樣只有在雷根與柯林頓執政時期短暫改善，

圖 3.8：政府信任度下滑，1958-2019

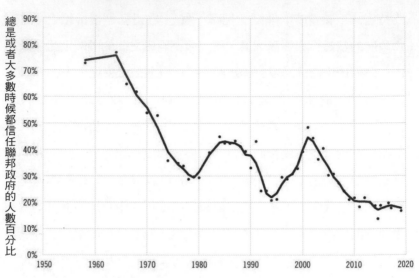

資料來源：Pew Research Center, "Public Trust," April 2019. Data LOESS
　　　　　smoothed: .12.

因此在過去六十年間，一般公民對於政治效能的感受從 70% 左右
暴跌至 30% 左右。隨著政黨極化的情況升高，公眾對於兩黨的鄙
夷也大幅升高，就像一個世紀前的鍍金時代一樣，這種情形在當時
造成了愈來愈多人轉而支持第三黨。以下這幾個例子可呈現出過去
六、七十年間令人屏息的變化。

● 一九六四年，一項調查詢問美國民眾認為政府施政是為了
　（1）「少數人的巨大利益」還是（2）「所有人的福利」，結果
　選擇後者的人數比前者還要多出一倍以上（64% 相對於
　29%）。到了二〇一八年，經過半個世紀愈來愈趨嚴重的經

濟不平等與政治動盪之後，這種樂觀的評估遭到一波波逐漸升高的偏激徹底淹沒，此一趨勢只有在一九八〇與一九九〇年代的經濟榮景期間短暫受到遏止。到了現在，如圖 3.9 所示，選擇（2）的人數不到選擇（1）的三分之一（21% 相對於 76%）。在此同時，認為「國家的掌管者其實不在乎你」的美國民眾比例在過去半個世紀來大幅增加，從一九六六年的 26% 上升至二〇一六年的 82%。

- 最後，圖 3.10 彙整了幾項各自獨立的長期調查當中的證據，為過去三分之二個世紀當中的政治偏激與政治效能這兩項相反趨勢提供了一幅相互一致的圖像。[111] 在一九五〇年代期

图 3.9：政治疏離，1964-2018

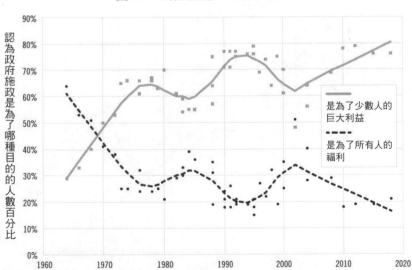

資料來源：Pew Research Center, "Amer. Democracy," April 2018. Data LOESS smoothed: .3.

間，政治效能看來呈現上升的趨勢，但從一九六〇年到當今
的這六十年間，政治效能卻只有在一九九〇年代末期的網際
網路泡沫以及九一一事件激起全國人民團結一心的短暫時刻
稍有上升（政治偏激也稍有下降）。簡言之，數十年來的極
化明顯削弱了美國民眾對於民主政治的信心，就像一個世紀
前的第一個鍍金時代一樣。

之所以要對極化感到擔憂，最重要的原因是極端的極化在長期
之下有可能會導致民主崩潰。政治學家李維茲基（Steven Levitsky）

圖 3.10：政治效能相對於政治偏激，1952-2016

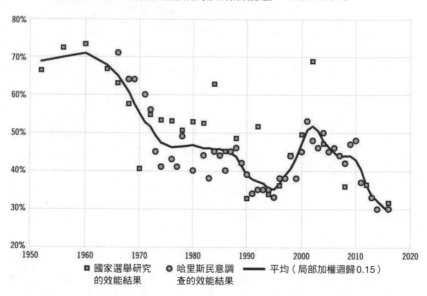

| ■ 國家選舉研究
的效能結果 | ◉ 哈里斯民意調
查的效能結果 | ━━ 平均（局部加權迴歸0.15） |

資料來源：American National Election Studies; Harris Poll. Data LOESS
　　　　　smoothed: .15.

與齊布拉特（Daniel Ziblatt）依據他們的暢銷著作《民主國家如何死亡》（*How Democracies Die*），以極具說服力的方式表達了這種擔憂：

> 社會一旦分裂成世界觀極為不同的黨派陣營，而這些差異又被視為無可調解的存在性差異，政治競爭就有可能淪為黨派仇恨。如此一來，政黨不再把彼此視為正當的競爭對手，而是危險的敵人。落敗不再是政治過程中獲得接受的一部分，而是變成一種災難。[112]

　　所以，我們在本章當中對於極化得到了什麼瞭解？我們發現在二十世紀揭幕之際，美國政治遭到深刻甚至猛烈的政治競爭所撕裂，但在後續的六十年間，美國人卻逐漸學會跨越政黨界線，互相合作解決大家共同面對的問題。當然，我們對於許多公共議題仍然持續懷有強烈的歧見，這是任何一個多元民主國家的自然現象。不過，在一九六〇年代中期，我們的歧見卻開始變得愈來愈惡毒，一開始是受到種族正義方面遭到長久壓抑的衝突所刺激，但接著卻迅速擴散到一切的議題上。極化的現象蔓延到地方政治，最後甚至滲入我們的私人生活當中，導致我們許多人難以想像自己能夠和對方生活在同一個社區。極化導致僵局，結果政府甚至連大多數人實際上懷有相同意見的問題都無力因應。如此一來，無可避免的結果就是廣泛的憤世嫉俗以及對於基本民主制度的疏離。

　　這種模式極為明顯可見又廣泛存在，因此能夠概括呈現於單獨一幅圖表裡，其中結合了國會裡的跨黨合作趨勢、受到全國媒體報

圖 3.11：政治禮讓，1895-2015

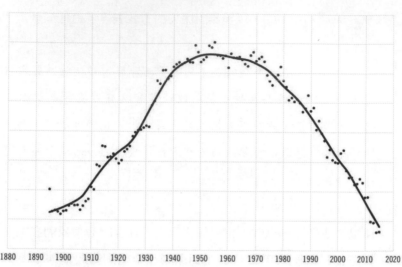

資料來源：見注釋1.4。Data LOESS smoothed: .20.

導的政黨之間的禮讓、選民的分裂投票，[113] 以及總統滿意度的跨黨
一致性。圖 3.11 概括了政治禮讓在過去一百二十五年來的這項廣
泛趨勢。[114] 這幅圖可以拿來和第二、四、五章結尾的類似圖表互相
比較，其中分別顯示了經濟、社會與文化當中相同的長期趨勢。

　　針對這些趨勢的廣泛影響計算出一份資產負債表之前，我們必
須先探究美國社會自從十九世紀末以來在社會與文化層面出現的變
化，這就是接下來兩章所要探討的內容。

4│社會：孤立與團結

　　如同我們在第一章提到的，自從托克維爾在一八三〇年代走訪美國之後，他就一直是美國社群主義者的守護神。不過，他也主張個人主義是美國的平等所必然造成的結果。托克維爾認知到社群和個人這兩種相互競爭的訴求，於是在一個章節裡描述了美國人如何設法融合這兩者，那個章節的標題是：「美國人民如何透過正確理解下的自利原則來對抗個人主義」。[1]

　　在本章，我們要探究美國人在過去一百二十五年來如何擺盪於個人主義和社群主義這兩個極端之間。如同托克維爾，我們也從公民結社以及社群參與的其他表徵開始談起。我們要特別聚焦於這段時期大部分時候都相當重要的兩種結社型態：宗教機構與工會。接著，我們再把目光轉向最普及的社會團結與連結型態，探索家庭組成在這一個半世紀期間的變化模式。最後，我們短暫檢視社會團結與連結在心理表徵方面的證據：社會信任。

　　隨著我們掃視這個涵蓋了保齡球聯盟、禱告團體以及家庭的廣

大社會場域，將會發現一項大略相似的模式：在這些看似距離經濟與政治如此遙遠的社會團結形式裡，能夠看到一種驚人的相似性。社會團結（參與公民社團、教會、工會，甚至是組成家庭）在第一個鍍金時代期間處於相對上的低點，後來在進步時代開始上升，在一九六〇年代達到高點，接著又逐漸下降至第二個鍍金時代。這段過程和我們在前兩章見過的倒 U 形曲線呈現出驚人的平行程度。我們將為這些社會團結的層面各自提出變化過程的歷史敘事，同時補充相關的量化證據。[2]

公民結社

南北戰爭結束之時，美國仍與托克維爾造訪時相同，主要是一個充滿小型農場、小型城鎮與小型企業的國度。到了三十年後的十九世紀末，美國迅速轉變為一個由城市構成的國家，充滿了外來移民。這些移民雖然出生在歐洲或美洲的村莊，現在卻在巨大工業集團營運的工廠裡辛勤工作。數以百萬計的美國民眾拋下了住在農場的家人與朋友，搬到芝加哥、密爾瓦基或者匹茲堡；還有另外數百萬人則是拋下波蘭猶太人村鎮或者義大利村莊裡的社區結構，搬到紐約下東區或者波士頓北區。

這些外來移民不只是居住在新的社群裡，而且生活環境也是非常陌生而斷裂，許多人都不禁懷疑這樣的群體是否能稱得上「社群」。實際上，在二十世紀初始，不只是外來移民如此，而是所有的美國人口都剛經歷了令人頭暈目眩的社會變化。「我們的身心都

徹底陷入了焦慮不安當中，」李普曼（Walter Lippmann）在一九一四年寫道：「一切的人際關係，不管是父母與子女、丈夫與妻子，還是勞工與雇主，都處於一種怪異的情境裡。……我們改變環境的速度，比我們知道怎麼改變自己的速度還快。」[3]

不過，就在這些問題爆發之時，美國人已開始因應。在世紀之交前後幾十年間，一種對於危機的警覺感，加上卓越的草根與國家領導，造就了一波非凡的社會創新與政治改革。實際上，如同我們稍後就會看到的，在二十世紀尾聲存在於美國社會的主要社群機構，大多數都是在那段公民創新最活躍的時期所發明或翻新的。

當時的樂觀人士和現在一樣，也興奮地認為新的通訊科技將可擴大人類同情心的涵蓋範圍。在威廉・艾倫・懷特（William Allen White）一九一〇年提出的烏托邦願景當中，新的科技進展可望「把國家變成鄰里。……電線、鐵管、鐵路、報紙、電話……把我們所有人都變成一個整體。……現在已不再有外人，所有人都互相理解已成為可能的事情。……的確，目前只是靈性覺醒的黎明而已」。[4]

另一方面，像是杜威（John Dewey）與瑪莉・傅利特（Mary Parker Follett）這樣較為謹慎的進步人士，關注的則是如何維繫面對面的連結。他們雖然肯定並且讚揚這個更大的新社會，卻也珍惜以往那種規模較小的個人網絡。

〔杜威寫道：〕蒸汽與電力創造出來的大社會也許是個社會，卻不是社群。相對缺乏人情味而且機械化的這種新式的綜合型人類行為對於社群的入侵，是現代生活的醒目事實。[5]

〔傅利特補充道：〕要達成真實的團結，就必須從促使一個個小團體結合起來開始做起。……單純訴諸想像力並不足夠，唯有藉著實際上的結合……各個鄰里團體才能夠成為健全、正常而且沒有黨派對立的城市生活當中的一員。如此一來，身為鄰里團體的成員，就表示同時也是國家的成員，並且是負責任的成員。[6]

具有先見之明的進步人士也對社會組織的職業化感到擔憂。社會學家派克（Robert Park）寫道：「我們先前共享的一切公共與文化活動型態……已經被專業人士接管，一般大眾不再是行為者，而是旁觀者。」[7]社會改革者陷入兩難當中。在社會服務、公共衛生、都市設計、教育、鄰里組織、文化慈善事業，甚至是遊說當中，職業人員的表現經常比立意良善的志工更加有效也更有效率。然而，剝奪志願性社團一般成員的能力，很可能會削弱草根公民參與，而促成寡頭統治。如同我們很快就會看到的，相同的這個問題在超過半個世紀後將會再次浮現。

美國的公民生活在十九世紀最後幾十年間的重振，帶有一項引人注目的特徵，就是結社活動的繁盛發展。當然，美國人民愛好組織社團的傾向在這個共和國成立之初就存在了。[8]有些社團（例如獨立百業會〔Independent Order of Odd Fellows〕）成立於十九世紀的頭三十幾年間，另外還有許多則成立於南北戰爭期間以及戰爭結束後。[9]在十九世紀末與二十世紀初，一群新世代的公民企業家在這些早期的基礎上建立了公民結社的巨大新架構。在皮奧里亞（Peoria）

與聖路易、波士頓與博伊西（Boise）以及博林格林（Bowling Green），
還有加爾維斯敦（Galveston）、丹佛和舊金山，市民都組織了社團、
教會、地方分會、退伍軍人團體、族裔社團以及職業團體。[10] 所謂
的「社團運動」席捲全國，強調自助與業餘精神。教人如何成立男
士社團或女士社團的手冊開始出現。一八七六年，亨利·馬丁·羅
伯特（Henry Martyn Robert）出版了《羅伯特議事規則》（*Robert's Rules
of Order*），為大量社團與委員會的混亂會議賦予秩序。

　　在一八七〇至一九二〇年間，公民創造力達到了美國歷史上僅
見的高度，不只是就社團的數目而言，也包括這些新成立的組織所
橫跨的範圍以及持久程度。社會史學家西達·斯科奇波（Theda
Skocpol）與她的同僚證明指出，美國歷史上會員人數最多的**所有組
織**，也就是**總參加人數至少達到成年男女人口** 1% 的五十八個全國
性志工組織，其中有半數都成立於一八七〇至一九二〇年之間。[11]
如圖 4.1 所示，這類大型成員社團的數目在鍍金時代與進步時代大
幅成長，但在一九一〇年之後的二十世紀期間，額外增加的組織則
頗為有限。[12]

　　地方性與全國性的研究基本上都述說了相同的故事：從鍍金時
代到進步時代期間播下的組織性種子極為堅韌，在後續的六十年間
開花結果，造成一個深具托克維爾色彩的美國。[13] 的確，二十世紀
末期大多數分布廣泛而且設有地方分會的美國公民機構都是成立於
世紀初那段極度富有社會創造力的幾十年間。從紅十字會到全國有
色人種協進會，從哥倫布騎士會到哈達薩（Hadassah），從美國童軍
到扶輪社，從家長教師聯誼會到塞拉俱樂部（Sierra Club），從基甸

圖 4.1：五十八個大型全國性會員組織的成立時間，1800-1990

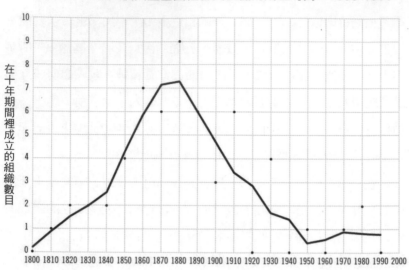

資料來源：Theda Skocpol, *Diminished Democracy*, 26–29. Data LOESS smoothed: .33.

會到奧杜邦協會，從美國律師協會到農場事務聯合會，從大哥大姊會到婦女選民聯盟，從卡車司機工會到營火女孩協會，美國在二十世紀末的各大公民機構實在很難找到有哪一個不是創立於二十世紀初期的那短短幾十年間。[14]

　　一個世紀之前的美國，性別與種族的不平等都遠高於現在，所以成立於那個時期的大多數組織都在性別與種族上採取隔離的做法。組織繁衍最著名的例子是兄弟會團體，例如駝鹿會（Moose）與雄鷹會（Eagles）。史學家貝托（David Beito）計算指出，到了一九一〇年，「保守估計是十九歲以上的成年男性有三分之一都是這些組織的成員。」在部分程度上，兄弟會的發展可說是在抗拒這個社

會迅速變遷的時代出現的個人主義與脫序現象，是一種避風港，讓人得以逃離這個混亂失序而且充滿不確定性的世界。這些團體的一項核心特徵，是奠基在互惠原則上的互助行為，也就是今天的助人者將會成為明天的受助者。貝托表示：「加入一個地方分會，這名新成員就至少是在沒有明言的情況下接納了一套價值觀。社團致力於促進互利共生、自立自強、職業培訓、節儉、領導技能、自我治理、自我控制，以及良好的道德品格。」在二十世紀初期，除了兄弟會組織以外，還有新的服務性社團（扶輪社、同濟會、獅子會、青年商會等等）以及職業協會。這些新團體為人提供了商業人脈、較為現代的表象，以及更加外顯的公民熱忱。[15]

出現於十九世紀末的許多新組織，雖然把女性與少數族群排除在外，但這一波組織性創新不僅限於白人男性，因為女性與少數族裔參與組織的人數也出現大幅成長，黑人的成長速度甚至超越白人。如同斯科奇波所強調的，不論種族與性別，這些組織幾乎全都涵蓋了中產階級與勞動階級的成員，而且也同樣發揮了互助與提振道德的功能。[16] 以我們今天的價值觀看來，種族與性別的隔離也許引人反感，但作為一種日益增長的社會資本，世紀之交的公民組織雖然大部分都是隔離開的，其參加者卻絕對不僅限於中產階級白人男性。

為了因應女性在南北戰後時代接受教育的情形大幅增加而成立的女性團體，在這個時期逐漸把關注焦點從閱讀與對話轉向追求社會與政治改革的草根動員，改革議題包括禁酒、童工、女性就業、都市貧窮、幼稚園，尤其是女性投票權，結果在進步時代末期促成

了憲法第十八與十九條修正案。[17]到了世紀之交,莎拉・普拉特・德克(Sarah Platt Decker)這位新當選的女性團體主席向她的團體成員致詞指出:「與其閱讀但丁與白朗寧,我們寧可採取行動、認真生活。……我們沉浸在文學世界裡已經夠久了。」[18]一八九〇年,這些女性組織共同連結起來,組成了婦女聯誼總會(General Federation of Women's Clubs)

　　一八七三至七四年間一項多多少少出於自發性的草根運動,促成了基督教婦女禁酒聯盟(Woman's Christian Temperance Union)這個龐大組織的成立。「什麼都做」是這個聯盟的領袖法蘭西絲・威拉德(Frances Willard)的座右銘,在她的掌舵之下,這個聯盟很快就成為推動更廣泛的道德與社會改革的媒介。[19]由一八九七年的幼稚園運動促成的全國母親代表大會(National Congress of Mothers),著手組織了地方學校的家長與教師團體。一九二四年,全國母親代表大會正式改名為全國家長與教師代表大會(後來又進一步改名為家長教師聯誼會)。[20]值得注意的是,有些女性團體甚至彌縫了深刻的階級鴻溝。舉例而言,年輕的外來移民女性在曼哈頓下東區的成衣產業裡一直無法成立工會,結果獲得婦女工會聯盟(Women's Trade Union League)給予強力的政治與財務支持,而積極維繫此一聯盟的人士也包括上東區的進步主義社交名流,例如安妮・摩根(Anne Morgan),她的父親是全世界權勢最大的資本家約翰・摩根(J. P. Morgan)。[21]

　　如同哥倫布騎士會、聖約之子會,以及普林斯・霍爾共濟會(Prince Hall Freemasonry;一個黑人共濟會組織)顯示的,不同的族

裔團體通常會成立他們自己的兄弟會組織。互助的慈善社團是許多外來移民社群的基石，提供了財務保障、兄弟情誼，甚至是政治代表席次。史學家柏特霍夫（Rowland Berthoff）指出：「當時的外來移民都習於緊密的社群生活，那種緊密程度在今天幾乎已經沒人能夠記得。所以，他們立刻就採取了美國志願性結社的兄弟會形式，以便把他們的地方族裔社群團結在一起，抵禦美國社會那種充滿不確定性的鬆散生活。」[22]

在黑人人口當中，結社活動日益升高的重要性也差不多遵循同樣的模式，包括互助、喪葬、社交社團，以及兄弟會還有女性團體。在出版於世紀之交的《費城黑人》（*The Philadelphia Negro*）這部經典研究著作裡，作者杜博依斯（W. E. B. Du Bois）強調了黑人社團的重要性，例如百業會與共濟會就提供了「能夠讓人忘卻單調工作的消遣，一個發揮抱負與才智的領域，一個炫耀的機會，還有面對厄運的保障」：和那些年間吸引了數以百萬計的白人參加這類組織的效益幾乎一模一樣。後來，在二十世紀頭六十幾年間的民權抗爭當中，非裔美國人的兄弟會團體也扮演了強而有力的角色。教會在非裔美國人社群的社會資本形成當中扮演了具有獨特重要性的角色，還有黑人女性社團也是，例如成立於一八九六年的黑人女性全國聯盟（National Association of Colored Women's Clubs），就為社會與種族正義大力發聲，而且在超過一個世紀後的今天也仍然活躍不已。在此同時，也有些新出現的社團把黑人與白人結合起來共同支持社會改革，其中最重要的例子是全國有色人種協進會與城市聯盟（Urban League）。[23]

　　進步時代的改革人士特別把組織精力集中於青年發展上。在一陣創造力的驚人迸發當中，主導了二十世紀的大多數全國青年組織都在不到十年的時間內（一九〇一至一九一〇）紛紛成立：包括美國童軍和美國女童軍、營火女孩協會、四健會、小童群益會，以及大哥大姐會。這些新組織以過人的行銷天才，把恆久的社會價值（「童軍誠實、助人、仁愛、有禮⋯⋯」）結合於露營、體育以及玩耍的純粹樂趣當中。[24]

　　作為一項社會運動，進步主義無法用「由上而下」或者「由下而上」這類簡單的標籤來分類。許多新出現的兄弟會、公民團體與改革組織，是全國總部與全國領袖在努力招募成員，另外有些組織則是因為地方的倡議而成立。有些組織，例如四健會與農民協進會，則是聯邦政府創立的成果。更重要的，是創立組織的倡議從一個社區水平擴散到其他社區的現象：誕生於國內一個地區的倡議，不久就受到其他地區效法並且加以發展，原因是地方上一心想要重建社區連結的活躍人士都積極相互學習。實際上，十九世紀末的那波結社活動是始於美國中部的小鎮，而不是國際性的大都會。如同社會史學家斯科奇波所言：「這種組織擴張的方式，非常近似於衛理公會與浸信會的巡迴神職人員在南北戰爭前的美國如同野火般廣泛成立新會眾的做法。」[25]

　　這段組織活躍發展的時期結束於一九二〇年左右，奠定了美國公民社會在後續一百年間的發展基礎。在一九二〇年之後的半個世紀裡，成立於鍍金時代與進步時代的組織不斷擴張，包括會員人數與地理分布範圍都是如此。許多組織實際上都是加盟式組織，具有

適合迅速擴散的特質，這正是一九二〇到一九六〇年間的發展情形。加盟式的商業組織始於一八八〇年的勝家縫紉機公司以及一八九〇年代的汽車經銷商，而這種模式也迅速受到同時代的新式公民組織所採用。這些組織一旦創立之後，就會不停自我複製，以便因應美國民眾對於建立人際連結似乎無窮無盡的需求。

舉例而言，第一個扶輪社在一九〇五年由保羅・哈里斯（Paul Harris）創立於芝加哥。當時他是年輕的律師，剛從小鎮來到這座大都市，不但缺乏有用的社會人脈，也在喧鬧繁雜的都市生活中感到「孤獨至極」。四年內，他成立的這個芝加哥社團就有了二百名成員；六年內，美國的每一座大城市都有了扶輪社的組織。模仿其做法的競爭對手，像是同濟會與獅子會（以及其他數十種組織），更是迅速擴散到全國各地。服務性社團的全國成員人數到了一九二〇年已經指數成長至三十萬人，到了一九三〇年更是達到數百萬人。這項在四分之一個世紀期間的擴散率，一直到將近半個世紀後克洛克（Ray Kroc）發明的麥當勞加盟系統才堪與比擬。[26] 在這些年間，不是只有服務性社團經歷了迅速的成長，許多歷史更悠久的兄弟會組織也是如此，諸如麋鹿會（Elks）、駝鹿會，甚至是百業會。經過經濟大蕭條期間的挫折之後，美國的服務性社團、兄弟會團體以及幾乎所有的其他公民社團，在第二次世界大戰期間以及戰後的那四分之一個世紀當中都出現了驚人的繁盛增長。

這些組織迅速擴散的祕訣，是一種「套裝社交性」：使用印製的手冊，說明地方分會的組織、宗旨、倫理守則、管理人員與委員會、會員義務（例如出席每週會議）、口號、用來建立團結精神的

聚會儀式（例如每週安排一段時間，讓會員表揚其他會員的近期成就），以及對於社會責任與社區服務的投入（例如同濟會煎餅日募款活動、扶輪獎學金，或者獅子會防盲計畫）。美國男女童軍、奧杜邦協會、紅十字會、全國城市聯盟，以及傑克與吉兒協會（Jack-and-Jill；供黑人中產階級兒童參加的組織），全都展現了加盟形式在迅速成長與擴散當中的無所不在以及有效性。

這些新的「即時」社交方式，有許多都遭到批評人士譴責為淺薄又從眾的中產階級「市儈作風」，但這項批評忽略了其創新重要性，因為那是一種新的社群型態，取代了鄉下的合建穀倉聚會、縫被聚會，以及小鎮的鄰居情誼，原因是這些人際連結都已遭到十九世紀末的經濟進展與人口動盪所淘汰。此外，這些新組織，不論參加成員是男性、女性，或是任何族裔背景，對於社區服務與社會團結等理想的追求都一致得令人吃驚。[27]

這些各式各樣的公民社團的會員名單，揭露了二十世紀一項極為引人注目的平行模式。這項模式概括呈現於圖 4.2，其中綜合了三十二個以地方分會為基礎的全國組織從一九〇〇到二〇一六年的會員率變化，涵蓋的組織包括聖約之子會與哥倫布騎士會乃至麋鹿會與家長教師聯誼會。[28] 在每一個案例當中，我們衡量的都是組織成員人數在該類型人口當中的占比，例如四健會的會員人數在所有鄉下青年當中占了多少比例，哈達薩的成員人數在所有猶太婦女當中占了多少比例，以此類推。由此得出的概略輪廓，呈現了整個二十世紀期間美國各個社群在結社生活方面的若干關鍵事實。

在二十世紀的大部分時間，愈來愈多的美國人口都參加了這類

圖 4.2：地方分會式全國性社團的會員率，1900-2016

資料來源：Putnam, *Bowling Alone, 53–55*; Taylor Mann.

地方分會式社團。這幅圖裡漫長的上升曲線反映了這項事實：每一年都有愈來愈多的女性加入婦女社團，愈來愈多的鄉下居民加入農民協進會，愈來愈多的少年加入童軍，愈來愈多的猶太人加入哈達薩與聖約之子會，也有愈來愈多的男性加入兄弟會組織。隨著時間過去，美國似乎愈來愈合乎托克維爾對我們的描述，也就是一個充滿參加者的國家。

　　公民參與的整體上升趨勢在一九三〇年代中斷，就是經濟大蕭條對於美國社群造成傷害性衝擊的證據。在這份樣本當中，幾乎每一個成人組織的會員紀錄都帶有那個時期留下的疤痕。在某些案例裡，經濟大蕭條造成的影響是強勁成長的短暫停歇；但在其他案例

裡，逆轉的現象則是極為驚人。舉例而言，婦女選民聯盟的成員人數在一九三〇至一九三五年間腰斬，糜鹿會、駝鹿會與哥倫布騎士會也是如此。這段歷史時期凸顯了嚴重經濟困頓對於公民參與的衝擊。

不過，大部分的這些損失到了一九四〇年代初期都補回來了。第二次世界大戰造成愛國心與集體團結精神的大迸發，而到戰爭結束之時，這些活力都轉而注入社群生活中。一九四五年之後的二十年是社群參與在美國歷史上數一數二活躍的時期。以實際會員人數在潛在會員人數當中的占比來看，這三十二個組織的「市占率」大幅飆升。這項公民參與爆發的範圍涵蓋了這份清單上的幾乎每一個組織，包括農民協進會與糜鹿會這類「老式」組織（這兩者在一九六〇年代已差不多有一百年的歷史），乃至比較新的服務性社團，例如獅子會與婦女選民聯盟（在一九六〇年代只有四十年左右的歷史）。

到了二十世紀中葉，用各種團體的會員數與投入情形所衡量的公民參與（包括宗教組織、體育團體、慈善團體、工會與職業團體、鄰里社團、嗜好團體、父母團體、讀書會、青年團體、兄弟會組織、退伍軍人組織），從任何標準來看都達到了非常高的程度。不論什麼種族和性別，大多數的美國人口都參加了一個以上的這類組織，美國的全國公民參與率在世界排名當中也名列前茅。美國各地的社群團體似乎即將進入一個擴大參與的新時代。除了經濟大蕭條造成公民參與旱象之外，進步人士播下的種子都一年接一年不斷萌芽生長，由勤奮的公民園丁所栽培，並且受到日益增長的富庶和

教育所滋養。每一年的年度報告都顯示會員人數不斷成長。我們稍後將會看到，教會與猶太會堂都人滿為患，共同參與敬拜儀式的美國民眾比短短數十年前多出許多，甚至可能是美國史上最多。

　　不過，早在一九五〇年代晚期，社群參與的這項大爆發就開始後繼無力。到了一九六〇年代末期與一九七〇年代初期，會員人數的成長開始愈來愈落後於人口成長。平均而言，所有這些組織的會員率在一九五七年開始減緩成長，在一九六〇年代初期達到巔峰，然後在一九六九年就展開一段持續下降的時期。會員率在一九四〇年代初期到一九六〇年代初期增加到超過原本的兩倍，但組織參與在戰後的巨大暴增，到了二〇〇〇年已經完全抹平。這樣的下滑在二十一世紀的頭二十年間仍然持續不斷。到了二〇一六年，一百多年的公民創意已然消失無蹤。

　　這些平均值掩飾了不同組織所經驗到的部分重要差異。舉例而言，經濟大蕭條的影響對每個組織各不相同，共濟會與哈達薩的成員大幅減少，四健會、美國童軍和美國女童軍等青年組織的成員人數則似乎沒有受到對成人造成衝擊的經濟困頓所影響。戰後的參與暴增在幾乎每個案例當中都可以看得到，但對於農民協進會與婦女聯誼總會而言，美好時光在一九五〇年代中期即告結束，而其他組織，例如名稱取得恰如其分的樂觀者協會，會員人數則是一直到一九八〇年代都維持在高檔狀態。全國有色人種協進會的會員人數在第二次世界大戰期間急遽增加，接著在一九五〇年代崩跌，在一九六〇年代的民權運動期間重回最高點，然後就再度停滯，並且在一九七〇年代之後再次暴跌。

　　在每一份會員紀錄的背後，都有許許多多的個別故事，涉及領導的成功與失敗、組織韌性與策略錯誤，以及社會生活與政治的變遷；但這些各式各樣的組織所共有的特徵，包括在一九〇〇至一九五〇年代期間迅速成長，只有在經濟大蕭條期間短暫中斷，接著在一九六〇年代成長趨緩，然後在一九七〇年代之後迅速反轉，這些特徵都共同見證了美國社群當中的公民參與變化。即便在我們詳細探究了每個組織的興起與沒落之後，也還是會得到這項驚人的事實：這些非常不一樣而且歷史又非常悠久的組織，都依循了相同的發展歷程。

　　我們要在這裡稍事暫停，思考一項可能的例外，也就是總部設置在華府的非營利全國性社團的迅速崛起。根據《社團百科全書》（*Encyclopedia of Associations*）的記載，非營利組織的數目在二十世紀最後三十年間出現大爆發，在一九六八到一九九七年間從 10,299 個增加超過一倍，達到 22,901 個。[29] 過往那種地方分會式組織，有沒有可能只是受到這些新出現的非營利組織所取代，因此圖 4.2 顯示的會員人數下滑其實只是假象？

　　實際上，新出現的非營利社團其實沒有幾個擁有龐大的會員數。社會學家大衛·霍頓·史密斯（David Horton Smith）發現，一九八八年的《社團百科全書》當中將近半數的團體，例如動物營養研究理事會、全國統一交通事故統計數據大會以及全國爐渣協會，根本都沒有個人會員。即便在實際上擁有會員的社團當中，平均會員人數也從一九五六年的 111,000 人下滑到一九九八年的 13,000 人。換句話說，「社團」的數目雖然增加了一倍以上，平均會員人數卻

減至十分之一左右：團體的數量更多，但大多數的團體都遠遠小得多。[30] 一九六〇年代至一九九〇年代期間的組織爆發，只是機構的增加，而不是草根參與的興盛。

如同斯科奇波在《民主的消退：美國公民生活的成員參與和管理營運》（*Diminished Democracy: From Membership to Management in American Civic Life*, 2003）這部著作當中主張的，這些大量出現的新組織是專業營運的倡議組織，而不是成員社團。她說明指出，一九六〇年代與一九七〇年代的社會運動

> 無意間觸發了全國公民生活的重組，於是專業營運的社團與機構大量出現，而跨階級的成員社團則逐漸減少。在我們這個時代，參與公民活動的美國人民都更加積極從事組織行為，卻不再熱衷於參加團體……〔這些新運動〕結合了草根抗議、行動激進主義，以及由專業人士領導的作為，包括遊說政府以及教育大眾。……在一九七〇年代至一九九〇年代期間，過往的志願成員組織迅速凋零，新的社會運動與專業營運的公民組織則是大量登場，重新界定了國家公民生活的目標與形式。當今美國的巨大成員社團對於兄弟情誼、姐妹情誼、公民同胞情誼以及社區服務的關注，遠比美國漫長歷史上的任何時刻都還要低。[31]

這些新團體雖然經常仰賴平民百姓的財務支持，也可能忠實代表他們發聲，但這些團體絕大多數的成員唯一從事的會員行為，就

是繳交會費或者偶爾閱讀通訊簡報。極少有人會參加這類組織的任何會議，而且許多組織也根本不舉行會議；此外，大多數的會員也不太可能會在知情的狀況下和其他會員見面。身為這些新團體的會員，需要做的事情只是動動筆，不是出席會議。

　　然而，通訊「會員」人數對於公民參與而言卻是相當不足的衡量標準。舉例而言，綠色和平藉由非常積極的郵寄推廣方案而成為美國最大的環保組織，其會員人數在一九九〇年臻於巔峰，在所有全國性環保團體的成員當中占了三分之一以上。那個時候，綠色和平的領袖因為擔心自己身為環保團體卻印製眾多垃圾郵件的做法落人口實，於是暫時縮減了郵寄推廣行動。不到三年，綠色和平的「會員」就暴減 85%。[32]

　　不過，就算我們把焦點限縮在實際上擁有真實會員的地方分會式組織，諸如包含在圖 4.2 當中的那些組織，個別組織的會員人數也不足以代表美國民眾參加志願性社團的趨勢。首先，在一個世紀以上的時間裡，特定團體受歡迎的程度可能會有所起伏。如果說比較新而且比較活躍的組織沒有受到我們的檢視，那麼圖 4.2 顯示的衰退情形可能只適用於「老式」組織，而不是所有以社群為基礎的組織。第二，「正式」會員身分可能無法精確反映實際上的社群參與。

　　為了因應這兩個問題，我們將不再依賴組織紀錄，而是探究調查證據，其中可以涵蓋各式各樣的組織隸屬方式，也能夠區別正式會員身分與實際參與行為。調查資料在一九七〇年代初期以前相當稀少，所以為了對會員的性質獲得更精確的理解，代價就是資料涵

蓋的時期比較短。這種無可避免的兩難，和我們在先前幾章遇過的狀況相同。儘管如此，事實仍然顯示目前可得的調查證據強化了我們至今為止所描述的情形。

　　一九七○年以前極為稀少的調查證據，和組織紀錄顯示的相符，也就是一般美國民眾以正式會員身分參加志願性社團的情形在一九五○年代中期至一九七○年代中期之間處於穩定或是些微下滑的狀態。[33] 一九七○年代中期以後，調查證據就豐富得多，於是我們也就能對趨勢做出比較有自信的判斷。含有相關資訊的三大調查檔案分別是：社會概況調查（General Social Survey）、羅波社會與政治趨勢檔案（Roper Social and Political Trends archive）、恆美 DDB 生活型態檔案（DDB Needham Life Style archive）。[34]

　　整體的團體會員狀況在過去半個世紀有什麼樣的改變？社會概況調查詢問了一九七○年代初期到一九九○年代初期的正式組織會員狀況，可惜的是這項大型全國調查沒有詢問過去四分之一個世紀的組織會員狀況。社會概況調查的資料顯示，正式會員率在那二十年間只有稍微下滑，從美國人口的 75% 左右降到 70% 左右。

　　不過，我們一旦檢視更積極的參與形式，而不只是正式會員身分，這項保守的結論就會大幅變動。對於美國組織的活躍成員而言，擔任幹部或者委員會成員曾經是非常普遍的情形。[35] 在美國公民社會的全盛期，大部分志願性社團裡絕大多數的活躍成員，遲早都會被勸誘擔任組織裡的某種領導角色。符合這種描述的美國人口數目在二十世紀晚期出現了什麼樣的變化？

　　在一九七三至一九九四年間（羅波研究人員在一九九四年最後

一次提出這個問題），在任何地方組織（從「老式」兄弟會組織到新世紀會心團體〔New Age encounter group〕）扮演任何領導角色的男性及女性人數減少了一半。在那二十年間，白人扮演領導角色的機率高於黑人，但兩個種族的趨勢相似。白人擔任領導角色的比率在一九七三至一九九四年間從 17% 下滑至 9%，黑人的比率則是從 12% 下滑到 7%。依照這項衡量標準，不論就黑人還是白人而言，美國的公民基礎建設在短短二十年間就消失了差不多一半。[36]

據說伍迪·艾倫曾經說過，[37] 人生有百分之八十就是單純現身露面而已。這句話也可以套用在公民參與上，而對於評估結社生活在我們的社群當中所呈現出來的趨勢，「現身露面」即提供了一項有用的標準。恆美 DDB 的研究人員在一九七五至二〇〇五年間從事了三十一次的年度調查，向十萬六千名以上的美國民眾提出這個問題：「你在去年出席過幾次社團會議？」圖 4.3 顯示這種公民參與在那三十年間不斷消退。在一九七五至一九七六年間，美國的男性與女性每年平均出席十二次的社團會議，基本上一個月一次。[38] 到了二〇〇五年，此一全國平均已縮水了三分之二，下降至一年四次。在一九七五至一九七六年間，美國所有人口有 64% 在前一年出席了至少一場社團會議。到了二〇〇五年，這個數字已滑落到 33%。簡言之，在一九七〇年代中期仍有將近三分之二的美國人會出席社團會議，但到了二〇〇〇年代中期，已有三分之二的美國人從來不曾出席過社團會議。（同樣的，這些趨勢當中沒有明顯的種族差異。）相較於其他國家，我們看起來也許仍然是個充滿參加者的國家，但只要和我們自己的過去比較，就會發現實際上不再是如

圖 4.3：社團會議出席狀況衰退，1975-2005

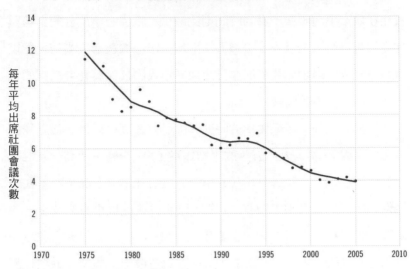

資料來源：DBB Needham Life Style surveys, updated. Data LOESS smoothed: .33.

此，除非我們把「參加」單純定義為名義上的隸屬關係。

　　因此，兩個不同的調查檔案顯示積極參與地方社團與組織的行為在二十世紀晚期減少了一半到三分之二。這項估計與另一種完全不同的證據呈現出驚人的一致性。在一九六五到一九九五年間，每十年都有一項調查從全國人口當中抽樣，請求受調者完成「時間日記」，記錄他們在隨機挑選的一個「日記日子」裡如何度過每一分鐘。從這些日記當中，我們即可得知一般美國民眾運用時間的方式在一九六五到一九九五年這三十年間如何逐漸演變。[39]

　　整體而言，我們分配時間的方式在這段時期並沒有出現大幅變化，例如我們在這幾十年間平均都還是一夜睡八個小時。不過，還

是有一些重要的例外。現在，我們花費在螢幕上的時間比過去多，投注在做家事與照顧子女的時間則比較少。除了一小部分的上層與中產階級專業人士以外，美國人的平均工作時數在過去半個世紀以來有所減少。儘管如此，那些日記卻顯示我們投注於社群組織的時間在這段時期不斷縮減。[40]

美國人投注於組織生活的時間（除了宗教團體以外，這點我們將另外檢視），從一九六五年的平均每月 3.7 個小時下滑到一九七五年的 2.9 個小時，再到一九八五與一九九五年的 2.3 個小時。在一九六五年，一天當中平均有 7% 的美國人會在社群組織裡待上一些時間。到了一九九五年，這個數字已下降到 3%。這些數字顯示一九六〇年代的美國人口有將近半數會在每週撥出一些時間參與社團與地方協會的活動，而一九九〇年代只有不到四分之一。[41]

以絕對值來看，參與組織活動與出席社團會議的衰退情形，在各個教育和社會階層當中都大致平行。不過，由於教育程度較低的人口本來就比較少參與社群組織，所以底層人口的相對衰退程度也更大。

此處描述的組織瓦解情形來自於完全不同的證據：不同的抽樣技術，不同的調查機構，不同的問題，不同類型的組織。這些調查結果的估計全都顯示積極參與地方組織的行為在二十世紀最後數十年間減少了超過一半，是極具說服力的證據，就像美國西南方樹木年輪數據、北極冰核與英國海軍部的天氣紀錄全都證實了全球暖化一樣。

綜上所述，組織紀錄顯示在二十世紀的頭六十幾年間，美國人

對於各種公民社團的參與持續增加，只有因為經濟大蕭條而暫時停滯。相較之下，在二十世紀最後三十幾年間，只有通訊會員人數持續增長，因為當時出現了一種全新的社團，其成員從不聚會。我們當然可以找到個別的例外，看到特定組織成功克服當下的風潮，但整體的情勢就是社群組織的參與情形不斷衰退。在過去半個世紀左右，公民組織的正式會員已減少了大概有四分之一。更重要的是，對於社團及其他志願性協會的積極參與更是減少了一半。[42]

　　許多美國人持續聲稱我們是各種組織的「成員」，但大多數的美國人已不再投注太多時間在社群組織當中：我們不再從事社區工作，不再擔任幹部，也不再出席會議，儘管教育的飛速增長讓比以往更多的人口擁有過去促成公民參與的那些技能、資源，以及興趣。簡言之，在至今將近半個世紀的時間裡，美國人大量退出社群組織生活，和一個世紀前發生的情形剛好相反。

宗教與慈善事業 [43]

　　長久以來，宗教機構一直是美國的社區凝聚和社會團結最重要的來源。即便在我們當今這個世俗時代，所有的團體會員也差不多有半數都是屬於宗教團體，諸如宗教會眾、查經班、共禱會等等。此外，所有的慈善與志工工作也有差不多半數是在宗教情境中進行。對於許多美國人而言，宗教的重點比較不在忠於特定的神學，而是豐富的社群來源。此外，事實也證明參與信仰社群的行為是強而有力的預測因子，能夠預測個人與更廣大的世俗世界的連結度。

　　宗教會眾的活躍成員比美國世俗民眾更有可能慷慨捐贈慈善事業，而且不只是宗教奉獻，也會捐款給世俗的公益運動。固定上教堂的信徒擔任志工的比率，比起人口特徵相同但極少上教堂的美國人超過一倍以上，而且不只是從事教會接待工作，也會從事世俗公益工作。[44] 比起人口特徵相同的世俗美國人，信仰虔誠的美國人參與鄰里社團、扶輪社或美國童軍等世俗組織的比率高出二至三倍，而且活躍於地方公民生活當中的程度也是如此。嚴謹的統計分析顯示（世俗美國民眾也許會對此感到意外），宗教參與和公民行善表現之間的連結確實存在，而且可能具有因果關係。簡言之，宗教參與的趨勢是整體社會連結的關鍵指標。[45]

　　傳統上，美國人民在宗教機構當中的活躍程度向來大幅高過其他民族，而且我們也經常把自己的這種虔誠信仰視為一種穩定的國家特徵。然而，如同其他形式的社會連結，宗教在美國歷史上也經歷過起伏。社會學家芬克（Roger Finke）與斯塔克（Rodney Stark）的研究指出，殖民時代的美國人其實不像我們的國族神話所聲稱的那麼虔誠信仰宗教。[46] 在美國獨立革命之時，美國人口只有不到五分之一是宗教團體的成員，這個數字到了一八五〇年也只上升到34%而已。[47]

　　另一方面，美國歷史上曾經有過幾波高度宗教性的時期，稱為「大覺醒」。傳統上，第一次的大覺醒據說發生於一七五〇年代，接著在一八二〇與一八三〇年代出現第二次大覺醒，而第三次則是始於一八六〇年左右。每一次這種覺醒的特徵都是宗教參與急遽增加，尤其是在福音教會與新的宗教運動當中。

　　不過，到了十九世紀末的鍍金時代，這種宗教狂熱已然消退。在公共場域裡，宗教修辭仍然到處可見，正如我們歷史上大部分的時候一樣。新教在文化上居於主導地位，但隨著愈來愈多來自天主教國家的移民遷入，宗教逐漸轉變為一股宗派性的分裂力量，甚至在美國東部沿海引發了反天主教的暴力。本土主義、族裔中心、反猶太以及種族歧視的心態普遍可見，而且經常與宗教偏狹緊密交纏。

　　另一方面，大多數美國人的日常生活都是「脫離了教會」或是「與教會無關」。如同當代那些聲稱自己沒有宗教認同的「教外人士」，這些世俗美國人並非必然不信奉宗教，只是他們沒有藉由加入成員、出席集會或者做出捐獻等方式隸屬於宗教機構。[48] 著名的進步時代扒糞記者雷・斯坦納德・貝克（Ray Stannard Baker）在一九一〇年寫道：

> 不只勞動階級疏離了教堂，尤其是新教的教堂，而且在所謂的有教養階級的那些富裕男女當中，也有極大一部分都已經與教會工作脫節。有些人仍然保有成員身分，但教堂在他們的人生中並沒有扮演不可或缺或是重要的角色。……而且，這種冷淡主義也不僅限於「邪惡的城市」，而是普及於全國各地的小鎮與村莊還有大城市，唯一的例外可能只有少數幾個在近期發生「宗教復興」而激勵了居民的地方。[49]

　　傑出的美國宗教史學家阿爾斯壯（Sydney Ahlstrom）指出，在

一九一○年，全國總人口只有 43% 聲稱自己和教會有隸屬關係，
而《華盛頓郵報》在一九○九年的一篇報導也提出了非常類似的估
計，指稱美國脫離教會的人口「與教會成員相較的比例大概是三比
二」。[50]

　　在鍍金時代期間，新教神學通常忽略了耶穌在天國八福當中提
出的「貧窮的人有福了」這句話所代表的社會與道德問題，而只是
聚焦於個人的虔誠與救贖。阿爾斯壯對於宗教在鍍金時代這種聚焦
於個人的觀點強調指出：

> 專注於個別的罪人，必然造成眾人把注意力集中在極度個人化
> 的罪行上。社會倫理因此遭到的侵蝕，甚至早在殖民時代就已
> 受到關注。不過，這種傾向的完整衝擊直到南北戰爭之後才顯
> 現出來，因為當時興起的巨大企業實體開始對近乎所有美國人
> 的道德生活造成複雜化的影響。……信仰復興運動通常變得在
> 社會上微不足道或是模稜兩可，以致落入無關緊要的境地。正
> 是因為這種傾向，像是饒申布士（Walter Rauschenbusch）這樣的
> 虔誠基督徒才會對福音主義的評價如此苛刻。[51]

　　直到「成功神學」在一個世紀之後迅速興起（這是一種福音主
義的主張，認為個人的虔誠信仰會促成個人的成功），美國宗教看
待宗教意義的觀點才又再度含括了如此物質主義的解讀。[52] 當然，
美國的宗教生活向來都存在著高度的教派多元性。在美國，宗教機
構之間完全沒有一致性或統一性。所以，在概括描述美國宗教的趨

勢之時，我們不能忽略這種多元性。

　　隨著進步時代展開，主流新教徒開始從個人主義轉向關注周遭的社群，最典型的例子是社會福音運動，亦即自由派的新教領袖喚起他們的中產階級教區居民對於各種急迫社會問題（例如都市貧窮）的注意，並且凸顯把社會團結擺在個人主義之前的重要性。[53] 這項運動的人數在世紀之交的新教徒當中雖然不主導性，卻是文化變遷的領先指標。社會福音運動是對於個人主義、自由放任以及不平等的抗拒，試圖讓宗教能夠切合於新的社會與智識情境。

　　饒申布士是基督教神學家暨浸信會牧師，也是二十世紀初盛行於美國的社會福音與「單一稅制」等社會改革運動當中的關鍵人物。他成長於紐約上州，在曼哈頓的地獄廚房展開神職工作，在那裡面對失業、貧窮、營養不良，尤其是無辜兒童死亡的問題。他的注意力從原本拯救個別靈魂的虔誠使命轉向他所謂的「社會福音」，把基督教道德觀套用在社會改革上。他寫道，洗禮「不是個人救贖的儀式性行為，而是投身宗教與社會運動的行為」。[54] 他的影響力在主流新教當中持續了數十年之久；金恩博士曾說，他的著作《基督教與社會危機》（*Christianity and the Social Crisis,* 1907）「在我的思想當中留下了無可磨滅的印記」。

　　饒申布士並不孤單。「耶穌會怎麼做？」這句話（矛盾的是，這句話現在卻經常掛在保守派基督徒的口中）因為一八九九年的一部暢銷小說而普及。那部小說的作者是堪薩斯州托皮卡（Topeka）的會眾牧師謝爾登（Charles Sheldon），他的神學觀受到基督教社會主義所形塑。那部小說從福音角度針對經濟不平等提出抨擊，根據

的是耶穌聲稱駱駝穿越針孔都還比富人進入神的國度更加容易這句話。

> 耶穌會怎麼做？……有時候我覺得，大教堂裡的信眾都身穿華服，住在舒適的獨棟房屋當中，有錢可以花在奢侈品上，還可以歡度夏季假期並且從事各種活動，而教堂以外的人，數以千計的人口，卻是死在廉價公寓裡，在街頭上奔走尋求工作，家中也從來沒有鋼琴或者掛畫，並且成長在充滿苦難、飲酒與罪惡的環境當中。[55]

在這項社群主義的轉向當中，許多教會都採取了宗教史學家霍利菲德（E. Brooks Holifield）所謂的「社會聚會所」這種模式。

> 數以千計的聚會所將自己轉變為活動中心，不只開放禮拜，也供舉行主日學、音樂會、教會社交聚會、婦女會議、青年團體、少女會、少年軍、縫紉聚會、慈善社團、日間學校、戒酒協會、健身俱樂部、童子軍團，以及其他各種無名的活動。……畢傑（Henry Ward Beecher）建議耶魯神學院的學生在他們的教區裡「廣辦野餐會」，於是各式各樣的聚會所不但舉辦野餐會，更進而成立體育館、社區活動中心、營隊、棒球隊，以及軍事訓練團體。[56]

把宗教思想朝外轉向社會問題，確實合乎進步時代的改革主義

心態，但絕非所有的新教徒都接受這樣的做法。實際上，在二十世紀的頭幾十年間，許多「基本教義派」新教徒就開始脫離主流新教教派的「現代主義」神學，在美國南方與中西部尤其如此。此一分裂後來成為新教在整個二十世紀期間的標準特徵，主流教會在二十世紀上半葉占上風，福音教派（大部分都是基本教義派的承繼者，但不再那麼嚴苛與注重內在）則是在下半葉愈來愈居於主導地位。

　　隨著工業美國的文化在二十世紀初始之際變得愈來愈世俗化，大部分的宗教教派於是對社會團結展現出愈來愈高的敏感度，有些甚至比新教更有過之。天主教徒通常比較同情窮人的困境，一大原因是天主教徒有比較多人屬於外來移民的勞動階級。在一八九一年的教宗通諭《新事》（*Rerum Novarum*）當中，教宗良十三世（Leo XIII）「拒卻了經濟自由主義的自由放任理論，而奠定了現代天主教社會教導的中心綱領，其基礎包括主張公正工資與組織工會的權利、呼籲更加平等的財富分配，以及要求國家善盡義務，確保經濟當中的社會正義」。[57]

　　一如以往，教會在黑人社群當中扮演了主導性的角色。研究非裔美國人教會的首要史學家伊芙琳・希根巴坦（Evelyn Higginbotham）指出：「教會主持了各式各樣的計畫，包括學校、巡迴圖書館、音樂會、餐廳、保險公司、職業訓練、健身俱樂部，服務的人口遠遠超過個別教會的成員。教會……舉行政治集會、婦女社團的大會，以及學校的畢業典禮。」[58] 簡言之，抱持社會改革主義的基督教是這段時期大部分社會行動的核心動力。在一九一二年提名老羅斯福競選總統前夕，進步黨全國大會的代表自發性地齊聲高喊：

「基督教戰士，前進吧！」[59]

　　宗教在進步時代的社會參與並非全都是聚焦於我們今天所謂的「進步主義」目標。最重要的保守主義例子是禁酒運動，在一九一九年隨著禁酒令憲法修正案的通過而達到高峰。這項運動造成了美國人的宗教分歧，尤其是「支持禁酒」的新教徒與「反禁酒」的天主教徒；但同時也讓人看到在這段時期，就連保守派宗教也向外關注社群改革，而不只是向內追求個人救贖。

　　美國人對於組織性宗教的參與，在進步時代之後的幾十年間出現了什麼樣的變化？圖 4.4 把十九世紀末以來的教會成員量化證據結合起來，在一八九〇到一九八九年間引用的是《美國歷史統計》

圖 4.4：教會成員人數，1890-2018

資料來源：*Historical Statistics of the US,* Gallup. 見注釋 4.60。Data LOESS smoothed: .15.

（*Historical Statistics of the United States*）的內容，當時人口普查局本身仍會收集這些資料；接著在一九九〇到二〇一八年間，則是引用蓋洛普調查的結果。[60] 目前可得最翔實的證據顯示，教會成員人數在二十世紀上半葉緩慢穩定成長，從一八九〇年占所有成年人口的 45% 左右，上升到第二次世界大戰前夕的 60% 左右。

第二次世界大戰引起的焦慮強化了美國人民的宗教信仰：有人說，散兵坑裡沒有無神論者。不過，就像我們在前兩章檢視過的經濟與政治趨勢一樣，受到提振的宗教信仰在戰後並未消退，反倒更加速發展。[61] 戰後的富裕，再加上對抗「無神論共產主義」的冷戰展開，促成了一種矛盾的混合情緒，一方面充滿物質上的樂觀，另一方面又尊重傳統價值觀，包括愛國精神與宗教。上教堂的人數之所以大幅增加，原因是當初在青少年時期經歷了經濟大蕭條，後來又在第二次世界大戰期間擔任步兵或是身為士兵女友的男男女女，現在終於能夠安頓下來過正常生活，擁有穩定的工作、買下新房與新車，成立逐漸增長的家庭。那時和現在一樣，結婚、定居以及養育子女，都與愈來愈固定上教堂的習慣彼此相關。

在世代方面，戰後上教堂人數的急遽增加主要集中在二字頭這個年齡層，其每週上教堂的比率從一九五〇年二月的 31% 飆升到一九五七年四月破紀錄的 51%。在短短七年間出現如此驚人的變化，表示每年上教堂的人數都新增數百萬人。[62] 這些美國大兵及其妻子（還有寡婦）構成了美國宗教機構（以及公民機構）的基石，並且一直持續到新的千禧年，連他們自己的子女（嬰兒潮世代）還有孫子女（千禧世代）都開始遠離宗教了仍在持續。[63]

　　一九五〇年代的宗教參與浪潮極為巨大，達到美國歷史上也許空前絕後的程度。這樣的人潮迸發可以明白見於圖 4.4 概括呈現的成員人數，也可見於目前最翔實的宗教儀式出席狀況的連續資料，概括呈現於圖 4.5。後者這項衡量標準的細部方法備受爭論，而且一九四四年遽然達到的高峰無疑可以歸因於戰時異常龐大的壓力；不過，幾乎所有專家都一致認為，一九四〇年代晚期到一九六〇年代初期是美國歷史上最多人奉行宗教儀式的時期之一。[64]

　　戰後這波宗教參與的激增沒有黨派或教派的分別。共和黨人與民主黨人、自由派與保守派、天主教徒與新教徒還有猶太人，全都群集於教會裡。（二十一世紀的美國人也許會感到驚訝，即便在頗

圖 4.5：美國的宗教出席率，1939-2018

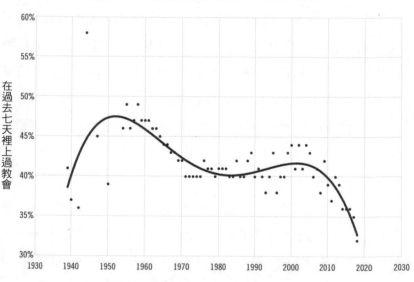

資料來源：Gallup Polls. 見注釋4.64。

為晚近的一九六〇年代中期，宗教信仰虔誠的美國民眾當中也是民主黨人多過共和黨人，甚至在白人之間也是如此。[65]）

宗教活力不只反映在出席人數的增加，也表現在對於宗教機構的投入，體現於圖 4.4 所顯示的教會成員人數。[66] 為了照顧所有這些新增的信徒，興建教堂與出版聖經的活動都因此創下新的紀錄。[67] 如同謝林（Andrew Cherlin）指出的：「大家都想要能夠讓自己感到安然自在的宗教體驗。身處於教堂或者猶太會堂的神聖空間當中，讓他們感覺到自己隸屬於一個社群。」[68]

在戰後的美國，把人帶進教會的力量不只是宗教狂熱。對於許多湧入教堂的家庭而言，出席宗教集會的重點不在於信仰的虔誠，而是一種公民義務的表現，就像加入家長教師聯誼會或者扶輪社一樣。如同我們不久之前看過的，這些組織的成員人數也在相同的這些年間出現大爆發。宗教代表了國家目標的統一主題，社會學家貝拉（Robert Bellah）在後來稱之為「公民宗教」。[69] 阿爾斯壯恰如其分地總結了一九五〇年代的宗教盛景：

> 宗教與美國主義以非比尋常的程度結合在一起。在一九五〇年代尤其如此，當時艾森豪總統在八年的任期裡都是聲望崇高的代表，象徵了普遍的虔誠信仰以及美國人民深感自滿的愛國道德主義。艾森豪甚至為這種新式的宗教觀點提出一個經典的理由。他在一九五四年指出：「我們的政府如果要有任何意義，就必須建立在深深感動人心的宗教信仰之上，不管是什麼信仰。」[70]

　　艾森豪那句沒有宗派的自然神論主張遭到一些人的批評，認為缺乏神學可信度，但不管其中的神學嚴謹度混雜了多少教派合一思想，總之一九五〇年代的美國是宗教色彩非常濃厚的地方。戰後美國宗教的傑出記錄者赫勃格（Will Herberg）談到後來所謂的「教外人士」，也就是沒有任何宗教認同的人士，指出：「他們的人數愈來愈少。……宗教認同無所不在，也許可以視為是美國在過去四分之一世紀期間出現的一個重要特徵。」[71] 大多數的美國人都預期這種宗教盛況會持續下去，就像當代其他形式的社群參與所出現的增長一樣。一九五七年，69% 的美國人向蓋洛普調查員表示：「宗教對美國人生活的影響愈來愈大。」不到十年之後，這些預期即告破滅。

　　一九六〇年代對於美國各式各樣的機構而言（包括政治、社會與宗教機構），是一段雪上加霜的時期。[72] 阿爾斯壯對於美國漫長宗教歷史當中的這段時期適切地總結如下：

> 簡單說，在六〇年代這段時期，民族自信、愛國理想、道德傳統，甚至是歷史性的猶太基督教一神論等古老基礎，全都為之崩垮。……任何一個美國人只要稍微注意觀察，即可明白看出艾森豪年間的戰後復興已完全無以為繼，這個國家也陷入了前所未有的深度良心危機。[73]

　　一九六〇年代的傑出記錄者艾瑟曼（Maurice Isserman）與卡辛（Michael Kazin）總結指出：「在一九六〇年代期間，美國改變最深的事物便是宗教。」[74]

　　與其他大型機構一樣，宗教機構也遭受了公眾信賴與自信的大幅流失。過去一百多年來已習慣居於社會主導地位的主流新教教會，士氣尤其大受打擊。一九六〇年代最廣受討論的神學著作，也就是自由派新教徒考克斯（Harvey Cox）的《世俗之城》（*The Secular City*, 1965），其中批評宗教機構過度官僚化、階級化，而且受制於捐款人，因而阻礙了宗教機構本身在世界當中的使命。他呼籲讀者追求「創意離教」，也就是揚棄受制於「機構中心思考」的教會。

　　對大多數的主流新教徒而言，「離教」意指脫離傳統教派。相較之下，天主教徒對於梵蒂岡第二屆大公會議（於一九六二至一九六五年間舉行的一場大型天主教改革會議）通過的自由派改革抱持分歧的意見，起初比較常見的做法不是正式脫離教會，而是單純忽略其戒律，包括定期出席彌撒。彌撒出席率在一九六〇年代期間下滑的速度極快，單是天主教徒本身就占了宗教出席率的總下滑幅度當中的一大部分。不過，自認為是天主教徒的人數並未立刻減少。隨著神職人員性侵醜聞在一九九〇年代逐漸受到揭露之後，徹底脫離天主教會的做法才變得普遍許多。

　　一九六〇年代也見證了在傳統管道之外從事宗教實驗這種史無前例的情形。[75] 嬰兒潮世代的部分成員對於他們所謂的「靈性」深感興趣，卻鄙視傳統宗教，於是轉而尋求新的靈性歸宿，而這種人就被稱為「追尋者」。另一種比較沒有那麼浮誇，但是卻更加引人遐想的發展，則是「希拉教」（Sheilaism）的出現：這個名稱取自一名婦女，貝拉與他的同僚在他們的暢銷著作《心靈的習性》（*Habits of the Heart*, 1985）當中引述了這名婦女所說的話：

「我相信神，我不是狂熱分子。我不記得自己上一次是什麼時候上教堂了。我的信仰對我幫助很大，這種信仰叫作希拉教，就只是我自己的一個小聲音。……我自己的希拉教……就是要試著愛你自己，善待你自己。」[76]

在這種對於個人真理的頌揚當中，「宗教無疑開始遭到侵蝕，而且一定程度的宗教相對主義也無可避免。」[77] 傳統宗教**社群**逐漸受到宗教**個人**（或者至少是靈性個人）所取代。一九六〇年代的宗教創新沒有幾項存續下來成為美國宗教界當中的重要元素，但擺在追尋者面前的靈性選項所帶有的多元性，即是傳統美國宗教陷入混亂的症狀。「靈性追求已成為一種極度複雜的探索之旅，由每個人以自己的方式追尋。」[78] 宗教的「集體」已然讓路給宗教的「自我」。

一九六〇年代的大地震所帶來的改變有一項最為具體的跡象，就是奉行宗教儀式這種行為本身的迅速減少。全國的每週教堂出席率從一九五八年的 49% 驟降至一九六九年的 42%，是此一衡量標準所記錄過最劇烈的衰退。[79] 實在很難想像還有什麼比這更明白界定的世代現象：在五十歲以上的人口當中（包括第二次世界大戰世代以及他們的長輩），宗教出席率幾乎毫無衰退，但在十八至二十九歲的人口當中（嬰兒潮世代初期成員），每週宗教出席率則是將近腰斬，從一九五七年四月的 51% 降到一九七一年十二月的 28%。隨著嬰兒潮世代年齡漸長，他們雖然逐漸變得比較奉行傳統，但是奉行的程度一直都遠低於他們的父母在同年紀之時的表現。正如嬰兒潮世代的父母是促成戰後宗教信仰大幅增加的主要力量，嬰兒潮

世代本身則是促成宗教信仰在二十年後崩垮的主要力量。

　　最敏銳記錄了這場宗教大地震的地震儀，也許就是美國人民本身。還記得先前提過，遲至一九五七年都還有整整 69% 的美國人口認為「宗教在美國的影響力愈來愈大」。才不過五年後，這個數字已滑落到 45%，並且持續探底，在一九六五年是 33%，一九六七年是 23%，一九六八年是 18%，最後在一九七〇年達到最低點，為14%。美國看起來彷彿在一夕之間就從神的國度轉變為無神的國度。

　　奉行宗教儀式的行為在六〇年代出現的迅速變化，與性風俗在那些年間同樣迅速的變化具有緊密關係。如同我們後續將會在第八章看到的，傳統的性常態幾乎在一夕之間改變，尤其是婚前性行為。接著，看待性常態（例如婚前性行為）的態度則是能夠高度預測哪些人會在一九六〇與七〇年代期間與宗教漸行漸遠。一項非常類似的革命（儘管速度稍微比較緩慢）轉變了眾人看待同性戀的態度，然後又在三十年後轉變了看待宗教的態度。[80]

　　許多美國人把一九六〇年代的社會、宗教以及性方面的轉變視為「解放」，但其他人則是對國家的走向深感不滿，尤其是對性開放不滿，同時也對學校禱告和其他教會與國家相關議題不滿。這些人對於六〇年代的反應在不久之後就形成一股全國可見的強大反彈力量。接下來的二十年間，這些在宗教與政治上都抱持保守立場的人士大量加入福音派，止住了六〇年代的宗教參與衰退現象，有如六〇年代大地震之後的餘震。圖 4.4 與 4.5 顯示，教會成員人數與出席率在六〇年代大地震期間的劇烈衰退，到了一九七〇與一九八〇年代已逐漸減緩而終於停止。這場大地震最重要的結果，就是保

守主義（包括神學、社會、道德以及政治方面）與宗教愈來愈被一致視為宗教右派，尤其是在大眾眼中。對於許多信仰虔誠的美國人而言，這項結合代表了對於六〇年代那種過度放縱的適切駁斥。

　　不過，他們的同胞卻有愈來愈多人不盡然這麼覺得。隨著一九九〇年代展開，保守派基督徒在公共場域日益活躍的情形引起反彈，而這種情緒所表現出來的徵象，就是有愈來愈多人反對宗教領袖乃至一般組織性宗教的政治影響力。年輕人尤其認為宗教自以為是、恐同、偽善，又充滿黨派偏見。[81] 這些警訊全都顯示美國宗教界即將再度遭到另一場餘震襲擊。所謂的教外人士在一九九〇年之後的興起，便是這第三次地震毋庸置疑的表徵。

　　這些教外人士是什麼人？歷史上，幾乎所有的美國人口都至少對一種宗教表示認同，不論他們信仰的虔誠程度高低。[82] 一九五〇年代期間，面對「你的宗教偏好是什麼？」這種標準問題，絕大多數人都表達了某種宗教認同，就像赫勃格所說的那樣。只有極少數人的回答是「無」。[83] 一九六〇年代的大地震造成這種教外人士的全國比率從 5% 左右上升到 7% 左右，但在接下來的二十年間就幾乎保持不變。

　　然而，在一九九〇年代前後，回答「以上皆非」的人口比例卻突然開始上升。差不多在同一個時間，自稱「從來沒有」上過教會的人口比例也開始上升，如圖 4.6 所示。[84] 後來的事實證明，這個轉捩點是近代美國宗教史上最具決定性的一個。如同圖 4.4 與 4.5 所示，宗教參與始於一九六〇年代的衰退現象，雖在一九七〇與八〇年代期間暫時中止，卻在進入二十一世紀之後再度加速探底。

圖 4.6：上教會人口的減少與「教外人士」的增加，1972-2018

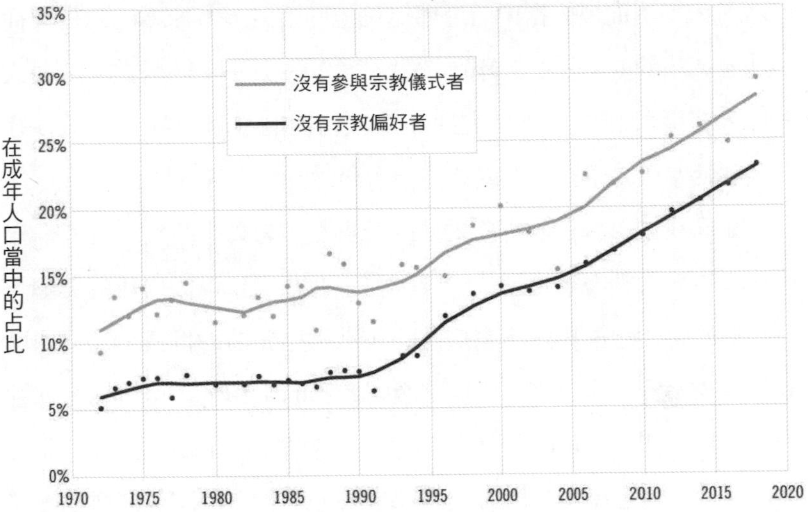

資料來源：General Social Survey. Data LOESS smoothed: .25.

　　各個種族的美國人口在過去半個世紀以來都與組織性宗教愈行愈遠。不過，教會長久以來在非白人族群的人生中所扮演的角色，向來都比在白人群體當中扮演的角色更加重要，不論就信仰、歸屬感或是行為方面而言都是如此。[85] 因此，在這裡值得提出的一個問題是，圖 4.6 記錄的脫離教會現象是否在非白人與白人身上都同樣適用。直到近數十年前，拉丁裔人口出現在全國代表調查當中的人數向來都太少，因此無法可靠評估他們的宗教參與情形。在一九七二至二〇一六年間，美國白人當中從來沒有上過教會的人口比例成長為原本的三倍左右，從 11% 上升到 31%，而黑人人口的這項比例也從 6% 成長為原本的三倍左右，達到 20%。白人當中的教外

人數比例從一九七二年的 6% 左右成長為原本的四倍，在二〇一六年達到 24%；而黑人當中的這個比例也同樣成長為原本的四倍，從一九七二年的 5% 左右上升到二〇一六年的 20%。簡言之，非白人與白人在這段將近五十年的期間都以相同的步調遠離了組織性宗教，儘管非白人奉行宗教儀式的情形仍然高於白人。[86]

如同我們討論過的那些更早的轉捩點，教外人士在一九九〇年代興起的一大動力乃是世代因素。在一九九〇年以後成年的美國人口，對於同性戀與相關議題抱持的觀點遠比先前的世代更加自由開放，這些年輕人也愈來愈排斥宗教對政治的干預，甚至排斥組織性宗教本身。在新出現的教外人士當中，他們就占了絕大部分。年輕世代對於特定道德與生活方式議題抱持愈來愈自由開放的觀點，老一輩的宗教領袖則投身於反對同性婚姻的政治鬥爭當中，這兩者的強烈對比即是第三次地震的一個重要來源。堪稱最早看出教外人士興起之重要性的豪特（Michael Hout）與費希爾（Claude S. Fischer），和本書一樣把這項趨勢歸因於政治反彈與世代交替，而這兩者皆植根於一九六〇年代的文化變遷與衝突。[87]

在二十一世紀初始的幾十年間，許多老一輩的美國人口受到千禧世代所取代，而前者只有不到 5% 表示自己沒有宗教隸屬關係，後者的這項比例則高達 35% 至 40%。此一世代交替大幅降低了美國的平均宗教參與程度，而且下滑趨勢仍在持續中。有些學者甚至因此斷定指出，長久以來一直被認為不會對美國造成影響的「世俗化」，終於也降臨到我們頭上。[88] 儘管如此，比起過去至少一個世紀以來，對於個人自主性的重視已在美國人的宗教隸屬關係當中扮

演了更大的角色。

　　我們一旦從細節上退開，把視野拉大到整個二十世紀的美國宗教史，即可明白看出我們在先前幾章已經反覆看過好幾次的那種倒 U 形曲線。在二十世紀的頭六十幾年間，美國人口對於組織性宗教的參與逐漸提高，不論就教會成員人數或教會出席率加以衡量都是如此。不過，到了我們現在已經相當熟悉的一九六〇年代初期這個轉捩點，這些趨勢全都出現翻轉，在一九六〇年代乃至七〇年代初期急遽下滑，在八〇與九〇年代暫時停止，接著在二十一世紀又進一步探底。[89]

　　同樣的這條歷史 U 形曲線也出現在慈善活動的有限紀錄當中，包括宗教性與世俗性的慈善活動。零碎的證據顯示新教徒與天主教徒的奉獻（在可支配所得當中的占比）在經濟大蕭條期間嚴重受限，但接著在一九四五年至一九六〇年代期間出現了長期的復甦，正值教會成員人數與出席率大幅上升之時。但在這個時期之後，遠比先前更加翔實而且涵蓋了基督教所有主要派別的資料，卻顯示了一段漫長而持續不斷的衰退，與教會成員數還有出席率的長期衰退同時出現。人均宗教奉獻在所得當中所占的比例，在一九六八至二〇一六年這半個世紀裡下跌了差不多 60%。[90]

　　全國所有個人捐款（包括宗教與世俗捐款）相對於國民所得的比例，可以找到不全然詳盡但包羅廣泛的紀錄，這些紀錄也呈現出典型的倒 U 形曲線，從一九二九到一九六四年間穩定上升，上升到將近原本的兩倍，但接著卻在一九六四至一九九六年間轉而下跌。在一九九六到二〇〇五年這十年間，全國慈善捐款總數出乎意料地

飆升將近三分之一，但接著又在後續十年間以同樣快的速度回跌。
這波慷慨行為的短暫迸發，令專家困惑不解了幾年，但經過進一步
的探究之後，即發現這次迸發完全來自於一九九〇年代中期到經濟
大衰退這段繁榮期間的一些鉅額捐款，全人口的捐贈率其實還是持
續下滑。也就是說，「平均」捐款額被少數幾筆異常的高額捐款大
幅拉高。相較之下，聯合勸募協會（United Way）這個全美規模最
大而且幾乎完全只收受小額捐款的慈善機構所獲得的捐款，則是在
一九六一到二〇一七這將近六十年間持續不斷下滑，在一九九六至
二〇〇五年的繁榮期間也毫無增加的證據。簡言之，大多數美國人
的慈善行為在一九六〇年代中期之後即不斷減少，只有在一小段時
間裡暫時受到新出現的超級富豪捐出的鉅額款項稍加彌補。[91]

　　這正是前一個鍍金時代曾經出現的狀況，當時洛克斐勒、卡內
基以及他們的部分同儕因為受益於不平等的巨幅增長而賺進巨大的
財富，於是捐贈出鉅額的款項。比爾‧蓋茲、巴菲特以及祖克柏等
人的慷慨行徑也許讓人覺得很難加以批評，但他們的個人慈善作為
不該掩飾這項發展：自從慷慨助人的精神於一九六〇年代達到巔峰
之後，中產階級美國民眾就變得愈來愈自我中心。[92]

勞工團結

　　在第二章對於經濟不平等的探究當中，我們詳細討論了工會這
種經濟機構在二十世紀上半葉的興起以及在一九六〇年之後的崩
垮。不過，工會在其重要性臻於巔峰之時也是一種社會機構，所以

在此一面向上值得在本章進一步加以探討。

　　工會成員數在第一個鍍金時代的成長，需要的是發展出共有的認同與利益，以便創造出勞動階級的團結。十九世紀的工會主義廣泛遭遇勞工的抗拒，原因是他們仍然懷有個人工匠的傳統觀點，不願為了那些在職業、族裔或種族方面與自己相距遙遠的勞工而放棄自己的獨立性以及身為技術性勞工的地位。對於一名波蘭火車司機而言，只因為某個黑人或華人勞工與他在同一家大公司工作，憑什麼就要他為了對方的福利而令自己的生計蒙受風險？勞工騷動不免涉及集體行動的兩難，使得有些勞工（罷工破壞者，所謂的「工賊」）禁不起誘惑而叛離工會陣營。對於因為白人偏見而被排除在工會之外的非裔美國人以及其他少數族裔而言，那樣的誘惑尤其難以抗拒。

　　因此，工會化運動要獲得成功，在先天上就必須重塑認同。工會組織者唯有奮力建立所有勞工的團結，才可望克服那種兩難。套用勞工運動人士查普林（Ralph Chaplin）在一九一三年所寫的經典工會歌曲當中的歌詞：

　　世界上還有什麼力量會比一個人的棉薄之力更加薄弱？

　　但工會能夠使我們強大。

　　永遠團結，永遠團結，永遠團結，

　　因為工會能夠使我們強大。[93]

　　美國勞工沒有歐洲勞工的那種階級意識，但是卻傲然自視為

「勞動階級」。[94] 一九三〇與一九四〇年代的工會化運動能夠獲得成功，就是因為工會領袖與勞工克服了種族與族裔的隔閡。[95]

因此，以集體認同取代個人主義乃是工會興起的一項不可或缺的條件。經濟史學家柯克倫（Thomas C. Cochran）與威廉‧米勒（William Miller）在一九四〇年代撰寫的著作裡，強調工會在成員的社交生活中扮演重要角色，不只是一項改善物質生活的工具。

> 勞工的集體行動具有相當複雜的根源，不只限於工資與工時的簡單問題而已。……工會只不過是大眾加入社團、地方分會以及兄弟會這種發展當中的一部分而已。為工會服務，並且激勵工會代表對老闆抗爭，乃是再度確認了個人克服環境的力量。互惠政策可在工業意外與季節性失業面前為勞工賦予安全感，而工會社交活動、舞會、野餐會以及講座，則是提供了振奮心智的休閒活動。[96]

在那些年裡，工會成了社交與經濟生活乃至美國文化當中的重要機構，如圖 4.7 所示，其中顯示了一八八〇到二〇〇八年間在美國出版的所有書籍當中提及工會的頻率。工會出現在小說、偵探故事，甚至是詩作當中，但主要不是因為工會的經濟地位，而是因為工會在日常生活中所具有的重要性。工會地方分會提供醫療診所、度假會所、廣播電臺、體育隊伍、教育課程，以及許許多多從事非正式社交交流的機會。[97] 在一九六〇年代的巔峰時期，美國全體成年人口約有三分之一都歸屬於某個工會家庭，但這個數字到了二〇

圖 4.7：工會的文化重要性，1880-2008

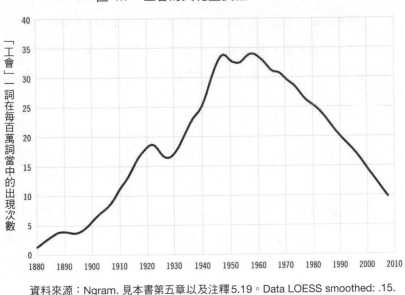

「工會」一詞在每百萬詞當中的出現次數

資料來源：Ngram. 見本書第五章以及注釋5.19。Data LOESS smoothed: .15.

一八年已下跌至 13%。[98]

　　我們先前在圖 2.12 看過工會成員的人數起落，並且探究了那項趨勢背後的經濟、政治與社會因素，包括經濟的結構性變化，還有企業管理階層與各層級政府的保守派政治人物長達數十年的積極運作，目標就是要降低工會的成員數與實力。此外，在成員人數減少的同時，工會成員身分本身所帶有的意義也從社會團結萎縮為純粹只有在集體協商當中的代表功能。現在，工會會所當中的團結景象頂多只是年邁人口的遙遠回憶而已。[99] 對於注重個人主義的嬰兒潮世代及其後繼者而言，「永遠團結」這種常規已經完全喪失了吸

引力。揚斯敦（Youngstown）一名遭到解僱的年邁製造業勞工就表達了這種失落感，譴責其他工會成員缺乏團結精神：「他們再也不瞭解工會工廠當中的兄弟關係、同志情誼，還有共識。他們只關心『我，我，我』。……這就是為什麼我覺得工會的力量已經消退了。」[100]

組成家庭 [101]

我們已經看過美國的各大社群機構，包括公民社團、教會乃至工會，沿著同一條長達一個世紀的曲線呈現出先是興起再接著衰落的發展，從個人主義邁向社群主義，接著又回到個人主義：從「自我」到「集體」再到「自我」。也許引人意外的是，類似的規律也可見於最根本的社會單位，也就是家庭。

在先前那三種機構當中，我們檢視了量化與質化的趨勢：有多少人隸屬於社團或教會或工會，又是隸屬於什麼樣的社團或教會或工會。接下來，我們在檢視家庭結構的趨勢當中也要提出相同的這兩個問題：在量化方面，過去一百二十五年來有多少男女結婚組成家庭，而他們組成的又是什麼樣的家庭？在一個動盪不安的世紀當中，針對一個多元國家裡的家庭這種極為複雜的社會機構概述一段簡化的歷史，必定會忽略許多重要的細微差異；不過，和先前章節一樣的是，我們在這段時期能夠發現一項對於美國大多數家庭造成影響的廣泛模式。

在二十世紀揭幕之際，組成家庭這件事在美國一點都不普遍，

而且時間也晚得令人意外。相較於之前與之後的模式，鍍金時代的許多青年男女一直和父母同住到二十幾歲，年紀更大之後才結婚，還有許多人是終生的「單身漢」與「老處女」，不婚也不生。一旦有人結婚，通常也不太可能跨越階級界線。當然，那個時代（如同所有的時代一樣）大多數的美國人終究還是會結婚生子。但是，就像鍍金時代的教外人士，關於建立自己的核心家庭，也有為數多到出人意料的美國人是「家外人士」。

　　不過，在二十世紀上半葉期間，年輕男女漸漸開始較早離家並且結婚。維持單身的人愈來愈少，也有愈來愈多的婚姻跨越階級界線，夫妻生育子女的年齡也有所下降。到了一九六〇年，早婚早育已成為幾乎所有美國人的人生經歷。

　　然而，在二十世紀下半葉，美國年輕人住在父母家中的時間卻開始拉長，並且延後甚至捨棄婚姻以及生育子女。單身變得比較常見，程度之高可能是美國歷史上首見。[102] 簡言之，在二十與二十一世紀開端的兩個「自我」時期，結婚以及生育子女的人口都比較少，而且就算是有這麼做的人士，他們結婚以及生育子女的時間也都比較晚；但在二十世紀中葉的「集體」時期，對於幾乎所有的美國人口而言，「集體」都是以他們自己的核心家庭作為起點。

　　過去幾十年間大量出現許多新形態的家庭，包括同性家庭、未婚同居家庭、「脆弱」家庭等等，而這種大量出現的情形本身就值得密切注意。[103] 我們此處的目的絕不是要把這些新形態家庭貶抑為缺乏正當性，但這類非傳統家庭在整個二十世紀期間都相當罕見，相關的可靠證據又更為罕見，所以我們也就沒有投注那麼多的注意

力在這類家庭上。如果我們書寫的對象完全是二十一世紀，那麼情形就會大不相同。

　　且讓我們從一些基本資料開始談起，也就是從上一個鍍金時代到我們當今這個鍍金時代之間的婚姻發生率和發生年齡的變化。圖4.8 呈現了美國男女從一八九○到二○一六年間的初次婚姻年齡變化，其中的安排以「向上」代表年紀愈輕。這幅圖顯示，在二十世紀初期與末期的兩個鍍金時代，男性和女性都在人生中相對較晚的時間才開始組成家庭。在一八九○年，初次婚姻的平均年齡是女性二十二歲，男性二十六歲；在二十世紀中葉，開始組成家庭的時間變得比較早，女性約是二十歲，男性約是二十三歲。平均結婚年齡在一九四○年代晚期急遽降低，明顯與美國大兵在第二次世界大戰結束後返國有關，但結婚年齡提早的和緩趨勢卻是早在數十年前就已開始，而且在戰爭結束後又持續了好幾十年之久。不過，到了二○一六年，初次婚姻的平均年齡已提高到女性約為二十七歲，男性則將近三十歲。嬰兒潮世代的父母結婚得很早，但嬰兒潮世代本身以及他們之後的世代卻不是如此。圖4.9 明白顯示出這一點，其中比較了一個個世代在生命週期中同一個階段的結婚率。今天，婚姻發生的平均年齡比一九六○年代晚了七歲，比起一個世紀之前卻只晚了四歲左右。

　　在一個面向上，這些資料並未充分表達出整體的曲線模式，因為「初次婚姻的年齡」這個條件在定義上就忽略了終生未婚的人口。圖4.10 對於婚姻在一九○○至二○一五年間的起伏提供了比較廣泛的觀點，顯示適婚年齡（三十至四十四歲）的所有美國成年人口

圖 4.8：初次婚姻的年齡中位數，1890-2016

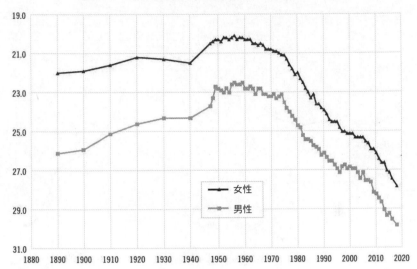

資料來源：Census Bureau, decennial censuses; since 1947, Current Population Survey.

圖 4.9：結婚率的世代差異

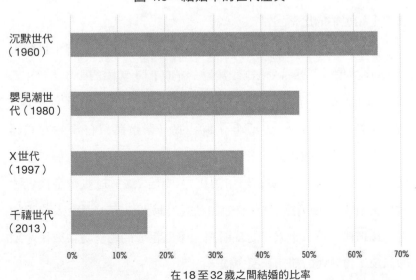

在18至32歲之間結婚的比率

資料來源：https://www.pewsocialtrends.org/2014/03/07/millennials-in-adulthood/sdt-next-america-03-07-2014-0-02/.

圖 4.10：婚姻的起伏，1880-2017

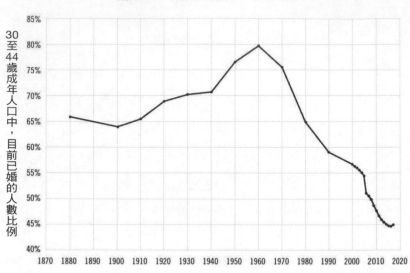

資料來源：IPUMS USA: Version 9.0, 2019, https://doi.org/10.18128/D010.V9.0.

實際上結了婚的比率。[104]

　　總而言之，在我們已經相當熟悉的一九六〇年這個二十世紀中葉「同在相伴」（togetherness）臻於巔峰的時間，美國的中年人口（三十至四十四歲）有 80% 已婚，而且他們的平均結婚年齡是二十一歲。相較之下，在一九〇〇年，同一個年齡群體只有 65% 左右已婚，而且平均結婚年齡是二十四歲；到了二〇一八年，這個年齡群體只有 45% 已婚，平均結婚年齡更是二十八歲。這些數字代表了數以億計的一般美國民眾所做出的重大個人決定，而令人驚訝的是，在這段一百二十五年的時期裡，家庭組成的趨勢竟與公民、宗教以及工會參與的節律一模一樣。

圖 4.11：青年人口（25-29 歲）獨立生活的人數增減，1900-2016

資料來源：https://www.pewresearch.org/wp-content/uploads/sites/3/2010/10/
752-multi-generational-families.pdf (1900–2008) 及 https://www.
pewresearch.org/fact-tank/2018/04/05/a-record-64-million-americans-
live-in-multi-generational-households/ (1940–2016)。

　　關於年輕人在什麼年齡搬離父母家中的證據，也確認了這樣的
情形。在二十世紀初與二十世紀末，大約都是每三名青年（二十五
至二十九歲）就有一人延後組成家庭，而持續和父母同住。不過，
這個比例卻在一九七○年前後落底，達到每十人約有一人這麼做
（所以延後組成家庭的情形減到最少）。如同圖 4.11 所示，在一九七
○年前後達到組成家庭的高峰之時，幾乎所有的美國年輕人口都在
三十歲以前就與伴侶共組家庭，而且絕大多數的這些伴侶都是結婚
的夫妻。不過，在那段時期的之前與之後，許多年輕人都延後組成
家庭的時間。

在這段時期，不只是結婚的發生率和發生時間出現了變化，婚姻制度本身也同時在改變。謝林這位重要的家庭社會學家說明指出，在十九世紀末，大多數的婚姻都代表兩名個人之間的一種功利性交易，雙方都各自需要對方所能夠提供的條件。在那個時代，最典型的交易是由男性提供物質支持，女性負責照顧子女和家庭。

謝林指出，在進步時代，一種新式的「友伴式婚姻」模式興起，其基礎是愛情、友誼以及夥伴關係，而不是權宜和自利。[105] 當然，友伴式婚姻仍然具有性別差異，也遠非平等，原因是男性養家模式存續了下來；不過，這種新式婚姻確實與十九世紀的權宜式婚姻截然不同。[106]

友伴式婚姻的理想在二十世紀上半葉於美國夫妻之間所占的地位愈來愈具主導性，而在一九五〇年代達到高峰。美國人在一九五〇年代的結婚人數比二十世紀其他任何一個年代都還要多，而且結婚的年齡比較小，生育子女的速度也更快。「通往體面成年生活的唯一道路是婚姻，」謝林指出：「而眾人踏上那條道路的速度也很快：所有女性人口約有半數都在二十歲前就結婚了。」[107]

謝林提及二十世紀中葉的家庭本質變化與本章探究的其他趨勢之間的密切關係。「一九五〇年代的家庭與一九五〇年代的教會相互支持，」他觀察指出。[108] 此外，他也大可將一九五〇年代的社群團體加入其中，因為家長教師聯誼會的成員數在這個時期達到巔峰並不是偶然。一九五四年，《麥考爾》雜誌（*McCall's*）創造出「togetherness」（同在相伴）一詞描述這種新式家庭：「這種新的生活方式比較溫暖，不是女性和男性各自孤立獨自生活，而是組成家

庭，分享共同的經驗。」[109]

　　這種看待友伴式婚姻的方式，後來終究削弱了男性主導的家庭，推翻了呈現於《老爸最懂》（*Father Knows Best*）與《天才小麻煩》（*Leave It To Beaver*）等經典電視影集當中的那種男性中心文化。當時的家庭概念即將朝著個人主義的方向急轉彎，和宗教方面的類似轉向幾乎同時發生。[110]「愛情與婚姻就像馬匹和馬車一樣相配，」蒂娜‧蕭爾（Dinah Shore）與法蘭克‧辛納屈在一九五五年唱道。披頭四在十二年後反駁道：「你只需要愛情。」

　　在一九七〇與一九八〇年代期間，流行雜誌開始刊登文章探討隱私、自我發展、個人成長以及婚姻之外的身分這些事物的重要性。謝林說明指出：

> 一種新式的婚姻開始出現。在這種婚姻當中，妻子與丈夫都應當發展出個別的自我意識。……他們會向自己提出這些問題：我是不是從婚姻裡得到了我想要的個人滿足？以及我有沒有獲得個人成長？由此造成的結果，就是從友伴式婚姻轉變為另一種婚姻，也許可以稱之為個人化婚姻。[111]

　　這項文化變遷顯然與同時發生的婦女運動有關（我們在第七章將會更加仔細探討這項運動），但是並不限於婚姻當中的性別平衡；婚姻本身也變得比較不具強制性，而且也更加脆弱。朝向個人化婚姻的文化變遷促成了離婚與未婚同居現象的快速增加。

　　自我展現的個人主義把婚姻視為一種有限責任合約，能夠藉由

「無過失」離婚而解約,也就是所謂「自我展現的離婚」。在至少一百年的時間裡,美國的離婚率沿著一條非常緩慢的穩定上升曲線而發展。人口統計學家松頓(Arland Thorton)、艾克辛(William G. Axinn)和謝宇指出:「實際上,這條發展曲線極為持久不變,因此一八九〇年代的人口統計學家得以準確預測將近一百年後的一九八〇年代期間的離婚率。除了一些與經濟蕭條和戰爭有關的波動以外,美國的離婚率在一八六〇至一九六〇這一百年間一直緩慢而穩定地上升。」[112] 在一九五〇與六〇年代期間(友伴式婚姻的全盛期),離婚率下降至低於長期趨勢,接著又在一九七〇與八〇年代期間遽然上升到高於長期趨勢。嬰兒潮世代的父母對於離婚避之唯恐不及,但對於嬰兒潮世代及其子女而言,離婚卻是異常普遍。[113]

婚前性行為的常規在一九六〇年代末期驟然轉變之後(我們在第八章會更仔細探討這一點),未婚同居現象在美國就出現了爆炸性增長。[114] 未婚同居伴侶(在二十世紀早期又稱為「普通法婚姻」)所占的比例也許在一八八〇到一九六〇年間稍有下滑,但幾乎可以確定必然少於 1%。到了二〇〇〇年,這個比例已上升許多倍,在所有伴侶當中占了 10% 到 15%,而且這項趨勢在二十一世紀仍然持續不變。到了二〇一三年,十九至四十四歲之間的女性已有將近三分之二都曾經未婚同居過。[115] 到了二〇一九年,69% 的美國成年人口指稱未婚同居「可以接受,就算同居伴侶不打算結婚也沒關係」,但有 53% 表示:「想要住在一起的伴侶如果終究結婚,對於社會而言是比較好的事情。」[116]

不過,不同於某些歐洲北部國家,未婚同居在當代美國卻不是

「沒有證書的婚姻」，而通常是一種短期關係。超過半數的未婚同居
在兩年內結束。[117] 對於大學畢業生而言，當今的未婚同居經常會帶
來尋常婚姻的結果，但對於美國階級體系當中的底層三分之二人口
而言，未婚同居現象不但更加普遍，結果也通常是雙方分手再另覓
新伴侶，並且經常帶著子女，因此造成了複雜而脆弱的家庭。換句
話說，對於大多數的美國人而言，未婚同居的穩定性大體上低於婚
姻。[118]

　　如同謝林所言，在這兩種案例當中，「未婚同居帶有的倫理準
則是，只要伴侶當中有任一方感到不滿，這樣的關係就應該結束；
畢竟，這就是一般人選擇同居而不結婚的部分理由。……因此，未
婚同居的普及涉及一種觀點的普及，也就是對於親密關係的個人化
觀點。在這種觀點之下，人只要覺得無法得到個人滿足，就更容易
解除自己與伴侶的結合，不論這樣的結合有沒有涉及婚姻。」[119] 簡
言之，「個人權利的進展雖然值得稱道，卻也導致婚姻的必要性降
低，穩定度也不如以往。」[120]

　　在二十一世紀初期，捨棄傳統終生伴侶關係而追求純粹個人化
生活的趨勢，加速發展到比未婚同居更進一步，只見青年人口的單
身比例急速上升。在十八到三十四歲的美國人口當中，沒有穩定親
密伴侶的人數比例從二〇〇四年的 33% 上升到二〇一八年的
51%。不論是好是壞，「自我」開始完全取代「集體」的現象不只
存在於我們的公共生活當中，也出現在我們的私人生活裡。[121]

　　發生於二十世紀初乃至二十一世紀初期之間的文化、社會與經
濟變遷，不只影響了眾人的結婚年齡、是否結婚以及是否長久保持

婚姻關係的選擇，還有看待婚姻的觀點，而且也影響了結婚對象的選擇。整體而言，上層階級與中產階級美國人口的結婚率長久以來都高於勞動階級與下層階級，而這點無疑是因為經濟拮据導致婚姻難以維繫。結婚率的這項階級落差本身與我們在第二章檢視過的經濟不平等起伏現象具有相關性。結婚率的階級落差最大的時期，是在一八九〇至一九一〇年間，還有一九七〇年之後，這兩個時期都是不平等程度極高而且持續不斷增長的時期。階級落差在一九二〇至一九七〇年間最小，這段時期的不平等程度也相對較低。[122]

此外，根據社會學家梅爾（Robert Mare）所言，美國人的結婚對象跨越階級界線的可能性高低，也依循這個相同的模式。這點並不令人意外，因為跨越階級的通婚比率高，表示階級之間沒有明確的藩籬；而通婚比率低，則表示階級之間具有僵固的藩籬。「夫妻的學歷相似程度在二十世紀初期非常高，在一九五〇年代初期的年輕夫妻之間下滑到史上最低，然後又逐漸上升。這些趨勢大體上平行於美國的社經不平等程度在二十世紀期間的縮小與擴大。」[123] 實際上，梅爾的階級間通婚曲線恰恰反映了我們熟悉的倒 U 形曲線。描述這項模式的另一個方法，就是在十九世紀末與二十一世紀初的這兩個鍍金時代期間，男性和女性的結婚機率都比較低，尤其更不可能與自己的社會階級以外的對象結婚；但在組成家庭臻於巔峰的一九五〇與一九六〇年代期間，男性和女性不但結婚機率都比較高，而且也比較有可能與自身社會階級以外的對象結婚。

截至目前為止，我們都是聚焦於婚姻的趨勢，但生育子女的趨勢又是如何呢？衡量以及解釋出生率的趨勢，是一項極度複雜的統

計工作，因為極長期的趨勢（所謂的「人口轉型」，也就是通常伴隨著工業化出現，由高出生率轉變為低出生率的情形）會與短期效果（例如戰爭或者週期性經濟動盪造成的出生率下跌）互相影響。[124] 在排除非婚生子女的情況下，結婚率下降以及結婚年齡延後都會直接造成生育率下降，所以我們早已探究過的婚姻起伏變化，應可預期會對美國過去一個世紀以來的生育率造成影響，而實際上也確實如此。

不意外，母親生育第一胎的平均年齡也依循相同的倒 U 形曲線，至少從一九三〇到二〇一〇年代是如此。可以取得的統計數據涵蓋範圍並不完整，但在戰後嬰兒潮期間的一九五〇年，母親生育第一胎的平均年齡不到二十一歲；而到了二〇一六年，經過六十年的逐漸提高之後，平均年齡已接近二十七歲，對於女性大學畢業生而言更是超過三十歲。[125]

這段時期的生育率所受到的標準描述，都是強調長期的「人口轉型」，也就是美國從十九世紀初始就已展開的朝向低生育率發展的趨勢，在二十世紀受到更有效的避孕方法所強化，只有在一九五〇年代受到嬰兒潮短暫打斷。[126] 不過，這項理論不完全合乎夫妻決定是否生育子女的趨勢。「在〔二十〕世紀期間，終生子女生育數的趨勢形成了一道單一的巨大浪潮，隨著女性在第二次世界大戰之後的十年間結婚並且開始生育子女而達到巔峰，」謝林觀察指出。[127]

圖 4.12 呈現了二十世紀後續年代的女性不生育子女的證據。在整個二十世紀期間，約有 25% 的女性不曾生育子女，但這個比例在不同的年代當中差異極大。圖 4.12 的兩條曲線之間的落差（三

圖 4.12：一代代婦女的生育狀況，1900-2010

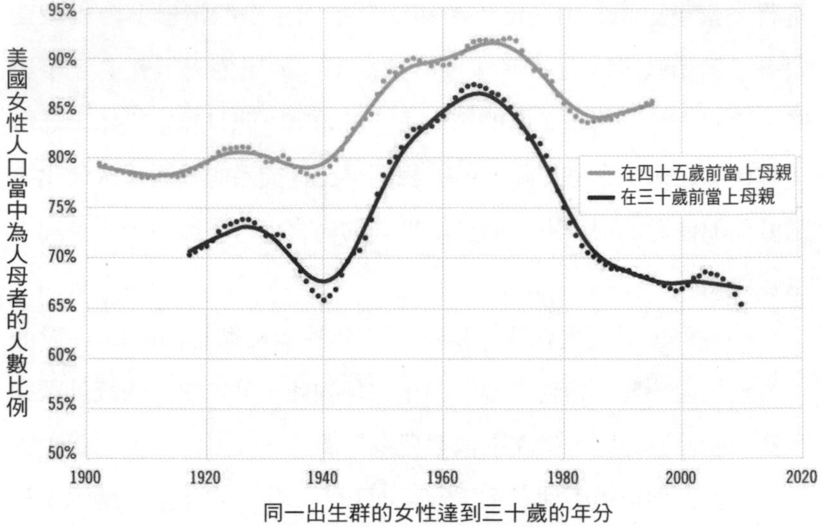

同一出生群的女性達到三十歲的年分

資料來源：National Center for Health Statistics. 見注釋4.128。

十歲仍未生育子女以及四十五歲仍未生育子女），代表的是那些不論什麼原因而在生育年齡晚期才生下子女的女性。[128] 因此，舉個例子來說，圖 4.12 顯示了出生於一九一〇年前後的女性有 67% 左右都在一九四〇年以前生育了至少一名子女，同時有 33% 左右在一九四〇年仍然沒有子女，原因是她們的正常生育年齡恰好遇到經濟大蕭條最嚴重的時期。不過，在戰後繁榮之下，這個年代的女性又有額外的 12% 在一九五五年之前成為母親，對嬰兒潮有重要貢獻。在這個年代的女性達到四十五歲的時候，只有 21% 左右仍未生育子女。

在這幅圖當中，我們可以看到不只是經濟大蕭條嬰兒荒與戰後

嬰兒潮等暫時性衝擊的證據，也能夠看到我們現在已經相當熟悉的那道家庭組成的長期浪潮。這幅圖裡年紀最輕的女性出生於一九八〇年，而在二〇一〇年達到三十歲。在那個千禧世代當中，在三十歲以前成為母親的比例相對較低（約65%），而且與一九一〇年出生的那批遭遇經濟大蕭條的「生育荒」女性在一九四〇年達到三十歲之時的生育比率幾乎相同。圖4.12顯示，這兩個年代的女性和一九六〇年代中期達到三十歲的女性比較起來，前者沒有生育子女的比例（約為33%）將近後者（約為12%）的三倍。此一代際對比鮮明展現了組成家庭的過程在過去一個世紀以來發生了多麼徹底的轉變。

因此，我們看到美國人組成家庭的決定當中的許多面向，就和前兩章檢視的不平等與極化現象還有本章稍早探討過的社群連結一樣，都依循相同的倒U形曲線發展。在家庭方面，這個國家從個人主義發展至「同在相伴」，接著又回歸個人主義。

組成家庭的這條U形曲線（在二十世紀初始與結尾的結婚比例都比較低、時間比較晚，而且不生育子女的夫妻也比較多，但在二十世紀中葉則是結婚比例比較高、時間比較早，而且生育子女的夫妻也比較多）是什麼原因造成的？我們至今為止的討論也許會讓人以為這項趨勢的主要驅動力是社會常規的變遷，亦即對於在什麼時候組成家庭、甚至是否應該組成家庭所抱持的看法，但這不是唯一的原因。另一個具有高度可信度的解釋不在文化方面，而是在於經濟方面。如果說結婚與生子取決於情侶對這兩種活動的負擔能力，那麼我們也許就會預期經濟寬裕而且生活在繁榮時期的情侶會

早點結婚以及生育子女,而經濟拮据並且生活在艱困時期的情侶則是會延後組成家庭的時間點,甚至徹底捨棄組成家庭的念頭。

在上個世紀當中的若干時期,這項經濟解釋顯得全然可信。舉例而言,結婚與生育的時間在經濟大蕭條時期都大為延後,而且從許多記述可以知道那樣的現象是經濟困頓直接造成的結果。「男生都沒有工作,」當時一名芝加哥女子說道。「我要有工作的男人,」另一名女子說。[129] 另一方面,近年的經驗似乎在某些面向牴觸了這種經濟說法。舉例而言,上層中產階級夫妻近年來雖然享有史無前例的富足,他們延後結婚與生育的時間卻幾乎比過去一百二十五年來的任何一個美國人口群體都還要長。

完整記述組成家庭在過去一百二十五年來的起伏變化,並非本章力所能及。[130] 但儘管如此,經濟與文化解釋看來雙雙都有其必要性,而且也都不是單靠一者就已足夠。第一個鍍金時代的確是一段嚴重不平等的時期,但如同我們在第二章看過的,那段時期就總體來看也擁有史無前例的富裕。然而,在那段時間裡,許多人都沒有結婚也沒有生育,尤其是受過良好教育的女性。[131] 這點表示文化因素在那段時期很可能扮演了重要角色。在一九三〇年代期間,經濟因素無疑居於支配地位。極早組成家庭的戰後模式,可能受到經濟繁榮與謝林描述的那種「同在相伴」所影響。在過去半個世紀,富庶都與延後組成家庭連結在一起,貧窮則是與年輕生子以及婚姻不穩定或不結婚等「脆弱家庭」現象連結在一起。[132]

我們並沒有宣稱「自我—集體—自我」的發展模式能夠充分解釋組成家庭在過去一百二十五年的起伏。實際上,文化與經濟以外

的因素，諸如避孕的發展，尤其是我們將在第七章探討的性別角色
變化，無疑也有所關聯。不過，我們確實認為「自我—集體—自我」
的曲線是此一發展當中重要的一部分。

是否結婚與生育以及要在什麼時候這麼做，乃是極為個人化的
決定。我們的意圖不是要譴責或者讚揚延後組成家庭的決定，儘管
有些證據顯示兒童如果生長在父母年紀較大而且穩定的家庭裡，表
現可能會比較好。[133] 我們的目的只是要指出美國人口在過去一百二
十五年間做出的選擇有過如此驚人的變動。

社會信任

本章聚焦於社會網絡，原因是這些網絡是社群可見的支柱，撐
起了一種普遍式互惠的珍貴常態。這種常態堪稱是黃金律的一種版
本：如同哲學家麥可・泰勒（Michael Taylor）指出的：

> 互惠體系裡的每一項行為，通常都帶有所謂的短期利他與長期
> 自利這兩種特點的結合：我現在幫助你，帶有的預期是（儘管
> 這樣的預期可能充滿了模糊與不確定性，也不帶有算計的意
> 味）你未來可能會幫我的忙。[134]

托克維爾在十九世紀初走訪美國的時候，注意到美國人如何抗
拒了互相利用的誘惑，反倒關懷自己的鄰居，但不是因為美國人遵
循某種過度理想化的無私準則，而是因為美國人追求「正確理解下

的自利」。[135] 有效的普遍式互惠常規能夠促成自利與敦親睦鄰的調和。這樣的常規一旦盛行，其有效性就會呈現在普遍的社會信任當中。政治學家溫蒂・拉恩（Wendy M. Rahn）與特蘭蘇（John E. Transue）指出，「社會信任或普遍式信任可以視為一種『常設性決定』，令人對大多數人都往好處想，包括那些自己不直接認識的人」。[136]

因此，在本章對於美國過去百年左右的社會團結趨勢所從事的探究當中，我們最後將以檢視社會信任趨勢的證據作結。[137] 由於社會信任並沒有受到像是十年一度的美國人口普查這類調查所衡量，所以我們必須仰賴調查當中詢問美國人是否互相信任這類問題所帶來的證據，這點也再度排除了對於二十世紀初期的社會信任進行直接衡量的可能性。

所幸，最早期的一些科學調查衡量過這個主題，首先是用一個非常簡單的問題提出：「你同不同意大多數人都可以信任？」這個版本的問題從一九四〇年代中期一直使用到一九八〇年代中期。另一方面，這個關於社會信任的問題有另一個比較平衡的版本，在一九六〇年開始受到調查研究人員使用：「整體而言，你認為大多數人都可以信任，還是你認為和別人往來再怎麼小心都不為過？」這個「雙面」版本很快就成為衡量信任的全球標準問題，到了現在已在美國使用過數百次，在全世界更是使用過數千次。由於提供了兩種選項，這個雙面版本引發的「可以受到信任」回應自然比較少，大概相差了十五個百分點。不過，由於這兩個版本在數十年間同時受到使用，因此我們可以透過謹慎的校準而把早期版本與後來版本

図 4.13：社會信任，1942-2018

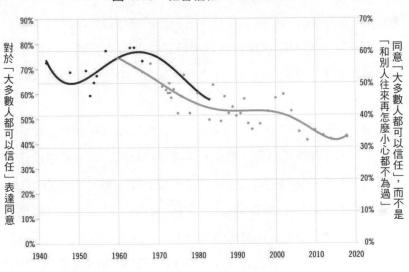

資料來源：Roper Center for Public Opinion Research.

的結果拼接起來，如圖 4.13 所示，從而對美國的社會信任在將近八十年間的起伏描繪出一幅試探性的圖像。

　　最佳的證據顯示社會信任在一九四〇年代中期到一九六〇年代中期之間往上攀升，然後就開始下滑。同意「大多數人都可以信任」的回應在第二次世界大戰期間短暫達到 73% 的高點，接著在戰後年間稍微回降到 65%，然後在一九五七至一九六四年間上升到更高的 77% 左右，接下來在一九六六年滑落到 71%，然後又繼續下滑，到了一九八三年已經降到 56%。[138]

　　另一方面，比較平衡的那個版本在一九六〇年首度出現，回應信任的比例達到 58%，是這個「雙面」問題在美國使用了至少六十

年的時間當中，對於一般社會信任（generalized social trust）所記錄過的最高程度。到了二〇一〇年代，美國的社會信任已崩垮至 33%。大致而言，一九六〇年代初期有將近三分之二的美國人口信任別人，但在二十一世紀展開二十年之後，卻有三分之二的美國人口不信任別人。

這個問題的兩種版本一致顯示，一九六〇年代初期是一般社會信任在這八十年間的高點。把這些證據拼湊起來，顯示社會信任的程度在一九六〇年代相當高，而且還不斷上升。不過，到了一九六〇年代晚期，這項正面趨勢卻出現逆轉，展開一段長期而且幾乎不間斷的社會信任衰退，而且這項趨勢也一再受到學者證實。[139] 總而言之，一九六〇年代的美國中年人口生活於其中的那個社會，在信任別人的程度上高過他們成長過程中經歷的那個社會，也高過他們的子女後來所承繼的社會。

研究人員也一致認為，社會信任自從一九七〇年代以來明顯可見的下滑，有一部分是世代造成的結果。也就是說，美國後續的一批批出生群似乎都被「銘印」了不同預設程度的社會信任。（當然，每個人的信任度也受到世代以外的其他許多因素影響，包括年齡、種族與社會階級、人生經歷等等。[140]）隨著年紀較大而且比較信任別人的出生群逐漸受到比較不信任別人的出生群所取代，全國的平均信任程度也就因此下降。

由於出生於較早年代的出生群（例如出生於一九二〇年代而在一九四〇年代成年的人口，或是出生於一九五〇年代而在一九七〇年代成年的人口）對別人所懷有的信任程度大致相當於他們生長於

其中的那個社會所帶有的平均信任程度，因此我們可以利用一批批出生群之間的信任程度落差來估計先前年代的信任程度。這種做法相當不容易，一方面是因為分析世代差異本來就是一件出奇複雜的事情，另一方面也因為這種做法要求我們必須估計個人究竟是在一生中的什麼時刻受到外在世界的「銘印」。不過，第一個問題在近數十年已有長足進展，而且學者也通常假設人的社會態度差不多是在他們成年之時受到周遭世界的決定性影響。[141]

此處沒有必要深入解說方法論的問題，尤其是現在這類解說在專業文獻裡都可以輕易查到。[142] 就我們此處的目的，只需要說明：利用這種間接做法，對一批批出生群的信任程度所做出的最佳佔

圖 4.14：社會信任的世代差異，1910-2010

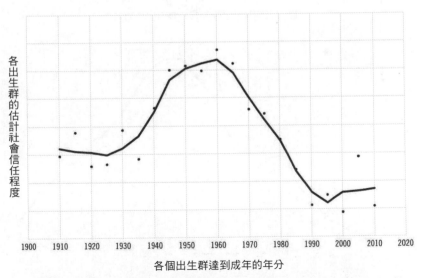

資料來源：April K. Clark, "Rethinking the Decline in Social Capital," Fig. 4(a) M2.

計，結果就呈現在圖 4.14 當中。引人注目的是，圖 4.13 呈現的即
時分析與圖 4.14 基於出生群的分析，都共同支持這樣的見解：美
國的社會信任在過去一百年間的發展呈現曲線式的軌跡，從一九三
〇年代以前相對較低的信任程度，在一九四〇年開始逐漸上升，到
一九六〇年左右達到巔峰，接著出現反轉，在一九六〇年代中期穩
定下滑至二十一世紀初始。

　　鑑於這種證據必定帶有的限制，我們無意誇大這些估計的準確
度。儘管如此，我們對於社會信任長期趨勢的最佳估計，卻也恰恰
符合本章檢視的其他社會團結趨勢：公民參與、宗教參與還有組成
家庭都是從進步時代開始逐漸提升，在一九六〇年代達到高峰，然
後團結程度就在接下來半個世紀以上的時間裡穩定下滑。[143]

圖 4.15：社會團結，1890-2017

資料來源：見注釋1.4。Data LOESS smoothed: .10.

　　我們從本章得知了什麼？圖 4.15 概括了社會團結在過去一百二十五年來的廣泛趨勢，結合了公民參與、宗教、工會、家庭與社會信任的趨勢。[144] 這幅圖顯示，除了一九二〇年代至一九三〇年代初期的短暫停滯，美國人的社會連結程度從一八九〇年代到一九六〇年代期間穩定上升，但接著我們幾乎所有的衡量指標都顯示社會連結在過去半個世紀出現了持續不斷的下滑。這幅圖可和第二、三、五章結尾的圖表互相比較，那些圖表各自顯示了經濟、政治與文化方面類似的長期趨勢。在第八章，我們將會探究這些曲線如何重疊，又為什麼會重疊。

5 | 文化：個人主義相對於社群[1]

　　個人與社群的關係是社會思想當中一項永恆的二元論。早在一六二三年，英國詩人鄧恩（John Donne）就寫下了最早的社群主義雋語：「沒有人是一座孤島，可以全然自立……任何人的死亡都會造成我的減少，因為我是全人類的一員；所以，絕對不要問喪鐘為誰而鳴；其鳴乃是為你。」[2]

　　個人主義與社群的對比，不是個人位於一端而社群位於另一端這種完全的單維線性對比。美國憲法的權利清單就捕捉了這種細膩性：其中雖然把個人權利奉為神聖不可侵犯，卻也是幾乎所有美國人都崇仰的憲法當中的一部分。所以，權利清單到底是把美國標誌為個人主義還是社群主義國家？或者，以美國的邊疆為例，無數的西部片對於邊疆地區的象徵都是一位孤獨的牛仔騎馬朝著夕陽奔馳而去，但也可能是一支篷車車隊，只見墾殖民在其中互相支持也互相保護。個人主義還是社群主義？個人與社群之間持續演變的辯證，是美國歷史的一項重要特徵。在本章裡，我們要追溯個人主義

與社群在過去一百二十五年來的美國文化當中起伏不停的平衡狀態。

　　文化研究需要敘事以及對細微差異的關注，我們在此處不但致力於這一點，也引用出乎意料的量化證據來測量起伏的幅度。文化本質主義者有時候會認定文化是固定不變的民族特徵，決定了制度與行為，例如「中國文化」或者「西方文化」。不過，我們抱持不同的觀點。我們所謂的「文化」並非在一個社會當中完全一致，也不是在時間當中全然不變（而是與此恰恰相反），更不是社會變遷當中沒有前因的第一因。如同我們將在第八章指出的，文化只是眾多相互連動的社會、經濟與政治影響力當中的一股力量而已。

　　由於「文化」一詞廣泛使用於許多不同學科，因此其意義也是各種概念與定義辯論的主題，尤其是在文學研究與文化研究當中，特別是人類學。這些辯論雖然重要，也經常相當引人入勝，我們在此處的目的卻比較簡單，也比較直接。我們所謂的文化，指的是**對於美國社會的根本面向所懷有的信念、價值觀與常規**。傳統上，在這種有限的意義當中對文化進行的衡量總是大幅依賴調查，但如同我們在前幾章看過的，在我們探討的這段時期，其中的前半段基本上沒有調查資料存在。在前幾章極為有用的人口普查資料，對於文化變遷含有的直接資訊少之又少。所以，我們在本章深度依賴思想史與文化史的敘事，連同一種新的量化工具，可讓我們探索過去一、兩個世紀的所有美國文學作品。我們也發現了幾項對文化的行為衡量方式，將在本章陸續介紹。所幸，這些衡量結果完全合乎我們最輕易可得的那些較為大量但是比較「軟性」的證據。

文化心理學家米雪‧格爾凡德（Michele Gelfand）對於文化的力量強調如下：

> 文化……大體上無法由肉眼看見。我們極少體認到文化的力量有多麼強大！文化令人習以為常的其中一個最重要的面向，就是我們的社會常規。我們隨時都遵循常規，卻極少體認到自己有多麼需要常規：社會常規是把我們凝聚在一起的力量，為我們賦予了認同，並且協助我們在極高的程度上互相協調以及合作。……然而……有些群體的常規比其他群體強烈得多；這些群體相當緊密。另外有些群體的常規則是比較弱；這種群體比較鬆散。[3]

格爾凡德最感興趣的是群體之間的差異，但我們則是聚焦於不同時間的差別。不過，她對於「緊密」常規與「鬆散」常規的區分，和我們對於社群主義與個人主義常規的區別緊密相關。

依循文學批評家特里林（Lionel Trilling）的論點，我們所謂的「文化」總是帶有一種競爭，一種辯證，一種奮鬥。[4] 美國的歷史與神話向來都含有個人與社群（牛仔與篷車車隊）這兩種元素。「美國歷史上從來沒有一個時期的思想家不為了自利與社會義務之間的適切平衡而頭痛不已，」思想史學家珍妮佛‧羅森哈根（Jennifer Ratner-Rosenhagen）指出。[5] 只要仔細檢視，即可發現美國文化對於個人與社群的相對強調在漫長的時間當中有所變化，有如一根不規律的鐘擺，在兩個極端之間來回擺盪。[6]

不過，這根鐘擺不是自行擺盪，而是受到社會行為者所推動，有時是領導者，有時是草根運動人士。這根鐘擺的擺盪會改變評論家近來所稱的「奧弗頓之窗」，造成部分政策的前景比較看好也比較容易接受，或者至少是可以想像，而另外有些政策則不是如此。「奧弗頓之窗是在公共論述當中受到容忍的各種觀念，又稱為論述之窗。這個詞語以奧弗頓（Joseph P. Overton）為名，他主張一項觀念的政治可行性主要取決於該項觀念是否落在這個範圍裡，而不是取決於政治人物的個別偏好。」[7] 舉例而言，隨著我們的文化變得愈來愈個人化，像是重分配稅這類奠基於「我們全都在同一條船上」這種假設的政策就會變得難以想像，而解除管制這類政策則會顯得比較合理。鐘擺一旦回到社群主義這一端，那些政策的合理性也隨之翻轉。因此，文化不是單純隨著歷史的潮流漂蕩，只有弱不禁風的文人或者流行文化的行家才感興趣，而是政治、經濟與社會生活動態當中的一項積極元素。

鍍金時代與進步時代對於個人主義與社群孰輕孰重的鬥爭（1870-1920）

林肯主政期間雖是美國歷史上最充滿暴力的時期，但他的出身背景與直覺立場卻是一名注重社群主義與平等主義的輝格派人士。[8] 他在個人與道德層面上對於機會平等的強烈支持，僅次於他對美國憲政秩序的追求。他從頭到尾都致力於避免美國分裂，而在南北戰爭接近尾聲之際，他也在自己的第二任就職演說中呼籲美國在戰後

重新統一成為一個社群，「不對任何人懷抱惡意，並且寬厚對待所有人」。不過，隨著林肯遭到刺殺、重建時期在一八七七年結束，以及工業革命的全面展開，他對於共同價值觀的平等主義式強調也就在兩黨當中被鍍金時代那種支持不平等的個人主義所取代。

在頌揚工業變革的一八九三年世界博覽會上，史學家特納（Frederick Jackson Turner）認真思索美國的個人主義（由當時即將消失的邊疆所培育出來）是否會遭到新興的城市與工業社會所削弱。[9]近年的研究證實了邊疆生活確實與一種自力更生的文化連結在一起，並且對經濟重分配懷有敵意，而這種印記直到一個世紀之後也都還是明顯可見。[10]藉由這種方式，邊疆正如特納所猜想的那樣促成了美國整體上的個人主義，而邊疆的消失說不定預示了揚棄個人主義的發展。如同我們先前提過的，邊疆的另一種象徵是代表社群主義的篷車車隊與合建穀倉聚會，但特納與近期的研究都顯示邊疆比較持久的遺緒是個人主義。

差不多就在這個時候，大西洋彼端出現了達爾文的《物種起源》：這部科學論著雖然不在任何人的預期之中，也和個人主義毫無關聯，卻出乎意料地強化了鍍金時代的個人主義。達爾文的英國追隨者斯賓塞（Herbert Spencer）以「適者生存」這項看似屬於達爾文的原則為基礎，提出了「社會達爾文主義」，不顧達爾文對於此一用語的反對。[11]著名的美國社會學家薩姆納（William Graham Sumner）跟隨斯賓塞的做法，把「適者生存」套用在人類社會，主張「有些人比別人更善於應對人生的競爭。……優秀的人口爬出野蠻的叢林，把自己的天賦傳承給了後代，而那些後代又爬得更高。……否

決演化效果的嘗試，例如減輕窮人的困境，乃是不道德又不明智的行為」。[12]

這種版本的社會達爾文主義提出於一八七〇年左右，影響力在一八九〇至一九一五年間達到高峰，並且在鍍金時代盛極而衰的同時席捲了大部分的智識階級與上層中產階級。社會達爾文主義催生了科學種族歧視、[13] 優生學，以及對自由放任資本主義的一種偽生物學辯護。科學種族歧視令同時期的南方人口及他們的北方支持者得以為所謂的「救贖時代」提出一項極為方便的辯護理由，而把吉姆‧克勞法的壓迫與嘲諷施加在獲得解放的奴隸身上。對於曼哈頓上東區的富裕居民而言，在扒糞記者里斯（Jacob Riis）的《另一半人如何過活》（*How the Other Half Lives*, 1890）這本書裡，看到他以令人震撼的照片呈現出下東區貧民窟居民的赤貧生活，雖然令人頗感不安，但社會達爾文主義安撫了他們，讓他們認定自己的財富是他們應得的獎勵。許多人因此認為鍍金時代的弊病是進步不可避免的代價。尖端科技與古老的偏狹心態混合在一起，用於提倡「人人為己」的原則。簡言之，富人擁有的是他們應得的，窮人則算他們倒楣。朝向全然個人主義的文化運動達到了巔峰。

不過，其他受過教育的中產階級美國人口愈來愈排斥這種觀點。如同史學家克洛本柏（James Kloppenberg）指出的：「史學家雖然發現了進步主義的太多不同版本，無法簡單界定出一項一貫性的運動，但明白可見的是，〔二十〕世紀頭二十年間出現了許許多多的新式政治理念與改革提案。」[14] 進步人士雖然在許多面向上各自相異，但他們都一致批判過度個人主義。他們主張個人主義背離了

美國的價值觀，並且導致經濟與社會危機，造成美國動盪不安。

　　進步人士試圖利用科學方法促成社會的道德改良，他們也大體上懷有改革主義與務實的性情，而不是抱持激進的態度。不過，他們都堅定追求民主實踐與較為平等的社會經濟結果。許多人都成長於種族與宗教具有高度同質性的小鎮，因而在新近出現工業化發展的城市裡渴求那樣的社群歸屬感。他們試圖為現代化提出一種比較社群主義的新敘事，能夠把富人與窮人、外來移民與土生土長的美國人凝聚在一起。[15] 結果，他們的觀點逐漸普及了開來。

　　在此同時，全美各地的改革人士也在地方上致力打造網絡以協助改善社交生活、支持地方學校、促成比較參與式的「新公民」教育、建立社區中心，並且討論迫切的全國議題，諸如女性投票權、死刑以及種族平等。海尼凡（L.J. Hanifan）這位鮮為人知的西維吉尼亞州鄉下教育者以及活躍的進步人士，就是在這種情境下於一九一六年提出「社會資本」的概念，用於指稱他和他的同僚所追求的目標。「快點，我們要多與社會交流，」他們敦促道，藉此對抗不受約束的個人主義主流文化。身為首要社群主義進步人士暨教育改革者的約翰‧杜威，似乎是海尼凡創造「社會資本」一詞的先驅：他在精神上的確是，在實際行動上可能也是。這個詞語背後的概念瀰漫於進步時代，但這個詞語本身卻幾乎徹底消失於日常用語當中，直到二十世紀末才再度出現，同樣也是被社群主義者用來批判過度個人主義。[16]

　　宗教觀點在二十世紀期的變化，也在文化變遷方面扮演重要角色，甚至影響了許多基本上屬於世俗層面的思想家。如同我們在前

一章討論過的，十九世紀下半葉的美國新教主要聚焦於個人救贖，但一種比較具有社會參與性的神學則以「社會福音」之名於新世紀之交出現。社會神學強調社群與平等是基督教訊息的核心元素，而改革派社會福音人士也抨擊社會達爾文主義思想。「在天主教方面，」瑪塔‧庫克（Marta Cook）與哈爾平（James Halpin）寫道：「教宗良十三世在一八九一年發布的《新事》通諭，為美國天主教徒的新一代社會行動主義提供了思想與神學基礎。」這樣的天主教徒包括了天主教工人運動共同創始人桃樂斯‧戴（Dorothy Day），她領導天主教激進主義直至一九五〇年代。[17]

恰巧的是，我們可以利用網路時代一件非凡的工具所產生的證據，進一步證實這項文化變遷的歷史敘事。Google 已將數百萬本書籍數位化，其中涵蓋超過五千億個英文詞語，最早的著作可以追溯到十六世紀。利用 http://books.google.com/ngrams 這個網站，可以查詢任何一個詞語或者詞組在長期之下的相對出現頻率，從而估計特定詞語或概念的文化重要性趨勢。我們將會一再引用這個 Ngram 網站的證據，取材自一八八〇年左右（也就是我們感興趣的這段時期的起點）到二〇〇八年（這套檔案收錄內容的最後一年）之間出版於美國的所有書籍。[18] 率先使用 Ngram 從事文化歷史研究的學者，把這個領域稱為「文化組學」（culturomics）。[19] 他們主張 Ngram 為探究以及量化文化變遷提供了一種更為嚴謹的新方法，如此一來關於文化的論述也就不會僅是主觀想法。[20]

這個方法「奠基於一項前提，亦即書本是具體而公開的文化代表」。[21] 當然，作者與書寫文字不是文化變遷的唯一衡量標準，但

書本的優勢在於能夠系統性地記錄不同時間的相似與差異。Google 的這套檔案涵蓋了極為廣泛的文類，包括偵探故事、歷史著作、園藝書籍、兒童書籍、詩文、公共事務評論、自助書籍、科學與醫學教科書、旅遊指南、愛情小說、食譜等等，但是不允許使用者限制查詢過程中所使用的類別，所以最好的做法就是把這套檔案解讀為廣泛顯示了識字的美國人口在特定時期書寫以及閱讀的內容。[22]

　　從第一個鍍金時代到當今的第二個鍍金時代這段期間，要衡量美國文化對於個人或社群的強調所出現的變化，有一個相當有用的標準，就是「適者生存」與「社會福音」這兩個誕生於十九世紀下半葉的詞語出現的相對頻率。圖 5.1 顯示「社會福音」幾乎不曾出現在一八九〇年以前出版的書籍裡，但美國人在那個時期已經很常提及「適者生存」。[23] 另一方面，到了一九二〇年，「社會福音」受到的關注迅速成長，「適者生存」受到的關注則是開始消退。從鍍金時代到進步時代的文化變遷，就反映在這個指標裡：這是一項可以衡量的變化，從社會達爾文主義轉變為社會福音。

　　稍把時間往後拉，可以發現圖 5.1 也顯示了「適者生存」的文化重要性在二十世紀大部分時間都處於低檔，直到二十一世紀才再度上升。相較之下，「社會福音」的重要性則是穩定上升，直到一九六〇年左右為止。在六〇年代之後，這種社群概念就逐漸淡出我們的文化環境。我們在本章後續將會看到與此一致而且經常更加鮮明的證據，證明這樣的模式：個人主義主題在二十世紀的頭六十幾年間淡出於美國的文化辯論，而社群精神則是在這段期間興起（經常在一九二〇年代出現短暫停滯），然後這些趨勢就在一九七〇年

圖 5.1：「適者生存」與「社會福音」的文化重要性，1880-2008

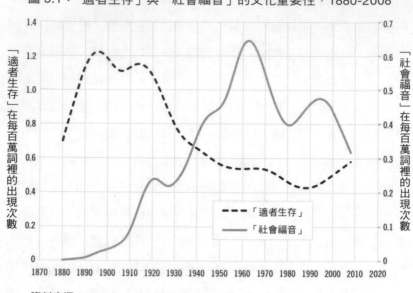

資料來源：Ngram. Data LOESS smoothed: .10.

代到二十一世紀期間出現大幅翻轉。當然，這是我們在前幾章早已
熟悉的「自我—集體—自我」節律。

　　個人主義與社群主義的衝突在十九世紀的最後幾十年以及二十
世紀的頭幾十年間受到明確辯論。社群精神在當時雖然尚未取得全
國性的主流地位，卻是進步思想的核心要素。老羅斯福、珍·亞當
斯（Jane Addams）以及其他進步人士都明確排拒「個人主義」，而支
持亞當斯所謂的「一種相互協助的合作性理想」。這種理想不只是
慈善或施捨，因為她和其他改革同志都認為慈善與施捨乃是一種恩
賜性的援助。[24]

　　老羅斯福更是大力強調我們的社群義務。一九一〇年九月一

日，在堪薩斯州歐沙瓦托米（Osawatomie）的約翰・布朗紀念公園
（John Brown Memorial Park）落成典禮上，他發表了一段關於「新民
族主義」的致詞，其中明白闡述了他的進步主義背後的思想。面對
南北戰爭的老兵，老羅斯福明確呼應了林肯的社群主題以及關注社
群和機會平等的輝格式理念，而且為了實踐此一理念不惜以政府重
分配手段把富人的部分財富分配到窮人手上。

> 要追求健康的自由，其本質向來都是、也永遠都會是從某一個
> 人或者某一個階級的手中取走他們不是藉由服務同胞而獲得的
> 權力、財富、地位或者豁免權。這就是你們在南北戰爭當中奮
> 戰的目標，也是我們現在爭取的目標。……我們不怨恨別人運
> 用自身的能力與睿智追求同胞福祉而因此獲得的財富。……我
> 們不怨恨別人在公民生活當中享有的財富，只要那樣的財富是
> 以正當手段取得，而且也受到良好的運用即可。我們要求的標
> 準，不只是那樣的財富不能在損及社群的情況下獲得，而且其
> 獲得還必須對社群有益。我知道，這點隱含了政府對於社會與
> 經濟情境的積極干預，而且干預程度遠高於我們在這個國家見
> 過的狀況。[25]

美國正在反轉南北戰爭後的文化、政治與經濟個人主義發展曲
線，而社群義務則獲得了一位出人意料的上層階級護民官。

老羅斯福、亞當斯以及他們的進步派同僚為自己追求的願景賦
予了各種名稱。「基督教社會主義」、「敦親睦鄰」，甚至是比較普通

圖 5.2：「結社」、「合作」與「社會主義」的文化重要性，1880-2008

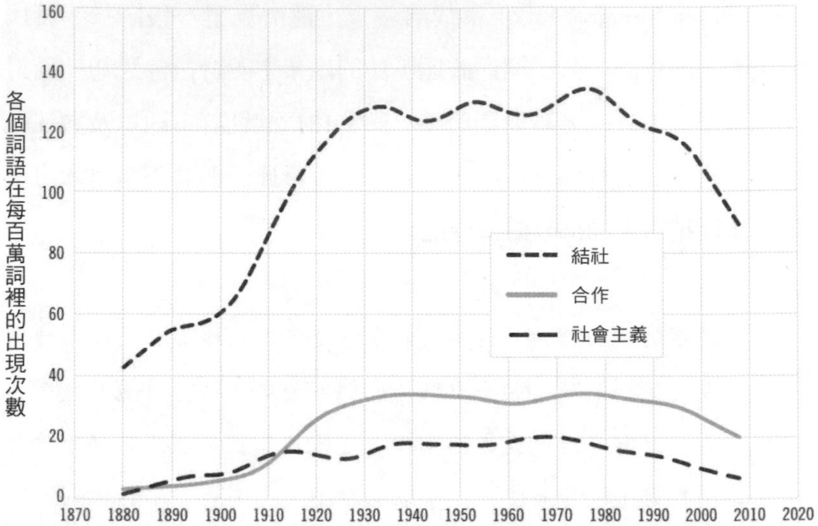

資料來源：Ngram. Data LOESS smoothed: .15.

的「社群」，都是常見的詞語，但最廣泛使用的則是「結社」（或者「結社主義」）以及「合作」。[26] 關於這些概念的文化重要性所經歷的變化，我們可以再度從 Ngram 當中尋求量化證據。如同圖 5.2 所示，這些社群理想在二十世紀頭六十幾年間持續上升，但在一九七〇年以後就逐漸衰退。[27] 圖 5.2 也包含了「社會主義」一詞，因為這個概念吸引了進步運動當中的部分活躍人士，但不包括亞當斯、老羅斯福以及其他許多人，原因是他們都對教條式的馬克思主義深覺反感。「社會主義」雖然廣泛引起意識形態與政治上的共鳴，「結社」與「合作」在二十世紀期間的重要性卻是高得多。讀者若是稍加留意，也會在圖 5.2 當中看見我們在先前各章已經多次提過的倒

U 形曲線。

　　老羅斯福的公麋黨在一九一二年遭到同樣進步（或者將近一樣進步）的威爾遜所擊敗。一九一六年秋，為了吸引在一九一二年投給老羅斯福的那四百萬票，威爾遜率領國會通過了全國進步立法的最後一部分，內容涵蓋童工、每日工時八小時、遺產稅，以及較為進步的所得稅。奧弗頓之窗在這時開始朝著更加進步的政策這種方向移動，這是四分之一個世紀以來的文化變遷與草根組織所造成的結果。

平民號角曲：1920-1950[28]

　　第一次世界大戰之後，美國政治與文化的社群動力似乎消散於興旺的二〇年代那種令人目眩神迷的物質享受當中。那段時期最為人記得的是「飛來波女郎」舞蹈狂熱（譯注一）、禁酒令、黑幫人士以及股市動盪，而不是長久存續的政策或者智識創新。由華爾街金融業者主導的繁榮，似乎短暫重新喚起了這項迷思：機會對所有人開放，只有懶惰的人除外。

　　諷刺的是，胡佛雖然發明了「吃苦耐勞的個人主義」（rugged individualism）這個詞語，而且在他主政期間滿心不悅地看著股市崩盤終結了興旺的二〇年代，但他抱持的思想卻是植根於進步主義，而且也是一位堅定不移的社群主義者。在一九二三年出版的《美國個人主義》（*American Individualism*）這部廣受讚譽的著作裡，胡佛主張把個人主義與社群主義結合在一起的矛盾融合。[29] 史學家克洛本

柏指出，胡佛「以進步派姿態堅稱自由放任是不負責任的做法，缺乏平等機會的個人主義也會造成壓迫性的後果。唯一值得追求的個人主義是美國個人主義，這種個人主義必須結合個人能動性，以及在靈性上深切追求公共服務的價值與合作的重要性」。[30] 胡佛想要建立他所謂的「結社國家」，由政府鼓勵公司、消費者、工人、農人，以及小型企業經營者之間的自願性合作。

如同我們在第三章看過的，胡佛在擔任總統期間推行正統保守派經濟政策，偏離了他先前對於進步理念的擁護，結果那樣的正統政策隨著經濟大蕭條的展開而陷入失敗。儘管如此，一九二〇年代的胡佛仍然充分展示了兩項重要事實：（1）良好的保守主義者也可以是社群主義者，雖然反對「大政府」，但是支持以集體行動矯正不公義；（2）進步時代的社群主義潮流沒有消失，只是在興旺的二〇年代期間潛入地下而已。

一九二〇年代的美國作家被人稱為「失落的一代」，其中包括海明威、費茲傑羅、葛楚・史坦（Gertrude Stein）與龐德（Ezra Pound）在內。對於他們而言，死在第一次世界大戰壕溝裡的數百萬人，再加上死於一九一八年那場可怕疫病的另外數百萬人，徹底毀滅了一切幻象，包括認為仁慈與利他是正常人類特質的幻象。他們經歷了喪失親友、疏離以及絕望的深沉痛苦，因此他們筆下的主角只能頌揚內在力量與個人。在「時髦」圈子裡，二〇年代也是高度個人主義，偏好自由戀愛以及藐視傳統。戰爭與疫情雙雙促成了虛無主義。

一九二九年的股市崩盤為興旺的二〇年代畫下了句點。認為失

業是個人性格缺陷造成的結果這種想法，已無法和經濟大蕭條的現實調和，因為失業率從一九二九年的 3% 左右飆高到了一九三三年的 25% 左右。個人的努力絕對難以解決如此巨大的集體問題。一群美國聖公會主教指出：「現在愈來愈明顯可見，認為社會乃是由獨立自主的個人組成這種概念，不論從經濟事實還是基督教理想的觀點來看都有其缺陷。我們抱持的吃苦耐勞的個人主義這種根本思想必須修正，才能夠迎合這個合作時代的需求。」[31] 史學家畢爾德（Charles Beard）指出：「冷冰冰的事實是，認為『人人都應為己』以及『落後者活該』的這種個人主義信條，乃是西方文明當前困境的罪魁禍首。」[32]

在文學裡，社會良知與社會寫實大為盛行，最後促成史坦貝克的《憤怒的葡萄》（1939）。在電影方面，卡普拉（Frank Capra）也在這些年間推出了頌揚社群精神的作品，像是《華府風雲》（*Mr. Smith Goes to Washington*, 1939）和《美滿人生》（*It's a Wonderful Life*, 1946）。如同卡普拉說的：「我的電影必須讓每個男女老少知道⋯⋯只有在他們全都學會彼此相愛之後，和平和救贖才會實現。」[33]

在政治方面，新政也重新喚起了進步時代的社群主義，一大原因是許多新政推行者本身就成長於進步運動當中。小羅斯福在一九〇〇至一九〇三年間就讀哈佛之時，就是支持社群主義的進步人士，而他這樣的理念很有可能來自他的榜樣，也就是他的遠親，當時在白宮主政的老羅斯福。一九一二年，身為年輕的州參議員，小羅斯福在爭取保育阿第倫達克山脈（Adirondacks）之時指出，美國必須建立「社群的自由」，讓社群有權利要求成員盡到特定責任。[34]

參與社會福音運動以及睦鄰運動的經驗，對於新政推行者的影響尤其大，他們許多人（諸如小羅斯福的心腹顧問哈里‧霍普金斯〔Harry Hopkins〕、財政部長小摩根索〔Henry Morgenthau, Jr.〕、開創性的勞工部長珀金斯〔Frances Perkins〕，以及總統夫人愛蓮娜）都是在年輕之時於進步時代期間建立他們的理想。[35]

　　從整個二十世紀的觀點來看，新政在政治與文化方面都是進步時代的延續，只是進步時代在一九二〇年代短暫中斷而已。經濟大蕭條，以及眾人恢復對於社群而不只是個人的關注，再度推移了奧弗頓之窗，使得大規模的政府干預更顯合理，自由放任政策則是不再那麼可信。

　　瀰漫於一九三〇年代的社群主義精神，不只存在於新政的國內政策當中。早在一九三一年一月，胡佛總統就獲得國會授權而成立了戰爭政策委員會（War Policies Commission），藉此確保未來如果發生戰爭，承擔戰爭的重任將會平等落在每一個人的肩上。這個委員會的執行祕書是一位前景看好的年輕陸軍軍官，名叫艾森豪。成立這個委員會乃是為了回應愈來愈普及的大眾感受，認為俗稱「死亡商人」的軍火商在第一次世界大戰當中大發災難財，而該委員會提出的跨黨派報告也獲得了極為正面的迴響。換句話說，在美國實際捲入第二次世界大戰的將近十年前，「我們全在同一條船上」的觀念就已經廣為普及。[36]

　　二十世紀中葉的美國最重要的一首頌歌，是作曲家科普蘭（Aaron Copland）創作於一九四二年的〈平民號角曲〉（Fanfare for the Common Man）。他創作這首作品的部分靈感來自於副總統亨利‧華

萊士（Henry A. Wallace）在那年稍早發表的一項演說，其中宣告「平民世紀」已然來臨。如圖 5.3 所示，「平民」一詞最早在進步時代出現於美國文學當中，在二十世紀上半葉的出現次數不斷增加（除了一九二○年代這個已經相當熟悉的停滯時期以外），在一九四五年達到高峰，然後其文化重要性在二十世紀後續的時間裡就不斷下滑，在六○年代以後更是加速崩跌。在一九四二年之時，「平民」已成為一個強而有力的文化象徵，代表著華萊士與科普蘭所挪用的國家團結、社會平等與社群主義等理念。[37]

　　幾乎毫不間斷的興盛，以及節節高升的繁榮，是戰後四分之一個世紀最重要的特徵。貧窮現象在一九四五至一九七五年間減少了

圖 5.3：「平民」的文化重要性，1880-2008

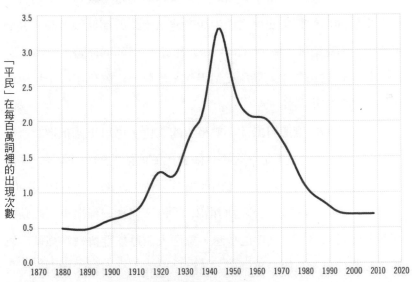

資料來源：Ngram. Data LOESS smoothed: .10.

將近一半。戰後的興盛無疑有所幫助，但同樣有所助益的是，那個時代的窮人與勞動階級比較公平分享到經濟成長的果實。在此同時，獲得社會安全保險補助的家庭在一九五〇至一九六〇年間增加了四百五十萬戶（將近原本的五倍），整體福利支出從九億六千萬美元上升至一百零七億美元。到了一九六〇年代初期，50% 的大型工會契約都已含有保障生活費用調整的條款。[38]

從新政到第二次世界大戰乃至戰後時期，共同價值觀、社會團結、以及普通中產階級美國人口的生活方式愈來愈受頌揚。那個時代的廣告簡潔明瞭呈現了這些文化刻板印象：快樂的白人核心家庭享受著前所未有的休閒時間，周邊滿是平價的大品牌消費品，面帶微笑的母親料理著典型的美式牛排，手腳俐落的父親發動著小船的馬達。這些刻板印象當然有所誇大，但其中還是反映了不少事實，因為史無前例的繁榮使得這種生活型態遠比以前都還要普及。在藝術當中，洛克威爾（Norman Rockwell）為《週六晚間郵報》（ *The Saturday Evening Post* ）繪製的中產階級風情畫作，也反映並強化了二十世紀中葉的道德與文化共識。

與戰後的富庶還有樂觀心態相關的文化，可以正確指控為「乏味」，但這種文化並不是絲毫不具備公民價值觀的物質主義。「美國夢」一詞最早是在一九三一年由詹姆斯‧特拉斯洛‧亞當斯（James Truslow Adams）所普及，他說明指出：「這不只是一種汽車與高薪的夢想，而是一種社會秩序的夢想，每個人在這種社會秩序裡都能夠達到他們能力所及的最高地位，並以自己的本來面貌受到別人的肯定，不論他們恰巧出生在什麼樣的環境之下。」[39]

　　對於「美國夢」的這種崇高理解一直持續到一九六〇年代。如同獲頒諾貝爾獎的經濟學家席勒（Robert Shiller）所言：「這種美國夢代表自由、互相尊重以及機會平等。其重點在於道德，而不是物質上的成功。」他指出，美國夢在一九六〇年代更加普遍受到提及，包括「金恩博士在一九六三年發表的〈我有一個夢想〉演說，他在其中提到一項願景，『深植於美國夢當中』。〔金恩〕說他夢想歧視將會消失，社群精神將會興起。……不過，隨著這個詞語愈來愈普及，它與平等還有社群等概念的連結也就逐漸減弱。在一九七〇和一九八〇年代期間，建商在廣告中大量使用這個字眼，也許是企圖為炫耀性消費賦予愛國色彩」。[40]

　　席勒接著指出，在一九六〇年代之後的幾十年間，政治人物與一般人民口中的「美國夢」愈來愈轉變為像是有能力買房這類個人物質成功的象徵，而不是集體的道德成功。這項轉變充分提醒了我們，隨著文化改變，同一個詞語也有可能轉而象徵極為不同的理想。一九五〇年代也許乏味（而且如同我們在後續兩章將會仔細探討的，一九五〇年代也充滿了由來已久的種族與性別偏見），但共有公民身分的認知以及平等主義價值觀，在這個時代的美國文化當中扮演了極為顯著的角色。

　　二十世紀中葉的美國政治思想家，對於納粹德國與共產俄國這兩種意識形態極端仍然懷有鮮明的印象，因此強調一種非意識形態也非極端的中間主義。在《至關緊要的中間之道》（*The Vital Center*, 1949）這本暢銷書裡，史列辛格（Arthur Schlesinger, Jr.）頗具象徵性地為自由式民主以及受國家規範管制的市場經濟提出辯護，並且抨

擊共產主義與法西斯主義的極權主義，試圖達到他所謂的「恢復個
人與社群之間的平衡」。[41]

　　團結，甚至是跨越種族界線的團結，在一九六〇年代初期仍是
頗具主流地位的理想，因此當時的領袖（甚至是爭議性理念的倡導
者）仍可訴諸團結作為一種根本價值。一九六三年四月，金恩博士
把黑人的解放寄託在那種共同的道德觀上，而在伯明罕監獄裡向南
方那些對他多所批評的白人神職人員懇求道：「我們身處於一套無
可逃脫的互助網絡裡，受到單一的命運裳衣綁縛在一起。」[42]金恩
的民權運動植根於社群價值觀與社群建構。在金恩寫下那封伯明罕
信件的兩個月後（同時也是他在達拉斯遭到刺殺的五個月前），甘
迺迪以相同的調性回應道：

　　一個人的權利一旦受到威脅，所有人的權利都會因此減少。
　　……我們面對的主要是一個道德問題，和聖經一樣古老，也和
　　美國憲法一樣清楚明白。問題的核心是所有的美國人是否都應
　　該獲得賦予平等的權利與機會，我們是否願意以自己希望受到
　　的對待方式對待我們的美國同胞。[43]

　　金恩的信件自然無助於說服他的地方批評者，但其中對於全國
文化的深層呼應，首度為民權運動掀起了一波全國性的支持。金恩
揮舞著一把強而有力的鐵鎚，也就是「解放我的同胞！」這項跨越
了種族與宗教界線而廣獲接納的出埃及記敘事，而在共同價值觀的
基石上打破了吉姆‧克勞隔離法的枷鎖。[44]此外，布爾‧康納（Bull

Connor）的強力水柱與警犬之所以對北方白人的意見造成強烈衝擊，正是因為那些行為違反了這些共同的價值觀。

當然，南方白人及他們的北方支持者經常指控民權運動人士顛覆了這些廣為普及的共同價值觀，而且南方白人也經常標舉「社群標準」作為抗拒種族融合的藉口。因此，共同價值觀的實際意義有所爭議，但這些價值觀的存在表示這場抗爭乃是在道德與文化的基礎上進行，而這一點為種族融合的倡導者賦予了關鍵的正當性。

簡言之，在這段時期，美國人不論在政策觀點上有多麼分歧，大體上卻都共享同一套道德論述，而這項現實只有在它於二十世紀下半葉消失之後才受到注意。在一九二〇至一九六〇年代期間，團結、意見一致與妥協等概念在全國論述當中愈來愈常見，如圖 5.4 所示，但這三者在一九六〇年之後的半個世紀裡都同樣快速消退。因此，未經修飾的量化證據進一步證實了這一點：在一九五〇與一九六〇年代的美國文化當中，社群主義價值觀所具有的重要性持續上升。

異議浮現：一九五〇年代

截至目前為止，我們都聚焦於一九一〇至一九六〇年代期間那些大體上看似值得稱許的社會變化模式：更多的經濟平等、更多的政治禮讓、更多的社會團結。看起來好東西再多也不怕過頭。文化的故事則比較複雜，原因是我們熟悉的倒 U 形曲線在文化領域裡雖然也在實證上毋庸置疑，但許多理性的美國人口卻可能會反轉這種

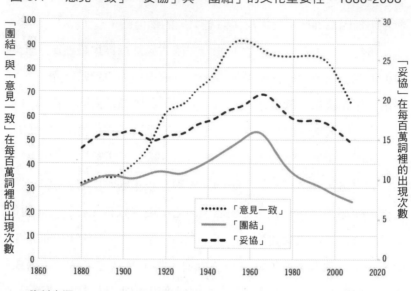

圖 5.4：「意見一致」、「妥協」與「團結」的文化重要性，1880-2008

資料來源：Ngram. Data LOESS smoothed: .15.

以常規化為主的傾向。舉例而言，愈來愈趨社群主義的文化，看在某些人眼中可能代表了愈來愈高的從眾壓力，而趨向個人主義文化則可能象徵著解放的來臨。實際上，一九六〇年代遠離社群主義所帶來的一項好處，就是對於多元性以及種族和性別平等產生更大的寬容與支持，我們在後續兩章將會深入探討這一點。不過，一九六〇年代之後的寬容主要是一種互相容讓，而不是金恩博士所謂的「至愛社群」（beloved community）那種欣然接納的寬容以及道德團結，也絕對不包含對於政治對手的寬容，如同我們在第三章看過的狀況。

　　社群主義的黑暗面，在參議員麥卡錫（Joseph McCarthy）於一九

五〇年代初期對「顛覆者」的攻擊當中變得明顯可見。較為寬容的艾森豪雖然鄙視麥卡錫以及麥卡錫主義，但卻連他也試圖把「偏差人士」排除於政府人員之外。[45] 紅色恐慌（以及同時期以同性戀者為對象的紫色恐慌）逐漸消退，但是認為平衡太過偏向「從眾」與社群標準的擔憂卻開始蔓延開來，在知識分子之間尤其如此。曾因戰前的法西斯主義而逃離歐洲的社會心理學家瑪麗・雅荷達（Marie Jahoda）在一九五六年指出：「對於這個國家當前的公民自由危機，許多觀察者都對其中一個面向懷有一致的看法：這是一段從眾現象日益成長的時期……對於偏離中道與平庸情形的容忍度極為有限。」[46]

　　這種情緒在文化上的反映，在一九五〇與一九六〇年代期間出現於愈來愈多針對「顛覆」與「偏差」所提出的評論當中，因為顛覆與偏差被界定為偏離了所謂的廣泛持有的社群標準（見圖5.5）。但引人注目的是，在十到二十年的時間裡，隨著文化個人主義在一九七〇年代開始興起，對於顛覆與偏差的討論就倏然消退，和當初興起的速度幾乎一樣快。實際上，對於異議的擔憂乃是一項首要但是短暫的指標，顯示了即將來臨的文化轉向。

　　表面上，一九五〇年代的美國社會似乎具有異於尋常的共識，但表象有可能會騙人。細心的觀察者可以看出文化與思想異議逐漸增長的深層跡象，閃動於表面之下。抗拒傳統、壓迫與消費主義的文化抗爭開始出現。在文學領域裡，一九五〇年代可以見到沙林傑（J.D. Salinger）的《麥田捕手》、高汀（William Golding）的《蒼蠅王》、受到凱魯亞克（Jack Kerouac）的《旅途上》（On the Road）所啟發的

圖 5.5：「顛覆」與「偏差」的文化重要性，1880-2008

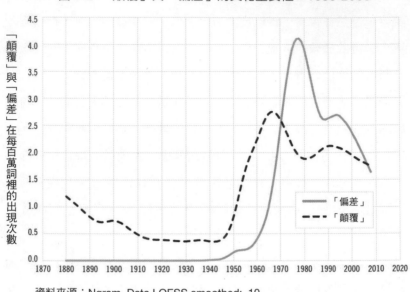

資料來源：Ngram. Data LOESS smoothed: .10.

披頭族，還有其他書籍也反映了對於二十世紀中葉那種堅持從眾的反抗。在電影方面，詹姆斯・狄恩是這項趨勢的具體化身。他是一九五五年賣座電影《養子不教誰之過》(*Rebel Without a Cause*)的主角，在二十三歲即因一場汽車事故去世，並且在死後因為那部電影而獲得奧斯卡獎提名。狄恩在一瞬間就成為文化偶像，代表了成長於一九五〇年代的年輕人所感到的幻滅以及社會疏離。那個年代最優秀的小說作品，都是對於年輕焦慮的陰鬱省思，並且暗示了即將來臨的巨大文化變動。

　　在一九五〇年代末期與一九六〇年代初期，愈來愈多的學者與公共知識分子也擔憂美國日益成長的「我群感」(we-ness)，並且譴

責從眾的趨勢。黎士曼（David Riesman）在一九五〇年出版《寂寞的群眾》（*The Lonely Crowd*）這部出人意料的暢銷著作，以負面觀點把美國人在二十世紀中葉的「他人導向」對比於十九世紀的「內在導向」。[47]「內在導向」性格強調個人動力、主動性與競爭，而「他人導向」性格則是聽取朋友、上司與同儕的意見，尋求「與別人和睦相處」。他人導向者的強項不是個人動力與創新，而是展現自己的親和個性以及致力於融入群體。在數以百萬計的年輕美國人眼中，黎士曼的這項兩極對比充滿了道德含義：我們應該避免他人導向，而追求內在導向。在《寂寞的群眾》裡，黎士曼採取了中立觀察者而不是道德說教者的立場，但在他出版於一九五四年的《重新思考個人主義》（*Individualism Reconsidered*）當中，他敦促美國人找出「在自我不受社會主流倫理認可的情況下，仍然敢於做自己的勇氣」。[48] 他的年輕讀者聆聽得極為熱切。

　　威廉・懷特（William H. Whyte）一九五六年出版的社會評論著作《組織人》（*The Organization Man*），以及斯隆・威爾森（Sloan Wilson）一九五七年出版的小說《一襲灰衣萬縷情》（*The Man in the Gray Flannel Suit*），都是和《寂寞的群眾》同類型的經典作品。《組織人》批評「歸屬」、「同在相伴」、「合群」、從眾、無階級性，以及「社會倫理」。懷特把社會倫理定義為一種「當代思想，為社會對個人施加的壓力賦予道德正當性」。在懷特眼中，社會倫理的缺陷不在於其中主張個人對社會懷有義務，而是在於眾人因此認定「社會的需求與個人的需求完全相同」，從而只要有人表達不滿，就會被視為心理失調。[49]

　　這些大部頭著作竟然出乎意料地成為暢銷書，見證了類似的擔憂正蔓延於數以百萬計的美國讀者之間。他們的不滿顯示美國社會即將捨棄在一九五〇年代末期迅速擴散開來並且在一九六〇年代中期達到巔峰的從眾文化以及社群文化。隨著美國社會在一九六〇年代晚期從「集體」轉向「自我」，對於過度集體性的埋怨聲音因此消退，並且在一九七〇年代晚期消失。隨著他們指出的問題在一個比較個人化的美國當中逐漸消失，那些埋怨也就顯得不再有其必要性，甚至也不再新穎。據說水利工程師認為「水壩潰堤之前會先漏水」，[50] 而這項文化指標實際上也是早期警訊，顯示鐘擺已經擺盪得太過接近社群主義的極端了。

　　從眾是社群的黑暗面，因為社群主義幾乎在定義上就包含順從常規的社會壓力。不過，社群主義者的「集體」如果界定得太狹隘，那麼順從社會常規就會對異議者與偏差者造成懲罰的效果，不論是政治方面、性方面還是種族方面的異議者與偏差者。這種情形在二十世紀中葉的美國和在十七世紀迫害女巫的塞林（Salem）並無不同，所以亞瑟・米勒（Arthur Miller）在他一九五三年的劇本《煉獄》（The Crucible）當中凸顯這種平行對比並非偶然。

　　在二十世紀上半葉期間，社群的這種潛在弊病幾乎完全沒有受到討論。不過，隨著「自我—集體—自我」的鐘擺在一九五〇年代不斷上揚，美國人也突然察覺到社群的這個黑暗面。認知到我們擁有的好東西也有可能多得過頭，這種覺醒就反映在探討「從眾」的書籍突然增加的現象當中（見圖 5.7）。隨著一九六〇年代從「集體」轉向「自我」（關於這個轉捩點，我們將會在第八章進一步討論），

圖 5.6：從眾

「沒錯，我跟著羊群一起走，但我這麼做不是無腦順從，
而是因為我對社群概念懷有深刻而恆久的尊重。」

資料來源：Alex Gregory, *The New Yorker*, June 30, 2003.

圖 5.7：「從眾」的文化重要性，1880-2008

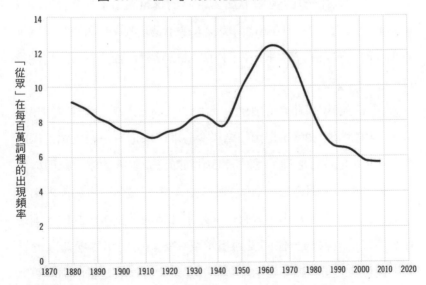

資料來源：Ngram. Data LOESS smoothed: .10.

對於從眾的擔憂也就隨即消退，速度幾乎和當初興起的時候一樣快。至於此一文化變遷本身究竟是一九六○年代轉向的肇因，或純粹只是那個轉向的反映，則是一個相當困難的問題，我們將在第八章再回頭探討。

　　為什麼要強調這些浮現於一九五○年代的個人主義異議呢？部分原因是如同我們先前主張的，這些異議似乎預示了即將來臨的文化變遷。不過，對於我們的論點同樣重要的是，這些異議是隱性證據，證明戰後的美國確實主要偏向「他人導向」以及社群主義。如果不是因為從眾確實普遍可見，怎麼會有那麼多對於從眾的埋怨？不過，我們對於從眾的探討截至目前為止都是奠基於文學證據。我們知道美國人在一九五○年代針對從眾的議題從事了許多書寫（以及閱讀），但是一九五○年代的美國人是不是真的比今天更加從眾、更加「他人導向」？所幸，我們對於這一點擁有強而有力的實驗證據。

　　一九五○年，社會心理學家艾許（Solomon Asch）針對視知覺從事了一項簡單的實驗，得出的結果令心理學家還有一般大眾都深感震驚。[51] 在這項實驗裡，受試者必須判斷三條線裡的哪一條與標準線的長度相同。關鍵是，這個判斷是在其他實驗參與者面前做出。在那些實驗參與者當中，只有一人是不知情的受試者，其他人則是實驗者安排的演員，他們受到指示要在實驗中提出明顯錯誤的答案。實驗後的訪談雖然顯示不知情的受試者可以清楚看出那些答案是錯的，卻還是有三分之一左右的受試者選擇跟著多數人走。換句話說，人會為了順從群體共識而不惜忽略自己眼前明白可見的證

據。對於許多觀察者而言，這樣的結果威脅了美國在他們心目中的形象，也就是一個崇尚個人主義與自主的國度。這項實驗隨即蔚為經典，在一九五〇年代與一九六〇年代初期多次受到重複施行。所有結果全都證實了美國人在社會壓力面前極為願意壓抑自己的判斷力。

然而，隨著這些重複實驗在一九七〇與一九八〇年代持續受到施行，艾許效應卻逐漸降低，甚至消失無蹤。後來，研究人員連最低程度的從眾現象都看不出來，於是指稱「艾許的實驗結果是一九五〇年代的產物，那個年代的人口普遍懷有黎士曼所謂的『他人導向』心態」。[52] 艾許後來也表示同意，認為二十世紀中葉存在於美國文化與社會當中的從眾壓力可能促成了他所獲得的實驗結果，而後來的重複實驗之所以未能得出相同的結果並不是實驗失敗，而是實質社會變遷的證據：「歷史情境很可能改變了這種大概可以算是落居谷底的狀況。」[53]

換句話說，一九五〇至六〇年代期間在美國達到巔峰的社群與從眾文化，並不是社會批評者的想像，而是體現在一般美國大眾的實際行為當中。「艾許社會壓力效應」的歷史是罕見的案例，其中實驗結果的改變不是反映科學上的能力欠缺，而是證明了社會與文化的廣泛改變。

總而言之，一九五〇年代的改革人士所感到的擔憂確實有其道理，從眾的確可能限縮個人主義，種族和性別不平等看起來也的確可能會長久存續下去（我們將在第六與第七章探討這一點）。那些一觸即發的擔憂受到一九六〇年代的火花引燃之後，即促成二十世

紀頭六十幾年間的根本趨勢從此翻轉，把我們帶上一條不同的道路。這條新道路確實帶來了更多的文化自由與多元性，但付出的代價是削弱了先前的社群主義價值觀，而且在一個世紀進入尾聲並且過渡到下一個世紀的過程中，這項代價大體上都沒有受到注意。

個人主義在一九六○年代以來的興起

從沙林傑與詹姆斯‧狄恩乃至黎士曼與威廉‧懷特在一九五○年代期間提出的尖銳批評，都是以社會心理學的方式表達。他們沒有以政治意識形態的用語框架他們的不滿：黎士曼那部著作的副標題是「研究改變中的美國性格」，狄恩的「叛逆」也沒有「原因」。（譯注二）這些文化批評者擔憂的是美國社會當中的束縛以及大眾心理遭到的壓抑，而不是美國市場遭到的束縛或者美國政治當中的壓迫。然而，幾乎就在同一個時間，兩項看似各自獨立的發展卻把一九五○年代期間對美國的批評延伸進入政治意識形態的領域裡。引人注意的是，這種情形同時發生在右派與左派當中，造成了新右派與新左派的崛起。

右派提出的質疑始於艾茵‧蘭德（Ayn Rand）與海耶克（Friedrich Hayek），後來也包括了傅利曼這類的正統經濟學家。這些在當時開始被人稱為「自由至上主義者」的人士，相當受到年輕保守派的喜愛，原因是他們的想法在那個乏味而且令人厭倦的「大政府」時代顯得新穎而誘人。海耶克（《通往奴役之路》〔 *Road to Serfdom,* 1944 〕）與蘭德（《源泉》〔 *The Fountainhead,* 1943 〕；《阿特拉斯聳聳肩》〔 *Atlas*

Shrugged, 1957〕）反對在共產主義與納粹主義之下走入歧途的「集體主義」。海耶克雖是比較出色的思想家，蘭德卻是比較出色的小說家。《阿特拉斯聳聳肩》據稱是二十世紀最廣獲閱讀的書籍，僅次於聖經。[54]

蘭德善於寫出值得引用而且富有爭議性的格言：「從來沒有人針對人為什麼應該守護同胞提出理由」，以及「利他主義不相容於自由、資本主義以及個人權利」。[55] 一九八七年的電影《華爾街》當中的著名臺詞「貪婪是好的」，純粹就是呼應蘭德的主張。蘭德的自由至上主義極為平易近人，被後續世代的保守派政治領袖奉如聖經，包括柴契爾夫人與雷根乃至葛林斯潘與前眾議院議長保羅・萊恩（Paul Ryan）都是如此。

《阿特拉斯聳聳肩》是「製造者」相對於「拿取者」這項右翼概念的源頭（蘭德稱之為「生產者」與「掠奪者」），而且這項概念一路延續到了二十一世紀。根據這項概念，社會由兩種階級的人口組成：製造物品的人，與拿取物品的人。拿取者拿走製造者的東西，通常是藉由政府的力量這麼做。製造者就像希臘神話裡的阿特拉斯，承擔了整個社會的重量。要達到自由與繁榮，唯一需要的就是讓阿特拉斯「聳肩」不再理會那些不負責任的拿取者。在二〇一二年的競選活動中，米特・羅姆尼聲稱美國有 47% 的人口都屬於「拿取者階級」，對聯邦政府的付出少之又少，卻「認為自己有權獲得醫療、食物、住宅，什麼都要」；他這項惡名昭彰的說法即是直接傳承自半個世紀之前的《阿特拉斯聳聳肩》。[56]

蘭德的影響力在矽谷尤其明顯。她在一九六四年接受《花花公

子》雜誌的訪談當中，這麼描述自己的總體思想：「人的存在是為了自己，追求自己的幸福即是個人最高的道德目的，而且人絕不能為了別人而犧牲自己，也不能為了自己而犧牲別人。」[57] 她這樣的觀點，對於矽谷那些白手起家的創業家帶有明顯可見的吸引力。二〇一六年，《浮華世界》把她選為科技產業最具影響力的人物，勝過賈伯斯。[58]

受到蘭德的極端自由至上主義所啟發，新右派強調個人主義、不受節制的資本主義，也強調不平等帶來的好處高過於平等主義與集體主義。從這個角度來看，我們在圖 5.1 注意到「適者生存」一詞在二十一世紀出現復興的現象，也就不令人意外，因為這個詞語即是第一個鍍金時代的自由至上主義者首選的口號。

於是，個人「選擇」逐漸成為所有保守主義者的標竿。如同保羅・萊恩所言：「我們在國會山莊從事的每一項奮鬥……通常都可以歸結為一種衝突：也就是個人主義對抗集體主義。」[59] 無可否認，奠基於自由至上主義的自由市場基要主義不是一九六〇年代之後的保守主義者唯一採行的路線；有些人也試探法律和秩序、種族主義與福音派基督教等主題。在當今這個川普的世界裡，何謂保守主義已變得頗為混亂，但在一九六〇到二〇一六年這半個世紀當中，保守主義大幅遠離了一九五〇年代共和黨人標舉的團結與同情心（那個時代的共和黨人後來被貶抑為「僅是名義上的共和黨人」），而轉向自由至上個人主義。

這項文化變遷造成的影響遠遠超出於政治之外。舉例而言，在「集體」時代，企業管理的主流思想（具體代表即是喬治・羅姆尼）

認為企業決策應該把業主以外的許多相關人士納入考量，包括員
工、顧客、供應商，甚至是企業在其中運作的社群，也就是後來所
謂的「利害關係人」。不過，一九七〇年代較新的自由至上主義思
想主張把企業管理的焦點大幅縮小至單一一個群體，也就是公司的
股東，並且把管理者本身的收入跟股價緊密連結起來。「股東價值」
（亦即股價）成為經營成功與否的單一標準；這個字眼首度出現於
一九七六年（根據 Ngram 的資料），然後使用頻率在一九八〇年之
後出現大爆發。一九八一至二〇〇一年間的奇異公司執行長威爾許
（Jack Welch），把這項概念從理論轉變為主流商業文化，而在一九九
九年獲得《財星》雜誌選為「世紀經理人」。

　　另一方面，在同樣的這些年間，一項同等但反向的演變，則是
以更慢的速度發生於左翼，由新左派取代了舊左派，並且同樣熱切
於以個人的解放取代制度性的團結。新右派希望為資本主義企業家
解除枷鎖，新左派則是希望讓人擺脫具有壓迫性的社群紐帶。福山
（Francis Fukuyama）在《跨越斷層》（The Great Disruption, 1999）當中強
調指出，左派與右派都把讓人擺脫束縛視為他們的核心目標。對左
派而言，是生活型態上的束縛；對右派而言，則是金錢上的束縛。[60]

　　一九五〇年代末期與一九六〇年代初期的左派思想家和運動人
士反對高度組織化的菁英，藉此追求參與式民主的理想。米爾斯
（C. Wright Mills）撰寫《權力菁英》（The Power Elite, 1956）的目標，就
是要鼓動「新左派」的反抗。他的理念受到比較抽象的思想家所呼
應，例如馬庫色（Herbert Marcuse）的《單向度的人》（One-Dimensional
Man, 1964）就主張「技術理性」的政治勝利為美國社會帶來了「一

種舒適、平順、合理又民主的不自由」，因為管理技巧達成了「不匱乏的自由」，但付出的代價卻是犧牲了「思考獨立、自主性，以及政治反對的權利」。[61]

新右派從一開始就抨擊團結而支持極端個人主義，但新左派初期卻是在思想與策略兩方面都秉持社群主義。一九六二年的「學生追求民主社會之休倫港宣言」（Port Huron Statement of the Students for a Democratic Society），由海登（Tom Hayden）起草，並且在一九六〇年代期間廣泛於各校園宣讀。這份宣言把參與式民主、種族平等、經濟正義以及和平列為左派的準則。從歷史觀點來看，休倫港宣言是左派的轉折點，是社群主義的高點，其中譴責「自我中心的個人主義」，並且把自我表達頌揚為對抗從眾主義。[62]

在一九六〇年代下半，新左派反文化裡比較個人化的派別聲勢變得更加浩大。「新左派」這個字眼本身在一九六三至一九六八年間開始大幅出現在一般用語當中（根據 Ngram 的資料）。新左派的異質性比新右派來得高，也有比較多不同的派別，但整體而言新左派的成員都對國家感到幻滅，並且強調解構壓迫性的制度以及維護自主性。如同我們在第八章將會談到的，在純政治領域之外，「只要喜歡，就儘管去做」這句放蕩不羈的嬉皮口號在六〇年代期間成了左派的標語。

捨棄舊左派而趨向較為個人化的新左派這項轉變，充分呈現於一九六六年一場為了反戰罷課活動而在柏克萊舉行的群眾會議當中。這場會議是左派未來的縮影：一方是深受工會與民權運動影響的原始左派，另一方是日益成長的嬉皮與新左派次文化。季特林

（Todd Gitlin）的自傳性陳述揭露了這次合併當中勝出的是哪一方。

> 一九六六年十二月，柏克萊反戰抗議人士試圖把一個海軍招募
> 櫃檯趕出學生會。警方出面干預。事後，在一場討論罷課活動
> 的群眾會議上，有人開始唱起以前的那首工會歌曲：〈永遠團
> 結〉。歌聲零零落落，沒有幾個人知道歌詞。接著，有人唱出
> 〈黃色潛水艇〉，結果所有人隨即熱烈跟進，一次又一次唱著副
> 歌。只要稍加努力，披頭四的這首歌即可促成嬉皮和社運人
> 士、學生與非學生的相互交融，他們終於因此覺得能夠表達自
> 己熱愛的那個團結一心的社群。（當時他們的集體心智並沒有
> 意識到，〈黃色潛水艇〉也可以被那些心滿意足地活在自己的
> 小小烏托邦裡的少數人士當成他們沾沾自喜的頌歌。）[63]

對於一九六〇年代的解讀，大部分都是架構在左派與右派的鬥
爭之上，而左派起初的勝利（包括大社會以及民權革命）引發了保
守派的反彈，因此促成右派掌權，結果右派從此以後便大體上把持
了美國政治。我們在第三章肯認過這項敘事，但也主張比較長久而
且普遍的改變是從社群主義轉向個人主義，而這個層次在概念與經
驗上都獨立於左派右派的光譜之外。一九六〇年代的變化比較不是
從左轉向右（或是從右轉向左），而是從集體轉向自我。這樣的變
化在左右兩個極端都明顯可見，包括新右派取代了舊右派，新左派
也取代了舊左派。新右派與新左派都顯得新鮮又吸引人，而社群理
想則顯得陳舊又充滿束縛。

　　整體而言，新右派獲得的長期成功勝過新左派。二〇一八年的共和黨與一九五〇年代的新右派所具有的相似度，遠超過民主黨與一九六〇年代的新左派之間的相似度。新左派的遺緒只有在一個領域存續下來並且擴展至二十一世紀，就是「身分認同」（identity）的概念。

　　這項文化創新也不是始於政治，而是始於社會心理學。「認同危機」一詞在一九五八年由心理學家艾瑞克森（Erik Erikson）引進美國的詞彙當中，用於描述人類發展當中的一個普遍階段。[64] 在當時有數以百萬計的年輕人渴求獨立並且致力於打造個人認同的美國，這個新詞引起了廣泛的共鳴。「認同危機」一詞在接下來的二十年裡迅速傳遍美國，然後就開始逐漸退燒。不過，「認同」這個概念本身在那時已擴散到發展心理學之外，在一九七〇與八〇年代擴展至性別與種族認同，在一九九〇年代則擴展至認同政治。[65]

　　不受種族、性別或政治所修飾的「認同」本身，在二十世紀中葉之後迅速成為美國文化的重要主題，這點明白顯示於可靠的 Ngram 工具當中。「認同」一詞在美國文獻裡的出現頻率在二十世紀下半葉增加了五倍以上，如圖 5.8 所示。當然，認同也可以是集體的，例如「我們民主黨人」、「我們白人」、「我們女人」。不過，在這段時期的大部分時間，「認同」不但用於指涉集體認同，也用於指涉個人認同。在圖 5.8 當中，所有對於「認同」的指涉只有不到 3% 是關於「認同政治」、「性別認同」、「種族認同」、「黑人認同」、「白人認同」、「階級認同」，以及其他各種人口分類的認同。簡言之，認同在二十世紀下半葉的美國文化所具有的重要性迅速提

圖 5.8：「認同」的文化重要性，1880-2008

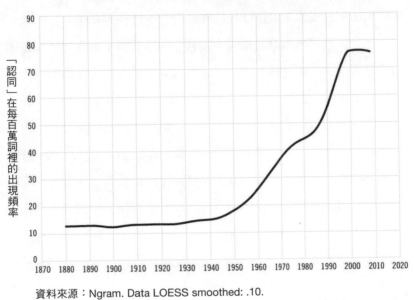

資料來源：Ngram. Data LOESS smoothed: .10.

高，是始於青年的心理狀態，跟種族、性別、階級與政治距離遙遠。認同雖然終究也反映在這些領域裡，但其核心卻是代表對於「自我」的強調。

　　個人與社群這兩種相互競爭的主張，在一九六〇年代中期於美國人心目中的重要性所出現的變化，還有最後一個跡象，就是權利與責任之間的平衡。強調個人權利的觀點，當然在美國政治文化裡具有深遠的根源，而且比美國的建立時間還要早。當初各州就把全國承諾落實「權利清單」當成批准憲法的前提。不過，就歷史上而言，美國人對於權利雖然懷有強烈的規範性承諾，卻也同時對於公民責任懷有高度的重視。「公民身分帶來許多福利以及同樣重要的

責任，」所有的新進公民都會被告知：「〔在這本小冊子裡，〕你將會看到所有公民都應該履行並且重視的若干權利與責任。」[66]

　　因此，我們可以藉著檢視「權利」與「責任」的文化平衡在美國文獻裡的變化（見圖 5.9），來衡量個人主義與社群主義的平衡所出現的變化。[67] 整體而言，「權利」一詞在美國英語當中比「責任」更為常見，但此一差異在不同時間的起伏非常大。從鍍金時代到一九六〇年左右，美國作家愈來愈強調「責任」（相較於「權利」），當然不只是公民責任，還包括了家庭責任、宗教責任等等。如同圖 5.9 所示，在那段時期的美國出版品當中，「責任」相對於「權利」的比率從一九〇〇年的一至四之間（當時「責任」是相對比較罕見的詞語）上升到一九六〇年的四至五之間（當時「責任」的常見程度差不多與「權利」相當）。相較之下，在一九六〇到二〇〇八年間，「責任」的出現頻率降低，「權利」則是提高，於是此一比率又回跌到一至三之間。

　　從一九六〇年代開始，「權利話語（rights talk）」（這個恰如其分的稱呼由哲學家瑪麗‧葛蘭登〔Mary Ann Glendon〕所提出[68]）變得更加醒目。社群主義憲法學者雖以規範性的理由對於「權利革命」提出批評，但我們此處的重點不在於這項變化的好壞，而是在於其出現的時間點。對於個人權利的強調（包括公民權、女權、同志權、消費者權利、兒童權利等等）在過去半個世紀以來不斷擴大，而且絲毫沒有消退的跡象。「權利」在一開始雖然被框架為一種進步價值，卻在不久之後就成為政治光譜上各種立場都接受的規範性架構：諸如「未出生者的權利」、「槍枝權利」，甚至是「白人權

圖 5.9：「責任」與「權利」的相對文化重要性，1880-2008

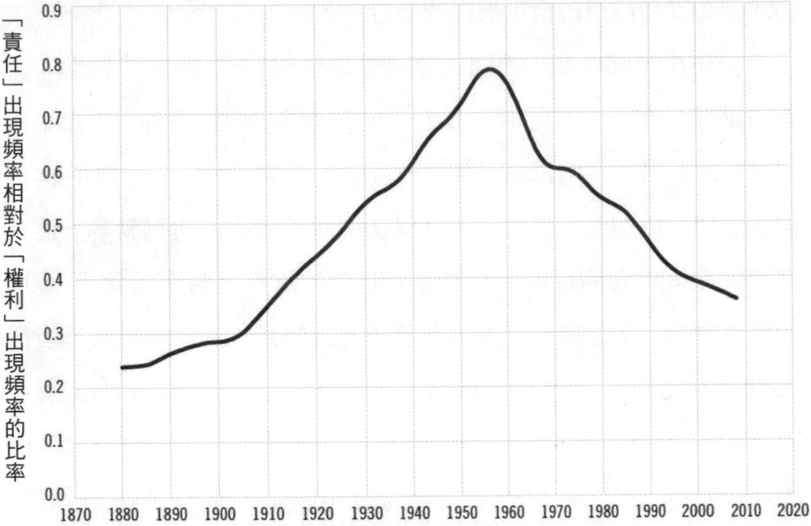

資料來源：Ngram. Data LOESS smoothed: .10.

利」。[69] 針對美國文化的鐘擺在一九〇〇年到一九六〇年代之間從個人主義擺向社群主義，接著又在一九六〇年代至今再度擺回個人主義的變化，圖 5.9 提供了特別清楚明白的證據。

　　美國在一九六〇年代之後的文化變遷，鮮明呈現於我們在本章截至目前為止所提出的一連串 Ngram 圖表當中。幾乎在每一個案例裡，強調個人主義的觀念與主題所具有的重要性都迅速升高，取代了強調團結、意見一致、結社、合作、妥協，以及從眾（可別忘了這一點）的觀念與主題。然而，過去半個世紀以來有些最重要的變遷證據涉及世代的變化，因為在一九六〇年代期間以及之後成年的世代，都比較可能在社會化的過程中偏好個人自主。重要的是，

針對這段時期的父母如何養育子女所進行的研究，顯示教養價值觀由注重順從轉向重視自主與自我表達。[70]

　　軼事證據高度顯示美國人確實變得比較自我中心。「自助」書籍的銷售量在一九六〇與一九七〇年代期間大幅激增。[71]「自拍」已成為我們最主要的拍照行為，而我們現在雖然說「分享自拍照」，但「分享」這個動詞的意義也出現了細微的變化。這個動詞一度用於指稱他人導向的行為，若是套用老舊的辭典定義來說就是：「把一件事物的一部分給予別人。」不過，這個動詞的意義近來卻變得比較「內在導向」，亦即（根據韋氏〔Merriam-Webster〕線上辭典的定義）「向別人談論自己的想法、感受或經驗」。[72] 對許多年輕的美國人而言，在網路上呈現「策劃過的自我」已成為必要。早在一九七九年，像是拉許（Christopher Lasch）這樣的社會觀察者，就主張美國人變得愈來愈自戀。[73]

　　社會心理學家珍・圖溫吉（Jean Twenge）針對這項趨勢蒐集了最大量的量化證據，寫成《自戀時代》（ *The Narcissism Epidemic,* 2009；與基斯・坎貝爾〔W. Keith Campbell〕合著）以及《Me 世代》（ *Generation Me,* 2014）這兩部著作。在她最早的一項研究裡，她提及一個令人震驚的事實，也就是在一九五〇年，有 12% 的學生對於「我是非常重要的人」這句陳述表示同意，但這個數字到了一九九〇年上升至 80% ！[74] 圖溫吉的興趣不在於一項臨床定義人格特質的出現次數，而是在於廣泛的社會與文化改變：「一九六〇年代爭取公眾利益的奮鬥」轉變成「一九八〇年代的只為自己著想」。[75] 起初，圖溫吉的開創性著作遭到方法論方面的批評，但隨著她逐漸改進證據

的涵蓋範圍，科學界的評價也有所修正，現在整體上已相當正面。
她最新的著作無疑顯示美國年輕人的自我中心長期以來往上攀升。
「自戀流行病不是單一事件引發的結果，而是美國人的核心文化觀
念逐漸變得愈來愈聚焦於孤芳自賞與自我表達。另一方面，美國人
則是對集體行動或政府的力量喪失了信心。」[76] 她和其他人對於自
我聚焦從一九六〇年代以來的穩定上升提供了大量的證據，合乎我
們對文化變遷的描述，但幾乎沒有人把這項分析擴大到整個二十世
紀，主要是因為一九六〇年代以前缺乏系統性的調查資料。

　　早期調查資料的欠缺，迫使我們在本章幾乎必須完全仰賴敘事
與 Ngram 來追蹤美國社會在個人主義與社群主義之間的擺盪。不
過，有一項堅實可靠而且長達一個世紀的行為衡量標準，卻是來自
於幾乎所有人在一生中都會面臨到的一個非常簡單的選擇：我們為
自己的新生兒取的名字。

　　父母為子女取名的選擇如果只集中在少數幾種名字當中，隱含
的意義是適當的嬰兒名字受到比較嚴格的社會約束；取名選擇如果
遍及各式各樣不同的名字，則反映了父母想要凸顯個人特色的渴
望。個人主義取向的人會為子女取罕見的名字，反映他們想要與眾
不同的渴望；為子女取常見的名字則反映了想要融入群體的渴望。
在先進國家，人口的名字如果比較有特色，那麼這個國家在霍夫斯
塔德（Hofstede）文化個人主義指數當中的排名就會比較高，代表「偏
好鬆散的社會架構，個人在這個社會中受到的預期是只會照顧自己
和近親」。[77] 我們以嬰兒名字衡量個人主義的方法乃是借自社會心
理學家，包括圖溫吉在內。目前已經發現這項衡量結果和其他能夠

衡量個人主義的數據具有高度相關，那些於不同情境下彙整的數據乃是來自經濟學家、社會學家，還有心理學家。[78]

　　以這種方式衡量個人主義的好處，在於其基礎是美國一個個世代的所有父母做出的實際選擇，而不是某種神祕不可知的過程對於美國作者的文字挑選所造成的影響。引人注意的是，文化變遷的這項客觀指標竟與 Ngram 文字統計所反映的變化高度同步。

　　自從一八七九年開始，每一年的嬰兒名字資料都可從美國社會安全局輕易查詢到。[79]關於父母的選擇在多大程度上集中於有限數目的名字，最敏銳也最有效的衡量方式是吉尼係數（Gini index），這是一種衡量統計數據離散程度的工具。[80]如同洛杉磯加州大學的羅斯曼（Gabriel Rossman）所寫的：「吉尼係數基本上是高百分位對低百分位比率的較佳版本。如果有兩個人擁有完全相同的財富（或者兩個名字分別為同樣多的嬰兒取名），那麼你就會得到非常低的吉尼係數。」[81]這項係數如果很高（如同這幅圖呈現的），那麼大多數兒童就是都取了傳統的名字，例如約翰、大衛、蘇珊與瑪麗。這項指數如果很低，就表示有許多兒童被父母取了不尋常的名字，例如賽拉斯、傑登、哈珀以及莫德。（就算控制了外來移民與「外國」名字，嬰兒取名的基本趨勢還是不變。[82]）圖 5.10 顯示這個衡量傳統名字與獨特名字的不尋常方式，幾乎完全符合過去一百二十五年的那條「自我—集體—自我」曲線，甚至也包括一九二〇年代的「短暫停滯」在內。這幅圖也顯示自從一九二〇年代以來，男孩所取的名字都比女孩來得傳統，而且這種性別差異也在數十年來逐漸擴大。儘管如此，鐘擺從獨特名字擺向傳統名字再擺回獨特名

圖 5.10：嬰兒名字的傳統相對於獨特程度，1890-2017

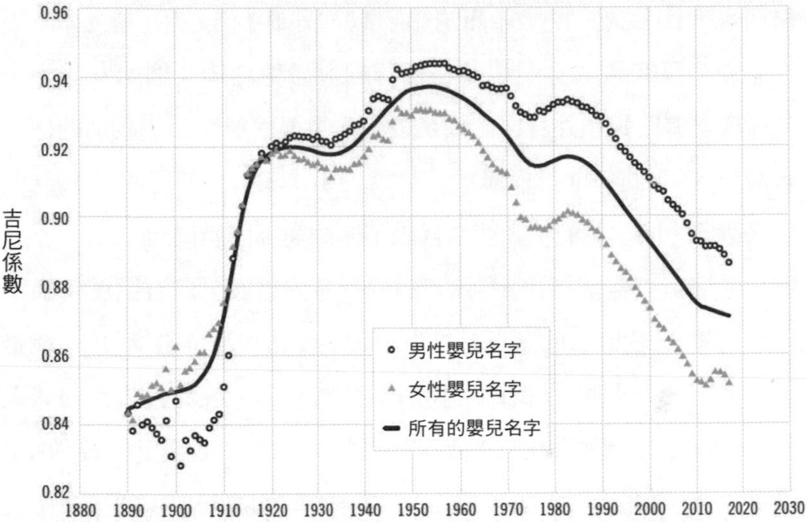

資料來源：Social Security Administration. "All baby names" data LOESS smoothed: .10.

字的變化，還是與透過文獻來衡量文化得到的模式完全相同。

代名詞的使用

　　社會心理學家彭尼貝克（James Pennebaker）在《代名詞的祕密人生》（*The Secret Life of Pronouns,* 2011）這部引人入勝的著作裡說明指出，我們對於第一人稱多數與第一人稱單數代名詞的使用方式深富揭露性。舉例而言，「我們」比較常出現在堅實的婚姻與關係密切的團隊裡。同樣的，地位高而且充滿自信的人，若是把焦點放在面前的工作而不是自己身上，也比較少會使用「我」。經常使用「我」

這個詞語和憂鬱還有自殺相關；實際上，研究人員指出，就辨識憂鬱而言，代名詞其實比負面情緒字眼（例如「傷心」）更可靠。另一方面，研究人員也發現，在社群創傷發生之後（例如九一一事件、黛安娜王妃意外身亡，或是校園大規模槍擊案），「我」的使用會減少，「我們」則是會增加。經常使用「我」似乎是個人孤立的一種徵象，而「我們」則通常代表了團結與集體認同。[83]

彭尼貝克告誡指出，「我們」帶有多重意義，他自己就辨識了至少五種。「我們」的意思可以是「我朋友和我，**不包括你**」，或是君王使用的「我們」（例如「我們不以為然」），或者代表「地球上的每一個人」（例如「我們正面臨全球性的災難」，或甚至代表「你」（例如「我們今天覺得怎麼樣？」）。(譯注三) 當然，「我們」最傳統的用法是代表「你和我」。相較之下，「我」則是沒有多重的使用方法，所以是更加清楚明白的指標，可以讓人看出心理與文化的焦點何在。[84] 不過，比較「我」和「我們」的長期使用狀況，卻能夠為個人與社群重要性提供一項清晰得出人意料的指標。

近年來，學者紛紛採用 Ngram 探究「我」與「我們」在不同時間與空間當中的出現頻率，藉此衡量個人主義的程度。派翠西亞・格林菲爾德（Patricia Greenfield）[85] 還有圖溫吉與她的同事 [86] 分別找出了證據，證明在過去兩個世紀有一項長期變化，也就是眾人使用的語言表達了愈來愈多的「個人主義與物質主義價值觀」。另一方面，她們雙方都只聚焦於「我」而忽略了「我們」，研究範圍也都沒有涵蓋本書所探究的這段完整時期。她們雙方關注的都是單方向的趨勢（例如現代化），不是起伏狀況，而且圖溫吉的研究範

圍只限於一九六〇年以後。

　　實際上，在一九〇〇到一九六五年間，「我」在美國出版品當中出現的頻率愈來愈低，但在一九六五年以後（如同格林菲爾德與圖溫吉雙雙指出的），這項趨勢卻開始逆轉，在一股自我中心的大爆發當中，「我」一詞變得愈來愈常見。在一九六五至二〇〇八年間，「我」在所有美國書籍當中的出現頻率實際上增加為原本的兩倍。「我們」整體上比較沒有那麼常見，而且隨著時間的變化也沒有那麼明顯，但圖 5.11 結合了這兩個代名詞，顯示一八七五至二〇〇八年間各種美國文獻當中的「我們」相對於「我」的出現比率。

圖 5.11：美國書籍當中從「自我」到「集體」再到「自我」的發展，1875-2008

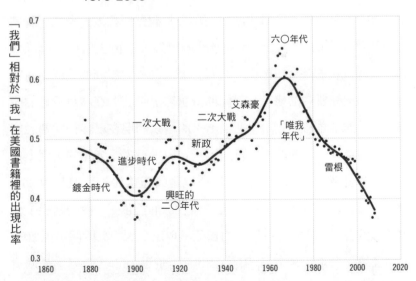

資料來源：Ngram. Data LOESS smoothed: .20.

　　檢視這整段時期，可讓我們看出個人主義在一八七五至一九〇〇年那段鍍金時代加速發展，取代了林肯時代的社群主義。接著，社群主義在進步時代重新獲得振興，「我們」在一九〇〇至一九一六年間急遽增加，緊接在後的是一九二〇年代那段熟悉的暫停時期，然後「我們」又在經濟大蕭條與第二次世界大戰期間恢復增加趨勢。「我們」在一九五〇年代與一九六〇年代初期出現大幅增加，接著在一九六七年出現急遽轉折，隨之而來的即是沃爾夫（Tom Wolfe）所謂的「唯我年代」（Me Decade）。[87] 最後，我們可以看到過去半個世紀不斷滑向個人主義的漫長發展。這幅圖跟思想史與文化史學家的二十世紀敘事密切吻合。這些完全獨立的證據所出現的趨同現象，使我們對於本書描述的那條「自我—集體—自我」曲線深感自信。[88]

　　如同我們針對至今為止的每一項分析觀點所採取的做法，我們也可以將本章的主要實證發現總結於單獨一幅圖表當中。圖 5.12 顯示美國文化的綜合指數在一八八〇至二〇一七年間的社群主義與個人主義光譜當中的變化。這條曲線實際上是我們在本章看過的所有主要曲線的加權平均，[89] 呈現出來的是我們現在已經相當熟悉的模式。我們進一步的統計分析顯示，在這一百二十五年間，這十項文化指標雖然每年都可以見到各種混亂的起伏震盪，但其中 70% 都可以單純歸因於「自我—集體—自我」的擺盪。[90] 換句話說，社群主義的各種指標在這些年間的起伏呈現出令人訝異的同步現象。

　　不過，我們不能忽略的是，如同先前提過的，「我們」是個意義多變的代名詞。這項可能性在圖 5.11 與 5.12 當中極為鮮明可見。

圖 5.12：文化：社群相對於個人主義，1890-2017

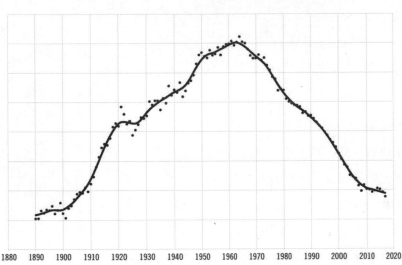

資料來源：見注釋1.4。Data LOESS smoothed: .10.

美國人在一九五〇與一九六〇年代期間使用的「我們」真的是指涉全國人民的「我們」，還是只是一個屬於富裕白人男性的「我們」，而排除了黑人、許多的女性，以及貧窮人口？本書接下來的兩章，就要探討這個廣泛而根本的問題。

_____

譯注一：「飛來波女郎」（flapper）意指一九二〇年代的新女性，以短裙短髮的造型為特徵，刻意展現對於社會舊價值觀的不屑一顧。

譯注二：《養子不教誰之過》的原文片名是「Rebel Without a Cause」，字面意思是「沒有原因的叛逆」。

譯注三：在英語當中，君王為表示自己代表整個國家，因此以「我們」自稱；另外，醫生為了表達對病患的同理，看診時經常會以「我們覺得如何」這樣的說法詢問病患。

6 | 種族與美國的「集體」

在先前各章，我們概述了美國如何在各種面向朝著經濟平等、政治禮讓、社會凝聚以及文化社群主義邁進，在二十世紀的頭六十幾年間造成明顯的正向發展，但此一趨勢卻在二十世紀的最後三十幾年間倏然反轉。我們截至目前為止檢視過的那些交互關聯的現象，都可以概括為一項單一的統計趨勢，也就是我們所謂的「自我─集體─自我」曲線。

不過，主張美國在超過六十年的時間裡不斷朝向更平等而且更具凝聚力與包容性的「集體」（we）邁進，就一定得考慮「集體」這項概念本身備受爭議的本質。這項概念的到底可以涵蓋多廣？在那段正向發展期間，我們究竟是朝著什麼樣的美國社群邁進？我們國家的「團結」，是不是犧牲了那些傳統上遭到排除的群體？那段正向發展如何反映在有色人種[1]與女性的經驗當中？還是根本沒有反映在他們的經驗裡？

膚色界線

　　一九〇三年，杜博依斯這位美國最具影響力的學者暨社運人士寫道：「二十世紀最大的問題就是膚色界線。」[2]就在美國即將展開長達六十年的正向發展，邁向更具包容性的「集體」之際，杜博依斯呼籲眾人關注美國的社群主義理想所面臨的一項最大挑戰，同時也是此一理想最長久的例外。

　　在緊接於南北戰爭與廢止奴隸制度之後的重建時期，許多非裔美國人在平等方面獲得大步進展。他們終於能夠努力追求擁有自己的土地、滿足長久以來對於識字與學習的渴望、組成社區協會、協助修改南方各州的章程、行使投票權，以及競選公職：他們也都熱切從事了這些行為。實際上，在重建時期當中，約有兩千名黑人擔任政府公職，包括警長與市長乃至參議員與眾議員。[3]

　　不過，到了十九世紀末，認為重建時期將會帶來種族平等的盼望已成為一段苦澀的回憶。在南方救贖（Southern Redemption）的旗幟下，暴力迫害非裔美國人的現象在南方大為肆虐，每當有黑人挺身主張自己的新權利，迫害情形就隨即強化。單是在一八六八至一八七一年間，就有四百名左右的黑人遭到私刑處死。[4]透過暴力來恢復白人支配地位的策略，在一八七〇、八〇與九〇年代受到更具創意的措施進一步加強，例如訂定約束性的黑人法令，以及透過人頭稅、識字測驗與選舉操控等方法剝奪非裔美國人的投票權。[5]儘管如此，北方共和黨人還是無法號召足夠的白人支持以促成重建時代的存續。[6]南方對於司法體系的操弄以及一連串的密室政治交易

注定了重建時代的失敗命運。隨著美國進入鍍金時代，北方人於是愈來愈不再關注超過八百萬人的非裔美國人如何落入受到國家認可並且以暴力強制施行的二等公民地位。[7] 最高法院在一八九六年針對普萊西訴佛格森案做出裁決，確立了「隔離但平等」的原則之後，徹底粉碎了有色人種期待獲得真正平等權利與自由的希望。在十九世紀結束之際，非裔美國人的前景看起來的確是一片黯淡。

隨著新世紀展開，絕大多數仍然集中於南方的美國黑人，在日常生活中都受制於後來所謂的吉姆・克勞法：這是一套將歧視與劣勢制度化的法律、習俗與規範。嚴厲的隔離與社會排除乃是常態。所有的公共便利設施與機構，包括廁所、公共交通工具以及學校，不但全都採取隔離措施，而且也極度不平等。黑人只要稍微違反規定，甚至只要受到莫須有的指控，就會遭到暴力而野蠻的懲罰，而且這種懲罰行為也受到執法機關的推波助瀾。此外，出租囚犯從事勞役的制度也剝削黑人的勞力而圖利鐵路包商、採礦公司與農場主，還有藉著出租囚犯而獲得大筆收入的州政府。[8] 經濟前景極為渺茫，原因是大多數的黑人勞工都困在交穀租種與佃耕這類剝削性的制度裡，不但完全不可能有機會擁有自己的土地，也無從擺脫赤貧狀態。[9]

因此，在二十世紀的頭十年裡，美國的黑人與白人之間的落差幾乎不論從什麼衡量標準來看都極為巨大。有色人種在一九○○年的平均壽命只有 33 歲，白人則是 47.6 歲。[10] 黑人兒童進入學校就讀的可能性只有白人兒童的一半左右，[11] 而且他們就讀的學校經費極度不足又人滿為患。這種情形加上奴隸制度遺留下來的影響，導

致黑人的識字率只有 55.5%，遠低於白人的 93.8。[12] 在一九〇〇年，非裔美國人家庭的戶長只有五分之一左右擁有自己的住宅，比起白人的住宅自有率還不到一半。[13] 人口普查雖然直到一九四〇年才開始記錄不同種族的勞動報酬，但林德特與威廉森針對美國不平等史所撰寫的決定性著作，還是利用其他資料重建了這方面的圖像，他們估計黑人在二十世紀初期賺取的收入不及白人的一半。[14]

如同第二章所述，美國黑人與白人的絕對地位在後續的一百二十五年間整體而言都有所改善，但這項事實卻無助於我們得知種族平等狀況。因此，為了瞭解種族平等在二十世紀期間的演變，我們在本章將會檢視黑人與白人福祉的**相對**比較狀況，而不是黑人的絕對地位。黑人的相對地位如果提高，隱含的意義就是黑人獲得的改善幅度勝過白人，從而縮減了種族落差；黑人的相對地位如果沒有提高，代表的意義即是種族落差沒有縮減，儘管他們的絕對處境可能比起先前有所改善（就像白人一樣）。

在二十世紀頭六十幾年間對大多數非裔美國人的生活經驗造成決定性影響的吉姆・克勞法，對於在那個時期朝向更具包容性的「集體」邁進的美國而言，構成了一項極為刺眼的例外。因此，在談及二十世紀的種族平等**趨勢**之時，一種常見的觀點是認為世紀初充斥著歧視、排除與不平等，直到一九六〇年代中期才瞬間出現改變。這種觀點可以描述為一條「曲棍球棒」曲線，如果和我們已經熟悉的倒 U 形曲線放在一起比較，看起來將會是一條在六十年間幾乎毫無進步的水平線，然後在二十世紀中葉之後出現戲劇性的快速上升。

　　就許多面向而言，這種「曲棍球棒」的形象其實相當精確。有色人種在奴隸制度廢止之後持續被排除於美國白人主流之外的情形，是美國歷史上無可抹滅的汙點。不過，實際上的狀況其實比表面複雜得多。我們一旦仔細檢視橫跨二十世紀的各種衡量標準，就會發現兩個出人意料的現象。第一，對美國黑人而言，平等方面的進步不是始於一九六五年。就許多衡量標準來看，黑人早在民權革命獲得的進展之前就已經拉近了與白人的平等程度，儘管他們當時仍然受制於吉姆‧克勞法。第二，在民權運動*之後*，朝向種族平等邁進的那項長期趨勢卻逐漸趨緩，接著陷入停止，甚至出現反轉。不同於「曲棍球棒」曲線呈現出來的形象，這些趨勢體現了一項雖然太過緩慢但是卻明白無誤的平等進展，持續長達數十年之久，接著出現一段美國人集體「放開油門」的時期，導致進步趨緩，在某些案例當中甚至出現逆轉。[15] 且讓我們從四個關鍵面向檢視種族平等的這些長期趨勢：分別為健康、教育、經濟與投票。[16]

健康

　　由於環境因素、貧窮、歧視，以及難以獲取醫療照護這種影響了幾乎所有非裔美國人的現象，因此二十世紀初期的黑人與白人人口之間存在著巨大的健康落差：美國黑人的平均壽命只達白人的69%，黑人死亡率是白人的 1.4 倍，黑人嬰兒的死亡率比白人嬰兒高出 1.8 倍，而且黑人孕婦在分娩時死亡的機率也比白人孕婦高出 1.8 倍。不過，這些落差在二十世紀的頭六十幾年間都穩定縮減，儘管程度並不一致。圖 6.1 記錄了黑人與白人在二十世紀期間的相

對平均壽命，從中即可看出種族平等在一九〇〇至一九五〇年代晚期之間出現了相對的持續進步。[17] 在這段期間，白人的平均壽命當然是穩定上升，如同第二章所述，但黑人的平均壽命上升的速度更快。不可否認，我們絕不能忽略黑人壽命在這整段期間都比較短的事實，但相當重要而且出人意料的是，種族落差在一九〇〇至一九六〇年間呈現穩定縮減。

　　美國黑人在二十世紀的頭六十幾年間雖然獲得重要進展，但這樣的進步在那之後卻幾乎完全中止。到了一九九五年，平均壽命比率（白人的壽命比黑人長了 10%）已退回到跟三十五年前完全相同

圖 6.1：黑人對白人的平均壽命比率，1900-2017

資料來源：National Center for Health Statistics, "Death Rates and Life Expectancy at Birth".

的程度。儘管在那之後的二十年間出現些微的相對進步（現在白人
壽命平均只比黑人長 5%，部分原因是勞動階級白人的早逝情況出
現意料之外的增加），但這仍然明顯是個「放開油門」的現象。[18]

在二十世紀期間針對不同種族群體的相對健康結果進行的其他
衡量，也呼應了此一發展模式。全美黑人與白人的年齡標準化死亡
率相對比率在二十世紀上半葉呈現明顯的改善，接著在一九五五至
二○○○年間卻不斷惡化。黑人與白人的嬰兒死亡率落差在一九一
五至四五年間大幅縮減，在一九四五到六五年間稍微擴大，接下來
到一九七○年之間又快速縮減，而邁向種族平等的進步在那之後就
戛然而止。今天，黑人嬰兒在一歲前的死亡率是白人嬰兒的兩倍以
上，與一九六○年代初期相同。[19]

整體而言，整個二十世紀期間的全國資料顯示了這項出人意料
的情形：在一九○○年至一九六○年代晚期之間這段美國的正向發
展時期，黑人與白人的健康落差出現大幅縮減，但在那之後即陷入
停滯狀態。而此一進步停滯的時機，也高度對應於我們在本書裡一
再看到的那個從「集體」轉向「自我」的時間點。在民權運動之前
的那段時期，黑人與白人的不平等落差為何會出現縮減，又是出現
了怎麼樣的縮減，而且這項進步在後來又為什麼會趨緩甚至停止？
我們在本章稍後將會探究這個謎題以及其他類似的謎題。

教育

正如健康與醫療，二十世紀初期的非裔美國人在教育結果與接
受教育的機會這兩方面與白人之間存在著巨大落差。（別忘了，一

九〇〇年有超過 90% 的非裔美國人都住在南方。）絕大多數的黑
人小學生以及差不多半數年紀較大的黑人學生，都完全無法接受教
育，而就算有學校可供他們就讀，這些學校也都採行種族隔離，而
且品質也遠遠落後於白人就讀的學校。不過，到了二十世紀末，教
育投入和教育結果的大部分絕對衡量結果已經大幅縮減，學校種族
隔離的情形也大為減少，在南方尤其如此。不過，一如健康，教育
平等趨勢在二十世紀期間的確切形態也揭露了一些出人意料的現
象。

　　二十世紀上半葉在教育機會的相對種族平等方面有了重大進
展。學校出席率就是一個例子。教育學者詹姆斯・安德森（James D.
Anderson）指出，南方黑人與白人的小學就學率落差在一九〇〇至
一九四〇年間幾乎完全消除了，如圖 6.2 所示。[20] 當然，他們就讀
的學校不但實施種族隔離，品質的落差也非常大，後來美國最高法
院在一九五四年的布朗訴教育局案（Brown v. Board of Education）才
對這種情形提出遲來的承認。

　　高中就學率並沒有達到類似的教育機會平等，但種族落差確實
在同一段時期當中大幅縮減：南方高中在一八九〇年的白人學生就
學率為 4%，黑人學生就學率則只有 0.39%（相對比率為十比一）；
而一九三三年的白人與黑人學生就學率，則是分別為 54% 與 18%
（相對比率為三比一）。[21] 到了一九六〇年，南方高中就學率已達到
白人 82%，黑人 69（相對比率為一・二比一）。[22] 經濟學家馬戈
（Robert A. Margo）依據種族與性別分類檢視不同年齡群體（從五歲
到二十歲）不分年級的南方學校就學率，結果發現種族之間的就學

圖 6.2：南方小學就學率的成長情形，依照年齡與種族分類，1900-1940

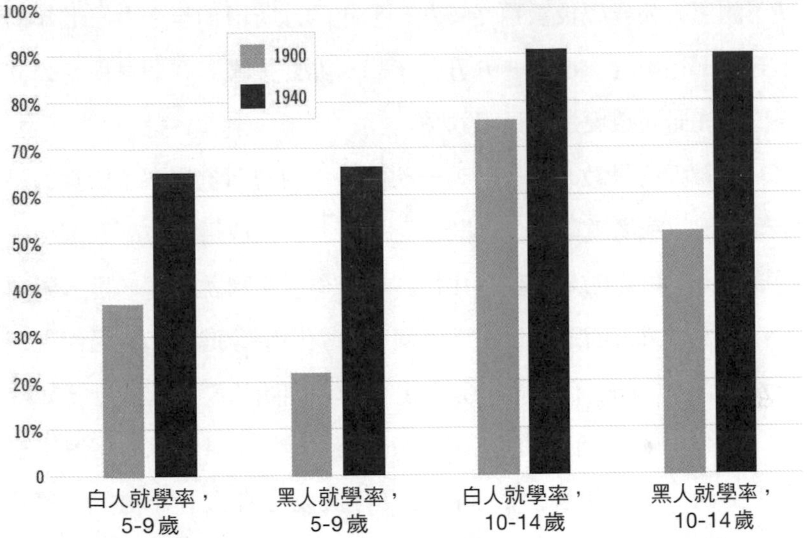

資料來源：Anderson, *The Education of Blacks in the South,* 151, 182.

率落差在一八九〇至一九五〇年間也同樣有所縮減。[23] 我們在黑人與白人的大學就學比率方面雖然沒有找到類似的資料，但南方黑人學生的絕對註冊人數在這段期間也大幅擴張，從一九〇〇年的 2,168 人註冊大學，到一九三五年的 29,269 人，[24] 再到一九五二年的 63,000 人。[25]

　　這種依據種族分類的學校註冊與就學人數資料，在二十世紀上半葉的北方各州比較不容易取得。不過，北方各州黑人學生的絕對註冊人數確實似乎因為非裔美國人大遷徙（我們將在以下詳細探討這個現象）而有所增長，可能因此促成全國就學率落差的縮減。舉例而言，史學家文森・富蘭克林（Vincent P. Franklin）針對費城黑人

教育的個案研究當中（費城是黑人遷徙的一大目的地），發現那座
城市的黑人公立學校數目從一九一〇年的九所增加至一九三七年的
十五所。在一九一〇到一九五〇年間，非裔美國人在費城所有公立
學校的註冊人數更是成長了 677%。[26]

　　教育程度是教育平等的另一項稍微不同的衡量標準：衡量的不
是學校數目或者就學學生人數，而是有多少人取得學位。在這項衡
量標準上，可靠的全國資料比較容易取得。如同就學率，黑人與白
人在高中畢業方面速度最快而且幅度最大的平等進展，也是出現在
一九七〇年以前。但在此一案例上，進步開始的時間比較晚，如圖
6.3 所示。不過，在一九七〇年以後，黑人從大學畢業的相對比率
出現下滑，接著呈現停滯，再也沒有恢復先前的上升**趨勢**。實際
上，當今美國黑人相對於白人的大學畢業比率比一九七〇年還要
低。非裔美國人從高中畢業的相對比率雖然沒有陷入那麼嚴重的停
滯狀態，但在民權革命之後的進步幅度也比先前明顯**趨緩**，而且至
今仍未達到平等。

　　必須記住的是，如同我們在第二章指出的，差不多在一九〇〇
到一九六五年這段期間，一代代美國年輕人的整體教育程度（包括
白人與黑人）都不斷上升。然而，本章聚焦的是此一背景上的種族
差異，檢視的是黑人相較於白人的**相對地位**，因此平等的意思是比
率為一・〇。圖 6.3 顯示白人教育程度在這段時期雖然不斷上升，
但黑人的教育程度在一九四〇至七〇年間的上升速度卻**更快**，所以
黑人與白人之間的落差出現縮減，黑人開始追上白人。不過，這種
「追上」的進步情形在一九七〇年以後卻急遽趨緩（在高中方面），

圖 6.3：教育程度的種族平等情形，1920-2018

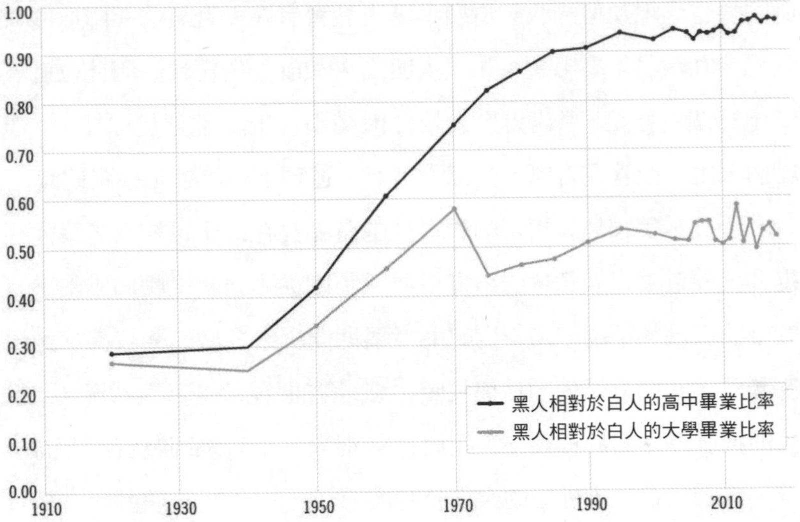

資料來源：National Center for Education Statistics, Table 104.20; Current Population Reports, Series P-20, various years; Current Population Survey, 1970 through 2018.

也實際上畫下了句點（在大學方面），儘管種族平等仍然遠遠尚未達成。

　　當然，量並不等於質。教育品質的種族落差在二十世紀初期極為巨大。實際上，緊接在重建時期之後，黑人相對於白人的每名學生支出比率以及學年長度比率等衡量結果都出現大幅惡化。不過，就連這些趨勢也在二十世紀初開始出現反轉，在一九一〇年前後。[27] 林德特與威廉森指出，從每名學生支出與師生比等衡量標準來看，南方的非裔美國人教育品質在一九一〇至一九五〇年間呈現緩慢提升。[28] 此外，在一九四〇至一九五四年間，南方對於黑人學校的總

支出增加了 288%，白人學校的支出增幅則只有 38%。[29] 南方的教師薪資也出現類似的收斂情形，黑人教育者在一九五〇年賺取的收入比一九四〇年高出 85%，黑人與白人教師的所得比率因此拉近了二十三個百分點。[30] 南方黑人教育機構整體上仍然低於標準，[31] 但總的來說，儘管在吉姆‧克勞法之下，這類不平等還是逐漸縮減。

因此，美國黑人獲得的教育量還有品質在二十世紀上半葉大幅提升，而這項出人意料的事實正合乎美國從「自我」轉向「集體」的整體發展。不過，二十世紀上半葉期間絕大多數的學校都實施種族隔離，在南方是依照法律規定，在北方則經常是實際狀況。[32] 學校的種族隔離對於種族平等的危害特別大，不只是因為資源上的落差，也因為在二十世紀的大部分時間當中，白人學校整體而言都有博雅教育課程，黑人學校則通常只提供職業訓練，造成非裔美國人被導入比較低等的工作，而造成長達終生的影響。[33]

儘管如此，就二十世紀期間的全美學校種族隔離趨勢來看，改變出現的時間其實比一般認為的早了許多。[34] 學校種族融合似乎從二十世紀初期的極低程度上升到一九六〇年的較高程度（但仍然不足），原因是黑人人口大舉遷離徹底種族隔離的南方而移往隔離情形沒有那麼嚴重的北方。然後，在接下來的十年裡，此一漫長緩慢的提升突然大幅加快，主要是因為最高法院在布朗訴教育局案當中的裁決所造成的影響。

但引人注意的是，即便是學校種族融合在布朗案之後展開的快速上升趨勢，也在一九七〇年代初期開始減緩，接著便開始緩慢出現恢復隔離的現象。[35] 因此，在教育的質與量出現長達將近一個世

紀朝向種族收斂的趨勢之後，就在這項發展中止之際，全國的消除
種族隔離行動也陷入停滯，甚至開始反轉。以白人為主的學校和以
黑人為主的學校之間令人不安的落差（包括班級人數、每名學生支
出、教師薪資以及課程分軌等方面），至今仍然揮之不去。[36]

　　因此，在教育的質、量以及種族融合方面衡量種族平等趨勢的
結果，也顯示出明白可見的「放開油門」現象，亦即在二十世紀的
頭六十幾年間出現進展，然後在一九七〇年代左右陷入停滯：正是
美國開始從「集體」向下朝著「自我」滑落之際。

經濟結果

　　整體而言，非裔美國人相對於白人的所得在二十世紀頭六十幾
年間有所提高。雖然極少有文獻檢視一九〇〇至一九四〇年間不同
種族的經濟結果，但實際上存在的資料顯示所得的種族平等在這段
時期出現了些微進展。[37] 此外，大多數學者也一致認為不同種族的
所得水準在一九四〇至一九七〇年間的收斂幅度最大。[38] 經濟學家
馬隆尼（Thomas N. Maloney）指出，黑人與白人男性的薪資比率在
一九四〇年代期間從 0.48 躍升至 0.61，增幅達 27%。鑑於這項變
化發生在吉姆·克勞法時期，此一增幅實在相當驚人，[39] 但這點在
很大的程度上可以由黑人人口大量遷離南方的現象解釋，尤其此一
現象在這個時期又呈加速發展。[40]

　　關於所得平等的種族收斂情形，最近的學術研究顯示美國黑人
在這段期間獲得的所得提升，主要原因其實來自於我們在第二章討
論過的大收斂。這個時期在美國經濟當中促成所得平等化的因素，

也促成了白人與黑人工作人口的平等化，尤其是黑人工作人口遷移到別的地方，從而獲取比較好的工作。實際上，大收斂不但沒有把非裔美國人排除在外，甚至還對他們造成超乎比例的裨益（一部分是因為他們有極大的進步空間），所以收入方面的種族落差在美國的「集體」時期出現了大幅縮減。

相反的，根據社會學家曼杜卡（Robert Manduca）的說法，「美國黑人與白人家庭〔在二〇一八年〕的所得落差幾乎與一九六八年一模一樣」，而且「〔揮之不去〕的種族所得落差有一個相當關鍵但沒有受到足夠關注的促成因素，就是所得不平等日益擴大的全國趨勢」。[41] 換句話說，所得方面的種族差異在美國的「集體」時代出現縮減，然後到了「自我」時代即停止縮減。

當然，絕對平等不論在當時還是現在都仍是個遙遠的目標。實際上，黑人與白人在所得平等方面的進展，在一九七〇年代之後就陷入停滯，甚至出現退步（和我們在其他許多衡量標準當中見到的情形一樣），如圖 6.4 還有其他許多資料所示。[42] 如同馬戈所寫的，在一九四〇至一九七〇年間，黑人相對於白人的所得比率平均每十年拉近七・七個百分點。這樣的收斂速度雖然絕對算不上足夠，但這種改變速率如果持續不變，那麼所得比率「在二〇一〇年就會是 0.88，而不是實際上的 0.64」。[43] 全國所得落差在美國的「自我」年代出現擴大而不是縮減所造成的關鍵後果，就是當今黑人與白人的收入中位數落差「和一九五〇年一樣大」。[44]

此外，非裔美國人在近數十年來的勞動力參與率持續下降，年輕黑人的監禁率也大幅提高，許多學者都認為這些因素對於黑人相

圖 6.4：黑人與白人的所得平等情形，1870-2010

資料來源：Lindert and Williamson, *Unequal Gains* (2016), 190.

對於白人的所得比率造成了上升的偏差，也就是說自從一九七〇年以來的停滯現象，可能比表面上看起來還要嚴重。針對這些因素進行校正之後，許多經濟學家都主張黑人男性在一九七〇至二〇一〇年間基本上**沒有**獲得相對經濟進步：這實在是相當慘淡的狀況。[45]

不過，有個與此相反的現象，則是非裔美國人在專業部門工作當中獲得的收入提升，在二十世紀的最後三十幾年間出現加速，原因是反歧視措施以及教育流動性成長，而且這些改善現象都集中於南方。不過，向上流動的黑人中產階級雖然因此出現，黑人「底層階級」卻也陷入貧窮加深的向下流動情形，造成最貧窮與最富有的非裔美國人之間出現巨大的種族內落差。關於這種差異所帶有的意

義，政治上仍然存在著極大的意見歧異。但儘管如此，就算把黑人中產階級的成長納入考量，美國黑人在二十世紀最後三十幾年間的經濟流動仍呈現停滯或者下滑。[46]

因此，美國邁向經濟平等的正向發展在平均上對非裔美國人帶來了超乎比例的**助益**，而我們朝著經濟不平等滑落的衰退情形在平均上也對他們造成超乎比例的**傷害**。

由於財富高度相關於所得和就業，因此也許不會令人意外的是，住宅持有的種族平等發展也呈現類似的曲線，如圖 6.5 所示。相對住宅自有率（在此處呈現為黑人住宅自有率相對於白人住宅自有率的比率）第一次出現明顯可見的上升，是在一九〇〇至一九一〇年間，而且主要可歸因於南方的黑人農民擺脫佃農身分而開始擁有自己的農地：這是一種克服萬難才得以發生的現象，因為當時的吉姆・克勞法製造了對黑人充滿敵意的環境。[47]不過，這項比率在一九三〇至一九七〇年間也大幅提升，[48]原因是黑人移居北方之後（此一現象將在以下詳細探討），愈來愈有機會取得先前由白人居住的平價住宅，因為白人在當時大量遷居到郊區，在一九四〇年之後更是如此。[49]當然，美國黑人在這段時期要獲取房貸或是住進比較令人嚮往的鄰里，仍然備受紅線制度（譯注一）以及相關措施所限制。但引人注意的是，就在國家立法禁止貸放者與房地產經紀人基於種族給予差別待遇的同時，黑人住宅自有率的成長卻陷入停滯，接著緩慢下滑，最後在二〇〇八年金融危機之後急轉直下。黑人與白人的住宅自有率在二〇一七年的不平等程度，和一九五〇年一樣高。

圖 6.5：黑人相對於白人的住宅自有率，1900-2017

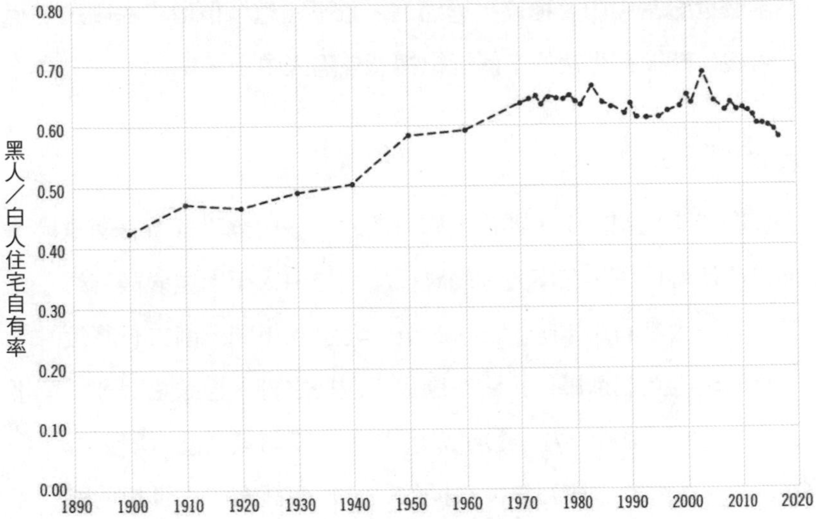

資料來源：1900–1970, IPUMS; 1973–2017, Current Population Survey. 見注釋6.47。

　　諷刺的是，一九七〇年代原意在鼓勵低所得者取得自有住宅的政策，實際上房地產業界裡的種族歧視做法卻藉此來壓抑黑人取得住宅所有權，這也是前述那種停滯現象的解釋之一。[50] 把目光轉向比較近期，次級貸款貸放者在一九九〇年代四處尋求借款人的時候，更是超乎比例地將目標鎖定黑人，致使他們在掠奪性的放款條件下申請再融資或者貸款買房。泡沫在二〇〇八年破裂之後，許多人的住宅都遭到法拍，這點可見於圖 6.5 當中住宅自有率在近期的下滑。[51] 簡言之，黑人與白人的財富落差仍然極為巨大，因為自有住宅在一般美國民眾的財富當中占了很大的一部分。[52]

　　黑人與白人在物質財富上的相對比率在過去一百二十五年來的

變化，又再度讓我們看到這個出人意料的模式：在一九七〇年以前的半個世紀當中朝著種族平等邁進，雖不完整，但進步幅度還是相當可觀；然後在後續的半個世紀裡意外陷入中止。

投票

在二十世紀初始，非裔美國人的政治參與幾乎就所有衡量標準而言都低得可憐。在南方，剝奪投票權是白人至上主義與吉姆・克勞法的一大基石。[53] 在一八六七至一九〇八年間，南方有將近六十二萬的黑人登記選民被排除在選民登記冊之外，導致選民登記率下跌 84.5%。[54] 由於一九一〇年以前每十名美國黑人就有將近九人住在南方，[55] 因此這種剝奪投票權的區域性模式在二十世紀的頭二十年間主導了全國的政治樣貌。

不過，在一九二〇到一九五六年間的這段時期，南方的黑人登記選民人數卻出現出人意料的增加，種族歧視性的投票限制也有所減少，造成黑人與白人在政治參與機會的平等性上出現區域性的進展。學者把這些發展歸功於全國有色人種協進會的法律倡議、城市聯盟推動的黑人選民登記活動，以及人頭稅由於貧窮南方白人的反對而廣泛受到廢除的情形。[56] 一九四〇年代尤其湧現了一股黑人選民登記潮，部分原因是投票年齡在一九四三年降低，以及最高法院在一九四四年針對史密斯訴奧爾賴特案（Smith v. Allwright）做出的裁決判定白人初選違法。在一九四〇至一九五六年間，南方黑人登記選民人數增加了七倍以上。這些新增的選民雖然只占南方黑人人口的四分之一左右，但邁向平等的進步在二十世紀中葉確實趨勢看

漲。

　　基於種族而剝奪投票權的做法在南方以外遠遠不那麼常見，因此一九一五年之後往北遷移的大量黑人人口，很有可能強化了擴大政治參與這項在南方早已展開的趨勢。舉例而言，政治學家戴安・平德修斯（Dianne Pinderhughes）針對芝加哥的政治參與所進行的個案研究發現，在一九二〇至一九四〇年間的總統大選當中，黑人居民的選民登記率和投票率都相當高，甚至和其他土生土長以及外來移民的群體相比也都是如此。[57] 黑人牢房裡的登記選民在總統大選當中的投票率，在一九三六年達到超過 70% 的最高點。[58] 平德修斯把黑人選民的這些高度參與現象歸因於非裔美國人教會網絡的動員，還有政治參與對於曾經生活在吉姆・克勞法之下的南方前居民所具有的象徵重要性，以及經濟大蕭條造成的政治重組對於政治人物所帶來的競爭誘因。[59] 綜合來看，證據顯示全國的黑人投票率在二十世紀上半葉出現了大幅增加。

　　全國各地的非裔美國人在二十世紀中葉獲得的政治參與機會以及代表，仍然遠低於白人而有許多的進步空間，後來比較迅速的進展則是出現在一九六五年以後。不過，早在一九六五年具有標誌性意義的《投票權法案》頒布之前，黑人的政治參與其實就已經有所進步，只是那些進步經常被一九六五年這項歷史性的勝利所掩蓋。然而，在一項我們現在已經相當熟悉的模式當中，南方的黑人選民登記增加趨勢在《投票權法案》頒布之後卻陷入停滯，在一九七〇年之後即在 55% 與 65% 之間起伏，如圖 6.6 所示；實際上，二〇一八年的南方黑人選民登記率（65%）還比一九七〇年略低

圖 6.6：南方黑人選民登記率，1940-2018

資料來源：Voter Education Project; Current Population Survey. 見注釋6.60。

（66%）。[60]

　　二十世紀期間依據種族分類的全國投票率比較難以追蹤，一九
四八年以前尤其如此。不過，資料顯示投票率方面的平等進展幾乎
全都發生於一九五二至一九六四年間（在《投票權法案》通過之前），
一九六四至一九六八年間雖然也有些微進展，接著卻在二十世紀剩
下的時間幾乎完全中止：這項令人震驚的事實完全合乎我們檢視過
的其他「放開油門」現象，以及我們現在已經相當熟悉的從「集體」
轉向「自我」的那個轉捩點。

　　非裔美國人在健康、教育、經濟結果以及投票等方面朝向平等
邁進的趨勢之所以引人注目，乃是在於這些趨勢都極為相似，而且

又與一般談及二十世紀種族史所提出的那種「曲棍球棒」論點極為不同。實際上，美國黑人與白人在平等方面無可否認而且經常頗為重大的進展，都是出現於一九六〇年代的民權革命**之前**。在美國大多數人都朝著更強烈的「集體」感邁進之時，美國黑人也在重要面向上融入了那個「集體」當中。[61]

有什麼原因能夠解釋這種意料之外的模式，其中又有多少是出自黑人本身的努力，是我們稍後將會回頭探討的重要主題。不過，我們首先需要探究美國黑人邁向種族平等的明顯限制。

揮之不去的排他現實

我們剛剛見到的這幅二十世紀頭六十幾年間的進步圖像，模糊了種族之間在獲取社會資源和政治參與方面持續存在的不平等。在拉近與白人的平等距離方面，非裔美國人在那段時期得到的許多進展都是發生在各自分開而且長期不平等的領域裡。因此，平等化並不是包容的充足標記，因為美國在那段時期所追求的「集體」仍然具有高度的種族色彩。

美國黑人的不平等地位明顯可見於這項事實：他們的政治參與度雖然愈來愈高，卻仍然欠缺政治代表。這點清楚反映於黑人國會議員人數在一九六五年之前都一直沒有顯著增加的情形，如圖 6.7 所示，而此一變化模式也呈現出明白的「曲棍球棒」形狀。[62]

美國黑人被排除在主流之外，乃是伴隨普遍存在的白人至上文化而來的現象，這點鮮明而詳細地記錄於史學家小亨利・蓋茲

圖 6.7：美國國會的黑人議員人數，1883-2019

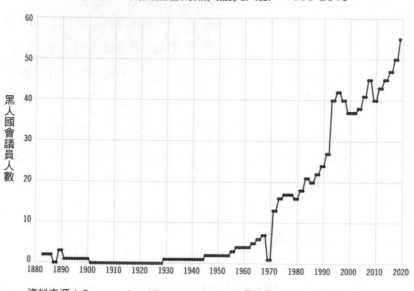

資料來源：Congressional Research Service. 見注釋6.62。

（Henry Louis Gates, Jr.）的著作《崎嶇之路：重建時期、白人至上主義，以及吉姆‧克勞法的興起》（*Stony the Road: Reconstruction, White Supremacy, and the Rise of Jim Crow,* 2019）當中。這種情形最顯著的例子，就是三K黨在一九一五年隨著《國家的誕生》（*Birth of a Nation*）這部電影的推出而重生。認為白人以外的人種在生物結構上比較低等的這種科學種族歧視，在重建時期前後的數十年間瀰漫於學術界與流行文化當中。娛樂作品和廣告裡對於非裔美國人的種族歧視性描繪、把黑人男性呈現為性掠奪者的敘事，還有頌揚私刑的血腥恐怖明信片，在二十世紀的大部分時間在南方都普遍可見，北方也是。[63] 直到一九七〇年代，媒體當中對於有色人種的呈現才開始擺脫一九五〇與

一九六〇年代那種深富種族歧視色彩的刻板形象。[64] 此外，跨種族
婚姻也深受恐懼和譴責，並且在許多州遭到法律禁止，後來最高法
院才在一九六七年宣告這類法律限制違憲，引發了另一波延遲已久
的改變。

　　種族排他的另一個重要例子，是工作品質與工作保障。戰後的
繁榮雖然提升了所有勞工的就業機會與薪酬，但白人紛紛移入比較
有保障而且有工會組織的工作，黑人則大部分從事史學家蘇格魯
（Thomas J. Sugrue）所謂的「最低賤也最骯髒」的工作。造成這種情
形的因素有很多，其中包括雇主的歧視以及工會在地方上對於有色
人種的排斥。這類工作比較容易遭到經濟衝擊的影響，也比較缺乏
長期保障，因此非裔美國人在經濟艱困時期比較容易受害，而隨著
二十世紀慢慢過去，事實也顯示的確是如此。[65]

　　不過，後果最嚴重的種族排他型態是在居住方面。黑人遷徙人
口抵達新城市之後，通常會定居在以黑人為主的鄰里當中。這是大
多數的族裔群體在二十世紀的頭三十幾年間所採取的典型做法，因
此北方城市出現了黑人聚居的特定區域。不過，隨著二十世紀逐漸
過去，若干白人鄰里也失去了獨特的族裔性質之後，種族隔離反倒
更加深化。非裔美國人的住宅自有率在這個時期呈現上升，如同圖
6.5 所示。不過，黑人家庭如果想在白人鄰里購屋，就會遭到強烈
抗拒。白人居民利用各式各樣的工具維持自身鄰里的種族性質，把
黑人居民限制在隔離的飛地當中。這些工具包括限制性住宅契約、
暴力，以及像是種族趨導這種房地產業界的做法。（譯注二）黑人居
民一旦成功移居某個鄰里之後，那裡的白人居民便大舉賣屋搬離，

造成整個鄰里的種族結構在極短的時間內徹底翻轉。這樣的過程造成系統性的居住隔離在一九二〇至一九四〇年間開始擴張。實際上，有些近期的研究利用比較精細的隔離衡量標準，指出在全美的所有地區，不管是北方或南方、都市或鄉下，隔離情形在一八八〇至一九四〇年間都出現倍增。[66]

不過，居住隔離真正加速發展並且鞏固下來是在一九四〇至一九七〇年間，原因是聯邦政策、[67] 房地產經紀人的歧視性做法，以及白人對於第二波的非裔美國人大遷徙所發動的組織性抗拒全部疊加在一起：有一群學者把這種現象稱為「集體行動種族歧視」。[68] 在這個過程中，白人屋主就算不懷有種族仇恨，也不免因為財務考量而更加反對居住融合。有一名白人居民在自己居住的街廓移入了第一戶黑人家庭之後，就在那戶人家門外抗議，並且這麼表示：「他大概是個好人，可是我每次一看到他，就想到我家的房價跌了二千美元。」到了一九七〇年，在一般的都會區當中，高達 80% 的美國黑人都必須搬到另一個人口普查區，才能夠造就種族融合的鄰里。[69] 因此，在愈來愈多的美國白人到市郊環狀地帶購買高品質住宅的同時，卻有超乎比例的美國黑人被困在都市核心的老舊房屋裡。[70]

另一方面，黑人男性在二十世紀大部分時間都面臨愈來愈高的監禁率，這項事實就像居住隔離一樣，也對非裔美國人社群造成慘痛的後果。如同圖 6.8 所示，監禁率的種族不平等程度從一九二六年到二〇〇〇年間持續提高，尤其是在毒品戰爭期間（但不僅限於那段時期）。[71] 過去二十年來的監獄改革逐漸降低了這種不平等，

圖 6.8：黑人相對於白人的監禁比率，1926-2017

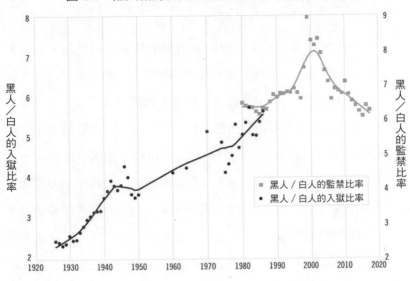

資料來源：US Department of Justice, Bureau of Justice Statistics. 見注釋 6.71。Data LOESS smoothed: .35.

但當今的不平等程度還是比二十世紀上半葉高。換句話說，監禁率和我們檢視過的其他趨勢頗為不同：這方面的種族不平等在二十世紀期間幾乎毫不間斷地持續提高。

　　因此，美國黑人雖然在健康、教育、所得與投票等面向逐漸拉近與白人的距離（這個出人意料的事實在美國的種族陳述當中經常沒有受到足夠的強調），卻還是在許多方面遭到系統性地排除於平等機會、平等取得以及文化主流之外。不過，平等化趨勢令人意外的發生**時機**則帶出了我們的下一個問題：在那個種族隔離與排他持續不斷而且也經常相當強烈的時期，美國黑人怎麼有辦法在平等方面達成可量測的進步？

非裔美國人大遷徙

　　第一項解釋涵蓋了美國歷史上最戲劇性的人口變動。從一九
一五年左右開始，一直持續到一九七〇年左右，約有六百萬名美國
黑人（所有美國黑人當中的很大一部分）逃離實施吉姆・克勞法的
南方，湧向北方工業城市與西部這些相對自由而安全的地區。一九
一五年只有 10% 的非裔美國人住在南方以外的地區，但到了一九
七〇年，這個數字已成長至 47%。[72] 這場龐大的外移在地方層次上
經常是由白人恐怖主義所引起，但接著又受到幾個因素推波助瀾，
包括南方的洪災與作物歉收、北方工廠在第一次世界大戰之後的勞
動力短缺、南方的「棉花大王」經濟出現的大幅改變，以及黑人媒
體致力說服非裔美國人在南方以外有更美好的生活等待著他們。因
此，北方城市的非裔美國人人口成長又急又快。舉一個典型的例
子，克里夫蘭的黑人人口在一九一〇年還不到八千五百人。到了一
九二〇年，已躍升至將近三萬五千人，到了一九三〇年更達到將近
七萬二千人。[73]

　　黑人在北方城市的前景雖然完全比不上白人，但在那些由外移
入的黑人眼中，這些城市與南方鄉下的差異卻極為巨大。以普萊
斯・戴維斯（Price Davis）的經驗為例，他是在這場大遷徙期間從北
卡羅萊納州遷移到紐約市的非裔美國人：

　　一切都變了，整個氣氛都變了。我抵達華府，在那裡轉公車，
　　結果一個黑人婦女走過來對我說……「你在公車上想坐哪個位

子都可以。」我說：「真的嗎？」她說：「是啊」……我沒有坐到前面去，但也沒有坐在後面，而是找了個中間的位子坐下來。到紐約之後，我叫了一部計程車到哈林區去。我環顧四周，看到一個黑人員警在指揮交通。我不禁脫口而出：「老天爺，這裡根本就是應許之地！」[74]

　　當然，北方在無數的面向上都不是「應許之地」。在許多北方城市裡，吉姆·克勞法是一種受到文化認可的現實，而且經常以暴力施行。持續了六天並造成三十八人喪生的一九一九年芝加哥種族暴動就是一個例子。近來的學術研究也記錄了北方如何以許多方法在實質上將種族隔離納入法律當中。[75] 然而，儘管種族歧視揮之不去，不平等現象也持續存在，非裔美國人在北方卻開始能夠過起相對平靜而舒適的生活、獲得比較好的教育機會、當起老闆、投票，並且參選公職。

　　就某個意義上而言，非裔美國人大遷徙其實是一種雙重遷徙，因為黑人不只是從施行吉姆·克勞法而極度種族歧視的南方遷移到種族歧視比較沒那麼嚴重的北方，也是從貧窮甚至原始的鄉下地區遷移到具有現代便利設施的都會地區。換句話說，隨著南方與北方的黑人都從農場遷移到城市，他們不只是擺脫了那些把他們視為不如二等公民的地方，也是移入具有公共基礎設施的地方。美國黑人雖然大體上還是遭到隔離，但經過遷徙之後，他們獲取公立醫院與公立學校資源的整體機會卻大幅增加。

　　不僅如此，他們的收入能力也大為提高。先是因為美國參戰，

接著一九二四年的《移民法案》又大幅減緩歐洲工作人口的移入速度，由此創造出來的勞動力需求為美國黑人開啟了到北方工業城市尋求就業的機會。實際上，許多北方工廠都特別派遣代表到南方各州招募黑人勞工。一九一五年，和黑人在南方鄉下地區的收入比較起來，北方城市的工廠工資通常達二到三倍之多。對於能夠進入技術性行業與職業的少數黑人而言，收入差異更是巨大。[76]

此外，隨著愈來愈多的非裔美國人加入遷徙行列，他們也比較能夠獲益於一九四〇至一九七〇年間史無前例的全國經濟成長，以及薪資的大幅提升與差距縮小：這些現象我們在先前已經提過，也在第二章詳細討論過。大收斂為原本處境較差的人口帶來超乎比例的得益，尤其是非裔美國人。[77]實際上，黑人女性在這段時期的相對所得提升幅度還比黑人男性來得大，在一九七〇年達到的所得中位數甚至比白人女性還高。[78]

黑人的藝術家、企業、學校、戲院、夜店、文學社團、教堂以及志願社團雖然大體上都孤立於白人主流之外，卻在遷徙目的地大量激增，為那些在陌生城市重新展開人生的數百萬人口提供強烈的認同感、社群感以及支持。如此，我們在第四章探討過美國結社生活在二十世紀上半葉的整體激增情形，黑人是其中的重要推手。[79]

簡言之，黑人與白人的不平等落差縮減是黑人遷徙者的**意圖**之一，而且也產生了他們希望造成的效果。不過，美國黑人的相對福祉在二十世紀上半葉之所以出現改善，不只是因為遷徙者到了北方城市得以生活在比較和善的環境裡，也不只是戰後經濟繁榮的結果，而是也受到南方緩慢但可以量測得出來的改變所驅動。由於人

口外移對南方經濟造成壓力，南方的白人起初仍採取他們慣用的恫
嚇與暴力以阻止關鍵黑人勞動力逃到北方。他們發現這種做法無效
之後，便開始設法提供誘因促使黑人留下，做法包括回應當地非裔
美國人的動員，以及改善南方的生活環境。[80] 單獨舉一個例子，在
一九一六年，喬治亞、密西西比、南卡羅萊納、路易斯安那與北卡
羅萊納等州都完全**沒有**公立的四年制黑人高中；但到了一九二六
年，南方的每一座大城都有至少一所供黑人學生就讀的公立高中。[81]
如同非裔美國人大遷徙的非凡記錄者伊莎貝・威爾克森（Isabel Wilker-
son）指出的：「那些做出犧牲而離鄉背井的人口所造成的壓力，是
前南方邦聯出現改善的原因之一。」[82]

　　非裔美國人大遷徙被認為是二十世紀種族重組當中沒有受到講
述的重大故事。之所以被視為「沒有受到講述」，部分原因是許多
遷徙者刻意不把自己生活在吉姆・克勞法之下的經歷（或是他們逃
離吉姆・克勞法的英勇努力）說給他們的子女聽，寧可把那項持續
長達數百年而促使他們遷離南方的創傷拋在腦後。[83] 但除此之外，
也是因為史學家都致力於凸顯《一九六四年民權法案》的標誌性勝
利，以及後續奠基在此之上的立法與聯邦方案。[84] 然而，非裔美國
人大遷徙所造成的影響極為巨大。威爾克森這麼描述那場大遷徙的
重要性：

　　非裔美國人的歷史經常被濃縮成兩個時代：長達二百四十六年
　　的奴役，在南北戰爭之後才告結束；以及民權運動期間那個充
　　滿戲劇性的抗議年代。然而，從南北戰爭到民權運動的這條軸

線會誘使我們跳過一段抵抗壓迫的百年歷程，而錯過一般人的
人性經歷。他們的希望受到解放所提振，在重建時期結尾破
滅，又遭到吉姆・克勞法進一步碾壓，最後才終於在他們鼓起
勇氣掙脫枷鎖之後重新燃起。[85]

　　數以百萬計的美國黑人決意在美國的「集體」當中占得一席之
地而展開遷徙，這扮演了關鍵性的角色，促成白人與黑人在二十世
紀上半葉出現一項緩慢邁向結果平等化的穩定趨勢，如同先前的圖
表所示。這主要是因為美國黑人在南方以外獲得的生活雖然遠遠算
不上完美，卻幾乎在所有方面都比過去更好。[86] 在北方與西部，非
裔美國人更加能夠彼此互助，也能夠組織合作社與機構，帶來社
會、教育和經濟方面的進展，並且透過藝術、文學與社會運動而發
展出強大的發言力量，還有建立政治影響力，以及提倡變革：[87] 這
些充滿勇氣與堅忍的行動，也許比其他一切因素更能夠解釋以上概
述的那些進步。

　　簡言之，數以百萬計的美國黑人為了尋求改善命運的機會而離
鄉背井的大遷徙，是促成種族差異縮減的一股強大力量，儘管在黑
人重新定居下來的地方，他們受到的待遇還是遠遠不及白人。

公共與私人計畫

　　針對美國黑人在平等方面於二十世紀上半葉獲得出人意料的進
展，另外還有一項解釋則是白人體制做出的干預。在二十世紀初

期，慈善基金會把資源投注於服務非裔美國人的機構，包括資助黑人護理學校、升級黑人醫院設施、為受到公立衛生局僱用的黑人醫師支付薪資、發動高度有效的疾病根除計畫，以及補助病患照護。[88]

在一九一四到一九三二年間，位於芝加哥的羅森沃德基金會（Rosenwald Foundation）與黑人社區合作推行一項學校興建計畫，資助興建 4,977 所供鄉下黑人少年就讀的學校，把小學教育推廣到十五個南方州的 883 個郡。[89] 到了這項計畫結束之時，南方的黑人學齡兒童可能有多達 36% 就讀過這些學校。單是這項計畫本身，對於縮減受教育年數的種族落差就非常有效：對於在一九一〇至一九二五年間出生的人口，差不多有 40% 的整體進步都是來自羅森沃德設立的學校。這項計畫也證明對於南方鄉下黑人人口的識字與認知測驗分數具有顯著的正面效果。[90]

雖然一般認為驅動這些努力的是一種強調包容的倫理，但有些史學家主張這類計畫是白人菁英為了自私的理由而推行。[91] 儘管如此，這些計畫的效果還是大幅改善了非裔美國人的平均壽命、嬰兒死亡率、學校註冊率以及教育程度，從而縮減了整體福祉的種族差異。

對於種族之間在二十世紀頭六十幾年裡出現的結果平等化，聯邦干預措施也扮演了重要角色。自從進步時代開始，北方改革者鼓吹的公共計畫就對黑人的健康與福祉具有超乎比例的正向效果，尤其他們又是所有美國人口當中最得不到充分服務的一群。改善供水與排水系統、[92] 為類似結核病這樣的疾病提供教育和治療、[93] 以及把醫療帶到鄉下區域 [94] 的這些計畫，只是其中的幾個例子而已。此

外，史學家也指出世紀之交是整體公立教育的「黃金時代」，由進步時代的改革人士帶頭擴增學校的資金：這種現象至少是學校就學率在二十世紀初期上升的部分原因，在非裔美國人湧入的北方城市尤其如此。[95]

史學家畢爾茲利（Edward Beardsley）也證明指出，第一次世界大戰是聯邦干預措施在南方增加的關鍵轉捩點，因為招募兵員的程序促使大眾更加知覺到區域健康落差的幅度有多麼大，而且戰時以國防之名推行的聯邦支出，為有益於南方黑人的公共衛生計畫提供了政治掩護。在聯邦政府的資助下，南方抽乾了滋生瘧蚊的溼地、推行性病強制檢測計畫、成立兒童衛生機構，並且設置結核病療養院，這一切都超乎比例地改善了黑人的健康結果。[96]新政也帶來了鄉下保健合作社，把醫療照護擴展到黑人農業勞工，還有衛生計畫，以及由公共事業振興署資助的學校視察與兒童營養計畫。[97]在第二次世界大戰期間的動員工作當中，聯邦投資又進一步擴大，包括對黑人醫院提供鉅額補助，並以一九四六年的希爾—伯頓計畫（Hill-Burton program）提供七千五百萬美元的補助，由各州依據需求興建醫院，而其中最大的需求集中於南方鄉下。[98]

關於聯邦方案對黑人的福祉具有多大的影響力，有些學者抱持懷疑態度，因為許多黑人都被排除於補助之外。舉例而言，一九三五年的《社會保障法》為母嬰照護以及援助未成年兒童提供了同額資金，但是卻把農業與家務勞工排除在外，而美國黑人就有三分之二都是這類勞工。[99]此外，就算黑人人口當中有人符合補助資格，南方各州的衛生官員也經常不會聯繫他們：舉例而言，畢爾茲利計

算指出，在新政對於喬治亞州殘障兒童的支出當中，合格的白人居民有 40% 獲得補助，但合格的黑人居民卻只有 2%。[100]

長期民權運動

以上概述的所有因素，包括遷移到比較好的生活環境、工業工作機會的出現、迫使南方各州改善生活條件的壓力、私人慈善家與公共改革者的努力、現代福利國家的創生，以及戰爭投入與戰後繁榮，共同造就了美國黑人的相對福祉在二十世紀上半葉出現緩慢但穩定的改善。

然而，促成正向改變最重要的力量，卻是黑人本身的自我組織以及倡議。他們在二十世紀頭六十幾年間一方面體驗到種族平等的正向發展，另一方面又持續被排除於主流之外，促使抗拒壓迫並且要求真正平等以及完全包容的非裔美國人採取愈來愈活躍的行動。隨著愈來愈多黑人遷離南方，北方的各種黑人機構，諸如教會、學院與大學、倡議團體以及政治組織，都獲得了更大的權力與影響力。由於黑人獲得了新的能力，能夠集中文化與政治敘事的焦點、組織社區行動、與白人盟友合作，並且催化與種族正義相關的社會運動，民權運動因此誕生：時間遠早於一九五〇年代著名的午餐櫃檯靜坐與法律戰或者一九六三年的進軍華盛頓。

談到民權運動的歷史，一般都是聚焦於一段為期十年的期間，從一九五四年的布朗訴教育局案裁決，到一九六四年通過《民權法案》以及一九六五年通過《投票權法案》。不過，近來有關二十世

紀美國種族正義的陳述，改為強調二十世紀上半葉爭取種族包容的
關鍵騷動以及因此獲得的進展。[101]「長期民權運動」[102] 一詞開始用
來描述兩個世代的非裔美國人所做的努力，不只往北遷徙，而且也
在吉姆·克勞法處於支配地位的漫長黑暗時期猛烈挑戰種族歧視。
他們堅決的努力在這個國家的排他性社會、政治與法律結構當中衝
撞出足夠的裂痕，促成了一九六〇年代的劇烈變革，猶如一股洪流
從已經無力支撐的水壩當中奔瀉而出。

　　詳細陳述長期民權運動雖然可能需要好幾本書的篇幅，但在此
處可以凸顯幾項關鍵的行動與勝利，其發生時間遠早於我們一般認
為出現重大變化的那個分水嶺時期，而且和我們先前探討的那段緩
慢但穩定邁向種族平等的進展同時發生，也對那項進展具有些微的
促進效果。

　　全國有色人種協進會是追求種族正義的抗爭當中最具影響力的
組織之一，在杜博依斯的領導下成立於一九〇九年，當時他與著名
的白人進步人士合作鼓動群眾以追求變革。這個新組織提倡抵制一
九一五年的種族歧視電影《國家的誕生》，結果成敗參半。[103] 一九一
七年，在殘暴的聖路易種族暴動造成四十八人喪生之後，全國有色
人種協進會組織了一萬名左右的非裔美國人，在紐約市第五大道展
開靜默遊行，抗議種族暴力。[104] 這是這類群眾抗議活動的首例。[105]
一九一九年，全國有色人種協進會鼓吹《戴爾反私刑法案》（*Dyer
Anti-lynching Bill*），後來這項法案也獲得哈定總統支持，一九二
二年於眾議院以龐大的多數通過，卻在參議院遭到南方民主黨人以
議事拖延的方法阻擋下來。[106] 種族正義在這個時代獲得的立法勝利

雖然不多，民權鼓動者卻在這個時期凝聚成為一項全國運動，不但影響力與曝光度大增，也獲得了以進步時代改革人士為主的白人盟友。

在一九二九年的股市崩盤以及隨之而來的經濟大蕭條當中，非裔美國人是最早失業的族群，最終遭到的衝擊也最大。羅斯福的新政雖然仍舊不足，分配也不公平（如前所述），但就絕對標準而言，新政為非裔美國人提供的聯邦經濟支持卻比重建時期以來的任何一個時候都還要多。[107] 新政在平民保育團、公共事業振興署與公共工程管理局當中為美國黑人提供工作，而且新政之下的許多部門也都設有「黑人事務」顧問，其中最知名的莫過於瑪莉・貝舒（Mary McLeod Bethune），她確保了全國青年協會為黑人提供就業機會與職業訓練。[108] 在這類發展之下，愈來愈多的非裔美國人因此認為小羅斯福以及他的新政是他們最佳的政治希望，於是以破紀錄的人數退出共和黨而加入民主黨，確保了羅斯福在一九三六年當選連任。

實際上，有些學者主張美國政黨的種族重組其實比一般認為的還要漸進，而且主要的驅動力是草根組織以及意識形態的變動。自從一九四〇年代初期，北方民主黨人就開始鼓吹民權立法，有些學者認為這是後來那些勝利的「初步試驗」。從歷史觀點來看，這項發展是非裔美國人大遷徙的直接政治後果，因為白人北方民主黨人對於他們選民當中的黑人選舉人日益增加而做出回應。這個時期提出的法案，處理了政治平等（立法禁止人頭稅以及將士兵投票聯邦化）與經濟平等（強制落實公平僱用行為，以及終結教育歧視，做法是規定州政府必須遵守反歧視措施才能獲得學校午餐補助）的問

題。[109] 如同我們在第三章提過的,共和黨人對於這類計畫的支持有時還高過民主黨人。

非裔美國人社運行動的成長以及白人體制對於平等權利的支持,雙雙受到第二次世界大戰的加速,這場戰爭也徹底改變了美國黑人與白人平等還有種族包容這些對話的基調。在海外為民主原則而戰的黑人士兵回國之後,不再願意屈就於不民主的現實,因此他們遷離南方的人數不但更多,也熱切於加入爭取變革的政治努力。全國有色人種協進會的成員人數於是在第二次世界大戰期間從五萬人躍增至四十五萬人,[110] 而且一九四〇年代在草根與全國層次出現了更多的騷動。眾多例子當中的一個是海軍退役軍人歐提斯・平克特(Otis Pinkert)採取的行動。他在戰爭當中獲得三次晉升,但搭火車返鄉卻被迫只能乘坐隔離車廂。他抵達家鄉阿拉巴馬州塔斯基吉(Tuskegee)之後,就對一家以黑人為主要顧客但只僱用白人員工的商店發起抵制,藉此表達自己的憤怒。那家商店因此無法營業,最後僱用了一名黑人經理以換取抗議活動結束。[111] 其他黑人士兵也在回國之後採取類似的作為,包括登記投票、前往投票所投票,甚至只是在貢獻了一己之力服務國家與世界之後要求一點尊重,卻紛紛遭到威脅與暴力對待,而且這種情形主要出現在南方。[112] 不過,像平克特獲得的那種勝利慢慢變得愈來愈常見,從而強化了美國黑人的勇氣與信念,促使他們持續爭取加入美國的「集體」。

第二次世界大戰期間,去除軍隊的種族隔離成為社運人士的另一個焦點。一九四一年,在羅斯福政府做出軍隊仍然維持種族隔離這項令人失望的決定之後,臥鋪搬運工兄弟會(第一個以非裔美國

人為主的工會）的創立者蘭道夫（A. Philip Randolph）揚言要帶領十萬名非裔美國人到華府遊行示威。為了阻止這項抗議行動，小羅斯福發布了第八八〇二號行政命令，在參與戰爭工作的聯邦機構與國防工業當中禁止種族歧視。[113]

第二次世界大戰提振了黑人與白人對於追求種族正義的抗爭將會出現轉捩點的希望。瀰漫於學術界並且為歧視行為提供基礎的科學種族歧視，在猶太人大屠殺之後不再具有可信度。[114] 民權領袖與國際媒體都凸顯了美國的偽善：一方面在海外為人權而戰，在國內卻容忍種族歧視的存在。[115] 因此，外交政策壓力成了戰後與冷戰期間的歷任政府針對民權採取行動的主要動力。一九四八年，杜魯門之所以能夠當選，部分原因是他在民主黨政見當中維持了堅實的民權準則，持續吸引非裔美國人加入。他兌現諾言，成立了總統民權委員會，後來這個委員會提出一份一百七十八頁的報告，倡議大刀闊斧的改革。於是，杜魯門針對軍隊裡的種族隔離發布了等待已久的禁令。[116]

一九四四年，瑞典經濟學家繆達爾（Gunnar Myrdal）在卡內基基金會的敦促下研究種族關係之後，針對白人種族歧視發表了一份絲毫不留情面的陳述，題為《美國的困境》（*An American Dilemma*）。這部著作以強而有力的筆調傳達的訊息，就是美國已經到了必須算清總帳的時候，一方面是充滿歧視的現實，另一方面是民主平等這項「美國信條」。「自從重建時期以來，就不曾有過如此充分的理由能夠令人期待美國種族關係將會出現根本改變，而且這樣的改變將會促成邁向美國理想的發展，」繆達爾以樂觀的筆調寫道。[117] 這部

著作成為暢銷書，而且非裔美國人與白人知識分子都相當認同繆達爾的分析。史學家派特森寫道：「繆達爾的訊息獲得將近全體一致的支持，反映自由派人士在戰爭結束之際對於種族與族裔進步懷有愈來愈高的期待。」[118] 這種樂觀態度也受到戰後時期史無前例的政治禮讓所強化，這點我們在第三章詳細討論過。自由派的共識愈來愈呼應民權運動人士的看法，也就是認為採取更積極的手段以確保種族平等的時機已然來臨。

除了政治上愈來愈聚焦於民權，文化上對於種族包容的日趨重視也在二十世紀中葉開始確立。一個例子是反誹謗聯盟的分支機構美國民主學院發給學生的一本書的封面，其中可以見到 DC 漫畫裡的超人教導一群孩童拒絕歧視：

> 「各位小弟弟小妹妹，不要忘了，你們的學校就像我們的國家一樣，是由許多屬於不同種族、宗教與族裔血統的美國人組成的。所以……你要是聽到有人因為其他同學或者任何人的宗教、種族或者族裔血統而說對方的壞話，這時候不要等待，馬上告訴那個人『說這種話不是美國人該有的行為』！」[119]

這個書封提倡繆達爾理想中的「美國信條」，是美國在二十世紀中葉出現的自由派反種族歧視樂觀態度的典型例子。

那樣的樂觀態度雖然有些誇大，卻還是受到司法與立法方面的成功所支持。最高法院在一九五○年做出禁止州立大學施行種族隔離的裁決，開啟了一條變革的道路。身為先驅的非裔美國人律師瑟

古德・馬歇爾（Thurgood Marshall），因此開始尋求一件能夠凸顯初等與中等教育種族隔離問題的案子。一九五四年，他選定的那件案子造就了布朗訴教育局案的標誌性裁決。[120] 當然，最高法院要求政府以「十分謹慎的速度」解除學校種族隔離的命令，因此留下許多推託延宕的空間，而且艾森豪總統也不是特別熱切於捍衛這項裁決。但不久之後，國會通過了重建時期以來的第一項聯邦民權立法，也就是《一九五七年民權法案》。《紐約時報》在當時將這項立法盛讚為「毫無疑問是本世紀各屆國會所通過最重要的國內行動」。[121] 這項法案的主要目的在於改善這項事實：儘管經過顯著進步，卻還是僅有 20% 的美國黑人去登記投票資格。這項政策對於黑人投票的影響雖然有限，[122] 卻成立了美國民權委員會。該委員會的活動與報告不但造成民意的改變，也進一步促成後續的立法勝利。

　　金恩博士在一九五〇年代晚期崛起成為強而有力的民權領袖，開始以擲地有聲的言詞呼籲終結美國的偽善。金恩雖然一直是民權運動最受敬重的領袖，但其他黑人領袖，例如艾拉・貝克（Ella Baker）與芬妮・露・哈默（Fannie Lou Hamer），還有許多非裔美國人組織，包括學生非暴力協調委員會與南方基督教領袖會議在內，都促成了史無前例的抗議活動，諸如從一九六〇年開始在南方的種族隔離午餐櫃檯從事非暴力的靜坐抗議；一九六一年由學生組成種族融合的隊伍從事自由乘車行動，企圖藉此落實要求跨州交通工具實施種族融合的法律規定；一九六三年的進軍華盛頓，共有三十萬名左右的民權倡議者聚集起來要求聯邦政府立刻採取行動；以及一九六四年的自由之夏，由年輕的黑人與白人社運人士共同鼓吹非裔美國人登

記投票。

甘迺迪在這波社運浪潮的風口浪尖就任總統。不過，他沒有立刻把民權視為優先要務，而是在冷戰臻於高峰的當時選擇聚焦於國家安全。[123] 儘管如此，他還是在不久之後就開始積極把民主黨和民權運動畫上等號、讓更多黑人進入聯邦政府，並且鼓勵司法部在起訴投票權案件當中扮演比較積極的角色。他的繼任者詹森把目標對準國內議題以及甘迺迪未能實現的「夢想」，迅速將民權置於施政計畫的核心。身為南方人並且精通於建立聯盟的詹森，促使國會通過具有分水嶺意義的《一九六四年民權法案》、一九六五年的《投票權法案》，以及一九六八年的《公平住宅法》，還有許多的大社會計畫，目標在於讓所有美國人民擺脫貧窮，尤其是黑人。他並且在一九六七年任命瑟古德・馬歇爾進入最高法院，成為第一位非裔美國人大法官，為種族包容創下另一個里程碑。

這些勝利雖然來得極為緩慢，也屢屢遭受抗拒，但美國從一個自私而分散的「自我」社會提升為一個比較利他而且富有凝聚力的「集體」社會的過程中，陸續為一九五〇與一九六〇年代的革命性突破奠定了基礎。當然，促成美國的「集體」擴大範圍而將黑人包含在內，主要是非裔美國人的社會運動所造就的成果，詹森總統也非常清楚這一點。他在一九六五年對國會發表的演說中表示：「這項奮鬥當中真正的英雄是美國黑人，他們呼籲我們實現美國的承諾。在座的各位，有誰敢說如果沒有黑人堅持不懈的英勇爭取以及對於美國民主的信心，我們還是能夠達成同樣的進步？」[124] 長期民權運動還有促成此一運動的非裔美國人大遷徙所帶來的關鍵影響，

就是要求這個國家終於實現涵蓋所有人的平等與包容。

白人的態度改變

民權革命是二十世紀期間帶領非裔美國人邁向平等與包容的眾多力量共同促成的結果。除此之外，還有一項力量則是白人的種族歧視態度在二十世紀頭六十幾年間的明顯降低。

民意學者廣泛認為，在非裔美國人大遷徙與長期民權運動發生的同時，明白外顯的「傳統」白人種族歧視早在二十世紀中葉以前就開始大幅下降，並且一路持續到一九八〇年代。[125] 最早始於一九四二年的民意調查顯示，這種支持種族平等的轉變可見於學校、交通運輸、公共場所、居住選擇、黑人總統候選人，以及跨種族婚姻等領域，這些還只是其中的少數幾個例子而已（見圖 6.9）。一九六〇年代中期的研究顯示，白人當中最支持種族平等原則的群體，是年齡較輕而且受過良好教育的成年人：也就是戰後嬰兒潮世代的父**母**。到了一九九〇年代，成年白人對於種族平等原則的支持已近乎完全普及，所以調查者已不再詢問相關問題，唯一的例外是跨種族婚姻。對於這個問題的回答，顯示支持種族平等原則的長期**趨勢**持續到了二十一世紀。

這項**趨勢**在出生群的資料當中尤其明白可見，因為這種資料追蹤了橫跨時間的世代變化。從成長於二十世紀初始的世代到成長於二十世紀中葉的世代，可以看到歧視程度穩定降低，每個世代都對種族關係抱持更加開明且包容的觀點。此外，由於歧視程度最高的

圖 6.9：白人對於特定種族平等原則的支持，1942-2011

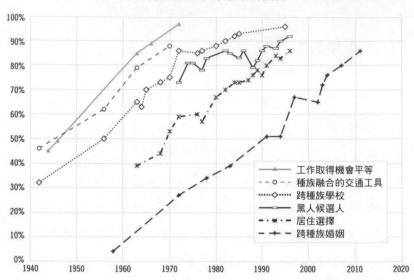

資料來源：Schuman et al., *Racial Attitudes;* Krysan and Moberg, *Portrait.* 見注釋6.125。

白人出生群是在二十世紀的頭幾十年間受到社會化，所以我們可以合理認定，在民意受到當代調查的衡量而受到揭露之時，那項潛在的趨勢早就已經展開。

因此，隨著抱持歧視的出生群逐漸凋零、歧視程度較低的出生群陸續長大成人，成年白人也就不再會像過去那樣向調查者指稱黑人同胞在先天或生物結構上比較低等，也更加可能會說自己支持種族融合的社會空間與機構，至少在原則上是如此。如同所有的世代變化，這項變化的發生也比較不是因為個人想法的改變，而是因為成年人口的世代組成已有所不同。

白人在種族平等原則上的這項巨大態度變化，在歷史上深具意

義，也是民權運動與美國正向發展的背景當中的重要部分。另一方面，隨著民權革命逐漸進展，那些原則該如何由政府政策落實（例如積極平權行動）的議題於是開始受到重視，而白人對於這些議題的抗拒不但比較強烈，也比較冥頑不化，我們後續將會再回頭探討這項事實。此外，白人對於種族平等**原則**的支持也在二十世紀結束之際出現進展減緩的情形，部分原因是第二次世界大戰前的世代告別人世之後，出生群代換的動力所帶來的總體進展即隨之減少。

換句話說，跨世代的態度變化在一九六○年代之後逐漸減緩：嬰兒潮世代的父母在種族問題上的態度比他們的父母開明得多，但嬰兒潮世代比自己父母開明的程度沒有那麼多，而嬰兒潮世代和子女之間的差異又比他們和父母之間的差異更小。白人種族態度的跨世代改變動力逐漸減緩，而經過短暫的落後，這種減緩情形即呈現在白人態度整體變化率的下降。

因此，傳統白人種族歧視在二十世紀的消退，大部分都發生在一九七○年代以前，從而提高了這項論點的可信度：種族態度早在美國的「集體」涵蓋範圍擴張之前就已經開始鬆動。的確，一九六四年的一項蓋洛普民意調查就顯示美國民眾對於《民權法案》的支持度相對於不支持度將近二比一（58% 相對於 31%）；而在一九六五年四月，更有整整 76% 對於即將頒布的《投票權法案》表達支持。[126] 這種對於種族融合與包容原則的逐漸接納（經過數十年的醞釀，並且幾乎可以確定受到非裔美國人大遷徙與長期民權運動的活動所影響），是詹森能夠獲取那些突破性立法而終結法律上種族隔離的一項重要因素。

在詹森總統設法確保《投票權法案》能夠通過的過程中，他在一個關鍵時刻向國會發表演說，指稱他預期要在美國完全達成種族平等與包容將會有一段艱辛的道路要走。「就算我們通過了這項法案，這場戰役也不會就此結束，」他提醒道。不過，「我們終將得勝，」他總結指出，特地引用廣受民權示威人士喜愛的一首頌歌的歌名。透過這樣做，他在修辭上與立法上都以前所未有的方式把黑人的「集體」納入了美國的「集體」當中：訴諸美國白人的開明態度，並且將他的盼望添加到金恩博士的「夢想」當中，希望這個擴大範圍的「集體」能夠持續下去。[127]

白人的反彈

白人對於黑人平等地位的支持在二十世紀上半葉出現可觀的進展，此一進展在當代的調查以及跨世代的分析當中都明顯可見。然而，一旦到了重要關頭，許多美國白人卻都不願實踐那些原則。不過，如同拉羅什福柯（La Rochefoucauld）所言：「偽善是惡行向美德致敬的表現。」白人對於種族平等原則的接受程度在整個二十世紀期間出現的巨大變化，絕對不能不予重視，但如果認定那樣的轉變能夠直接落實在實踐當中，那可就錯了。

可悲的是，就在民權運動開始獲得重大成果，尤其是在政府採取平權行動促成種族融合的同時，造成那種改變得以出現的脆弱全國共識卻逐漸崩壞。平等與包容在原則上聽起來雖然很不錯，美國白人卻立刻開始對於變革的速度表達擔憂。雖有明確的多數支持

《一九六四年民權法案》，但這項法案通過之後不久舉行的一項全國民意調查，卻顯示 68% 的美國民眾希望這項法案的施行能夠和緩一點。實際上，許多人都認為詹森政府在落實種族融合上動作太快了。引人注目的是，表達這種觀點的受調者比例從一九六五年三月的 34% 躍升到五月的 45%，而那時正是《投票權法案》在國會接受審查之際。[128]

政府對於新立法的執行也愈來愈遭到心懷不滿的白人進行組織性的抗拒以及暴力的反彈。社會學家麥克亞當（Doug McAdam）與卡里娜·克魯斯（Karina Kloos）把這種情形稱為「白人抵抗運動」，並且主張這種現象最早在一九六〇年代初期發展於南方，接著在一九六〇年代中期至晚期擴散到全國各地，「反對非裔美國人爭取自由的活動，包括其傳統的民權形式以及愈來愈具威脅性的『黑人權力』形式」。[129]

這種「白人抵抗」非常凶狠，而且經常採取暴力。一九六五年發生了「血腥星期天」事件，也就是阿拉巴馬州的州警對於企圖從塞爾瑪（Selma）遊行至蒙哥馬利的示威人士發動攻擊，以鞭子、棍棒與催淚瓦斯對付他們。接著，金恩博士雖然藉由呼籲愛、非暴力以及互相理解而帶領非裔美國人達成前所未有的勝利，卻在一九六八年遭到一顆子彈封口。金恩加入了艾佛斯（Medgar Evers）、吉米·李·傑克遜（Jimmie Lee Jackson）以及其他數十人的行列，都因為鼓動群眾以非暴力手段爭取種族正義而在一九五〇與一九六〇年代期間遭到殺害。[130] 這些事件在全國引起強烈的哀傷與憤怒，但隨著因此引發的暴動於全國超過一百三十座城市當中爆發，暴力行為也有

增無減。[131]

　　白人的反彈不僅限於南方，也不只是聚眾暴亂現象，而是迅速為政治候選人造成嚴重影響。麥克亞當與克魯斯指出，到了一九六〇年代中期，「美國的種族極化已成長至極高的程度，因此候選人如果公開爭取黑人選票，就會造成自己的白人選民大量出走」，原因是白人選民愈來愈以種族目光看待大社會的各項計畫。[132]

　　在底特律和紐華克（Newark）的暴動之後，由詹森總統於一九六七年七月任命的克納委員會（Kerner Commission），在一九六八年二月提出報告，指稱那些暴動毫無疑問是非裔美國人對於種族歧視泛濫、警察暴力以及無法擺脫的貧窮所感到的正當憤慨而造成的結果。不過，詹森拒絕接受該委員會的建議，不願採取大刀闊斧的改革以終結非裔美國人的隔離聚居現象，或是增加聯邦政府在減少貧窮方面的投資，反倒聲稱他敏銳的政治嗅覺在這個委員會成立之後的七個月裡察覺到白人態度的巨大改變。[133]

　　的確，在一九六八年，金恩博士遇刺之後才過幾個月，阿拉巴馬州長喬治‧華萊士（他在三年前主導了血腥星期天事件）出馬競選總統，結果獲得 13.5% 的選票。將近有一千萬分布於全國各地的民眾投票支持這個冥頑不靈的種族隔離主義者擔任全國最高的公職，[134] 從而為二十世紀頭六十幾年間所獲得的一切勝利蒙上了陰影，並且暴露出這項事實：儘管獲致了那麼多成果，美國人民對於將公民的完整權利與特權延展到所有人身上的決心仍然極為有限。

　　華萊士雖然吸引了相當比例的共和黨選民，但尼克森精明利用了麥克亞當與克魯斯所謂的「種族反動的政治」，得以在一九六八

年當選總統。他們寫道，尼克森「大肆宣揚的『南方策略』，精確說來只是反映了當時的新興動態，而不是他自己勇敢採行的新方向」。他們接著指出，華萊士斬獲的意外成果，「對於兩黨當中的政治策略家而言都堪稱是一大啟示」。那些策略家就此理解到，要獲取關鍵的權力平衡，就必須訴諸日益成長的白人反彈情緒。於是，尼克森總統在種族方面的言論開始偏向保守，並且任命保守派的法官，而那些法官也逐漸取消先前的民權勝果。因此，他成功吸引了華萊士的支持者，而在一九七二年拿下南方各州，以大勝之姿獲得連任。如同我們在第三章提過的，這是政黨極化的 U 形曲線當中的關鍵轉捩點。[135]

　　隨著一九七〇年代慢慢過去，政治人物也愈來愈理解到這一點：美國白人雖然能夠忍受黑人緩慢漸進而且個別獲取的進步，但那樣的進步一旦要求權力結構的重組、資源的重新分配、文化常規的改革，以及真正的種族融合，反彈就不免隨之出現。這種情形最明白可見的例子，就是政府藉由提供校車接送而強制要求學校實施種族融合的做法，引起了白人的強烈抗拒。不過，這樣的反彈也可見於白人為了迴避一九六八年的《公平住宅法》所鼓勵的鄰里種族融合而大舉遷往市郊的行為。

　　實際上，學者檢視了意在建立種族平等的政策（經常簡稱為「種族政策」）受到的看待態度，結果發現不只白人受調者仍然廣泛持反對姿態，對這些政策的支持也從一九七〇年以來就普遍呈現下滑趨勢。對於在學校、公共場所與就業等領域當中禁止歧視與法律種族隔離的政策，白人的支持程度從一九七〇年代初期以來就有所下

滑。[136] 另一方面，對於為黑人提供補償性政府援助或者優惠待遇的積極平權行動計畫，白人的支持程度則是從一九七〇年以來就一直維持在非常低的程度，不論受調者被詢問的問題是關於直接支出、政府補助、學校招生，還是僱用慣例都一樣。[137]

同樣的，在後民權時代，白人受調者對於種族融合的支持程度雖然在涉及的黑人個體為數不多的情況下（例如一所種族融合學校裡只有「少數」幾個黑人學童，或是鄰里當中只有一個黑人家庭）有所提升，但只要涉及大部分的黑人，他們的支持程度就會大幅下降，顯示他們對於種族包容的決心仍然有限。[138]

被問到種族不平等的肇因，二十世紀末幾乎沒有白人受調者會再指稱是因為黑人「能力低落」。然而，他們最常提出的解釋也不是種族歧視或者機會低落（這樣的回答在二十世紀最後幾十年間就逐漸減少），而是「動機低落」：這種觀點似乎只是把種族歧視態度從先天基礎轉變為非先天的基礎而已。[139] 此外，傳統白人種族歧視雖然在百年來呈現出跨世代的下降，出生群分析卻顯示此一進程在近數十年來出現減緩。

因此，種族包容的態度在二十世紀頭六十幾年間雖然有朝向開明發展的真實趨勢，但實現這種包容所必須的措施卻也遭遇顯著的白人反彈。

美國放開油門

儘管如此，在一九六三至一九六六年間出現那些司法與立法方

面的巨大勝利之後,非裔美國人在社會、法律和政治上獲得的包容還是以史無前例的速度大為進展。這點在政治代表、跨種族婚姻、公共空間與機構還有媒體的種族融合,以及美國黑人進入職業學校與上層中產階級職業等領域當中尤其清楚可見。

此外,如同我們先前討論過的,黑人雖然沒有達到平等,但到了一九六〇年代中期,他們在健康、教育程度、所得、住宅自有率乃至投票方面與白人逐漸拉近距離的發展已經持續了幾十年。因此,我們也許會合理預期認為,隨著排他性法律出現改變,而且愈來愈多阻擋完全包容的障礙受到破除之後,邁向種族平等的既有趨勢將會持續下去甚至加速發展。不過,二十世紀最後三十幾年間令人沮喪的現實,卻是進步明顯減速,在某些案例當中甚至出現逆轉。

在二十世紀的最後幾十年裡:

- 美國黑人的相對平均壽命延長情形陷入停滯,直到二十一世紀初始才又開始出現改善。
- 黑人與白人嬰兒死亡率落差縮減的情形趨緩,美國黑人的嬰兒死亡率近年來也出現上升。[141]
- 黑人/白人的高中與大學畢業比率幾乎毫無改善。
- 種族之間的所得平等進步情形出現逆轉,而且黑人與白人的所得落差總體而言也大幅擴大。[142]
- 黑人自有住宅的相對比率陷入停滯,甚至衰退。
- 學校恢復實施種族隔離。[143]
- 白人態度傾向開明的趨勢逐漸減緩。

　　在一項接一項的衡量標準當中，正向改變的**比率**在民權革命之前的數十年間其實比在那之後的數十年間還要**快**。在許多案例當中，進步更是出現停頓或者逆轉。

　　在四十年前贏得一項阿拉巴馬學校解除種族隔離案件而立下先例的非裔美國人律師克萊蒙（U.W. Clemon），近來又在同一個郡打起一場極為類似的法律戰役。他指出：「我從沒想過我在二○一七年會必須再打一場我在一九七一年就已經贏過的戰役。」[144]

　　對於美國為什麼會「放開油門」，而不是持續追求平等、融合以及更具包容性的「集體」，一個重要的解釋就是美國白人清楚發聲也經常以暴力手段反對達到這些目標所需的措施。另一方面，許多美國黑人也開始對自由派建制的承諾失去信心，也不再期待種族融合計畫，因為那些計畫來得極度緩慢。《紐約時報》在一九七八年報導了調查資料，顯示大多數的美國黑人雖然整體上都體認到他們的白人鄰居懷有愈來愈開明的態度，卻有 44% 認為白人對於幫助他們「改善處境」根本「絲毫不當一回事」。[145]

　　因此，一九六○年代中期從「集體」轉向「自我」的文化改變，和兩點密切相關：一是白人對於民權革命的反彈，二是從吉姆‧克勞法的種族歧視轉變為一種新式的白人種族歧視，有時又稱為「自由放任的種族歧視」。勞倫斯‧波波（Lawrence Bobo）及其同僚在一九九七年主張指出：「支持種族隔離、厭惡跨種族婚姻，以及相信黑人的先天劣等性，是吉姆‧克勞法時代的意識形態基石。新的自由放任種族歧視時代則是以集體種族不滿為核心。」[146] 金德（Donald Kinder）與霍華‧舒曼（Howard Schuman）也在二○○四年引用瑪麗‧

傑克曼（Mary Jackman）的話語指出：「白人開始鼓吹個人主義的概念……原因是這種概念為他們提供了一種原則性而且看似中立的理由，可以用來反對優待美國黑人的政策。」[147]

我們在先前四章記錄過的經濟、政治、社會與文化方面從「集體」轉向「自我」的全國性發展，對黑人的傷害明顯不下於白人，甚至可能還更加嚴重。個人化的美國對待種族少數族群的友善程度並沒有高於比較社群化的美國，有時候反倒還更低。

種族與「自我─集體─自我」曲線

對於美國在二十世紀頭六十幾年間從「自我」提升到「集體」的整體發展，一種可能的解讀是由於這項發展和吉姆‧克勞法那種赤裸裸的種族歧視與排斥同時出現，因此美國在當時所追求的「集體」乃是以犧牲非裔美國人的權益作為代價。有些人可能會主張那個時期所建構的只是一個屬於白人男性的「集體」：其中沒有容納別人的空間，而且其力量終究來自於其排他性。

不過，這個觀點沒有考量到黑人在這段時期逐漸拉近了與白人的平等距離，以及長期民權運動所獲得的緩慢但重要的勝利，在長達好幾十年的時間裡迫使白人在重要面向上擴大「集體」的涵蓋範圍（儘管終究還是有所不足）。如同一名省思美國種族關係的作家所寫的，這些改變「一方面不足以造成影響，同時卻又產生了無與倫比的影響」。[148] 到了一九六〇年代晚期，擴大「集體」範圍的工作雖然還是遠遠算不上完成，但美國在追求包容性的「集體」這項

目標上卻達到了前所未有的進展。

　　永久改變了美國法律種族關係的標誌性民權立法，是在「自我
—集體—自我」曲線的頂點通過，這項事實就顯示「集體」涵蓋範
圍的擴張（我們已經指出，這種情形在許多方面都在一九六〇年代
之前扎根）實際上是打破「膚色界線」的前提要件。如果沒有美國
在先前數十年間朝著史學家舒爾曼（Bruce Schulman）所謂的「廣闊
的普世性願景」邁進，[149] 實在很難想像如此巨大的改變（如此漫長
又遭到如此猛烈的抵抗）竟然有可能發生。

　　此外，我們提過的那種「放開油門」現象（也就是種族平等的
許多衡量標準所出現的進步，其實在一九七〇年以前速度比較快，
在那之後便趨緩、停滯，並且反轉），大體上和整個國家從逐漸擴
大的「集體」轉回愈來愈狹隘的「自我」這項改變同時發生。遲到
已久的種族包容發展掀起了進一步改善的盼望，但隨著整個國家的
發展方向轉向比較不平等的理想，這些盼望也因此落空。所以，從
整個二十世紀的宏觀觀點來看，所謂必須破除一個屬於白人男性的
「集體」才能夠為種族進步開拓道路的想法並不受實際上的資料支
持，因為那個「集體」開始崩壞之後，許多重要領域當中的種族進
步也跟著戛然而止。

　　當然，在美國如何以及為何從「集體」轉回「自我」的發展當
中，白人對於黑人解放的真實反彈乃是很重要的一部分。實際上，
美國轉向「自我」的發展在許多重要面向絕對有可能是對於這項極
度艱困的挑戰所產生的回應：也就是在深植於歷史當中而且尚未化
解的種族歧視背景之上，難以維繫多元化而且多種族的「集體」。

舉例而言，經濟學家巴拉德（Charles Ballard）指出，「對於民權運動的長期反彈」是造成反平等態度在過去五十年來激增的關鍵因素。[150] 社會學家麥克亞當與克魯斯針對種族不滿促成美國偏離政治自由主義與大政府的影響，也提出了類似的主張。[151] 此外，史學家舒爾曼認為，我們在前一章討論過的認同政治與文化在一九七〇年代廣受接納的情形，促成了競爭精神的興起，以及在公共場域中揚棄一種廣泛的合作倫理。他認為由此造成的結果就是公民概念的零碎化：不再是奠基於廣泛的共同性之上，而比較是著重於主張一種與狹隘的群體認同有關的權利與特權。[152]

　　如果說不平等情況升高、社會資本減少、癱瘓性的政治極化、文化自戀的浪潮，以及共同利益概念的分裂（這些都是美國轉向「自我」的發展當中的決定性要素），是達成黑人與白人平等所必須付出的代價，那麼有些人也許會認為這樣是值得的。然而，事實卻是在美國從「集體」轉向「自我」之後，那樣的平等還是沒有實現。況且，那樣的轉向對非裔美國人造成的傷害也不亞於其他人，甚至可能還更嚴重。此外，二十世紀邁向平等的大部分進展都不是發生於美國分裂性的「自我」時期當中，而是發生在更早之前，也就是美國朝向雖不完美但仍然較具包容性的「集體」所邁進的那段漫長時期。

　　一九四五年，在杜博依斯首度把「膚色界線」描述為二十世紀決定性問題的四十二年之後，非裔美籍社會學家德雷克（St. Clair Drake）與凱頓（Horace R. Cayton）出版了《黑人都市》（*Black Metropolis*）這本開創性的研究著作，探討在非裔美國人大遷徙期間生活於芝加

哥南區所面臨的各種矛盾與複雜問題。在這個嚴重種族隔離的角落裡，他們對其中的生活描繪了一幅鮮明而且經常帶有尖銳譴責的圖像，但這幅圖像裡仍然充滿追逐著美國夢的人，那些人也以先前絕不可能的方式參與在美國夢之中。黑人在二十世紀中葉雖然還是普遍被排除於美國主流之外，但當時也已經開始出現巨大的改變。「膚色界線並非靜止不動，」兩位作者總結指出：「而是會彎曲拗折，有時也會受到打破。」[153]

因此，複雜的二十世紀美國種族史所帶來的其中一項教訓，也許單純就是：「集體」可以用比較包容或者比較排他的方式予以界定，而且那樣的包容性也可能隨著時間逐漸改變。不過，一個自私而分裂的「自我」社會不是達成種族平等的有利環境。此外，我們想要創造的美國「集體」如果不具有完全的包容性、完全的平等性，或是不能夠真正包容各式各樣的不同，就會因此播下導致其本身瓦解的種子。找尋更具包容性的新方法以達成金恩博士未能實現的那個「至愛社群」願景（也就是一個真正多種族而且多文化的「集體」），在當今的迫切性絲毫不亞於過往，而且在決定美國最終是否能夠反轉其衰退趨勢而造就另一次的正向發展當中，也將會扮演關鍵性的角色。

譯注一：所謂的「紅線制度」（redlining），是以不同顏色標示都市裡的區域，
　　　　用來表示風險程度高低，而黑人居住區幾乎都會被標為紅線，代表
　　　　高風險區，導致購買其中的住宅無法取得貸款。
譯注二：所謂的限制性住宅契約，是在住宅的所有權證書裡加入禁止將這棟
　　　　住宅賣給非白人的條件，住宅所有人必須遵守這項條件。至於種族
　　　　趨導，則是房地產經紀人刻意把黑人購屋者引導到黑人社區看房。

7 | 性別與美國的「集體」

　　我們在前一章探討了非裔美國人的經歷是否呈現於美國的二十世紀正向發展當中，並且提出這個關鍵的問題：證據是否顯示美國的「集體」年代乃是藉著犧牲有色人種的權益而達成？在本章，我們要把同樣這個問題套用在女性的經歷上。透過性別的觀點檢視二十世紀，究竟是證實、牴觸，還是複雜化了美國這個「自我─集體─自我」世紀的歷程？

　　如同我們在對非裔美國人的探究當中看到的，從總體角度書寫這個多元化國家裡的任何一個次群體，都是一種很危險的做法，因為這樣不免會模糊掉因為地理、經濟、文化與個人條件所造成的經驗差別。這種問題在「女性」這個大約占了一半人口的群體當中尤其嚴重。此外，要以這麼廣大的一個群體作為探討對象，我們也必須承認這個群體當中同時含有其他每一種遭到邊緣化的族群，因此造成交織性的問題，而且多層次的歧視可能會造成各種不同的經驗與結果，無法充分反映在只採取單一分類方法的資料當中。[1] 因此，

在提醒讀者本書乃是宏觀史的研究，而必然不免簡化複雜故事的情況下，我們將概略陳述那條熟悉的倒 U 形曲線所代表的堅實現象如何反映在性別當中，或是在性別裡如何出現變化。[2]

二十世紀初始的美國婦女

婦女雖然自從美國共和政體成立以來就一再要求平等待遇和包容，[3]但一般認為美國婦女運動乃是在一八四八年開創於塞內卡瀑布城（Seneca Falls）。當時在那裡舉行了第一場探討女權的全國集會，將近有三百人齊聚於紐約上州的一間教堂討論「婦女的處境與權利」，並且通過決議，呼籲十二個領域當中的平等權利，包括財產所有權、教育、就業機會、參與公共場域的能力，以及最具爭議性的投票權。[4]因此，塞內卡弗斯的這場會議發動了後來所謂的「第一波」美國婦女運動。[5]

根據史學家克莉絲汀・斯坦塞爾（Christine Stansell）的說法，到了一九〇〇年，「提出於塞內卡弗斯的許多要求都已經暫時達成，包括大學教育、就業機會、財產權限制放寬，〔還有〕子女監護權。」[6]當然，這些改變的效益主要集中在生活最優渥的婦女身上，無助於化解持續不斷的種族與族裔歧視。此外，這個時期的婦女廣泛被預期必須扮演妻子與母親這類受到狹隘界定的角色，而且婚姻與就業大體上被視為彼此互斥。儘管如此，在二十世紀初期的幾十年間，選擇不結婚對於身為中產階級並且受過教育的「新女性」具有愈來愈高的吸引力，因為她們一心想要把自己接受的教育運用

在家庭之外，因此也熱切利用了新出現的機會。

　　不過，就整體而言，在二十世紀初始之際，只有 20% 左右的婦女加入正式就業人口的行列。[7] 這些工作婦女大多數都是單身、教育程度低落，而且來自低所得的家庭，因此是出於必要而尋求雇傭勞動。[8] 她們的經驗和生活比較優渥的婦女大為不同，也經常面臨極度惡劣的工作條件，例如一九一一年的紐約市三角成衣廠（Triangle Shirtwaist Factory）大火，就奪走了一百四十六條人命，其中大多數都是外來移民的成年與未成年女性。因此，為勞動階級婦女爭取改善工資與工作條件即是早期婦女運動當中的一項重要元素。

　　不過，像三角成衣廠大火那樣的悲劇，也激發了新一代中產階級女性改革者的行動，她們開始主張指出，隨著愈來愈多婦女加入工業經濟，勞動、貧窮與階級等議題也應當在婦女解放當中扮演重要角色。此外，許多女性運動人士受到進步運動的社群理想所啟發，而重新框架了爭取婦女投票權這項漫長而且持續進行中的運動，指稱這項運動和創造一個更具包容性的美國「集體」這項廣泛目標密不可分。[9]

　　不過，許多女性改革者開始鼓吹的這項進步主義願景，以及她們更具女權思想的姐妹所提出的權利導向論述，仍然帶有高度的種族色彩。在二十世紀初期的婦女運動當中蔚為特色的種族歧視尤其引人注目，原因是許多早期的女性主義者原本與遭到奴役的非裔美國人找到了共同目標，並且因為熱切參與南北戰爭前的廢奴運動而培養出發聲的能力。不過，為黑人男性賦予合法投票權的第十五條修正案在一八七〇年受到批准，為女性賦予投票權的要求雖與黑人

男性投票權一同提出，也受到熱烈辯論，「性別」卻極為醒目地在這條修正案的保護類別當中缺席。這項事實激怒了部分白人女性投票權運動者，因此造成種族正義與性別平等這兩種運動漸行漸遠，甚至也導致女性投票權運動者本身的分裂。[10] 因此，二十世紀初的婦女運動充滿了多元性與多面性，涵蓋許多不同的次群體，那些次群體所採取的行動與追求的目標都在不同時間點互相交會也互相分歧。

這項現實的另一個例子，是在二十世紀之交開始在女性投票權運動當中蔚為多數的新一代女性主義者。她們不但比較年輕、志氣比較高昂，也不怕採用較具爭議性與對抗性的策略以推進她們的理念。她們把這項長達七十二年的抗爭推向成功，於是為女性賦予投票權的第十九條修正案終於在一九二○年受到批准。[11] 這項巨大的勝利，連同進步的童工立法、為女性勞工提供保護的法律、愈來愈多女性勞工的工會化、教育和職業方面開啟的新機會，還有對於性以及身為女人的文化觀念所出現的緩慢改變，使得許多美國婦女對於女性的未來開始感到樂觀。「一般預期二十世紀就算不會帶來烏托邦，也還是會在男性和女性之間帶來美好而光明的前景，」斯坦塞爾寫道：「當時的女性主義承諾將女性帶入一個光輝燦爛的未來，身邊伴隨著充滿熱情的男性。」[12]

完全而和諧的性別平等這項目標雖然還是難以企及，但在接下來的二十世紀期間，女性畢竟達成了可觀的進展：婦女在社會當中的角色受到深切的重新框架與重新想像、權利與機會大幅擴張、女性的勞動參與增為原本的三倍、對於更安全也更平等的工作條件的

爭取獲得許多成果、先前把女性排除在外的工作類別開啟了大門，女性的教育程度和投票率甚至超越了男性。這些進展雖然在不同女性群體之間極不平均，但經濟史學家戈丁還是將這些趨勢和其他長達百年的趨勢稱為「性別大收斂」。[13]

所以，這項進步究竟是怎麼發展出來的？對於性別平等在二十世紀的進展比較常見歷史敘事，通常呈現兩種形態：

- 「第一波」女性主義運動達成了重大進展，其中最重要的是投票權。但根據這項敘事，婦女運動在這些進展之後卻跟著出現了長達數十年的停滯乃至縮減，於是性別平等也落入相同的狀況，從而造成「第二波」動員的必要性，而這波動員就始於一九六○年代。依照這項敘事的說法，我們今天看到的這種廣泛進步，就是由一九六○與一九七○年代的「女性主義革命」最終造成的結果。這項敘事有一項相關但稍微不同的版本，比較沒有那麼看重二十世紀初期的婦女運動，認為那波運動對於大多數女性的生活幾無影響，女性在平等與包容方面明顯可見的進步，幾乎**全部**都可以歸功於一九六○年代的婦女運動。

- 第二種敘事（我們認為這種敘事比較具有說服力）認為女性邁向平等與包容的過程其實比常見的第一種敘事複雜得多。有些指標雖然明白合乎進步在延遲許久之後才出現的論點，但其他許多指標卻顯示女性在整個二十世紀期間其實都朝著平等與包容**穩定**前進，而且這樣的前進沒有在兩波女性主義

運動之間陷入停滯，也沒有一直拖延到一九六〇年代才開始
發生。此外，性別平等在許多層面雖然都尚未達到，但前進
的步伐近數十年來卻幾無減緩，不同於我們在種族當中一再
看見的那種現象。相反的，女性在教育、經濟與政治方面開
始朝著平等前進之後（不論是在二十世紀初期還是後期），
這樣的進展就大體上一直持續不停。[14]

　　因此，仔細檢視性別平等在整個二十世紀期間各種不同的實證
衡量標準，不會只是揭露一則簡單的故事，而是可能會矯正我們對
於一項進展的速率和時機所懷有的若干常見誤解，那項進展就是女
性追求完整並且平等參與美國的「集體」這項尚未完成的非凡奮鬥。

教育當中的女性

　　如同我們在第二章討論過的，免費高中教育在二十世紀初期於
全國各地大幅擴展，這點反映在圖 7.1 呈現的那種整體畢業率激增
的情形當中。[15] 女孩的就學率和畢業率都比男孩高，在二十世紀初
期的幾十年間尤其如此。一九〇〇年，高中畢業生有整整 60% 是
女性；而且根據經濟史學家蘇珊・卡特（Susan B. Carter）與馬克・
普魯斯（Mark Prus）所言，從就學率來看，「在二十世紀的第二個
十年間，白人女孩和男孩相比是四比三，黑人則是三比二」。[16]
　　許多年輕男性在小小年紀就被吸引到欣欣向榮的工業部門，這
點經常代表他們輟學的事實，所以二十世紀初的女性才會在教育當

圖 7.1：總體高中畢業率和性別平衡，1870-2018

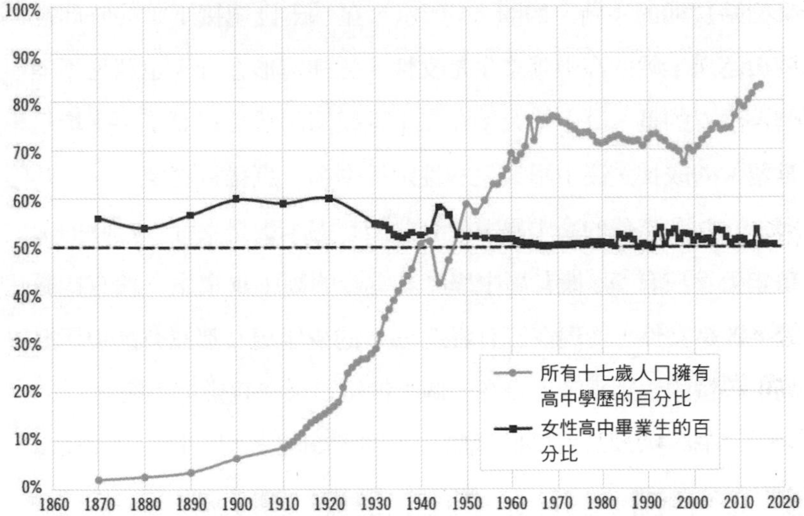

資料來源：*Historical Statistics of the United States;* National Center for Educational Statistics.

中取得優勢。不過，之所以有那麼多女孩在二十世紀的頭幾十年間就讀中等學校的另一個原因，是迅速擴張的文書事務工作為接受過中等教育的年輕女性提供了潔淨、體面，而且體力要求不那麼高的就業機會。實際上，到了一九三〇年代，大部分的文書事務工作都要求必須要有高中學歷，因此造就了完成中等教育學業的明確經濟誘因。由此可見，經濟的結構變化緩慢創造了更高的教育報酬，尤其是對白人女性而言。[17]

不過，後來經濟大蕭條造成大量年輕男性失業，其中許多人因此返回學校，於是女性的領先幅度就開始縮小。這項落差在第二次

世界大戰期間快速拉大，原因是年輕男性紛紛入伍參戰，但接著就
又回歸長期的平衡。如圖 7.1 所示，在二十世紀接下來的時間裡，
些微超過半數的高中畢業生是女性，這種情形在今天也還是不變。
值得注意的是，高中畢業率在二十世紀期間雖然經歷了不平均但相
當驚人的成長，高中畢業生的性別比率卻一直維持穩定。一八八○
與一八九○年代的高中畢業生有些微超過半數是女性，當時的美國
少年男女只有 5% 擁有高中學歷；當今的高中畢業生一樣有些微超
過半數是女性，而現在已有將近 90% 的少年男女都擁有高中學歷。
高中教育的性別平等現象在一個半世紀以來一直維持不變。

　　不過，大學教育的狀況頗為不同，如圖 7.2 所示。男性在二十

圖 7.2：大學畢業生的性別平衡，1870-2017

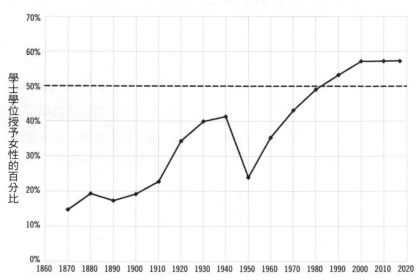

資料來源：U.S. Census; Current Population Survey; National Center for
Education Statistics.

世紀初始握有勝過女性的優勢，因為當時女性才剛開始獲得上大學的機會，而且這樣的機會也非常有限。一九○○年，大學畢業生只有不到 20% 是女性，但這個比例在二十世紀不斷攀升。因此，大學畢業的性別落差在二十世紀期間整體而言有所縮減，唯一值得注意的例外是一九五○年代，當時性別落差出現了短暫擴大。在這個時期，男性上大學的人數因為受到《美國退伍軍人權利法案》的推促而激增，許多女性放棄或者延後上大學以便成立家庭（戰後嬰兒潮）。[18] 此外，有些學者也假設那個法案具有優待男性接受高等教育的效果，並且記錄了一些案例，顯示原本屬於女性的名額遭到暫時限制，以便騰出空間給退伍軍人。[19] 因此，大學生的女性比例在一九五○年代稍微下降，造成高等教育的性別平等進展短暫中斷。不過，事實證明這項挫敗僅是暫時性的現象，女性的大學畢業率到了一九八○年代就追上了男性，並且開始逐漸超越。現在，女性取得學士學位的機率遠高過男性，而且在所有種族和族裔群體當中都是如此，唯一的例外是亞裔美國人。[20] 性別平等在學士後教育的發展時間比較晚，但其進展也在二十世紀下半葉變得相當迅速，如圖 7.3 所示。

　　總而言之，在大學教育和研究所教育方面，女性在十九世紀晚期原本遠遠落後於男性，但在一九○○年前後到一九三○至四○年間獲得了可觀的性別平等進展。這項進展在二十世紀中葉遭到第二次世界大戰及其後果打斷，但學士與碩士學位在一九五○年前後恢復邁向徹底性別平等的進展，而且速度還開始加快，至於博士學位則是在一九七○年前後。到了二○一七年，已有整整 57% 的學士

圖 7.3：研究所學位的性別平衡，1870-2017

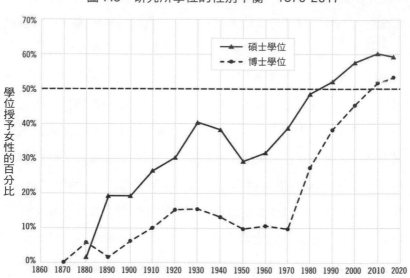

資料來源：U.S. Census; Current Population Survey; National Center for Education Statistics.

學位、59% 的碩士學位以及 53% 的博士學位是頒授給女性。[21]

　　相同的模式也可見於法律和醫學等領域的專業學位：平等的進展在遲到許久之後，接著在二十世紀的最後三十年間迅速推進。為了解釋一九七〇年之後這項戲劇性的正向發展，戈丁針對女性為何尋求高等教育，尤其是職業導向的教育，辨識出了幾項因素：受到後六〇年代女性主義的鼓勵而產生的獨立心態、離婚率提高造成女性必須支撐家庭經濟、避孕藥的出現讓女性得以延後生育子女，還有年輕女性看到年紀較大的女性參與職場的人數愈來愈多，時間也愈來愈長。「因此，」戈丁總結指出：

〔年輕女性〕增加了正式學校教育的投資、主修職業導向的學科，也有更多人接著就讀職業學校與研究所。她們的就學時間比先前的世代更長，身分認同也出現改變，把職業生涯擺在婚姻之上，或至少與婚姻地位相等。[22]

因此，就二十世紀的教育平等而言，我們在高級學位方面可以看到進步遲到許久的明確例子。不過，更加引人注目的是女性在中等教育和大學學歷方面長達一個世紀的穩定進展。這些趨勢為二十世紀末期的經濟平等奠定了重要基礎。[23]

經濟的性別平等

女性在教育平等方面的進步（在高中、大學與學士後學歷方面甚至超越了男性），有沒有反映在經濟成效當中？

回顧二十世紀的女性主義，腦海中最常浮現的圖像就是貝蒂・傅瑞丹（Betty Friedan）描繪的那種不快樂也不滿足的家庭主婦。依據她的說法，她於一九六三年出版《女性迷思》（*The Feminine Mystique*）之時，大多數的家庭主婦仍然深受母親角色與家事勞務所束縛。不過，這種圖像對於形塑二十世紀性別敘事的影響力雖然非常大，女性卻早自一八六〇年就開始穩定進軍職場，如圖 7.4 所示。[24] 我們可以看到女性的勞動參與在一九二〇至一九九〇年間實際上呈現穩定成長（在一九五〇年之後稍有加速），在整個二十世紀期間使得就業的性別落差不斷縮減。值得注意的是，這項衡量標準並未顯示

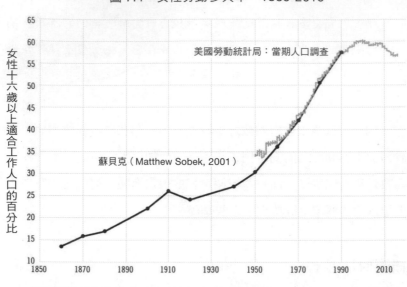

圖 7.4：女性勞動參與率，1860-2016

美國勞動統計局：當期人口調查

蘇貝克（Matthew Sobek, 2001）

資料來源：Matthew Sobek, "New Statistics on the U.S. Labor Force, 1850–
1990," *Historical Methods* 34 (2001): 71–87; Current Population
Survey. 一八六〇年的資料並未納入奴隸人口。

一九六五至一九七五年間的婦女運動對於整體女性勞動參與率有任
何影響。[25]

　　整個二十世紀期間，愈來愈多女性到家庭以外工作，於是女性
在支薪勞動力當中所占的百分比愈來愈高，至今已在所有受薪工作
者當中占了 47% 左右。[26] 如同圖 7.4 所示，女性進入職場的比率在
二十一世紀展開之際開始下降，學者把這種現象主要歸因於家庭友
善工作政策以及平價或公共托兒選項的持續欠缺，另一個原因則是
男性賺錢而女性持家的傳統態度在近來出現復甦，我們後續將會回
頭探討這兩種現象。此一趨緩情形對女性還有經濟所造成的代價雖

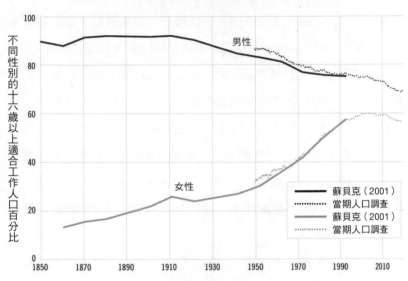

圖 7.5：男性與女性的勞動參與率，1890-2018

資料來源：Matthew Sobek, "New Statistics on the U.S. Labor Force, 1850–1990," *Historical Methods* 34 (2001): 71–87; Current Population Survey. 一八六〇年的資料並未納入奴隸人口。

已受到許多書寫探討，但這種情形實際上並不是反映性別**平等**的退步，因為男性勞動參與率在這段時期也出現下滑。

實際上，只要把男性和女性在整個二十世紀期間參與受薪工作的狀況並列在一起比較（圖 7.5），即可明顯看出性別落差多多少少呈現穩定縮減，而且幾乎沒有中斷。這項朝著平等前進的**趨勢**可見於所有的族裔和年齡群體，唯一的重要例外是五十五歲以上的婦女。不過，不同種族的女性究竟在什麼時候進入職場，又是如何進入職場，則是不太相同。[27] 這項趨勢同樣可見於每個層次的家庭所得群體當中，但二十世紀的勞動參與在高所得家庭當中的增加速度

遠高於低所得家庭。這點主要是因為文書事務、銷售以及服務部門開始為受過教育的女性提供白領工作機會。重要的是，這項趨勢也可見於各種婚姻狀態裡，其中就業率增加幅度最大的是已婚婦女。[28]

　　這些趨勢的樣態似乎顯示男性和女性在職場上穩定朝著平等邁進，而且這種現象在美國開始邁向比較包容的「集體」之前就已經展開，在那之後也仍然長久持續。不過，關於勞動參與的資料只衡量了數量（有多少女性擁有工作），並未衡量品質（女性在工作上獲得多少報酬，受到怎麼樣的對待，得到多大的滿足）。實際上，傅瑞丹號召女性的一項關鍵要素，就是要求在家庭以外能夠取得**有意義**的工作。

　　檢視女性勞動參與的穩定增加之際，一個引人深思的問題就是為什麼會有愈來愈多女性進入職場。她們真的是為了尋求滿足與意義，還是因為愈來愈高的經濟需求？我們雖然沒有涵蓋整個世紀的完整資料，但在一九七八至一九九九年間舉行的恆美 DDB 生活型態調查卻曾經向女性提出這個問題。她們的回答呈現在圖 7.6 裡。引人注目的是，在傅瑞丹提出號召之後，指稱自己是因為**想要**才出外工作的婦女人數在這段時期沒什麼改變，但指稱自己是因為**不得不**才出外工作的婦女人數則增加了將近一倍。這項對比反映了我們在第二章詳述過的情形，也就是愈來愈多的美國勞動階級人口在一九七〇年代之後（美國的「自我」年代）所面臨的經濟挑戰，還有第四章討論過的單親家庭在這個時期的大量增加。

　　整體而言，對於女性就業的廣泛趨勢所進行的討論，都把勞動參與率的提高解讀為代表了性別平等的進步。不過，圖 7.6 當中一

圖 7.6：美國女性因為必要或者出於選擇而出外工作的情形，1978-1999

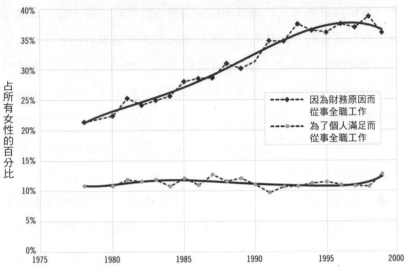

資料來源：DDB Needham Life Style Survey, in Putnam, *Bowling Alone,* pp.
196–98.

項細膩但重要的涵義，即是質疑女性在一九七〇、八〇與九〇年代
持續不斷投入受薪工作的現象（見圖 7.4 與 7.5），是否真的代表了
女性獲得愈來愈充實滿足的人生。如果有愈來愈多的女性能夠享受
專業工作的個人與經濟成果，對於性別平等無疑有所加分。不過，
來自少數社群的貧窮女性如果愈來愈被迫必須拋下子女而加入勞動
市場（正如一九九〇年代的福利改革對許多人造成的影響），那麼
就很難說這對於性別平等算不算加分，可能反倒應該被視為一種階
級歧視的惡化，相當於我們在第二章針對經濟平等所檢視過的那些
趨勢。

　　此外，勞動參與雖然在長達一個世紀的期間穩定邁向性別平等，但邁向薪酬平等的趨勢卻遠遠沒有那麼直截了當。在一八九〇至一九五五年間，女性的收入確實穩定上升，造成薪酬平等的大幅躍升，如圖 7.7 所示。（縱軸可以解讀為女性在二〇一二年賺取「0.77」美元，相較於一九六〇年代的「0.61」美元。）不過，這項趨勢在後續的三十年間基本上出現逆轉。直到一九八〇年代，女性在薪資平等上才又再度開始出現有意義的進展，但這項進步在近幾年又再次陷入停滯。[29]

　　在收入方面，所謂的「第二波」女性主義以及《民權法案》第七章在一九六四年通過所帶來的滯後效應就明顯得多。《民權法案》

圖 7.7：女性相較於男性的全職年收入比率，1890-2012

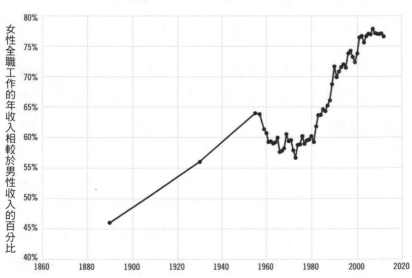

資料來源：Goldin, *Understanding the Gender Gap,* 59.

第七章正式禁止薪酬與福利的性別歧視，但如同上圖所示，這項法律修改的終極效果出現得相當慢，主要是因為這項法案的落實必須仰賴女性針對歧視現象提起訴訟，而這樣的訴訟又經常需要花費多年的時間才能夠得出結論。此外，到了一九六九年，公平就業機會委員會已收到超過五萬份性別歧視檢舉案，因此調查所有這些案件的工作超出了這個機構的負荷。[30] 不過，到了一九八〇年，累積了十年以上的立法與司法勝利終於開始在女性的薪酬平等上造成快速進步。除了歧視減少以外，薪酬落差在二十世紀後期的縮減也反映了女性教育程度的提高，包括她們愈來愈傾向於挑選能夠帶來高薪工作的教育道路，以及她們雄心勃勃地追求從事傳統上專屬於男性的工作。[31]

然而，即便到了二〇一七年，一般男性工作者每賺 1 美元，女性工作者還是只能賺取 84 美分，性別薪資落差幅度為 16%。[32] 女性政策研究協會指出：「如果改變的步伐維持過去五十年來的緩慢速度，那麼女性就必須再等上四十二年，直到二〇五九年才終於能夠達到薪酬平等。」[33] 此外，有色人種女性面臨的情勢又更加嚴峻，因為她們賺取的收入通常遠低於 84 美分，而且她們朝著薪酬平等邁進的步伐又緩慢得多。依照當前的速率，「黑人女性的年收入中位數要到二一一九年才會與白人男性達成平等，西裔女性更必須等到二二二四年」。[34] 不僅如此，女性雖與男性達成教育平等，甚至還超越了男性，這點卻沒有對薪資產生完整的平等化影響。如同喬治城大學教育與勞動力中心指出的：「在各個層級的教育程度當中，女性的收入平均比男性低了 25%，」而且整體而言，「女性

必須擁有博士學位才能賺取和男性學士相同的薪資。」[35] 因此，二十世紀最後三十幾年間的改善速度雖比以前都還要快，性別薪資平等卻仍是可望而不可及的目標。

此外，雖有為數眾多的女性投入職場，女性肩負的家事與子女照顧責任仍然遠高於男性。[36] 有些觀察者強調這種不平衡就是薪酬落差難以消除的主要原因。畢竟，這些責任導致女性難以從事長工時的工作，也經常必須為了照顧兒童或老人而暫時放下自己的工作與事業。[37] 有些薪酬落差明顯可見是歧視造成的結果，因為女性經常難以獲得升遷或加薪。當今的女性提報在職場上遭遇歧視的可能性大約是男性的兩倍，[38] 經濟學家也經常指出有一定百分比的性別薪酬落差是除此之外的其他各種因素都「無法解釋」的。

不過，兩性之間之所以存在雖然有所縮減但還是相當可觀的薪酬落差，最大的原因無疑是職業隔離這項揮之不去的現實。職業隔離可用一種稱為「相異指數」的衡量標準予以追蹤，也就是計算一個職業類別當中的就業機會在多大程度上平等分配於男女之間。女性如果像當今的狀況這樣占了整體勞動人口的 47%，那麼無職業隔離（或者相異指數為零）就表示每個職業類別（不管是護理、工程、零售，還是財務規劃）平均都有 47% 的員工是女性，53% 是男性。不過，如同圖 7.8 所示，相異指數在一九〇〇年將近七十，也就是說有 70% 的女性必須移入以男性為主的職業（或是男性移入以女性為主的職業），才能夠達成職業平等。因此，在二十世紀初始之際，美國勞動人口的性別職業隔離程度極高。

不過，長期趨勢顯示這種情形一直到一九六〇年都幾無變化，

圖 7.8：職業隔離，1900-2017

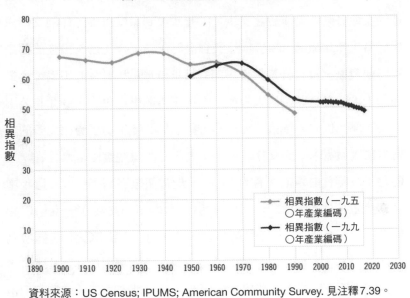

資料來源：US Census; IPUMS; American Community Survey. 見注釋7.39。

接著開始出現緩慢改善，然後在一九七〇年之後才有明顯進展。[39]
這項趨勢是一九六〇年代的女性主義革命似乎具有重要影響的另一
個例子，因為那場革命終於造成許多長久以來一直把女性排除在外
的職業類別對女性敞開大門。[40] 然而，即便到了今天，仍有將近
50% 的工作人口必須更換職業類別才能達成性別職業平等。[41] 這樣
的現象對於薪酬落差具有重要意義，因為以男性為主的職業類別在
整體上的酬勞都比以女性為主的職業類別來得高。所以，女性的收
入低於男性的一大原因，就是她們都集中在整體而言薪資較低的工
作當中。[42]
　　職業隔離怎麼會成為美國經濟當中一項如此持久的特徵？十九

世紀晚期迅速發展的美國工業（諸如鋼鐵、木材、採礦與機械）創造的女性勞動力需求少之又少，因此想要到家庭以外工作的女性只能從事生產紡織品、服裝與罐裝食品等工廠工作：通常擔任的都是不需要資歷、沒有升遷機會，而且按件計酬的職位。[43] 不過，企業在二十世紀之交開始擴大規模，零售店明顯變得更大，通訊和公用事業等部門也大幅擴張。經濟的這些結構改變創造了愈來愈多的文書事務人員需求，而女性就填補了大部分的這些需求。女性在一九〇〇年占所有白領工作者的 18.5%，但這個數字到了一九三〇年增加到將近原本的兩倍，達到 33.2%。同樣的，女性在一九〇〇年擔任 20.2% 的文書事務與銷售職位，到了一九三〇年則倍增為 40.4%。[44] 女性，尤其是受過教育的女性，不再只限於非正式就業，例如幫人洗衣服或者出租家裡的房間，而且她們的正式就業選項也不再限於勞苦的低層工業工作。

不過，女性工作的這項「驚人」轉變（套用戈丁的話語），卻也為職場帶來一種揮之不去的性別化做法，而對女性的升遷與酬勞造成歧視性的限制。雖有愈來愈多的女性和男性在相同的工廠、商店以及公司當中工作，但她們卻都受限於特定的工作類別、起薪比較低，而且被「困在」沒有向上流動機會的職位裡。此外，就算有些女性確實能夠藉著技能與經驗的增加而獲得晉升，她們的薪酬增加幅度也還是遠低於職業生涯發展狀況類似的男性，尤其是在辦公室工作以及專業與企業職位當中。[45] 儘管這段時期有更多女性在婚後持續從事受僱工作，許多公司卻還是維持著「婚姻條款」，禁止已婚婦女擔任特定職位，或者在女性結婚之後便予以開除或者降

職。

　　第二次世界大戰期間，這類職業隔離以及歧視女性的做法經常因為生產需求而受到揚棄，尤其是在重工業當中。不過，這樣的進展僅是曇花一現。史學家派特森指出，隨著戰爭結束，「最大的輸家乃是在戰爭期間取得工業工作的女性：那些工作如果不是隨著復員而消失，就是被提供給回歸平民生活的退伍軍人」。[46] 因此，女性勞工在戰爭期間能夠取得比較好的工作與比較高的薪酬，這種情形不但吸引了原本可能會選擇不工作的女性，也提高了對於平等的整體期望。但在戰爭結束之後，為了把重工業與製造業的工作還給男性，聲稱這類工作對於女性「太辛苦」的過往說法於是再度興起，迫使她們只能回到遭受隔離的產業以及比較低層的工作。

　　然而，戰時出現的職業進步也不是全都隨著和平降臨而消失。一九五〇年代期間，關於女性就業的辯論改變了焦點，從原本爭論女性乃至已婚女性和母親是否應該工作，轉變為爭論她們的就業條件。此外，女性進入（性別化）職業的比率也非常高。文書事務工作大幅增加，小學教師尤其因為嬰兒潮而獲得極高的需求。一九五〇年代的藍領女性也移入了若干新領域，尤其是在欣欣向榮的經濟所造成的需求超出了男性工作者的供給之後。婚姻條款也在一九四〇年代開始減少，到了一九五〇年幾乎完全消失。[47] 此外，兼職工作的機會在戰後愈來愈多，使得女性更容易兼顧工作與家庭責任。

　　因此，儘管在戰後復員的情況下，女性就業的強勁趨勢還是持續進展，儘管又再度回到了赤裸裸的性別隔離而且薪酬不平等的工作當中。然而，這個時期的女性勞工領袖主要仍是鼓吹已婚婦女的

工作權，還有母親的生育福利，以及恢復戰爭期間的公共托育措施。[48] 她們通常不會直接質疑職場性別分工，而是在薪資要求上聚焦於爭取相似工作的薪酬平等，藉此因應這項事實：在性別隔離的經濟裡，大多數女性根本無法從事和男性完全相同的工作。[49] 因此，戰後時期並沒有出現所有工作婦女都回歸家庭的情形，婦女運動和對於平等的爭取也沒有停止，儘管戰後時期經常受到這樣的描繪。

　　不過，在戰爭結束後，數以百萬計的女性確實自願放棄戰時的工作，而在受到調查的時候，約有半數指稱原因是「家庭責任」。[50] 不過，這些女性有許多人可能預期在結婚以及生育子女之後還會回到職場上。持續存在的職業隔離與薪酬不平等，以及戰時機會的消失，也可能導致許多女性在戰後不再追逐事業。[51] 除此之外，母親角色與家庭生活在戰後年間又被賦予了更高的文化價值。不過，二十世紀直到那個時候為止的長期趨勢乃是有愈來愈多的女性到家庭外工作，而且其中大多數都比較關注勞動條件，而不是傅瑞丹所說的那種「無名的問題」。儘管如此，戰後世代的女性面對在家庭裡或是在報酬過低、性別隔離而且毫無發展前景的工作當中尋求滿足的強烈文化預期之下，無疑也感到了深切的幻滅：這些因素不但促成戰後嬰兒潮那史無前例的出生率，也很可能造就了《女性迷思》這類批評的興起。

　　此外，試圖兼顧事業與持家的女性在二十世紀中葉還是面臨了一場硬仗。[52] 如同先前提到的，二十世紀期間雖有愈來愈多的女性投入職場，認為家務與照顧子女仍然主要是女性的責任這種觀念卻

基本上沒變，從而造成許多人所謂的「兩班制」，意指女性基本上要從事兩份工作：家庭以外的受薪工作，以及家庭裡的無薪工作。

　　除了各種形式的歧視限制了女性在職場上的選擇、薪酬與滿足感之外，性騷擾也是存在已久的問題。在職場遭遇違反個人意願的性示好，以及藉由性服務換取職場晉升的預期，長久以來都深受女權倡議者的關切。法律學者珍妮特‧哈雷（Janet Halley）、凱瑟琳‧麥金儂（Catharine MacKinnon）與瑞瓦‧西格（Reva Siegel）指出：「早期女性主義與勞工運動當中的女性，從來不曾對我們現在稱為『性騷擾』的那類行為提出持續性的攻擊，但她們確實對那類行為表達控訴，由此預示了現代女性主義與勞工運動當中的女性在一九七〇年代所提出的許多論點。」由於那些早期的女性主義者努力喚起大眾對於這項議題的重視，終於帶來了法律上的禁止，包含在《一九六四年民權法案》的第七章裡。不過，一九七〇年代那些蔚為先驅的女性律師、倡議者與理論家則是協助揭露女性的遭遇、為性騷擾賦予適切的定義，並且仔細調校這項概念以便適用於法庭當中。[53]

　　實際上，就在民權運動進入能見度最高也最成功的階段之際，女性在經濟當中面臨的歧視性現實也開始受到關注，於是一項重振活力的婦女運動即在一九六〇年代誕生。如前所述，標誌性的立法雖然終於把對女性的經濟歧視宣告為違法，但是又經過十年以上的法律訴訟與倡議之後，職場歧視、性別薪酬不平等、職業隔離與性騷擾等問題才終於出現真正的改變。此外，女性也等待了好一段時間，才得以看見教育修正案第九條所規定的教育平等真正落實。這些轉變帶來的效果在不同類別的女性當中雖不一致，但只要在這些

轉變出現的地方，其效果就確實相當巨大。

　　至於這些轉變沒有出現的地方，主要是在貧窮和有色人種的女性當中。這些女性有許多人在當今都是從事長久以來被視為「女人的工作」的服務性職務，從而強化了持續存在的性別與種族薪資落差。[54] 因此，任何取決於第二波女性主義的經濟變革論述，似乎都最符合上層階級白人女性的經驗。此外，由於持續缺乏平價或公立的兒童托育和老人安養選項，以及家務與照顧工作的持續性別化，進入高薪職業的女性因此大部分必須仰賴下層階級與有色人種的女性從事家務勞動與照顧兒童的工作：可見職場性別平等的提升在很大程度上乃是建立於階級不平等之上。[55] 正如第二章顯示了社會階層在過去半個世紀以來在整體經濟當中具有愈來愈高的重要性，至少也有一些證據顯示在女性當中也是如此。不過，要解決這個問題就必須從事更廣泛的社會重新思考，思索如何集體處理長久以來由女性肩負的人員照顧工作，好讓女性能夠擁有完整的選擇自由，而不至於進一步擴大階級落差。

　　因此，男性與女性在二十世紀期間邁向經濟平等的進展乃是好壞參半；至於邁向性別平等的進展，則是依據衡量標準還有女性次群體的不同而各有不同的進展速率和發生時間。儘管如此，女性在二十世紀上半葉還是在不少方面拉近了與男性的平等距離，而且在那之後還加速進展。不過，二十世紀的「性別大收斂」尚未完成，展望未來仍有許多重要的工作要做。[56]

公共場域的女性

十九世紀的女性雖然在公共運動當中扮演積極的角色，倡議廢奴、禁酒、消費者保護，以及改善貧窮人口與勞動階級的生活條件等理念，但她們卻還是被堅決排除於投票與擔任公職的權利之外。

所以，在女性投票權於一九二〇年通過之後的首次選舉，女性的投票率雖然比男性低了三十二個百分點，卻在後續年間迅速縮減了這項落差，如圖 7.9 所示。因此，早在一九六〇年代的婦女運動之前，女性就開始培養她們身為選民的政治發聲能力。投票方面的

圖 7.9：投票率的性別差異，1920-2016

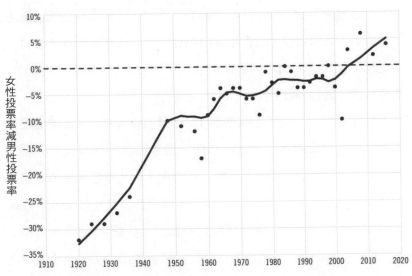

資料來源：Corder and Wolbrecht; ANES. 見注釋 7.57。Data LOESS smoothed: .25.

性別落差在二十世紀期間不斷縮減，但在一九六五年之後速度稍微減緩了下來。這點有些出人意料，因為那年正是投票權擴展到有色人種女性身上的關鍵時刻，在那之前她們的投票權實際上都遭到吉姆·克勞法所剝奪。不過，就整體而言，投票方面的性別落差自從第十九條修正案之後就多多少少持續不斷縮減，促成當今女性在全體選民當中的明顯優勢。現在，女性對於選舉結果扮演了關鍵性的角色，投票率約比男性高出 4%。[57]

除了持續增加她們在選票上的影響力，女性也長期參與倡議性別平等的工作。女性在二十世紀期間的政治運動雖然經常被形容為「一波波」的進展，但這個框架其實愈來愈受到質疑。[58] 在一九二〇至一九六五年間，女性平等所獲得的立法與司法勝利雖然極為稀少，但這絕對不是一段女性紛紛退回私領域的休眠期。女性透過志工組織追求各種目標，也在原本由男性主導的政黨當中逐漸取得一席之地，負責拉票，或是擔任選戰助理、代表大會演說者，甚至是政黨代表，儘管人數不多。[59]

此外，有色人種與勞動階級的女性雖然經常遭到主流歷史陳述所忽略，在這段時期卻是特別活躍，倡導改善工作條件、提高薪酬、工會代表權，以及種族正義。實際上，當初就是非裔美籍律師保莉·穆雷（Pauli Murray）這位開路先鋒堅持把禁止就業性別歧視納入《民權法案》裡。政治學家克莉絲汀·高斯（Kristin A. Goss）把女性倡議行動當中這個沒有受到足夠重視的階段描述為「波峰之間的浪濤」。她寫道：「不論從任何標準來看，女性投票權通過之後的幾年間幾乎可以說是婦女組織的興盛期：團體數量成長、成員增

加、政策聯盟不斷出現，國會也愈來愈尋求女性的觀點。就算有一個婦女團體消失，也馬上會有另一個取而代之。」[60]

　　婦女組織的大量出現也凸顯了這項事實：婦女運動從來就不是一種只關注單一議題的單一現象。的確，在二十世紀的大部分時間，婦女團體一直都是意見分歧，有些希望追求專門保護女性的立法（這是進步時代改革人士的主要目標，成立於一九二〇年的勞工部婦女局在初期從事的活動也是如此），有些則是追求以平等權利為目標而不考慮性別的立法。有些婦女組織雖然熱切支持《平等權利修正案》（在一九二三年於國會提出），另外有些組織則認為這項修正案會削弱既有的勞工保護法，從而對女性勞工造成弊大於利的後果。不過，一九四〇年代出現了背離勞工保護法的明白轉向，許多這類法律都為了戰時生產而遭到捨棄，所以擔心失去這些法律就不再是支持《平等權利修正案》的障礙。支持這項修正案的婦女團體因此增加，不久之後兩黨的政見就都包含了為女性爭取平等權利和平等薪酬的承諾。共和黨率先支持《平等權利修正案》，整體而言在涉及徹底性別平等的議題上也是早期的領導者。另一方面，著名的女性民主黨人則比較支持為女性（還有整體勞工）的健康、安全與經濟福利提供保護的法律。[61] 究竟該把對女性的特別保護還是把平等權利放在優先地位，這兩種立場之間的緊張關係直到一九六〇年代都還是明顯可見，但在那之後重心就大幅偏向平等權利。高斯指出，只有在這個時候，婦女運動才開始採行比較狹隘的概念，聚焦於婦女認同和女性議題。[62] 轉向這種權利導向的認同政治目標，無疑促成了平等問題上的巨大變革，但也徹底改變了婦女對於

決策的影響力本質，不論這樣的改變是好是壞。

在二十世紀期間美國對於性別平等的追求當中，最重要的一項發展是甘迺迪總統在一九六一年設立婦女地位總統委員會，比婦女革命在組織上立穩腳跟早了五年左右。這個起初由愛蓮娜‧羅斯福擔任主席的委員會，在一九六三年提出一份報告，彰顯了性別歧視問題的嚴重性。《同酬法案》因此在一九六三年通過，接著是一九六四年的《民權法案》（其中把「性別」納入受保護的類別之一）。史學家桃樂絲‧考柏（Dorothy Sue Cobble）主張這些早期的勝利是女性「二十五年的政治運動所帶來的成果」。[63] 委員會的那份報告毫不遮掩地揭露美國生活中仍然極度性別化而且經常不平等的狀態。不過，婦女地位在「第二波女性主義」展開之前就是重要全國議題的事實，強烈顯示了美國在當時逐漸擴張的「集體」概念已經愈來愈察覺到必須把女性涵蓋在內。

儘管如此，這段時期卻極少有女性能夠擔任公職。實際上，有幾個州拒絕承認女性擁有投票權代表女性能夠擔任公職，而且這樣的態度一直持續到一九四〇年代。[64] 因此，女性民選官員的人數增加得相當緩慢。圖 7.10 顯示美國國會的女性議員人數，可以看到其中的數字在一九七〇年以前幾乎沒有增加。州議會的情形也差不多一樣。[65] 第一位女性州長直到一九七四年才出現，而且女性擔任法官的發展也一樣緩慢：直到一九八一年，珊卓拉‧歐康納（Sandra Day O'Connor）才成為最高法院的大法官。這類進展在卡特總統於一九七四年推動一項矯正性別不平衡的平權行動方案之後，才變得較為常見。到了二〇〇三年，聯邦法官已有 21% 是女性，州最高

圖 7.10：女性國會議員人數，1917-2019

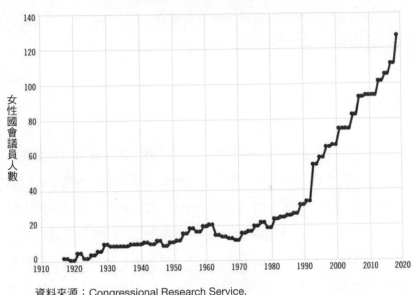

資料來源：Congressional Research Service.

法院法官也有 29% 是女性。[66] 二〇一八年選出的第一百一十六屆國會有 24% 是女性，是美國史上最高的百分比，也比前一年躍升許多。現在，總數一百名的美國參議員也有 25% 是女性。[67]

　　因此，女性在二十世紀的投票率雖然愈來愈高，並且終究超越了男性，卻延遲許久才得以扮演民選領袖的角色。這種情形至少有部分原因是出於歧視，而且她們至今在合乎比例的代表方面（頂多）只達成一半。儘管如此，在女性投票權通過之前與之後，女性都持續不斷為了她們關注的事物而進行組織與倡議，這些關注也愈來愈成為兩黨的優先議題。不過，婦女議題並非全然一致：身為一群為數龐大而且相當多元的選民，不是所有女性都對於該如何推進她們

的理念或者哪些議題該擺在優先地位懷有相同的觀點,這種情形不但導致追求性別平等的立法保障變得複雜,甚至也導致許多女性被排除在這些討論之外,

看待性別平等的態度變化

關於二十世紀的女性解放經常聽到的另一部分敘事,是女性在二十世紀的大部分時間都一再遭到普遍的反平等觀念所壓迫,而關於性別角色保守態度直到一九六〇年代的婦女運動之後才開始出現大幅改變。提出這種觀點的史學家,經常把他們的觀點奠基在二十世紀中葉的一、兩項民意調查上,認為那些調查結果顯示女性主義遭到強烈反對,而看待女性的傳統觀念則是受到持久的支持。不過,這種片刻間的快照不可能呈現出長時間的變化,而且對於這些調查結果的標準解讀也沒有反映出受調者的回答當中的細微差異。[68]態度的改變在一九七〇至一九九〇年間雖然確實特別快速,但認為性別平等與女性角色的觀念在一九七〇年以前基本上都停滯不變的看法根本不受資料支持。我們的分析實際上指出,支持性別平等的態度在那之前的幾十年間就已經出現了大幅進展。

如同我們在前幾章看到的,判定長期態度變化的其中一項挑戰,就是民意調查在一九七〇年代初期開始成為常態之前,調查資料都相當稀少,甚至根本不存在。不過,我們還是有可能藉著把二十世紀晚期的調查資料分解為不同出生群而針對二十世紀初期的態度重建出一套「化石紀錄」。這是因為學者已經一再證明個人看待

社會常規的態度主要受到人生早期的社會化所決定，而且在個人的生命週期當中通常都會維持穩定不變。[69] 因此，出生在二十世紀初期的人士如果在一九七○年被詢問對於性別平等有何看法，那麼可以假定他們表達出來的看法會比較準確反映出他們年輕時的社會常規，而不是受調當下的社會常規。不過，對於調查結果的解讀如果只是指稱在一九七○年受到調查的美國民眾有多少百分比抱持特定觀點，就無法反映出這樣的細微差異。在那種靜態的解讀背後，必然隱藏著世代之間巨大的意見歧異。因此，如果有人在後來指稱抱持特定態度的美國民眾百分比出現了改變，這樣的改變主要也是來自受調者的改變（年輕世代取代了年紀較大的世代），而不是看法的改變。我們在第六章檢視種族平等態度隨著時間出現的變化之時，就見過這種「出生群代換」現象的證據。一旦檢視性別平等態度隨著時間過去而出現的變化，同樣也可以看出類似的趨勢。

首先，圖 7.11 顯示看待性別角色的態度在一九七○年代至二十一世紀初期之間出現了什麼樣的變化，衡量標準是以下這五個調查問題：

一、你支持的政黨如果提名一位女性總統候選人，那麼如果她確實能夠勝任這項工作，你會不會投票給她？（會）

二、女性應該負責持家，而把治理國家的工作留給男性處理。（不同意）

三、已婚女性的丈夫如果有能力供養她，你贊不贊成她出外工作賺錢？（贊成）

四、大多數男性在情感上比女性適合從政。（不同意）

五、男性在家庭外有所成就，女性負責持家以及照顧家人，這
　　樣的情形對所有相關人士都比較有利。（不同意）

　　乍看之下，這幅圖似乎顯示六〇年代的婦女革命改變了許多人對於這些問題的觀點。

　　不過，同樣的資料如果依據出生群予以分解（為了簡化而結合成單一指數），呈現為以下的圖 7.12，即可明白看出世代之間從以前到現在都存在顯著的意見歧異。[70] 在二十世紀初始出生並且受到社會化的男性和女性（由圖 7.12 當中最低的那條線代表），即便在

圖 7.11：對於性別平等的支持，1972-2014

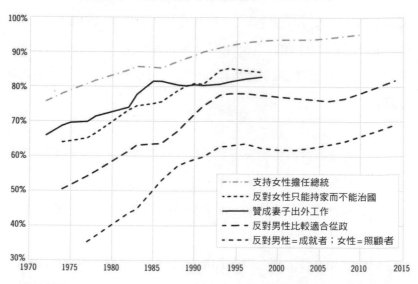

半個世紀後受到訪問，對於性別角色所表達的觀點也還是比在第二
次世界大戰前夕出生並社會化的男男女女（由下往上數的第二與第
三條線）更加傳統。接下來，這個群體（概略來說，就是戰後嬰兒
潮的父母）又比嬰兒潮世代（由下往上數的第四與第五條線）更傳
統。不過，戰後嬰兒潮世代與自己的子女之間的差異則小了許多。
換句話說，成長於一九五〇與一九六〇年代的嬰兒潮世代對於性別
角色所抱持的觀點，遠比他們成長於一九二〇與一九三〇年代的父
母更為平等。至於這個出生群，又比他們成長於二十世紀之交的父
母抱有較為平等的觀念。

　　這種現象的涵義是，就一個個世代的社會環境而言，對於比較

圖 7.12：不同出生群對於性別平等的支持度，1972-2014

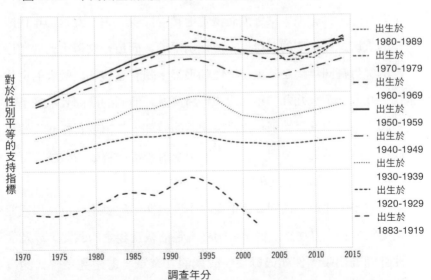

資料來源：General Social Survey. Data LOESS smoothed: .5.

傳統的性別分工觀念產生的排拒，主要都發生在一九七〇年代之前，而不是之後。相反的，圖7.12顯示這項出人意料的事實：千禧世代（概略來說出生於一九八〇年代）平均而言對於性別平等的支持度並不比嬰兒潮世代（概略來說出生於一九五〇年代）來得高，因為他們的曲線在二十一世紀當中完全重疊！實際上，正如樹幹的年輪展現了先前數十年間的氣候變化，年輪較寬即代表生長速度較快，因此圖7.12的曲線也反映了先前數十年間的社會氛圍變化，曲線之間的間隔比較大即代表迅速變化的時期。

　　儘管和我們經常聽到的論述不同，但這種分析揭露了七〇年代以來對於性別平等的態度改變，其實大部分都是來自於人口中的**刪減**。也就是說，在二十世紀的頭二十五年間成年的人，對於性別平等的支持遠低於後代人口（反映了社會化的世代差異），代表女性主義在二十世紀上半葉逐漸而穩定地獲得接受。在一九六〇年代成年的人口遠比他們的父母更支持性別平等，而這些父母也比他們自己的父母在同年齡之時更支持性別平等。隨著這些年紀較大的世代在一九七〇至一九九〇年代期間陸續凋零，他們的離開表示剩下的美國人口原本就對性別抱持比較開明的態度，不需要有任何人改變觀點。換句話說，美國人在二十世紀末對於婦女解放的整體支持度增加，有一大部分是死神的功勞。

　　史學家注意到性別社會化在二十世紀初年的變化，也為那種變化提出一些值得注意的例子及解釋，包括教養觀念的改變，以及女性社團的出現，例如鼓勵女性成就的女童軍（這是進步時代的發明），還有友伴式婚姻（在第四章探討過）、愈來愈受偏好的小家

庭，以及女性（與男性）透過社會運動而受到政治社會化。對於女性在一九三〇、四〇與五〇年代愈來愈致力追求性別平等的另一項解釋，是政治學家羅貝塔‧西格爾（Roberta Sigel）提出的一項理論，稱為「相對剝奪」。基本上，隨著女性愈來愈意識到自己的能力與抱負，她們也愈來愈覺得自己遭到社會常規所虧待，從而開始調整自己的觀點。西格爾是特別針對一九八〇年代的女性提出這項論點，但這個論點很可能也適用於整個二十世紀期間的女性。[71]

　　當然，近數十年的性別態度除了受到出生群的影響以外，也受到其他許多因素影響，包括許多男性和女性因為意識覺醒而改變自己的觀點。二十世紀下半葉**確實**有許多人的觀念朝著較為平等的方向改變。這種「年代效應」可見於平行曲線的形狀。要是沒有改變觀念的情形，那些曲線就會呈現出完全水平的樣貌。隨著第二波女性主義逐漸進展，每個出生群裡都有為數可觀的人針對那些問題提出愈來愈趨平等的回答。這種改變可見於圖 7.12 當中，也就是每個出生群對於性別平等的支持在一九七〇年代中期到一九九〇年代中期之間都有些微上升。因此，針對性別平等受到的支持在一九七〇與一九八〇年代所出現的整體成長，第二部分的解釋其實就是婦女運動的影響，因為這種運動看起來確實造成了文化常規的廣泛改變。不過，要是只單獨強調這種年代效應，不免會忽略另一項出人意料但明白可見的證據，也就是更加可觀的變化早在數十年前即已展開。

　　最後，以上的圖表也顯示，朝著開明方向邁進的態度變化隨著二十一世紀來臨而大幅減緩。千禧世代與 X 世代看待性別角色的觀

點差異不大，而且也缺乏一致性。實際上，在後嬰兒潮的各個世代當中，平等主義的態度甚至似乎有所消退，這點已受到專門針對 X 世代與千禧世代的調查所證實。在各項以性別為基礎的衡量標準當中，這一項顯示了我們在種族方面一再看到的那種「放開油門」現象。[72]

我們對於性別態度在過去一百年來出現改變的時機所得到的基本發現，可以用一種方式概括呈現：也就是展現不同出生群的態度在平均上有何差異。這點可見於圖 7.13，其中使用的資料與圖 7.12 相同，但呈現的方式較為簡化。在這幅圖裡，可以明白看見以上描述的四種現象：性別態度在整個世紀當中朝著開明方向穩定邁進的趨勢、這種開明化的步伐在一九六〇年代成年的美國人口當中出現些微加速、這種步伐在一九七〇年之後隨著後嬰兒潮世代成年而逐漸減緩，還有這項趨勢在近年來出現些微但出人意料的反轉。[73] 圖 7.13 顯示美國人在過去一百年來對於性別平等的支持所出現的進展，主要都發生在於一九七〇年以前社會化的美國人口身上。總而言之，婦女運動似乎只是對早已蓄勢待發的乾柴點了火而已。

近來有一項研究檢視了超過四十年的調查資料，追蹤高中三年級生對於若干涉及性別角色與平等態度的問題所提出的回答，結果發現差不多在一九七〇至一九九〇年間，少年男女對於女性是否應該擁有工作與領導的平等機會懷有愈來愈趨平等的態度，但接著這樣的進展卻陷入停滯。至於家庭當中的性別動態，經過了將近二十年趨向開明的發展，年輕人的觀點卻在一九九五年左右之後明顯變得更為傳統，有愈來愈多的百分比認為男性應該賺錢養家並且擔任

圖 7.13：性別平等支持度的世代差異所受到的估計

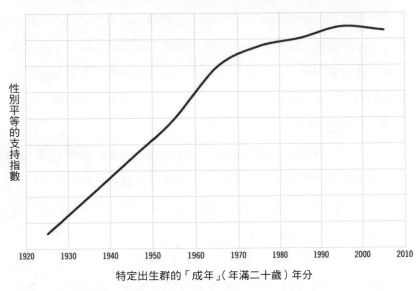

性
別
平
等
的
支
持
指
數

1920　1930　1940　1950　1960　1970　1980　1990　2000　2010

特定出生群的「成年」(年滿二十歲)年分

資料來源：General Social Survey. Data LOESS smoothed: .33.

家庭的決策者。[74] 千禧世代的男性也遠比 X 世代或嬰兒潮世代的男性更傾向於認為社會已經針對職場性別平等做出了足夠的改變。[75]

　　性別態度的開明化進展在近數十年的減緩雖然明顯可見（在年紀較輕的美國人當中尤其如此），對於這種情形提出的解釋卻不全然一致。有些學者認為這種情形反映了年輕女性建立的一種新式文化框架，把主張選擇的女性主義修辭擴大範圍，把待在家裡養育子女也納入，成為一個正當的「女性主義」選項。這種理論指出一種現象，也就是一九七〇與一九八〇年代期間常見的「機會平等」框架愈來愈受到「兼顧工作與家庭」的修辭所取代，後者鼓吹採取措施支持結合工作與母職的婦女，而且在當今的婦女倡議運動中也較

為常見。[76] 有些觀察者主張後嬰兒潮世代的女性純粹就是比較個人主義，因此比較不注重以集體行動或社運政治以追求平等或克服歧視。[77] 另外還有一些人則是把這種改變歸因於雙薪家庭當中的父母所面臨的實際困難，尤其是在支持工作與家庭平衡的公共政策付之闕如的情況下。[78] 最後，所謂一九九〇年代以來出現在男性當中的「新性別歧視」，也受到部分學術研究的探討。[79]

儘管有這些極度不同的解釋，現在卻也有愈來愈高的共識，認為有關男性和女性的角色，尤其是就照顧方面而言，在一九九〇年代中期重新崛起的傳統觀點，與認定女性擁有相同工作能力以及選擇賺取生計的平等權利這類較具女性主義色彩的觀點同時並存。不過，這種情形究竟是怎麼發生，又為什麼會發生，至今仍然沒有明確的答案。[80] 至於最近期的女性主義型態，例如「感同身受」運動（#MeToo），其效果則尚待觀察。

近來這種傳統主義興起的世代趨勢雖然令人費解，但依據出生群解析態度資料之時最引人注目的一點，是性別態度的開明化發展其實主要發生在一九七〇年代以前。這項事實使得婦女解放直到二十世紀最後三十幾年間才真正有所進展這種簡化敘事變得更加複雜。令人意外的是，性別平等態度在獲得主流接受這方面所得到的進展，絕大部分都不是始於一九六〇年代的婦女運動，甚至在那項運動之後也沒有出現大幅加速。[81]

從演進到革命

如果說女性持續不斷踏入職場、就讀高中與大學的比率愈來愈高、對公共領域的參與愈來愈活躍，沙文主義的態度也逐漸衰退，而且這一切在二十世紀期間的發展速率都相當快也頗為穩定，那麼一九六○年的女性主義革命為什麼感覺起來如此迫切？是什麼動機促使女性成立新的倡議組織、發動群眾抗爭，並且走上街頭要求解放？

第一個答案是，就像我們在非裔美國人的案例當中看到的，邁向女性平等的趨勢雖然在二十世紀的頭六十幾年間出現重大而且經常沒有受到充分認知的進展，但在許多重要又令人難以忍受的方面，女性還是遭到限制與排除。如同先前概述的，對於想要就讀職業學校以及踏入職場的女性而言，到了一九六○年代還是幾乎毫無進展，而且當時女性投票率雖然很高，卻極少有女性擔任公職。職業隔離、薪酬不平等、性騷擾以及懷孕失業仍是揮之不去的現實，也是愈來愈多的工作婦女每天面臨的狀況。主流媒體對於女性的描繪只聚焦於婚姻、家務與家庭。此外，女性的個人自由與自我決定受到的許多限制仍然持續存在：在一九六○年，沒有結婚的女性不能借貸，已婚女性也必須取得丈夫的簽名才能借貸。在許多州，女性實際上被排除於陪審職責之外（有時甚至法律上也如此）；另外有些州，女性無法取得無過失離婚，也不能合法避孕。墮胎受到法律禁止，公開談論女性的情慾大體上也被視為禁忌。女性不允許就讀軍校，也不准參與許多體育運動。辯論四十年之久的《平等權利修

正案》在當時尚未受到批准（至今仍是如此），許多領域當中的公然性別歧視也仍然合乎法律規定、受到社會認可，並且是廣泛存在的現象。實際上，就許多面向而言，其實是女性在一九六〇年代以前所達成的進步促成了對於這些不平等的現實愈來愈強烈的不滿。愈來愈多的女性在成年之時都受過教育，並且懷有遠大的抱負與獨立的見解，結果卻發現自己的主體性與選項受到人為限制。[82]

第二個答案是，看待女性的態度在二十世紀上半葉雖然確實逐漸趨向開明，但在戰後年間，隨著市郊化的發展、主流媒體與廣告推廣的居家生活崇拜，以及廣泛推動文化從眾的做法，造就了一種婦女身分的形象與期待，在許多面向上都和女性漸進但重大的平等進展互相牴觸。就許多方面而言，邁向文化解放的進展在一九五〇年代陷入暫停，甚至衰退。因此，傅瑞丹的批評不只是對於文化期望所做出的精確回應，也回應了教育和薪酬平等方面的真實挫敗（雖然只是暫時性的挫敗）、職業隔離在戰後的重新興起，還有公共托育措施的反轉：這些情形全都發生於她那部著作的出版前夕。

另一個重要原因是，如同十九世紀的情形，女性把追求種族平等與包容的運動視為尋求性別平等與包容的鼓舞力量與效法對象。隨著民權運動在一九五〇與一九六〇年代獲取進展並且贏得重要的勝利，女性主義者也深受鼓舞，因此敢於強力提出她們的要求。隨著整個國家的權利意識提高，抗議文化也席捲全國，民權抗爭當中於是開啟了更多要求性別權利的空間。

不久之後，全國婦女組織即告成立，目的在於動員女性以及施壓雇主遵守反歧視措施，同時也施壓聯邦政府落實這些措施，並且

喚起大眾對更多女性議題的關注，包括墮胎與生殖健康醫療的獲
取、女性遭遇的暴力，以及女同性戀的權利。在全國婦女組織發起
的行動當中，能見度最高的一項是一九七〇年的全國女性平權大罷
工，紀念第十九條修正案受到批准的五十週年。這場活動吸引了數
萬名女性參加全國各地的集會、遊行與靜坐，高舉「別在罷工火熱
時燙衣服！」的標語。（譯注）

　　婦女運動在全國婦女組織成立之後達成的最重要立法勝利，包
括以下這幾項：

- 第一一二四六號行政命令，在一九六七年把積極平權措施的
  完整權利擴展到女性身上。
- 一九七二年的《公平就業機會法》。
- 一九七二年於《高等教育法》修正案添加的教育修正案第九
  條，把性別納入聯邦補助教育當中的受保護類別。
- 一九七四年的《女性平等教育法》，其中列舉了聯邦政府對
  於教育中的性別歧視應採取的保護措施。
- 羅伊訴韋德案，在一九七三年裁定墮胎合法化。
- 一九七四年的《公平信貸機會法》。
- 一九七八年的《懷孕歧視法》。
- 一九七五年一項要求軍校接受女性學生的法律。
- 立法禁止婚內強姦，以及將無過失離婚合法化。

不過，性別運動在二十世紀最後三十幾年間最受讚揚的勝利，

也許是轉變了關於女性的文化常規與社會態度。女性主義理論在這個時期大爆發，在權力結構與父權體制方面引發了深具革命性的辯論，「個人即政治」（the personal is political）這句運動口號精簡表達了這些辯論當中的許多意涵。許多經歷過這段動盪時期的女性，都認為這段時期徹底轉變了「第二性」受到看待的方式，以及她們能夠選擇的道路。[83] 然而，如同前引的民意調查資料明白顯示的，這項變化乃是建立在數十年來緩慢的穩定進步之上，而不是天外飛來的變革，因此其效力也必須歸功於年紀較大而抱持比較傳統觀念的世代陸續凋零所造成的影響。此外，立法的勝利以及看待女性的態度所出現的改變，除了是建立在堅持不懈的女性運動之上，也是建立在女性的經濟、教育和政治地位出現的緩慢但穩定的轉變之上，而這一切在二十世紀期間其實已經發展了好幾十年。

經濟史學家戈丁把美國社會當中的女性角色轉變描述為四個不同的階段：在她提出的框架裡，前三個階段涵蓋了十九世紀末到一九七〇年代晚期，她稱之為「演進」階段；始於一九七〇年代晚期並且持續至今的第四個階段，她稱為「革命」階段。「演進階段緩慢促成了革命階段，」她寫道，並且接著指出：「此一過程當中的革命部分，正如許多革命一樣，也是接續在根本性的長期演進式改變之後，是必要但尚不充足的改變。」[84] 此處她指的雖然主要是經濟指標，但她的描述無疑能夠適用於相當廣泛的範圍：從女性對於教育和政治參與的追求，乃至涉及性別平等問題的法律和態度改變。二十世紀上半葉的改變真實無虛，也默默造成了深切轉變。而且，這樣的改變雖然不足，卻是一項關鍵因素，深切影響了女性在

什麼時候以什麼方式對於美國的「集體」達成更廣泛也更深刻的參
與。

女性與「自我─集體─自我」曲線

　　我們在本書一再提出這項主張：在許多面向上，一九二五至一
九六五年間是一段朝著愈來愈具包容性的美國「集體」邁進的時期：
在這段期間，平等主義價值取得巨大勝利，禮讓和凝聚性出現改
善，慷慨與團結的倫理盛行，對於共同利益的一致追求逐漸札根。
不過，如同我們在探討種族的前一章當中指出的，我們必須考慮這
項極為真實的可能性：在二十世紀頭六十幾年間成形的「集體」，
基本上可能只涵蓋了白人男性在內。由於非裔美國人，女性，以及
其他許多群體，過去百年來（實際上更久）必須奮力爭取才得以獲
致基本的平等與包容，因此我們也許可以這麼假設：建立於二十世
紀的任何一種「集體」，都帶有種族歧視與沙文主義的本質。

　　不過，正如我們在種族當中看到的，一旦檢視性別平等在整個
二十世紀期間的長期實證趨勢，就很難主張女性在二十世紀晚期之
前完全被排除於美國的「集體」之外，或是遭到一種持續以男性為
中心的美國概念所捨棄，而必須等到破除這種概念之後，進步才能
夠展開。性別平等的趨勢無疑並未反映「自我─集體─自我」曲線；
我們已經舉過許多例子，顯示女性的平等與包容不斷遭到阻擋，直
到二十世紀末才有所改善。然而，二十世紀的性別發展也沒有證明
我們的整體結論並不成立：我們也發現了在美國的正向發展期間女

性在平等與包容方面獲得穩定明顯進展的許多例子。而且，女性在一九六〇與一九七〇年代期間和非裔美國人一同體驗到的巨大變革，只可能是長達數十年的進步累積而成的結果。此外，近數十年來各種相互交纏的「自我」現象，諸如經濟不平等的上升、女戶長家庭比率的升高，以及薪資平等的進步速度減緩，對女性而言尤其辛苦。這些現實在某種程度上呼應了我們在同時期的非裔美國人身上看到的那種「放開油門」現象。

　　整體而言，美國在二十世紀中葉的「集體」從來就不具有足夠的包容性，而且在今天也還是如此。不過，性別平等的長期趨勢看起來倒是比種族平等的趨勢稍微樂觀一點。就參與美國的「集體」而言，女性大體上獲得了更大也更長久的成功，從中獲得的裨益也更多。相較之下，非裔美國人或是非裔美國人女性則遭遇到多重層面的劣勢。[85] 的確，要讓**所有**女性都能夠對美國社會做出完整的貢獻，還有許多的工作必須做。在許多重要面向，前方的道路仍然充滿險阻。

　　一九六五年，甘迺迪總統設立的委員會所提出的「女性現況報告」（Report on the Status of Women）成為一部廣受閱讀的大眾市場書籍，其中收錄了知名人類學家瑪格麗特‧米德（Margaret Mead）撰寫的引言與後記。她指出，這份報告以及其中的建議沒有解決兩項關鍵議題。第一個問題是，女性一旦達成職場的平等參與，那麼「家庭生活中非常重要的面向」該由誰負責。第二個問題則是不同女性群體之間的落差：受過教育的女性能夠獲得進步，為她們工作的女性則困在貧窮當中無法脫身。「屆時必然會有一些女性非常努

力從事自己想做的工作，而在家庭、辦公室以及實驗室裡僱用貧窮人口為她們提供協助，」米德正確預測了未來的狀況。[86]

　　米德的觀察深具先見之明。這份委員會報告就某些方面而言雖然宣告了女性爭取平等與包容的奮鬥已然進入結尾階段，報告提出的時機卻也是美國正處於歷史上的轉折點之時。在那之後開始走下坡的情形，愈來愈造成各個群體的需求與利益相互衝突，從而造成一個更加分裂的國家。不幸的是，沒有什麼證據顯示一個以「自我」為中心的美國加快了女性邁向完全平等的進展。美國民主如果要獲得恆久的更新，就必須創造出這樣一個社群：重視所有人的貢獻、不限制任何人的機會，並且提供不帶歧視的繁榮。這樣的社群不但是為了有色人種、女性，以及其他仍然奮力追求平等與包容的邊緣群體，也是為了我們所有人。

譯注：這句標語的原文為「Don't iron while the strike is hot」，是利用「打鐵趁熱」（strike while the iron is hot）這句俚語所玩的文字遊戲。

8 | 二十世紀的發展曲線

廣角歷史

在本章，我們的目標是要看清整片森林，而不是只聚焦於個別的樹木和枝葉。我們先概述前面那四個主題性章節（第二章的經濟、第三章的政治、第四章的社會，以及第五章的文化）背後的廣泛改變。我們不再著眼於特定主題、特定變數以及特定年代的詳細敘事，而是要後退一步，詢問美國的個人與社群之間的平衡在過去一百二十五年來出現了什麼樣的改變。這樣的廣角概觀，將可讓我們在這段漫長的時間裡看出一個明顯的樞軸點：概略來說就是六○年代。所以，我們在本章的後半部將會拉近焦距，仔細檢視這個樞軸點的確切發生時間、發生方式，可能也包括發生原因。

本書探究的大多數主題，近年來都曾受到其他人的積極研究，包括我們其中一人所寫的研究著作《獨自打保齡球》（*Bowling Alone*, 2000）。我們在本書的貢獻，和先前那些研究有兩個方面的不同。

第一，我們探究的是過去一百二十五年來的時間範圍，而不只是過去十年甚至過去五十年。第二，我們同時探究社會變化的四大層面，而不是一次只探究一個層面。

這種廣角縮時的探究方式在自然科學裡是相當熟悉的做法。早期的天文學對於宇宙的研究，起初只是探究一個時間點的單一輻射帶（也就是可見光），透過望遠鏡觀察夜空。後來的天文學家開始研究天空比較長時間的變化，並且測量整個電磁波譜，從而創造出紅外線天文學、X光天文學等等。近來更出現了多光譜天文學，可將長時間裡不同光譜的影像整合起來加以觀察。舉例而言，我們當前對於超新星的理解，就是奠基於長時間蒐集的多光譜影像之上。[1]

同樣的，藉著同時衡量極長期而且橫跨多重層面（經濟、政治、社會、文化）的社會變化，我們即可發現並調查先前沒有注意到的模式。我們非常重視時間與涵蓋範圍比較窄的研究，實際上也必須仰賴這些研究，例如經濟大衰退以來的經濟不平等、一九七〇年代南方政黨重組之後的政黨極化，或是勞動階級白人在過去幾十年間組成家庭等議題所受到的研究。不過，我們試圖把這類研究框架於比較大的情境當中。

在前幾章，我們描述了許多表面上看起來完全沒有關聯的不同歷史模式，包括薪資、分裂投票、嬰兒命名、社團參與、慈善活動、結婚率、國會表決、工會化，甚至是代名詞的使用。我們撰寫本書所面臨的挑戰，正如二十世紀上半葉的著名史學家弗雷德里克・艾倫（Frederick Lewis Allen）所說的這段話：

有時候，史學家希望自己能夠同時書寫幾個不同的故事，也許呈現於平行的欄位當中，而且人腦能夠同時閱讀這些故事而不至於感到頭昏腦脹。如此一來，讀者才能夠更鮮明感受到眾多事件在時間流裡同時發生的狀況。[2]

至於我們，則是意外發現四個非常不同的領域在過去一百二十五年來都出現了同步程度令人吃驚的趨勢，如圖 8.1 所示。我們在各個相關章節的結尾都個別見過這幅圖裡的四條曲線；我們在此處只是把這四條曲線匯集在同一個圖表裡，以便看出這四個領域當中的趨勢有多麼類似。

圖 8.1 這四條緊密交纏的曲線放在一起檢視，即代表一項包羅

圖 8.1：經濟、政治、社會與文化趨勢，1895-2015

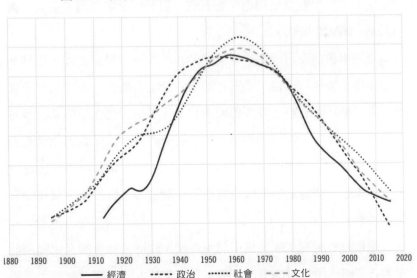

資料來源：見注釋1.4。Data LOESS smoothed: .2.

廣泛但是簡略的敘事，涵蓋了美國的經濟、政治、社會與文化在過去一百二十五年的發展。[3] 鍍金時代為美國帶來重大的物質進展，但是也帶來不平等、極化、社會混亂，以及文化自我中心。接著，在二十世紀之交的一、二十年裡出現了進步運動。這項運動在政治、人口與意識形態方面都相當多元，除了標舉社群之外也沒有什麼哲學思想上的一致性，但是採取的措施卻在長時間下改變了歷史的走向。

在將近半個世紀裡，這些分別的「事件流」（有時共同前進，有時紛紛衰退，偶爾則是停滯不前）形塑了一個比起鍍金時代更為平等、更為平和、人際關係更緊密，也更意識到共同價值觀的美國。然而，這些各自不同的事件流接著卻在出人意料但不是毫無預兆的情況下同時反轉方向，於是美國自從一九六〇年代以來就變得愈來愈不平等、愈來愈極化、愈來愈分裂，也愈來愈個人主義，儼然是第二個鍍金時代。

這是本書截至目前為止所講述的核心故事。無可否認，這種倒U形曲線是描述這一百二十五年的一種簡化宏觀史，可能具有爭議性，原因是其中省略了許多重要內容，尤其是我們在前兩章討論過的那些關於種族和性別的複雜曲線。另一方面，這樣的簡化卻也凸顯了促成美國當前弊病的趨勢。在本章和下一章，我們將後退一步，詢問這一切對這個國家究竟代表什麼意義，對於未來又可能有什麼影響。

量化分析證實了本書當中記錄經濟、政治、社會與文化變遷狀況的各個圖表所呈現出來的分數，在相當驚人的程度上反映了我們

稱為「自我—集體—自我曲線」的模式。所有這些不同變數在長時間之下都具有非常密切的相關性。在許多不同的變數之下，似乎潛藏著一個單一變數，呈現於基本的「自我—集體—自我曲線」當中。[4]

當然，這個潛在變數不是影響各種指標的唯一因素。經濟、政治、社會與文化的個別指標在每一年呈現出來的分數，也受到其他許多因素影響。舉例而言，國會如果調高最低工資，就會對最低工資的真實價值造成影響；而依照政黨界線投票的行為也會受到候選人是誰所影響。不過，引人注意的事實是，那麼多不同的指標雖然受到許多各自相異的力量影響，卻還是呈現出基本的倒 U 形曲線的鮮明證據。這種高度的共通性強烈顯示「自我—集體—自我」曲線反映了美國在過去一百二十五年來的根本社會變遷過程，而且此一過程的影響力滲入了美國生活中各種不同的角落裡。

所以，一個大問題就是：到底是什麼原因造成這樣的模式？

我們在這些不同衡量標準當中仔細找尋系統性的差異：有些變數是不是「領先」或「落後」指標？如果是的話，這些變數也許能夠提供珍貴的線索，讓我們得知實際上究竟是怎麼一回事。不過，由於這些變化同時出現，我們幾乎不可能辨別究竟是何者肇致何者，就像一群同時改變方向的飛鳥也讓人無法辨識出究竟是哪一隻鳥兒負責領頭。

我們檢視的十幾個變數當中幾乎沒有領先指標。出乎意料的是，我們利用高科技的計量經濟分析唯一發現的系統性差異，就是經濟不平等，尤其是財富不平等，似乎有落後於其他指標的輕微傾

向。我們原本懷疑經濟不平等是這些相互關聯的趨勢背後的主要驅動力，但統計證據顯示經濟不平等不太可能是社會變遷的火車頭，反倒比較有可能是最後一節車廂。[5]

此外，我們也無法主張政治是「自我—集體—自我」曲線的關鍵。我們的去極化指標有一、兩個比其他曲線更早達到高峰，但國會表決是整個二十世紀期間的極化現象最有效的衡量標準，但此一標準並未顯示政治極化比我們討論過的其他因素出現得更早。

有些證據似乎顯示文化變遷也許是領導因素，和一般認為文化僅是社經變化的副產品這種看法（也許是源自馬克思主義）恰恰相反。不同於經濟決定論的論點，早在邁向經濟平等的趨勢確實出現的數十年前，偏離社會達爾文主義的發展就已經開始了。相反的，在一九五〇年代的文化騷動預示了偏離社群主義的發展之時，不平等的實際擴大還要等到幾十年以後才會出現。這些零碎的證據雖然相當誘人，卻不足以支持任何確切的主張。

簡言之，目前可得的證據並沒有為「自我—集體—自我」症候群提供一項第一因。這群飛鳥當中所有的鳥兒幾乎都在同一個時間轉向，看似沒有領頭者。這項事實深深導致因果分析變得更為複雜。

直截了當的因果分析所遭遇的另一個阻礙，是本書涵蓋的指標極為廣泛。任何主張「X 因素造成 Y 結果」的簡單說法，都會遭遇本書檢視的 Y 結果極為廣泛多元的問題。一項特定的解釋（X 因素），也許可以適用於 Y_1（譬如所得不平等），卻不太可能也同樣能夠解釋 Y_2（譬如社團參與）、Y_3（譬如分裂投票）、Y_4（譬如嬰兒取

名），以此類推到我們檢視過的所有 Y 結果。我們稍後還會再回頭探討這個因果議題，但現在已經初步證明了這種因果關係不太可能會是簡單的「X 因素造成 Y 結果」。

本書探討的是平等、極化、社會團結與個人主義的變化以及轉捩點，而不是靜態的程度。在轉捩點上，改變的是變化的方向，而不是程度會立刻出現改變。你如果踩下油門，車子不會立刻達到最高速；踩下煞車也是一樣，車子的動能雖然會下降，但速度不會立刻減為零。社會也是如此；由於社會慣性，改變極少會立刻發生。

舉例而言，進步時代開始出現大幅度的改變，偏離鍍金時代那種愈趨嚴重的不平等與極化還有社會分裂，而轉向平等、禮讓與社群主義。不過，平等、禮讓與社群主義的**程度**並沒有一夕改變。相較於此一趨勢已經走到盡頭的一九六○年代，一九二○年的平等與社群主義程度要低上許多。在一九○○至一九二○年間確實出現改變的是變化的方向，而這點長期下來即具有根本重要性。

同樣的，一九六○年代是明顯可見的轉捩點，開始從「集體」轉向「自我」，我們也將在本章後半探究此一轉捩點。不過，就平等、極化、結婚率等等的**程度**而言，一九七○年與一九六○年並沒有太大的不同。一九六○年代出現大幅改變的是這個國家的發展方向，我們後續將會看到，當時的美國人都清楚看得出那種變化方向的改變。[6]「變化方向的改變」聽起來似乎有點拗口，但轉捩點本身可能比兩個轉捩點之間的漸進改變還要容易即時感受得到。

作為本書敘事核心的倒 U 形曲線，不是全然平滑，也不完全對稱。二十世紀上半葉的趨勢尤其不連貫，但是大體上只有單一變

化，也就是只有上升或停滯，但極少反轉，就算有，時間也不長。轉向「集體」的最大變化差不多發生在一九二〇年以前，還有一次差不多是在一九三五年之後，這兩者之間隔著一九二〇年代一段明顯可見的停滯。在興旺的二〇年代期間或者緊接在其後的這段停滯，可以見於我們大多數的曲線，包括經濟平等、極化、宗教參與、社團參與、組成家庭、公共政策，甚至是嬰兒取名。換句話說，我們如果在一九三〇年代初期對美國進行分析，想必無法明顯看出或者預測長期的趨勢。[7]

在二十世紀美國史的大部分傳統陳述裡，新政與第二次世界大戰共同構成了核心樞軸點，把二十世紀劃分成「之前」與「之後」。就許多目的而言，這種傳統陳述捕捉了美國歷史的重要特徵，尤其是在外交政策方面。不過，從本書採取的觀點來看，二十世紀美國史的樞軸點卻是在一九六〇年代，而不是一九四〇年代，我們在先前的章節已經反覆看過這一點。

鑑於社群主義與個人主義之間的緊張關係，自然的反應就是使用鐘擺這個比喻，在兩個極端之間來回擺盪。隨著鐘擺持續朝著一個方向移動，反方向的作用力會逐漸累積，於是鐘擺終究會逆轉方向。逆轉之後，朝反方向的擺動會開始加速，但隨著鐘擺接近另一個極端，又會因平衡力量而減緩，直到抵達端點之後再次反轉。這個比喻自然會引人尋求平衡的力量，尤其是在鐘擺接近其中一個極端之際。哪些事件會破壞眾人對於現行制度與行為模式的信心？哪些事件導致我們分裂或者促使我們團結？哪些觀念顯得過時，又有哪些觀念在目前顯得新鮮並且較為吸引人，又是為什麼？一九六〇

年代曾經發生這種狀況，我們在本章稍後將會探究這些問題。

　　不意外，有些敏銳的美國史觀察者也使用過這個鐘擺比喻，就像我們偶爾也會這麼做。經濟學家赫緒曼（Albert O. Hirschman）在《轉變參與》（*Shifting Involvements*）當中提到「私人利益」與「公共行動」，這樣的區分類似於我們對個人主義與社群主義的區分（但不完全相同）。[8] 在前者那種時期當中，眾人最關注的是個人私利，不在乎廣大社群也不支持公共行動；後者屬於集體主義的時期，充滿支持政府的思考與行動。赫緒曼指出，這種鐘擺模式之所以會存在，必然是有某種超脫於私人利益／公共行動框架**之外**的某種東西（某種「外生變數」）造成這種參與的轉變。他找到的答案是失望，也就是大眾對於一種思考模式感到幻滅，而轉向另一種思考模式。到了某個時間點，一種心態的壞處與另一種心態的好處之間愈來愈嚴重的不平衡會達到臨界點，就像是在天平的一側添加愈來愈多的沙子。鐘擺的逆轉可以視為是對前一段時期的過度所產生的反彈。在我們的案例當中，到了一九六〇年代，社群主義觀點已經顯得老套而過時，個人主義觀點則顯得充滿創新，不論左派還是右派的個人主義觀點都是如此。舉例而言，這樣的反向壓力可以見於我們在第五章提過的情形，也就是從眾所受到的批評迅速增加。[9]

　　另一方面，鐘擺比喻對於我們的目的而言也帶有嚴重的缺點。不同於物質世界，社會生活沒有機械性的平衡。實體鐘擺會因為重力定律而平滑擺動。相較之下，我們在那四個領域裡檢視的曲線則是斷斷續續，有時變化迅速，偶爾陷入停滯。更重要的是，如同我們在幾乎每一章都提到的，人類主體性和領導具有關鍵重要性。改

變不具有歷史上的必然性，不論其所帶來的後果是好是壞。鐘擺的比喻（如同歷史的某些循環理論）隱含了這樣的意思：一九○○年代與一九六○年代的樞軸點（二○二○年代大概也是一個樞軸點）是先天注定的。不過，我們並不這麼認為。由於美國的鐘擺乃是由人類主體性所推動，因此我們認為一九六○年代的轉捩點並不是像鐘擺比喻暗示的那樣無可避免，單純只是因為美國達到了某種「集體性」的最大程度就必然會發生。[10]

因果關係

我們對於因果關係有許多的不瞭解。正因為那些曲線如此緊密交纏，所以因果分析的傳統工具，例如找尋領先指標與落後指標，也就無法發揮作用。此外，我們提出的每個實證指標幾乎都可以確定帶有不同的因果背景，而且也必定有複雜的反饋迴路。舉例而言，一個階段的經濟不平等可能會促成極化，接著在後續的另一個階段裡，極化又可能造成不平等。[11] 在這樣的反饋迴路下，絕不可能會有簡單的因果解釋。不過，在科學裡，尤其是像天文學以及大部分的社會科學這類能夠真正從事實驗的學門當中，因果調查經常是對事物獲得理解的最後一步，而不是第一步。在那些學門裡，描述現象並推測肇因是一種重大的貢獻，而我們在本書也希望做到這一點。未來的研究者如果認為我們的描述與推測具有可信度，無疑即可在理解因果關係上取得進展。

社會科學家與史學家通常採取不同的解釋做法。我們向量化社

會科學家提及「自我—集體—自我」曲線之時，他們經常說除非我
們辨識出這條曲線的肇因，否則他們就無法完全信服我們的論述；
不過，歷史學家通常會說我們如果辨識出了這條曲線的「肇因」，
他們就不會相信我們的論述，因為「歷史從來不會那麼簡單」。簡
言之，社會科學家通常偏好因果分析，而大多數的史學家則偏好敘
事。[12]

　　得過諾貝爾獎的經濟學家席勒在近來指出，史學家可能洞悉
了社會科學家不該忽略的某種真理。在《故事經濟學》（*Narrative
Economics*）這部著作的開頭，席勒回憶了自己在大學時期上過一門
深具啟發性的歷史課，在課堂上閱讀了一份一九二〇年代的陳述，
作者不是別人，正是弗雷德里克‧艾倫，我們在本章稍早引述過他
描寫的「眾多事件在時間流裡同時發生」這個意象。席勒寫道，他
在那門課裡學到的經濟大蕭條肇因，遠比標準的計量經濟論述更有
助於他理解那段經濟與金融動盪的時期。[13]

　　儘管如此，本書主要的重點在於趨勢和敘事，而不是可以證明
的肇因。我們辨識出的各項趨勢都由相互因果關係繫在一起，所以
要辨識肇因與結果不僅困難，甚至也會造成誤導。美國實驗在二十
世紀先是經歷了一段團結逐漸提升的漫長時期，接著則變成個人主
義逐漸增加。此一發展曲線對於平等、政治、社會資本以及文化都
帶有影響。這種發展造成了愈來愈趨零和而且部落式的社會觀點，
最終導致川普主義。經濟、政治、社會與文化的趨勢雖然緊密交
纏，但還是能夠加以解讀。

　　有些人也許會忍不住把這種症候群歸因於文化動態：從自我到

集體再到自我。可是，文化又能夠用什麼因素來解釋？物質條件？
結構改變？社會運動？政治？觀念是造成改變的力量，還是因應改
變而出現的結果？在過去兩個世紀當中堪稱是首要社會理論家的韋
伯（Max Weber），把文化視為一種歷史進程，有時候引導社會變革，
有時則單純強化社會變革。韋伯認為人深受物質利益所驅動，但他
又利用一個引人注目的比喻，主張文化可以具有類似鐵軌轉轍器的
功能：「直接支配人類行為的不是觀念，而是物質與精神利益。然
而，由『觀念』創造出來的『世界形象』，卻經常像轉轍員一樣決
定了行動會在哪條軌道上受著利益的推動前進。」[14]

　　由於前述的原因，我們對於「自我—集體—自我」曲線並不採
取廣泛的因果解讀，但是簡要概述其他研究者最常提出的部分肇因
仍然頗有幫助。這些因素不會是所有那些倒 U 形曲線的簡單肇因，
但很有可能是複雜解讀當中的部分因素。

- 當今的評論者思考我們的政治為何如此極化、經濟為何如此
  充滿偏見、家庭為何如此弱化、教會的人數為何如此稀少，
  或是文化為何如此自我中心，最常提及的兩個因素是「**當今
  的年輕人**」以及**網路**。不過，我們於本章檢視的各種可能肇
  因當中，可以明白看出這一點：不管是千禧世代、推特，還
  是臉書，都絕對不可能是造成「自我—集體—自我」曲線的
  罪魁禍首。我們的研究涵蓋的漫長時間範圍，為這些遭到指
  控的禍首賦予了確切無疑的不在場證明。過去半個世紀以來
  的衰退，出現的時間比千禧世代和網路早了好幾十年。不

過，年輕人和社群網路雖不是問題所在，卻很有可能是解決方案的一部分。我們將在下一章探討這項可能性。

- 針對過去半個世紀的政治、經濟、社會與文化衰退所提出的許多陳述，都是以一九五○年代那個比較團結的美國作為起點，質問我們的國家為何每況愈下。[15]是因為嬰兒潮世代嗎？還是因為職業婦女？福利國家？避孕藥？電視？這類陳述雖然有其洞見，但因果問題的基本框架如果要有意義，就必須從戰後時代開始談起。（舉例而言，電視對於社會資本衰退所造成的影響，在《獨自打保齡球》於二十年前書寫之時看起來較為重要，但現在從本書採取的這種時間較長而且範圍較廣的觀點來看，其重要性就大為降低。）至於要為「自我—集體—自我」曲線當中的上升與下降找出一個單一的「肇因」，則更為困難。

- 隨著聯邦機構激增與公共福利計畫擴張而帶來的**大型中央集權政府**，有時被指為削弱了公民社會的中介機構、「排擠」了私人的慷慨行為，也消除了個人的積極主動。保守派評論家經常提出這種解釋，把一九六○年代從集體轉向自我的逆轉現象歸咎於福利國家。[16]「排擠」的實證證據頗為有限，因為在美國各州以及世界各國當中，大政府與社會團結如果有所關聯，那麼也是些微正相關，而不是負相關。[17]

不過，大政府解釋的根本問題是，從大多數的衡量標準來看（所有的支出，或是福利國家的實質每人支出，或者支出占國內生產毛額的百分比；還有政府員工人數），政府的規

模大小都比「自我─集體─自我」曲線落後了幾十年的時間。
聯邦政府支出與員工人數在一九○○至一九七○年間與「自
我─集體─自我」曲線一同穩定上升，接著那條曲線雖在一九
八○年代之後趨於水平，聯邦政府支出與員工人數卻還是
持續上升。這樣的發展模式與大政府摧毀公民社會的論點恰
恰相反。實際上，實證證據強烈顯示政府規模是「自我─集
體─自我」曲線的**後果**，而不是**肇因**。最佳的證據就是政府
規模因應美國人對於「我們全在同一條船上」的感受變化而
開始成長，但這樣的成長並沒有造成個人主義的提升。[18] 自
由至上主義者在思想上也許偏好個人主義的提升，但他們針
對何者肇致何者所提出的理論不可能是正確的。

- **戰爭**有沒有可能是肇因？一八九七年，法國社會學家涂爾幹
發現社會團結程度會在戰爭期間上升，造成（舉例而言）自
殺率下降。[19] 過了將近十年後，美國社會學家薩姆納主張「與
外人開戰所造成的緊急狀況，是造就內部和平的原因。……
對群體的忠誠、為群體做出的犧牲、對外人的仇恨與蔑視、
內部的同志情誼、對外的英勇好戰：這些全都一同成長，是
同一個情勢的共同產物」。[20]

第二次世界大戰確實造成美國人民的共同犧牲與國家團
結。「只要團結合作，我們就可以成功」成為戰時的國家口
號，連同巨大的公民服務方案與宣傳，強調弭平差異，例如
好萊塢著名的多種族散兵坑。[21] 第二次世界大戰對於「自我
─集體─自我」曲線的形狀無疑有所貢獻。不過，如同我們

在先前的章節裡提過的，經濟平等、政治禮讓、公民參與、組成家庭、慈善活動與文化團結開始提升的時間比第二次世界大戰早了幾十年，在戰後又持續了幾十年，因此戰爭不可能是倒 U 形曲線的主因。

- **經濟不平等**：許多評論家聚焦於健康、政治極化、社會整合以及信任等趨勢，在沒有充分證據的情況下單純假設經濟的硬事實必然是政治、社會與文化等軟事實背後的推動力。[22] 我們並不懷疑經濟不平等是互為因果的「自我—集體—自我」症候群當中的核心元素，甚至還相當堅持這一點。不過，如同我們已經看過的，經濟不平等如果扮演了任何角色的話，那麼也是個稍微落後的指標，所以實在不可能是此一症候群的主要肇因。

- **到底是物質富足還是物質貧乏會造成聚焦於自我的心態？**到底是繁榮時期還是艱困時期會促成社會團結？結果顯示，這兩者都各有頗具說服力的擁護者。

  ◆ 有些人主張富庶會促使人重視「集體」，艱苦時期則會造成對於「自我」的重視。在戰後繁榮時期，史學家波特（David Potter）出版了《富足的人民》（*People of Plenty*, 1954）這本廣受閱讀的著作，其中強調物質富足在美國社會的消費主義共識當中具有根本重要性。[23] 到了比較晚近，柯文（Tyler Cowen）主張一九七三年以前的經濟活力使得政府能夠推行提倡平等的政策，而一九七〇年代之後的經濟停滯則解釋了不平等與政治失調的趨勢。此外，那項停滯本身

也可由一段漫長的高度創新與生產力成長（一八八〇至
一九四〇）畫下句點加以解釋。[24]

這種論點認為，人一旦富裕而滿足，就有本錢可以對彼
此慷慨大方。不過，一旦沒有富足，政治就會變得充滿爭
執。在艱苦時期，家庭與政府預算的緊縮迫使人只能關注
自己，藉此保護子女以及避免自己遭到愈來愈高的不確定
性所影響。物質的限制如果不那麼緊迫，我就可以比較慷
慨待人；但物質限制一旦加緊，我就只能把注意力集中在
自我的直接利益上。

近來，這種論點受到穆蘭納珊（Sendhil Mullainathan）與
夏菲爾（Eldar Shafir）在實驗個體經濟學當中的研究所強
化，他們探究的是匱乏對於人的關注焦點造成的影響。[25]
其中的整體前提是資源匱乏的人比較容易陷入目光狹隘的
狀況，把注意力集中於他們立即的需求，而忽略了除此之
外的其他一切。相反的，物質富足會促使人抱持利他心
態。

◆ 另一方面，其他觀察家則主張，在經濟大蕭條造成高度失
業率和經濟不安全感的同時，公民社會與公共政策當中也
大量湧現「我們全在同一條船上」的心態。經濟史學家霍
布斯邦也提出類似的主張，指稱戰後富足與經濟安全感促
成了「絕對的無社會性個人主義」，造成一個「由別無關
聯的個人所構成的社會，每個人都全然自我中心，只追求
自己的滿足」。富足削弱了集體機構、侵蝕了道德規範，

並且帶來一個崇拜自我而漠視社會的時代。[26] 同樣的，政
治學家英格爾哈特（Ronald Inglehart）也提出一項著名論點，
主張重視自主性與自我實現的是戰後繁榮時期的「後物質
主義」世代（和他們成長於經濟大蕭條的父母輩不同）。[27]
英格爾哈特在戰後富足臻於巔峰之際所提出的直覺論點，
就是在物質限制放寬之後，人就有更多的餘裕聚焦於自我
發展與個人身上，而不必只是忙著滿足自己的物質需求以
及與別人和睦相處。根據這項理論，繁榮會造就「自我」
的社會。

◆ 實際上，不管是繁榮時期還是艱困時期，我們都沒有發現
和「自我─集體─自我」曲線有任何一致的相關性，不管
是正面還是負面的相關性。社群主義在經濟大蕭條與漫長
的戰後繁榮期間都出現上揚的發展，個人主義則是在一八
九〇年代與一九七〇年代的經濟困頓期間處於高點，而且
在一九八〇、九〇與二〇一〇年代的繁榮期也是如此。在
更具體的面向上，我們在「自我─集體─自我」曲線和失
業率之間也沒有發現任何顯著的逐年相關，不論是正面還
是負面的相關。

● **對性別與種族解放的反彈**。如同第三、六、七章討論過的，
我們在解釋「自我─集體─自我」曲線於六〇年代權利革命
之後出現的逆轉之時，確實發現了反彈的證據。依照我們的
判斷，聲稱種族與性別是這條曲線的「主要肇因」未免過於
誇大，因為女性與非裔美國人在這條曲線邁向「集體」的長

期攀升過程中都獲得進展，主要是透過他們自己的努力，但要解釋一九六〇年代之後的逆轉，反彈絕對是其中的一項核心要素。在這個案例當中，反饋迴路造成了複雜化的影響，但我們如果要討論因果關係以及「自我─集體─自我」曲線（或是美國歷史上的其他任何事物），就絕對不能不考慮種族和性別。

- 最後，對社群主義在過去半個世紀的衰退所提出的一項常見解讀，就是將之歸因於**全球化**，包括國際貿易與移民。（川普總統的「讓美國再次偉大」政策背後似乎就潛藏著這種解讀的某個版本。）

  ◆ 實際上，國際貿易在美國整體經濟當中的占比，以及外國出生人口在美國總人口當中的占比，其變化都相當貼近「自我─集體─自我」曲線。

    ◇ 進口與出口在美國國內生產毛額當中的占比，從一九〇〇年的 11% 與一九二〇年的 15% 遽降為一九三〇至六九年間的 5% 至 7%，原因是經濟大蕭條時代的貿易戰與第二次世界大戰造成世界貿易崩潰。不過，在一九七〇年之後的半個世紀裡，全球化卻造成國際貿易在美國經濟當中的占比從 7% 遽增為 27% 左右。

    ◇ 外國出生居民在美國人口當中的占比從一九一〇年的高點滑落到一九六五年的低點，前者是 15% 左右，後者大約只有 5%，此一下滑可以歸因於一九二四年的《移民法案》所施行的嚴格移民限制。一九六五年的《移民

與國籍法》向移民重新打開美國的大門，於是外來移民（包括合法與非法移民）的占比在後續半個世紀裡從 5% 逐漸上升至 14% 左右。[28]

◆ 因此，單純從互相吻合的曲線判斷，財貨與人員的全球流動和「自我—集體—自我」曲線密切相關。不過，一旦深入探究表面數字背後的情形，就會發現聲稱貿易或移民「肇致」「自我—集體—自我」曲線的假設其實不是那麼確切奠基於證據之上。大部分專門針對國際貿易所進行的研究，在貿易對所得分配造成的影響都提出了正反參半的證據，這還只是貿易與經濟不平等的關聯而已。要想像貿易流動的增加如何可能促使人更晚結婚，或是更少上教會，或是為子女取不尋常的名字，或是更常使用第一人稱單數代名詞，要更困難許多。

◆ 主張外來移民會促成自我中心的論點，乍看之下似乎比較難反駁。的確，我們其中一人就因為提議族裔多元性可能會導致人更固守自己的利益而引起不少爭議。不過，那項研究其實有補充指出，這樣的連結只在短期內有效。[29] 我們主張指出，長期而言，再加上適當的政策，社會分裂有可能終究會受到「較具包容性的認同」所取代，而創造出一個「更加寬廣的新式『集體』感受」。

◆ 美國在一九二四年關上移民大門再到一九六五年重新開啟大門的四十年間，就確實發生過這樣的情形。[30] 在「自我—集體—自我」曲線的漫長上升期間，美國大眾愈來愈習

於族裔多元性，也愈來愈認同移民改革。一九六五年獲得
兩黨支持的《移民與國籍法》由國會通過之時，正是「自
我—集體—自我」曲線臻於頂點之際，這點並不是偶然。
這項法律通過的時候，獲得了整整 70% 的美國人民支
持，不分黨派。[31] 外來移民並沒有阻礙社會與文化團結的
上升，而且與此相反的情形看來也同樣有可能出現：社會
愈是團結，愈是能夠接受外來移民與多元性。

◆ 在經濟不平等方面，外來移民扮演的角色則備受爭論。不
過，主張外來移民長期而言會導致不平等的論點並不怎麼
有力。如同凱斯與迪頓在近來針對實證證據所提出的概
述：「外來移民雖然吸引了許多注意，卻不可能是勞動階
級工資長期停滯的主要肇因，也不可能是勞動階級升上中
產階級的管道消失的主要原因。……國家科學院在二〇
一七年的外來移民報告檢視工資證據後的結論指出：『尤
其是針對十年以上的期間進行衡量之時，外來移民對整體
本土工資的影響可能相當小，甚至趨近於零。』」[32]

我們並未主張那些認為全球化對「自我—集體—自我」曲線有
所影響的論點可以輕易證明為真或為偽，但我們的確主張那些認為
全球化乃是這條曲線的主要肇因的論點（這是白人民族主義團體在
當前提出的說法）並不可信。

截至目前為止，我們在本章採取廣角視野，以便對美國在十九
世紀末的第一個鍍金時代到二十世紀初始的第二個鍍金時代之間所

發生的狀況獲得盡可能完整的圖像。這樣的觀點讓我們得以意外明白地看出個人與社群的平衡在什麼時候發生變化。在本章的後半段，我們要聚焦於此一樞軸點出現的那個年代，甚至是特定的那幾年。美國為什麼會在進入六〇年代的時候是個「集體」國家，卻在六〇年代結束後成了一個「自我」的國家？

六〇年代作為二十世紀的樞軸

六〇年代是美國歷史上最受爭論的年代之一，但如果說有什麼事情是幾乎所有學者都一致同意的，就是當時的美國在很短的時間裡出現了巨幅的改變。不論是流行音樂、時尚、藝術、種族關係、性常規、性別角色、藥用使用、政治制度、宗教實踐，還是消費習慣，這些各自不同的領域都在一九六〇年代出現迅速而且明顯可見的轉變。美國在大概一九六〇到一九七五年之間出現的變化極為令人頭暈目眩，生活在當時的大多數人都感受得到。[33]

一般都習慣以大型歷史事件，例如第二次世界大戰或經濟大蕭條，作為理解大型歷史趨勢的里程碑。不過，許多這類趨勢都是以當代觀察者難以察覺的模式緩慢前進，因此就像某些古代廢墟一樣，只有身在三萬英尺高空的觀察者才看得見。從一九〇〇年到一九六〇年代期間邁向平等社群的長期上升趨勢就是如此，而且一九七〇年以後的長期下降趨勢也是直到最近才被當代人察覺。不過，六〇年代的轉捩點在當時就已經明顯可見。

政治哲學家里拉（Mark Lilla）也發現了這種之前與之後的對

比，但他是從總統領導的角度看待，而不是採取廣泛社會趨勢的觀點。

> 在羅斯福政府眼中，美國的公民都參與在一項集體事業裡，保護彼此免於風險、苦難，以及基本權利被剝奪。這個政府的口號是團結、機會與公共責任。雷根政府則想像了一個比較個人主義的美國，不管是家庭、小型社區還是企業，一旦擺脫國家的束縛，即可繁榮茁壯。這個政府的口號是自立自強以及小政府。[34]

我們對於一九三〇與一九八〇年代的政治文化對比雖與里拉的看法一致，但本書的證據卻強烈顯示這兩者之間的轉捩點可以精確定位在一九六〇年代。

史學家對於該怎麼評價六〇年代辯論不休，一大部分是因為他們對於再往前那個年代懷有不同的看法。有些史學家認為五〇年代是從眾而壓迫的時期，因此對於六〇年代的解放與個人主義大表歡迎；另外有些史學家則深深珍視「二十世紀中葉共識」所達到的成就，而譴責六〇年代的混亂。（隨著我們和六〇年代之間的距離愈拉愈長，史學家的辯論顯然也變得更加細膩複雜，不再只是如此簡單的二分法。）不過，史學家對六〇年代懷有一致意見的部分也是一樣重要。[35]

● 幾乎所有歷史學家都同意有一個重大的歷史轉捩點發生在一

九六八至一九七四年之間：是一場「革命」，一項「復興」，一個「斷裂」，一股「震波」。在這個時刻之後，「一切就此改變」，從而創造出「新的美國」。[36] 舉例而言，艾瑟曼與卡辛主張六〇年代帶來一場規模不下於美國南北戰爭的歷史斷裂，把二十世紀劃分為前六〇年代與後六〇年代兩個世界，造成的變化「無可回復，就像南北戰爭前的南方在一八六五年以後即不可能恢復一樣」。[37]

- 大部分史學家也一致認同把一九六〇年代劃分為前半與後半是相當重要的區別：季特林稱之為「希望的歲月」與「憤怒的日子」。[38] 廣泛共享的經濟繁榮、民權運動（達到的成就為一九六四年的《民權法案》與一九六五年的《投票權法案》），還有在平等、民主與包容方面的進步（其代表為一九六四至一九六五年間的大社會計畫以及一九六五年的移民改革），具體展現了「希望的歲月」。另一方面，越戰示威抗議（一九六六至一九七〇）、城市騷動（一九六五至一九六九）、黑豹黨的崛起（一九六六至一九六八）、「法律和秩序」的反擊（一九六八至一九七二）、一九六八年的陣痛，還有一九七〇年代的停滯性通膨與石油危機，則代表了「憤怒的日子」。在六〇年代前半，各項左翼改革運動結合成「反文化運動」；而在六〇年代後半，「反文化運動」分裂成許多派別。另一方面，在六〇年代後半的右翼方面，「沉默的多數」促成了對自由派體制的反彈，不管是在種族、「提高課稅再增加支出」、犯罪，還是文化多元主義方面。簡言之，

實際上有兩個「六〇年代」，而不是只有一個，其中的第二個還延展到了一九七〇年代初期。[39]

● 絕大多數學者都把一九六〇年代之後的時代描述為個人主義盛行的時代，也就是說美國的政治、文化與智識生活愈來愈把自我放在社會之前，也愈來愈重視自我而反對社會。舉例而言，歷史學家霍布斯邦指出：「要理解二十世紀後期的文化革命，最好的方法就是將其視為個人勝過社會，或是打斷過去把人編織成社會網絡的縫線。」[40] 由此造成的結果，就是從政府到宗教乃至工會到家庭的幾乎每一種社會機構都出現權威危機，造成幻滅與疏離。大部分的觀察家乃至當時大部分的美國人都認知到了這種轉向，不論他們是否贊同。[41]

換句話說，美國主流社會進入六〇年代的時候正處於愈來愈趨向「集體」的模式：有著公社、共同的價值觀，以及加速邁向種族與經濟平等的努力。在六〇年代的尾聲，我們轉變為愈來愈趨「自我」的模式：聚焦於「權利」、文化戰爭，還有幾乎立刻就被稱為「唯我年代」的一九七〇年代。美國人有如在水中翻滾轉身的游泳選手一樣，在一九六〇年代展開之時不斷朝著社群邁進，但在那個年代的中期卻倏然轉向，把一九六〇年代拋在腦後，開始朝個人主義邁進。在本章的後半，我們試圖記錄並理解這個迅猛的轉捩點。

由於六〇年代在歷史記憶中經常與文化衝突、政治極化以及經濟困境聯想在一起，因此我們必須記住六〇年代展開之時的樂觀心態，以及史學家派特森指稱一般人在當時對於富裕程度將會加速成

長所懷有的「遠大期望」。那個時期的背景是戰後繁榮，這樣的繁榮在一九六〇年代欣欣向榮的經濟當中又加快了發展速度。這項幾乎毫無中斷、整體而言不斷加速，而且獲得廣泛共享的榮景，是第二次世界大戰結束後的那二十五年間最重要的特徵，提高了眾人的抱負與期望。實質家庭所得中位數在六〇年代期間上升 30%，貧窮率也從一九五九年的 22% 減半來到一九七三年的 11%。[42]

　　經濟不是六〇年代唯一欣欣向榮的東西：即便在嬰兒潮世代最早的成員於一九五〇年代升上大學之時，這波嬰兒潮仍然沒有停歇的徵象，從而強化了全國的樂觀心態。如同我們在第二章指出的，這批人數迅速成長的青少年有迅速成長的比例湧入了人滿為患的大學校園，這項預示性的發展對六〇年代後半造成了影響。這種經濟與人口的榮景共同促成了全國抱持遠大期望的氛圍。

　　此外，在一九六〇年代展開之際，美國仍然沉浸在第二次世界大戰獲得的空前勝利當中：這場所謂的「良善之戰」，把美國最高的國家理想（擊敗法西斯主義以及推廣民主）和它無與倫比的全球力量結合了起來，其中包括軍事、經濟、文化與外交方面的力量。大多數的美國人民都對自己的國家深感自豪，也對國家的制度滿懷信心。（回想我們在第三章提過的人民信任政府的證據。）不過，人畢竟無法望見地平線的彼端，因此當時也沒什麼人想到我們即將自討苦吃。

　　無可否認，冷戰與熱核戰在一九五〇年代令美國人憂心不已，也削弱了美國人的自信，但甘迺迪在一九六〇年的競選修辭卻是根植於樂觀心態，認為在經過艾森豪執政年間的停滯不前之後，新世

代將可如他在民主黨全國代表大會發表的接受提名演說指出的那樣,「再度推動國家前進」。[43] 隨著新政府上臺以及它所帶來的「新疆界」,我們似乎無所不能:在十年內登上月球、帶來長久的全球和平,甚至也許終將擺脫糾纏美國數百年之久的種族歧視。

一九五八年,經濟學家高伯瑞(John Kenneth Galbraith;他在不久之後成為甘迺迪的顧問)在《富裕社會》(*The Affluent Society*)這部著作裡把第二次世界大戰之後的美國描述為私人領域欣欣向榮但公部門貧窮不已,不但社會與物質基礎建設不足,也存在著揮之不去的所得落差。我們現在雖然可以看出一九五○年代末期的美國接近共享富裕的頂點,高伯瑞的著作卻鼓吹進一步的進展,並且表達了一個聚焦於「集體」的美國尚未達成的抱負。當時是平等主義樂觀心態的全盛期。[44] 在六○年代的前半,這種愈來愈具包容性的「集體」,加上愈來愈高的國民自信,造就了一連串的社會運動,儘管當時不可能有人會知道這些運動最終會帶來什麼樣的後果。

一九六二年三月至一九六三年二月,至少出現了四部開創性的暢銷書,其中描述了作者認為美國應該(而且能夠)處理的深刻社會問題。這四本書各自促成一場重大的思想與社會運動,其影響直到二十一世紀仍然迴盪不休。

- 哈靈頓的《另一個美國:美國的貧窮問題》(一九六二年三月出版)促成了大社會的展開。
- 瑞秋・卡森(Rachel Carson)的《寂靜的春天》(*Silent Spring*;一九六二年九月出版)促成了半個世紀的環保運動。

- 詹姆斯・鮑德溫（James Baldwin）的《下一次將是烈火》（*The Fire Next Time*；一九六三年一月出版）以深具說服力的文筆懇求美國人超越「黑人問題」，並且預示了未來半個世紀嚴重的種族緊張關係。[45]
- 傅瑞丹的《女性迷思》（一九六三年二月出版）為後續半個世紀啟發了一種新的女性主義，儘管其發展方向不盡然都會得到傅瑞丹的讚許。

這些作者（二女二男；一位是非裔美國人，三位是白人）與他們的著作都是二十世紀上半葉不斷上漲的「集體」浪潮帶來的產物。（這四人當中有三人出生於一九二一至二八年之間；只有出生於一九〇七年的卡森屬於年紀稍微大一點的世代。）他們與自己成長時代的普遍價值觀一致，全都主張以集體行動因應共同的公共問題。[46]他們雖然激進，但是不憤世嫉俗。他們雖然深切批評二十世紀中葉的美國，卻認為二十世紀中葉的美國人民能夠受到他們的理念所號召。他們雖然聚焦於美國在哪些方面未能達成其本身的理想，卻不認為那些理想缺乏價值，也沒有放棄共同的目標。

這些崇高的抱負也體現了高度的期望：美國確實存在嚴重的問題，但我們可以矯正這些問題，我們已經準備好要追求進一步的進展。不過，如果事實證明這些期望過高，而且我們也在旅程上遭遇亂流，那麼我們也隨時可能（在自己不知情的狀況下）陷入充滿怨恨的幻滅之中。這種時運和情緒的逆轉，比任何人在一九六三年能夠想像的要來得更加迅速。不意外，這幾部著作凸顯的四項議題

（不平等、環境、種族與性別）在將近六十年後仍是美國政治的核心議題：是美國在轉向「自我」之後未能達成的目標。

　　在一九六三年即將來臨的變化，實際發生之後極為龐大，對於經歷其中的人士而言，歷史彷彿在一夕之間翻轉。關於那個年代的影響有多麼重大，有一項頗為奇特的量化衡量方式，就是史學家以六〇年代為主題撰寫了多少著作。針對一九六〇年代所寫的書籍，看來比二十世紀其他年代全部加總起來還多。實際上，一九六四到一九七四之間的幾乎每一年（甚至是單一個月）都有一部重大著作把它當作焦點，指稱那一年（或那個月）「轉變了美國」、「永久改變美國」、「撼動世界」，或者「一切就此改變」。

- 馬格利斯（John Margolis），《最後一年的天真：一九六四年的美國》（*The Last Innocent Year: America in 1964*）
- 派特森，《大破壞的前夕：一九六五年如何轉變了美國》（*The Eve of Destruction: How 1965 Transformed America*）
- 薩維奇（Jon Savage），《一九六六：六〇年代爆發的那一年》（*1966: The Year the Decade Exploded*）
- 布魯克斯（Victor Brooks），《一九六七：火與冰之年》（*1967: The Year of Fire and Ice*）
- 科蘭斯基（Mark Kurlansky），《一九六八：撼動世界的一年》（*1968: The Year That Rocked the World*）
- 柯克帕特里克（Rob Kirkpatrick），《一九六九：一切就此改變的一年》（*1969: The Year Everything Changed*）

- 基倫（Andreas Killen），《一九七三年的精神崩潰：水門案、沃荷，以及後六〇年代美國的誕生》（*1973 Nervous Breakdown: Watergate, Warhol, and the Birth of Post-Sixties America*）
- 羅本諾特（Jim Robenalt），《一九七三年一月：水門案，羅伊訴韋德案，越戰，以及永久改變了美國的一個月》（*January 1973: Watergate, Roe v. Wade, Vietnam and the Month That Changed America Forever*）

在整個美國歷史中，似乎只有開國與南北戰爭能夠像六〇年代這樣引起如此強烈的歷史學興趣，而這三個時期之間的平行就頗具揭露性。

我、我、我的

我們經常從政治角度看待六〇年代的大地震，但那場震盪也許在文化當中最令人感受得到，尤其是流行文化。如同我們先前提過的，六〇年代的文化革命呈現出來的形態，是年輕人抗拒一九五〇年代令人窒息的「集體」，而追求解放與個人主義。英格爾哈特主張一九六〇年代的物質富裕解放了年輕世代，讓他們得以轉向「自我實現」。他以這句妙語概述自己的論點：「人不是只靠麵包而活，尤其是人如果擁有很多麵包的話。」[47] 從自我實現到自戀，只有短短的一小步。萊克（Charles Reich）在《美國的新生》（*The Greening of America*）這部暢銷著作宣告了一種新的革命性「第三意識」，也就

是不把「社會、公共利益和制度視為主要真實」，並且把「個體的自我接納為唯一的真實」。[48]

這項轉變最明顯可見的地方，也許是在流行音樂。流行音樂從「集體」改為「自我」的轉變極為明顯又極為迅速，幾乎可以精確指出發生的月分。六〇年代中期的搖滾樂團水牛春田（Buffalo Springfield）唱出「有什麼事情正在發生／到底是什麼還不太清楚」，即是嗅到了變化的氣息。那個重大年代最具影響力的其中一位藝人是巴布・狄倫，他的音樂根基是木吉他與民謠音樂，可見於他早期的走紅作品〈在風中飄蕩〉（Blowin' in the Wind, 1963）與〈時代正在改變〉（The Times They Are a-Changin', 1964）。他的同代藝人以及合作對象包括瓊・拜雅（Joan Baez）、伍迪・蓋瑟瑞（Woody Guthrie）、皮特・西格（Pete Seeger），以及彼得、保羅與瑪麗（Peter, Paul and Mary），這些藝人都因為他們作品中的社會評論以及對兄弟情誼的呼籲而聞名世界。早期的巴布・狄倫和他的同儕一樣，也以歌聲鼓吹社會正義。

不過，在一九六五年七月的新港民謠節（Newport Folk Festival），狄倫在演唱會中途從民謠歌曲改為電子搖滾的著名轉變引起了強烈反應（主要都是負面反應），包括他的音樂同僚也是如此。然而，在後續年間，狄倫卻刻意從鼓舞社群建構與社會抗議轉向表達自己的個體性。因此，難怪狄倫到了「自我」時期仍然持續廣受喜愛，但他那些沒有跟隨此一廣泛文化轉向的同儕則遭到遺棄。[49]

披頭四這個流行音樂奇蹟也遠遠不只體現音樂，而是代表了一個世代的長大成人。[50] 如同狄倫，披頭四在一九六〇年代初期也以

和諧的歌聲頌揚人的同在相伴：〈我想牽你的手〉（I Want to Hold Your Hand, 1963）、〈你只需要愛〉（All You Need Is Love, 1967）、〈只要朋友幫我一點小忙〉（With a Little Help from My Friends, 1967）。可是到了一九六六年，他們就開始感受到孤立與疏離，在〈艾蓮娜‧瑞比〉（Eleanor Rigby）這首歌裡針對兩名男女唱道：「那麼多寂寞的人／他們都來自哪裡？」

　　到了一九七〇年，披頭四已然解散，團員各自走上不同的道路，從一個共同創作音樂的團體轉變為各自追求自我發現的個人。他們以樂團身分共同錄製的最後一首歌是由喬治‧哈里森所寫，歌詞一方面是他個人對樂團的分裂所表達的不滿，同時也可以算是對六〇年代從「集體」轉向「自我」的貼切描述。[51]

　　　我聽到的盡是我、我、我的／我、我、我的，我、我、我的。

　　六個月後，約翰‧藍儂以他的個人賣座單曲〈上帝〉（God）提出回應：

　　　我不相信披頭四／我只相信我自己。

　　把對自我的愛視為一種美德，而不是惡行，在一九六〇年代晚期與七〇年代成為新世紀運動（New Age）的「重點」。「學習愛你自己……是最偉大的愛，」這段歌詞原本出現在一九七七年的阿里傳記電影《勝者為王之拳王阿里》（The Greatest）的一首歌裡。（後來

這段歌詞又出現在惠妮‧休斯頓與奧莉薇亞‧紐頓強的暢銷歌曲中。）這段文字代表了轉往個人主義的文化轉向。我們完全無法想像納京高（Nat "King" Cole）、艾拉‧費茲傑羅甚至貓王頌唱著自我之愛。

諷刺的是，阿里本身並不是自我之愛的擁護者，恰恰相反。一九七五年，他向哈佛的學生發表演說，說出了這個也許可以算是史上最短的詩句：「我？應該是我們！」[52] 他不可能知道就在他發表演說的同時，美國文化正發生一場巨變，將會從此反轉他這句話的順序和標點符號。

一連串的危機

六〇年代不只是文化轉捩點，也有一連串多層次而且互不相關的公共危機，造成許多悶燒已久的衝突爆發開來：

- 約翰‧甘迺迪、羅伯‧甘迺迪與金恩博士遭到刺殺
- 越戰
- 學生抗議
- 民權革命
- 都市危機與都市暴動
- 國內恐怖主義和虛無主義的暴力
- 婦女運動
- 避孕藥與性革命

- 反文化與藥物泛濫
- 傳統宗教與家庭價值受到史無前例的質疑
- 一連串的環境危機
- 水門案與尼克森辭職
- 停滯性通膨、石油短缺與經濟困頓

在某個根本層面上，這些全都是大致上各自獨立而且互不相關的現象。「肇致」避孕藥的因素不是「肇致」越戰的因素，而「肇致」藥物泛濫的因素也不是「肇致」石油短缺的因素。不過，這些各不相同的危機卻似乎具有相互增強的效果，造成一種全國的精神崩潰。那是終極的完美風暴，這場風暴的強度促成了文化與政治的急遽轉向。

對某些人而言，這一切都始於一九六三年十一月二十二日，也就是約翰‧甘迺迪在達拉斯遭到槍殺那一天。甘迺迪代表了一九六〇年代初期的國家樂觀精神，而他遭到刺殺乃是一項無意義的悲劇，深深打擊了美國的天真。不過，這只是一九六〇年代撼動美國的一連串刺殺事件當中的第一起而已。

接著是金恩博士遇刺，在一九六八年四月四日。金恩曾說自己恐怕沒辦法活著見到他長久奮鬥爭取的應許之地，而這個一語成讖的預言更是令人對他的死深感失落。在為黑人社群爭取正義的那場醜陋又暴力的抗爭當中，大多數的美國人都把他視為一座希望的燈塔，也是和平的堅定倡導者。[53] 民權運動在金恩博士死後陷入分裂與幻滅，深深打擊了我們追求正義的集體決心。

　　兩個月後的六月八日，羅伯·甘迺迪在爭取總統提名期間遭到刺殺。羅伯·甘迺迪是引人入勝的人物，具體展現了一九六〇年代中期的迅速個人轉變。[54] 他在一九五〇年代忠心跟隨麥卡錫的行為，代表了社群主義偏狹的黑暗面，但他的哥哥在一九六三年遭到刺殺深深震撼了他。他開始轉而倡導種族與經濟正義，不再支持越戰，成為受壓迫者的捍衛者，也是體制內一股呼應金恩博士的聲音，呼籲建立更具包容性的「集體」。在他遇刺之時，他正致力於跨越種族、階級、世代，甚至是意識形態的界線。「本來可能發生的事」算不上證據，但他的例子拋出了一個也許無法回答的重要問題，亦即有力的領導是否有可能延緩或甚至遏止鐘擺的逆轉。羅伯·甘迺迪的死深深打擊了美國搖搖欲墜的希望。

　　隨著六〇年代持續進展，暴力似乎愈來愈成為常態。越戰是美國第一場受到電視轉播的戰爭，只見一場接著一場的血腥片段，似乎永無結束之日。群眾抗議遭到歷任總統忽視，挫折的情緒因此愈來愈高漲。民主黨的一九六八年芝加哥全國代表大會發生示威活動，只見新政時代的老兵坐在會場內，年輕的社運人士在外抗議，同時遭到勞動階級的員警攻擊。美國在越南吞下的苦澀敗仗，深深打擊了我們對於美國的偉大所懷抱的信念。

　　戰後嬰兒潮現象，使得一九六〇與一九七〇年代期間，成人相對於兒童的比例遠比正常的人口金字塔來得低，從而造成《蒼蠅王》那樣每況愈下的狀況。[55] 受過教育的年輕白人致力為自己以及受壓迫的少數族群尋求更大的包容，由他們主導的猛烈抗議活動變成爭取傳統權力結構控制權的巨大鬥爭，因此深深打擊了我們對於美國

制度的信心。

在此同時，美國的內城區也爆發暴力。一九六五至一九六九年間發生了美國百年來最嚴重的都市暴動，這是種族少數群體對於社會變革步調緩慢以及美國未能實現民權立法的承諾所深切表達的不滿。對於那些反擊的白人與執法官員而言，這些暴動讓他們得以發洩潛伏在內心的憤怒，也就是取消種族隔離產生的影響以及失去支配地位讓他們感到的憤怒。對於在電視上觀看的其他人而言，這些暴動當中的每一方都以駭人的方式展現了人性最糟的一面。接下來的五年充滿瘋狂、野蠻又凶殘的虛無主義，具體顯現在頭條新聞報導的曼森家族凶殺案（一九六九）、氣象員爆炸案（一九六九至一九七四），以及帕蒂·赫斯特（Patty Hearst）與共生解放軍（Symbionese Liberation Army）的暴力行為（一九七四至一九七五）。這類毫無意義的暴力深深打擊了我們對於公共安全與法治的信賴。

另一方面，另一種比較細膩的反抗也席捲全國。婦女運動雖然帶來遲到已久的平等，對核心家庭造成的影響卻引起激烈辯論。同時間，性革命透過流行文化與法律改革挑戰行為常規。食品藥物管理局在一九六〇年核准使用避孕藥防止懷孕，美國最高法院接著又在一九六五年宣告各州禁止夫妻使用節育手段是違憲的行為。生育控制不但在原則上把性與婚姻區分了開來，也愈來愈在實務上達到這樣的效果。

性習俗改變的速度令人為之屏息。美國人口當中認為婚前性行為「沒有錯」的比例在不到四年的時間裡就出現翻倍成長，從一九六九年的 24% 上升到一九七三年的 47%。大體而言，這是典型的

世代變化案例，一群定義明確的年輕人有五分之四都接受婚前性行為，而他們的長輩則有五分之四反對婚前性行為，於是前者加入原本僅由後者構成的人口之後，便造成道德觀的革命。[56] 在許多人眼中，婦女解放與性革命深深打擊了最基本的社會單位。

連同婦女解放而來的是反文化。嬉皮運動在一九六七年的「愛之夏」（Summer of Love）達到高峰，但這項運動雖然原本聚焦於「自由之愛」、公社生活與靈性超越的精神，卻很快就淪為愈來愈享樂主義的行為、吸食硬性藥物，以及「想幹嘛就幹嘛」的放縱。在一九六〇年代的春日之下建立的那些曾經充滿樂觀的公社，不久即崩垮在一九七〇年代的冬雨之下。接下來幾乎必然的發展，是對於一九六〇年代初期的理想未能實現所感到的幻滅，後來季特林稱之為《共同夢想的遲暮》（The Twilight of Common Dreams）。[57] 現況遭到令人震驚的抗拒，因而深深打擊了文化共識，導致一整個世代的成年人覺得「美國的靈魂已然處於存亡關頭」，[58] 於是往後半個世紀的「文化戰爭」就此奠下基礎。

就在父母與評論者擔憂美國的道德衰敗之際，環境的衰敗卻在全國各地愈來愈明顯可見。先前幾十年恣意使用化學物質以及未經充分安全檢測的科技，在六〇年代已證實對於人類健康與自然環境造成極為嚴重的長期影響。《寂靜的春天》深深打擊了美國「透過化學追求更好生活」（這是杜邦化學公司在一九五〇年代吹噓的口號）的天真希望。

在這個動盪時代的種種混亂事件當中，最令人不安的是水門案。美國政治的黑暗面被揭露在震驚的大眾面前，只見連續數月的

新聞頭條都是有關竊盜、勒索、敵人名單、暗中監視，以及「封口費」的報導。作為一個令人心痛的年代的災難性結尾，水門案令美國人目瞪口呆，並且深深打擊了我們對於正直領導的信心。[59]

隨著六〇年代結束，美國的繁榮前景似乎也畫下了句點。鑒於大眾日趨高漲的不滿情緒，尤其是對越戰的反對，詹森與尼克森因此雙雙決定不再增稅，也不再於槍炮與奶油之間做選擇。這項怯懦的政策造成了原本在經濟學上看似不可能出現的高度通膨結合高失業率的現象，從而必須為此發明新的名詞與新的衡量指標。由此產生的新名詞是「停滯性通貨膨脹」，衡量指標則稱為「痛苦指數」。停滯性通膨又因為一九七〇年代的石油禁運以及應運而生的石油管線而更加惡化。經濟痛苦在一九六〇年代晚期開始加速發展，到了一九七〇年代已足以媲美經濟大蕭條時期的艱困，也比後來發生於二〇〇八至二〇〇九年的經濟大衰退更難熬。這些經濟危機由於從一九六〇年代晚期持續到一九七〇年代中期，因此為「漫長的六〇年代」（the Long Sixties）這個經常使用的名稱賦予了合理性，同時也讓美國的自信受到痛擊，為戰後繁榮拉下了帷幕。「自我—集體—自我」曲線早已開始轉向，但這場經濟困頓更加確立這項發展。

這些相互交錯的多重危機，每一項都撕裂了經濟、政治、社會與文化等方面在五〇年代的團結表象。這項轉變終於降臨在美國身上的速度與徹底程度，令所有身處其中的人震驚不已。套用一名在一九六五年出發前往越南作戰，在一九七二年返回美國的戰俘所說的話：「我們返鄉之後看到一個非常不一樣的世界，感覺就像是〈李伯大夢〉裡的李伯在戰俘營睡了將近六十年才醒來一樣。我們的文

化竟然變得那麼多，實在令人難以置信。」[60]

　　許多評論家對於二十世紀中葉的共識所帶來的束縛雖然都感到不安，卻極少有人能夠預見美國的和諧在短短幾年內就被紛擾喧囂取代。漫長的六〇年代似乎證實了先前的共識已走入死胡同。一切看似已經失控，造成眾人普遍感到一種難以界定的不和諧感。[61]

　　在漫長的六〇年代期間，「異化」、「脫序」、「疏離」與「病灶」全都竄起成為 Ngram 當中的流行語。當時的情緒具體而微地體現在卡特總統一九七九年發表的一場全國電視演說。他在其中概述了我們在這一節裡提出的幾乎所有事件與趨勢，並且將這場演說取名為「信心危機」，但隨即就被人改稱為更適切的「無力感演說」。六〇年代後半的那些危機共同削弱了前半段的全國自信，並且在不知不覺之間降低了我們集體的平等主義抱負。

　　沃爾夫在一九七六年撰寫了一篇引人共鳴的文章，將一九七〇年代稱為「唯我年代」。[62] 他詳述自助運動與新世紀心靈運動的暴紅，指出美國在經歷過先前那幾年的頭暈目眩之後，緊接著就把目光轉向內部。美國人揚棄了針對重大議題發動的群眾抗議，而轉向精神治療師與宗教導師，藉此聚焦於自己的個人問題。簡言之，大眾在七〇年代不再追求修正社會的問題，開始只專注於修補自己的問題。

　　如同史學家派特森針對這個時期所提出的概述：

許多自命為托克維爾的人士在一九七〇年代中期以及後續時間尋求美國的本質，結果都深感悲觀，就像一名記者寫下的頭條

標題：「情勢會先惡化，然後再繼續惡化。」他們指稱美國人
已經失去方向、暴躁、異化，並且分裂成愈來愈關注自己的群
體，紛紛以區域、性別、年齡、宗教、族裔與種族等狹隘的條
件自我界定。[63]

懷著同在相伴的理想進入六〇年代的嬰兒潮世代，到了七〇年
代結束時已陷入充滿煩躁的自我中心。如同哲學家羅蒂（Richard
Rorty）在《築就我們的國家》（*Achieving Our Country*, 1998）所寫的：
「感覺彷彿是那些撐過了經濟大蕭條並且移居市郊的人口所生下的
子女，在一九八〇年前後決定收起自己身後的吊橋。」[64] 我們現在
從下一個世紀的觀點回顧後續的幾十年，便可明白看出那場巨大的
方向轉變所造成的完整影響。

六〇年代轉捩點帶來的教訓

我們先前已經看過，要為漫長的六〇年代期間那場從集體轉向
自我的翻轉找出單一肇因，只是徒勞之舉。我們在本書描述過的各
種經濟、政治、社會與文化趨勢，它們本身數十年來都處於自我強
化的平衡當中，但這項平衡卻徹底遭到前述動盪所推翻。邁向更加
包容的「集體」這項進程當中的各種元素所共同構成的良性循環，
突然間翻轉成為惡性循環。愈來愈嚴重的極化造成愈來愈強烈的個
人主義，進而造成愈來愈高度的不平等，接著造成愈來愈深刻的社
會孤立，然後再回過頭造成更嚴重的極化，形成無窮無盡的向下螺

旋。

　　不過，如同我們先前強調過的，那個轉捩點的重點在於情境，而不是危機。面對危機而發揮的人類主體性，在其中扮演核心的角色。如同史學家舒爾曼所寫的：

> 在整個戰後時期，從一九四〇到一九七〇年代，改革人士……致力追求更廣泛的「集體」，淡化人與人之間的差異，把更多人納入「集體」當中。……但在一九七〇年代初期，美國人從那個包容而且普世性的願景退縮了。與其擴大「集體」的範圍，這個國家反倒把自己重塑為由許多狹隘的單位堆積而成。[65]

　　我們在先前幾章已經強調過，一九六〇年代的改革人士有充分理由尋求個人權利的擴張。實際上，個人權利領域在一九六〇年代獲得許多成果，也推動了許多進展，因此可能很難不把那個年代視為壓迫與從眾的桎梏終於被打破的時期，個人因此能夠自由追求自己想要成為的樣貌，美國也被迫為自己沒能在法律之下保障自由與平等的缺失負起責任。不過，如同我們也在前幾章看過的，這些進步主義以及前瞻性的運動所造成的實際效果，經常反倒是強調個人主義與個人權利，犧牲了廣泛受到認同的社群主義價值觀。一九六〇年代那些「解放」個人的運動，有許多案例都在無意間造成促進自私的副作用。改革人士與革命人士追求包容，卻在這樣的追求過程中帶來異化。因此，六〇年代之所以值得我們在今天投以注意，主要是因為這樣也許可讓我們從那個世代的改革人士付出的努力當

中學到教訓，以免當今對於更美好的未來這項共同抱負所從事的追求，再度造成一場充滿敵意的「共同夢想的遲暮」。

一九五〇年代的改革人士所懷抱的擔憂正確無誤，從眾確實對個人主義造成限制，種族與性別不平等也確實一直持續存在。他們質疑二十世紀中葉的「集體」究竟包含哪些對象，也納悶這種集體所代表的「共識」形態需要付出什麼代價。這些易於煽動情緒的擔憂，被一九六〇年代的火花引燃之後，就足以逆轉二十世紀頭六十幾年的根本趨勢，把這個國家帶上一條全然不同的道路。這條新道路確實帶來更多的個人主義，但付出的代價卻是犧牲了先前那些價值觀：這是一項已經忽略太久的事實。

只要細心回顧二十世紀中葉的美國，即可明白看出缺陷所在：當初的那個社會低估了個人性與多元性，對於種族和性別平等的關注也遠遠不足。儘管如此，我們在本書蒐集的實證證據也明白顯示，我們為六〇年代的翻轉付出了高昂的代價，包括第二個鍍金時代無可辯護的經濟不平等、削弱並危害民主的政治極化、忽略人類需要同伴這種基本需求的社會分裂與孤立，還有最根本的自我中心心態，導致我們極難達成改變國家方向所需的目標統合。

我們每一個人眼中的「正常」，取決於個人在什麼時候加入這段歷史。對於當今許多年紀比較大的美國人而言，由於他們至少經歷過美國正向發展的一部分，又目睹了以上概述的那些驚人逆轉，所以當今的極度不平等、極化、社會分裂以及自戀（甚至可見於全國最高公職的擔任者）看起來自然一點都不正常。因此，也就難怪他們完全**無意**讓這樣的情形變成常規。另一方面，在 X 世代、千禧

世代以及年紀較輕的美國人眼中，日益深化的不平等、極化、孤立以及自戀可能顯得頗為正常，因為這就是他們誕生於其中的美國。衰退是他們唯一經歷過的現實，所以他們可能沒有完全察覺到當今的「正常」在歷史上其實有多麼不尋常。不過，如同我們在本書大量記載的，在活生生的記憶當中，**所有**這些令人擔憂的現實其實都曾經消退。

　　我們希望本書能夠帶來的其中一項貢獻，就是協助縮小「好啦，老人家」這種世代鴻溝，提出一項奠基於證據之上的新敘事，涵蓋整個世紀的起起伏伏，從而為往後的選擇設定一個比較明確的目標。實際上，對於為這個國家的未來建立一個新的共同願景而言，**彌合**這種觀點的差異可能會是其中一項關鍵要素。所有的美國人到底可以怎麼合作造就另一場正向發展，是本書要探究的最後一個問題。

9 | 漂流與駕馭

一八八八年，美國進步主義者貝拉米（Edward Bellamy）寫了一本暢銷小說，書名叫《百年回首：二〇〇〇到一八八七》（*Looking Backward, 2000-1887*）。書裡的主角朱利安·魏斯特（Julian West）在一八八七年沉入夢鄉，在二〇〇〇年醒來，發現他所認識的美國已經徹底改變。他那個鍍金時代的割喉式競爭已經由合作所取代；個人主義式的「贏者全拿」心態也變成一種深刻的相互責任與互助精神。魏斯特遊覽這個社會，發現民主公民竟然能夠以共同的使命感為核心打造制度，而對這種充滿希望的可能性深感驚奇。

現在，我們實際上度過的時間已經超過貝拉米在想像中「回首」的那一百一十三年。不過，他筆下那位主角要是走在美國今天的街頭，恐怕會覺得自己看到的景象相當熟悉；因為當今的現實其實比較接近他當初生活於其中的那個社會，而不是他想像中的烏托邦。史無前例的經濟繁榮結合巨大的貧富落差、公共領域陷入僵局，社會結構分崩離析，還有廣泛的原子化與自戀，這些當今普遍

存在的情形都與昔日無異。[1]

　　當然，我們生活於其中的現實沒有順應貝拉米的烏托邦夢想，這點並不令人意外。想像的虛構作品經常引人深思，但極少能夠預言未來。不過，**真正**令人意外的是，在貝拉米那部小說出版之後的半個世紀裡，美國確實緩慢朝著他理想中的那種社會邁進，而且達到了前所未有的接近程度。我們明顯變得更加平等，更願意共同合作並且互相妥協，更能夠為惱人的問題想出創新的解決方案，也更關注共同利益。接著，我們卻倏然逆轉方向，抵銷了這些方面數十年來獲得的進展，並且重新打造了一個世界，遠比我們歷史上其他任何一個時期都更近似貝拉米的那個鍍金時代。

　　上一個美國鍍金時代與當今這個時代的驚人相似性，已經有許多評論家提過。然而，如同本書引言所揭示的，也如同我們在橫跨各種經濟、社會、政治與文化現象的無數困境當中見到的，這兩者之間的相似之處甚至比許多人認為的還要更加廣泛也更加深刻。今天，我們再度發現自己處於一個幾乎在每個面向都面臨了深切挑戰的時刻，而且也面臨了進一步落入國家衰退深淵的具體風險。不過，我們現在也握有一項優勢，就是不只能夠像貝拉米那樣望向未來而想像一個更明亮的未來，也能夠回顧過去並試圖理解以前的人如何實際上創造了一個這樣的未來，並且是緊接在一個和當今極為近似的時刻之後。

　　本書闡述了十九世紀末那個高度不平等、高度極化、高度社會隔絕，而且也高度文化自戀的美國社會，如何在二十世紀揭開序幕之時於個別領域達成了可以量測而且近乎同步的正向發展，朝著平

等、包容、禮讓、人際連結以及利他精神邁進。我們在本書揭露這些現象引人注目的匯流，構成美國歷史上最為戲劇性也最為多面向的轉捩點，我們希望能夠藉此做出重大貢獻，提供一種理解二十世紀的新觀點。然而，要是以此為足，不免將錯失從歷史教訓當中充分學習的機會，所以我們才會以最後這一章來探究美國上一次的正向發展是怎麼出現的，以及我們如何能在未來再度造就一次這樣的正向發展。

從漂流到駕馭

貝拉米寫了《百年回首》的幾年後，另一位美國進步主義者李普曼在還不到二十五歲的年紀出版了一本小書，書名叫《漂流與駕馭》(*Drift and Mastery*, 1914)。李普曼揚棄了他的前輩經常傾向於採取的「建構烏托邦」做法，而反倒致力於「試圖診斷當前的動盪，從而對民主隱含的意義獲得一些理解」。[2]

二十世紀初這個全新的世界受到種種因素所轉變，包括都市化、工業化、對於支薪勞動力愈來愈高的依賴、企業激增以及各式各樣的合併、社會常規與習俗的改寫、迅速成長並且多元化的人口，還有對於個人、制度與政府在因應這些情勢的挑戰當中應扮演何種角色所進行的激烈辯論。在這麼一個世界裡，民主公民該怎麼做？

眼見美國民主遭到深切絕望的「漂流」所苦，李普曼呼籲全體公民發揮積極活躍、富有創造力而且恪守紀律的精神「駕馭」歷史。

關於開創正向發展以擺脫向下漂流的可能性，他主張指出：「這項目標不是由某個高人一等的睿智個體達成，而是要由美國人民自己達成。沒有一個人或是一個團體能夠做到那一切。這是一項龐大的合作。」[3] 換句話說，美國人必須揚棄朝向「自我」的那種有害而且憤世嫉俗的下滑趨勢，重新發現「集體」的潛在力量與前景。

　　不同於貝拉米未能實現的夢想，李普曼開立的處方非常貼近美國進入新世紀之時實際上發生的狀況。把鍍金時代轉變為進步時代的那些改革人士，包括外來移民與菁英、女性與男性、黑人與白人、家庭主婦與職業政治人物、工會人士與資本家、大學畢業生與工廠勞工、由上而下的官僚與由下而上的社運人士、共和黨人與民主黨人，以及其他介於其間的幾乎所有人。這項運動極為多元化，因此缺乏一致性，也充滿了各種相互矛盾的衝動，但肩負起「進步主義」這項跨黨派責任的美國人終究促成了一套極度多元而且影響廣泛的改革與創新，其中許多都為我們今天所知的美國社會奠定了基礎。

　　祕密投票；直接初選制度；參議員民選；創制權、公民投票權、罷免權；婦女投票權；新式的市政管理；聯邦所得稅；聯邦準備體系；保護性勞動法規；最低工資；反托拉斯法；受保護的公有土地與資源；食品與藥物規範；衛生基礎建設；公用事業；公民與志願社團的大量出現；新式的倡議組織，例如工會、美國公民自由聯盟，以及全國有色人種協進會；廣泛設立免費公立高中；乃至公共公園、圖書館與遊樂場的廣泛出現，全都是源自各種進步主義改革者的努力。

　　平均而言，自從權利清單以來，每隔十三年就會通過一項憲法修正案。在這方面即可看出進步時代的創新有多麼巨大：在一九一三至一九二〇年間，有四項修正案跨越重重阻礙獲得批准，是自從權利清單以來通過最多修正案的一段時期，足以相比的只有南北戰爭之後通過三項關於奴隸制度的修正案。

　　為了理解進步時代的歷史重要性，當今的許多觀察家都聚焦於進步時代最後達成的成就，包括列舉老羅斯福的「公平交易」（Square Deal）國內政策（一九一〇）、進步黨的成立（一九一二），還有廣泛聯邦立法的通過（一九一三至一九二〇），並且斷定擴張聯邦政府的規模、管轄範圍與權力是一項協同政治計畫。[4] 不過，這種論點無法解釋早在這位進步主義者入主白宮之前就已經出現的那些龐大而多元的文化批評、熱烈抗爭以及公民主導的改革。

　　套用史學家霍夫士達特（Richard Hofstadter）的話，對進步運動最貼切的描述就是「一項趨向批評與變革的廣泛衝動，在一九〇〇年之後的不論何處都極為醒目」。這項解讀相當符合我們在本書記載的社會、經濟、文化與政治方面那些廣泛正向發展的時機。一旦把那些正向發展全部放在一起觀察，即可看出美國的整體發展曲線在一九〇〇年左右開始出現明顯的改變。「如同所有觀察力敏銳的當代人所理解到的，」霍夫士達特接著指出：

　　　　在這種更大的意義之下，進步主義並不限於進步黨，而是以引
　　　人注目的方式影響了所有大大小小的政黨以及政治生活的整體
　　　調性。……進步主義雖是在特定社會不滿所產生的推動力之下

才有可能出現……卻是社會大部分人口為了達成某種並未非常
明確界定的自我改革，而採取的一項頗為廣泛並且極度良善的
努力。[5]

進步主義者起初的目標雖然不一定明確或者一致，卻有兩項共
同點：一是一種強烈的渴望，想要抗拒這個國家向下漂流；二是一
種激勵人採取行動的信念，認為一般公民必然能夠做到這一點。我
們如果想要在今天創造出類似的轉捩點，那麼這些進步主義者極為
多樣化的故事，也許比他們個別的政治、政策或方案更能夠讓人從
中看出達到這項目標的藍圖。[6]

從優渥生活到熱切投入改革

法蘭西絲・珀金斯（Frances Perkins）在一八八〇年出生於麻州
波士頓的一個中產階級美國北方人家庭，這家人不但重視教育，也
以自己出身自北美殖民地的根源為榮。她在就讀霍利奧克山學院
（Mount Holyoke College）期間接觸到進步主義政治思想，原因是她有
一位教授要求學生必須走訪工廠，訪問勞工的工作條件。畢業之
後，珀金斯進入芝加哥地區的一所女子學校任教，並且在珍・亞當
斯的赫爾館（Hull House）這間睦鄰之家擔任志工，從而持續認識到
工作貧窮者的困境。

她在赫爾館接觸了眾多富有影響力的進步主義者，也親眼目睹
了她以前主要只在書上讀過的社會問題。她出席聆聽慷慨激昂的勞

動演說以及引人深思的講座，並且開始對她父母那種與社會脫節的保守政治思想產生質疑，也愈來愈受到為被壓迫者爭取權利的奮鬥所吸引。

珀金斯沒有繼續從事教書這個體面的職業，而是在費城接下一項職務，調查外來移民與非裔美國女性遭到非法雇傭公司與分租宿舍性剝削的事件，並且小心翼翼地不讓家人知道自己的工作內容。她在華頓商學院修習經濟學，然後搬到紐約市，在哥倫比亞大學取得政治學碩士學位。到了紐約之後，她就立刻投身於婦女投票運動，參加抗議活動並在街角發送傳單。她也擔任紐約消費者聯盟主席，繼續倡議勞動人權。

一九一一年，珀金斯和一群上流社會婦女在華盛頓廣場旁的一間公寓參加一場茶會，卻突然聽到底下的街道傳來一陣喧囂。這群婦女隨即趕到屋外，發現位於廣場另一端的三角成衣廠大火沖天。珀金斯徒然懷著想要幫忙的滿腔熱血衝向工廠，但困在工廠裡的數百名工人根本無法逃脫。接著發生了極為駭人的場景，只見好幾十名無助的婦女和女孩從工廠樓上躍下，就此送命。不過兩年之前，這些婦女曾經發動一場罷工，要求比較人道的工作條件以及改善後來導致這場大火的安全疑慮。她們當時的訴求遭到激烈抗拒。

三角成衣廠大火是珀金斯的道德形成過程當中的一個轉捩點，令她醒悟到爭取改革的迫切性。在赫爾館擔任志工的經驗雖然讓她大開眼界，但自從搬到紐約並且再度活躍於東岸菁英的圈子之後，她對自己未來的想像就不再是一名改革者，而是嫁了一位富有丈夫的慈善家。不過，這場令人驚駭的大火明白顯示工廠老闆的貪婪與

立法者的漠視直接造成了一百四十六條無辜性命的犧牲：這項事實絕不可能靠著單純的慈善工作彌補。她立刻揚棄自己想像中的上流社會生活，徹底投身於爭取勞動人權的「天職」。

珀金斯一頭栽入由男性主導並且經常在道德上必須有所讓步的政治圈之後，很快就發現道德義憤不足以贏得改革。在進步主義民主黨州長艾爾・史密斯的指導下，她成為一個精明的政治人物，在紐約州政府擔任幾個職位，並且將紐約州推上立法改革的前線。她成功爭取到更加全面的工廠檢查、比較安全的女性工作條件、縮短工作時數，並且終結了童工現象；除此之外，也在最低工資與失業保險方面起了頭。珀金斯在一九三三年獲得羅斯福總統提名為勞工部長，成為美國歷史上第一位入閣的女性。她的專業以及孜孜不倦地為勞工爭取權益，在新政的設計與推行當中功不可沒。[7]

珀金斯和其他成千上萬的中產階級美國人一樣（其中有許多都是受過教育的女性），一旦面對城市裡極其惡劣的經濟與社會狀況，就隨即打起精神採取行動，甚至成為激進分子。珍・亞當斯發起美國睦鄰運動，並且致力為外來移民與都市貧窮人口發聲；芙洛倫絲・凱利（Florence Kelley）不辭辛勞地爭取勞動改革、兒童人權與種族平等；莉蓮・沃爾德（Lillian Wald）鼓吹人權，並且為紐約市的廉租公寓居民爭取到醫療服務；約翰・杜威則是把教育重新想像成一種準備工作，讓人成為參與式民主公民。他們全都體現了那個時代的人道與熱切精神，他們也全都是平民百姓，在良心與日益成長的政治意識引領之下參與無數行動，包括跨階級聯盟建構、草根組織以及政治倡議。他們共同構成一股行動主義風潮，於是富有

進取精神的政治人物即借助此一風潮,號召民眾支持那些為美國的
「集體」年代構成基礎的方案與政策。

從孤立轉向結社

　　哈里斯在一八九六年搬到芝加哥,不禁注意到一項鮮明的對
比:在這座繁忙擁擠的城市裡,居民之間都互不相識;但他的故鄉
維吉尼亞州沃靈福德(Wallingford),則是一座充滿人情味的小鎮。
剛在愛荷華大學取得法律學位的哈里斯,和其他數以千計充滿抱負
的年輕人一樣,也是在一座新城市裡剛要起步。他心想:「如果別
人也像我一樣渴望同伴與友誼,那麼何不把他們聚集起來?」[8]
　　不久之後,哈里斯就開始與朋友還有工作夥伴談起為當地職業
人士成立一個組織的想法。一九〇五年,他和另外三個人在芝加哥
市中心一間辦公室會面,為一個名為扶輪社的新社團舉行了第一場
會議:這個名字源自這個團體在初期輪流於各個成員的辦公室舉行
會議的做法。這個社團起初的願景很簡單,就是為城市裡的商業界
人士提供「同伴與友誼」,因此後來發展出了「午餐會議」的傳統,
藉此迎合職業人士的時間安排。
　　哈里斯在一九〇七年當選為扶輪社第三任社長之後,他擴張了
這個組織的使命,把服務納入其中。他們推行的第一項計畫,就是
在芝加哥建造公廁。
　　扶輪社明確要求成員不得在會議上招攬生意:這個團體的用意
是要為從不止歇的商業與競爭壓力提供一股文化的平衡力量。哈里

斯鼓勵成員聚焦於社群活動上，包括社交、服務，以及互助。在該社社刊《全國扶輪雜誌》（*The National Rotarian*）的第一期，哈里斯寫道：「我們這個扶輪社如果注定能夠長久存續，必定是因為你我共同學到了容忍彼此缺點的重要性，也就是包容的價值。」[9]

　　其他共同創辦人雖然擔心增設其他城市的分會恐怕會造成支出與行政上的負擔，但哈里斯還是獨排眾議，堅持扶輪社必須擴展到其他城市。到了一九一〇年，美國各地已經成立了十五個左右的新分會。那年八月，扶輪社在芝加哥舉行全國大會，結果各分會的代表表決成立扶輪社全國協會。一九一一年，扶輪社採用了這句標語：「服務最多，獲益最大。」後來在一九五〇年又添加了另一句標語：「超我服務。」[10]

　　這個組織最終擴展到了國際上。哈里斯於一九四七年去世之時，他原本那個把職業人士聚集起來為社群服務的單純想法，已成長為一個龐大組織，擁有二十萬名成員，橫跨七十五個國家。過去一百年來，扶輪社接收了數十億美元捐款，運用在無數個人道計畫。一九八七年，美國最高法院的一項裁定推翻了扶輪社僅限男性參加的規定，女性終於得以成為正式會員。這個組織直到今天仍然相當活躍，也依舊持續成長：目前會員人數已經達到一百二十萬人。

　　除了哈里斯的扶輪社之外，還有其他數以百計的組織與協會創立於進步時代，每一個都是整體文化揚棄原子化與個人主義而轉向「結社主義」與社群主義的產物。不論是像哥倫布騎士會這樣的兄弟會、挪威之子（Sons of Norway）這樣的文化組織、礦工聯合會這樣的工會，還是哈達薩這樣的婦女團體，進步主義者及其同時代人

士所成立的社團涵蓋了極為廣大的範圍。此外，如同扶輪社，這些組織剛開始雖然經常只是社交與休閒團體，其中許多最後都把活動焦點轉向人道工作、社群議題，甚至是政治倡議。事實證明這些團體及其包羅廣泛的成員極具持續力，創造了巨大的社會資本，推動美國的正向發展達數十年之久。

從黑暗到光明

在一八六二年誕生成為奴隸，接著在南北戰爭期間因為《解放宣言》而獲得自由的艾達·威爾斯（Ida B. Wells），年輕時除了承受父母因病去世的哀傷之外，也背負著工作養家的責任，以免和弟妹遭到拆散。她找到一份擔任小學老師的工作，並且利用休閒時間就讀曼菲斯一所向來專供黑人就讀的學院。一八八四年，一名列車長要求她交出自己在頭等車廂的座位，但威爾斯引述《一八七五年民權法案》禁止在公共場合施行種族歧視的規定，拒絕交出座位。儘管如此，她還是被人拖下火車。她對鐵路公司提告不成，於是針對自己的經驗寫下一篇激切而且廣受閱讀的文章，從此開啟了她的記者生涯，不屈不撓地記錄種族不平等、種族隔離，以及吉姆·克勞法的興起。

不久之後，威爾斯成為《自由言論與頭燈報》（*The Free Speech and Headlight*）這份曼菲斯報紙的編輯與共同所有人。過沒多久，她得知有幾個和自己一樣是曼菲斯企業老闆的朋友，因為他們店外的一場彈珠遊戲所引起的爭執而遭到私刑處死。威爾斯因此發憤調查私

刑現象，訪問涉及這種暴行的人士，並且揭露這種凶殘行為背後的真正理由。她撰寫文章、宣傳小冊以及統計報告，譴責私刑這種「南方恐怖現象」。威爾斯鼓勵黑人逃離南方，到北方追尋比較安全也比較光明的未來，她自己也在一八九四年搬到芝加哥。

　　威爾斯前往海外旅行並且發表演說，為美國的反私刑運動贏取了許多國際支持者。她的部分美國同志，包括布克·華盛頓（Booker T. Washington）與杜博依斯，認為她太過激進而難以獲得成效。不過，弗雷德里克·道格拉斯（Frederick Douglass）稱許她的開創性努力，也就是秉持勇敢無畏的精神，揭發南方黑人的真實處境。她雖然未能說服白人將私刑入罪，但這種行為在一八九二年達到巔峰之後即開始減少，到了一九二〇年代中期已減少 90%：這點至少有一部分可以歸功於威爾斯喚起大眾意識的努力。[11]

　　威爾斯也為民權奮鬥，並且致力組織、教育以及促成非裔美國人的團結。抵制一八九三年世界博覽會的活動在她的協助下獲得成功，而且她也在全國有色人種協進會的成立過程中貢獻不少功勞。她開設了一所黑人睦鄰之家，為非裔美國移民提供社會服務，也與人合作創立黑人女性全國聯盟：這是美國最大的非裔美國女性公民組織，至今仍在運作。除此之外，她也是婦女投票權運動者，在伊利諾州對女性開放有限投票權之後甚至出馬參選州參議員。不過，她疾呼反對種族歧視與私刑的做法，導致她和女性投票權運動的許多白人領袖意見不合，例如她和基督教婦女禁酒聯盟主席威拉德就曾經公開爭吵。另外，她也直接質疑威爾遜總統在聯邦官僚機構當中恢復種族隔離的做法。無論是發表言論或者採取行動反對歧視，

威爾斯總是奮力不懈。[12]

　　艾達·威爾斯筆下的文章總是一再呼籲以誠實而透明的態度面對美國的種族隔離現實，並且竭力要求針對美國黑人在吉姆·克勞法之下遭受的不公與暴力追究道德與法律上的責任。這些作為，使她成為國家良心的角色，她也協助發起長期民權運動，為美國黑人和女性獲致更大的平等奠定了基礎。

　　威爾斯的報導文章雖然從來不曾被當時由白人經營的進步主義雜誌刊登，卻能夠和許多進步主義記者平起平坐，因為他們都致力於揭發鍍金時代的偽善與暴行。林肯·斯蒂芬斯（Lincoln Steffens）揭露了城市政治當中貪腐的泛濫，里斯藉由攝影鏡頭呈現出都市廉租公寓不人道的居住條件，艾達·塔貝爾（Ida Tarbell）揭發了洛克斐勒的標準石油公司這家獨占企業的種種放縱行為，辛克萊（Upton Sinclair）掀開肉類加工業的剝削，雷·斯坦納德·貝克報導罷工工人遭到的殘暴鎮壓以及南方的種族歧視。這些被人稱為「扒糞者」的寫作者，生動呈現了不公正的剝削性體系對人造成的代價，促成道德覺醒而激勵了無數的社運人士與改革者，並且喚起大眾針對當下最迫切的議題採取行動。

從商業大亨成為轉型領導者

　　湯姆·強森（Tom Johnson）的父親是美國南方邦聯的士兵，大好人生毀於南北戰爭，因此強森從小就必須在維吉尼亞州的鐵路上兜售報紙以幫助家計。強森雖然只接受了一年的正式教育，後來卻

透過家族人脈獲得杜邦家族在路易維爾（Louisville）擁有的一家街車公司僱用為職員。

靠著勤奮和聰明的頭腦，強森晉升得相當快。他因為對機械擁有直覺的理解，又有發明天分，於是取得了幾項專利，靠著權利金買下一家企業。他很快就跟隨當時那些強盜式資本家的腳步踏上「白手起家」的道路。到了一八九〇年代，他在克里夫蘭、聖路易、布魯克林、底特律以及印第安納波利斯的市街電車公司當中都握有控股股權，並且在鋼鐵業投資大筆資金，在俄亥俄與賓州建造鋼鐵廠為他的多家街車公司供應鐵軌。不過，他在一名列車長的推薦下閱讀了亨利・喬治（Henry George）的《社會問題》（*Social Problems,* 1883）之後，卻對批判資本主義制度的激進論點產生了出乎意料的認同。

亨利・喬治是一位政治哲學家，一八七九年出版第一部著作《進步與貧困》（*Progress and Poverty*）就獲得巨大的商業成功。一八九〇年代期間，這部著作的銷售量超過聖經以外的所有書籍，並且對進步主義者具有極大的影響力：許多人都指稱自己之所以會把人生投注於社會與政治改革，就是因為接觸了喬治的觀念。他竭力主張建立機制以控制獨占企業的驚人財富，以及這些企業對經濟中的毀滅性超漲超跌循環的影響力。亨利・喬治對財富與貧窮的激進重新思考深深吸引了湯姆・強森，於是他把自己大部分的財富都投注於推廣以及落實喬治的觀念。

目睹一八八九年的約翰斯敦洪水，又更加推進了強森的思想轉變。那場洪水淹沒了一整個社區，造成超過二千二百人喪生。這場

災難是一座水壩潰堤造成的結果，原因是弗里克（Henry Clay Frick）和其他商業大亨擁有一座私人湖泊，但攔水的水壩卻是草草興建又維護不周。後來雖然打了幾場官司，弗里克和他那些夥伴的責任卻都沒有受到追究。強森親自投入為受害者提供援助的工作，結果卻深感幻滅，發現慈善工作根本不足以補救整體失靈所造成的問題。「我們要是足夠明智，懂得尋找導致我們需要從事慈善工作的原因，那麼我們就還有一點希望，」他省思約翰斯敦的災害時寫道。[13]

在內心這種新生的政治意識推促下，強森參選公職，擔任了兩屆美國眾議員以及四屆克里夫蘭市長。抗拒獨占企業街車大亨的鬥爭在這座城市成為焦點之後，他就賣掉自己在這個產業持有的股份，最後更倡議完全公有。強森堅決反對他先前的商業夥伴在公共領域逾越分際以及不當的影響力，並以持續不斷的熱忱剷除貪腐。他改善了住宅條件、衛生，還有治安。他興建公共公園、公民中心，以及老年人與貧困人口的收容所。他藉著公有化成功降低便利設施的成本，並且制定了全國第一套全面性的公共建築法規。

扒糞記者林肯‧斯蒂芬斯在一九〇五年一篇《麥克盧爾雜誌》（*McClure's Magazine*）的文章寫道：「湯姆‧強森是一位改過向善的生意人。……他先改變了自己，然後著手從事政治改革；此外，他的政治改革也是從改革他自己所屬的階級做起。」接著，斯蒂芬斯宣告他是「全美最優秀的市長，主掌全美治理得最傑出的城市」。[14]強森的許多想法在當時都極為創新，建立了新的市政治理形式，另外有些想法則是參考自全國各地其他抱持改革思想的市長。

強森是那一世代政治人物的典範，他們充滿魅力，把進步改革

的理念帶進權力殿堂當中。包括威斯康辛州長暨州議會議員拉福萊特（Robert La Follette）、底特律市長品瑞（Hazen Pingree），以及托雷多（Toledo）市長「金科玉律」瓊斯（Sam "Golden Rule" Jones）在內，這些創新領袖有如政治創業家，用實驗證明各種市政與州政改革的功效，為其他市政府與州政府乃至聯邦政府提供了模範。像老羅斯福這類進步主義旗手最著名的聯邦政策與方案，很大程度都是由下而上的地方創新造成的結果。

良心之舉

如同以上這些人物所示，進步運動首要是一種道德覺醒。由於扒糞者揭露了社會、經濟與政府的亂象，再加上社會福音者對於社會達爾文主義與自由放任經濟的譴責，美國各界人口因此開始拒斥鍍金時代那種自我中心的過度個人主義信條。「認定政府機器或者產業組織當中的變化必然會為我們帶來平靜，是沒有根據的空想，」格拉登（Washington Gladden）這位社會福音運動的早期領袖寫道：「問題其實來自更深的根源，在於我們的基本概念裡。我們如果想要真正的民主，就必須要有不同種類的男男女女：對於這些男男女女而言，義務比權利更重要，服務也比特權更珍貴。」[15]

不過，十九世紀的進步主義者深深明白，真正的道德與文化改革必然是一項「集體」的努力。只是譴責游手好閒的富人或者腐敗的政治機器並不足夠。他們知道要達成改變，不能單純只是辨識與驅逐社會的老鼠屎。如同史學家霍夫士達特所寫的：「那個時代的

道德義憤絕非完全指向別人，而是在極大程度上指向內在。當時的人把那項運動稱為良心之舉並沒有錯。」[16] 這些改革人士的自省讓他們看見自己的毀滅性個人主義，也發現自己其實參與了剝削性制度的創造，這樣的理解於是促成他們矯正社會問題的熱切努力。

　　啟發並促進這種自省的牧師與神學家，不僅鼓勵個人改變，也呼籲宗教機構更加積極批判當代的「社會罪惡」。像是饒申布士這樣的社會福音者，把基督教本身重新框架為一種社會運動：是為建立更公正的社會所提供的一份藍圖。

　　今天，我們也見到一種類似的做法，致力於揭發腐敗、曝光剝削、掀開我們當今生活於其中的這個「自我」社會的陰暗面。我們也聽到愈來愈具迫切性與道德色彩的改革呼籲。二〇一八年的「為我們的生命遊行」（March for Our Lives）只不過是其中一個例子。這場遊行在美國及全球各地舉行了超過八百八十場活動，吸引了一百二十萬人共同抗議槍枝暴力與學校槍擊案。除此之外，還有「家人應當同在」（Families Belong Together）運動，呼籲川普政府終止邊界拘留設施對外來移民的不人道待遇。受到社群媒體驅動的「感同身受」（#MeToo）運動不但號召追究個人與制度的責任，也是當今美國的廣泛道德覺醒當中的一部分。威廉・巴柏牧師（William Barber）領導的「窮人運動」（Poor People's Campaign），則是將它對抗整體種族歧視與跨世代貧窮的努力看作「一項全國性的道德復興號召」。[17]

　　進步主義者留下的遺緒，凸顯了傳播道德訊息的力量，但也挑戰我們跳脫這樣的想法：只要壓抑或者排除社會的部分元素、懲罰犯過者，或者由一個黨派取代另一個黨派，即可恢復我們國家的道

德與文化健全。我們必須重新評估我們共有的價值觀，捫心自問自己會願意為了共同利益而放棄哪些個人的特殊待遇和權利，以及我們在形塑國家未來的共同計畫當中將要扮演什麼樣的角色。

公民復興

　　進步主義者的故事當中還有另一個明顯的特徵，是把憤慨與道德覺醒轉變為積極的公民行動。在整個鍍金時代期間，隨著全國的經濟、社會與政治都發展到了一般人難以理解的複雜程度，許多人因此深切體驗到一種失控的感覺，從而心生不滿。到了一八七〇年代中期，「美國人進入一段經濟與政治極度不穩定的時期，而且他們根本無力理解，」史學家理查・懷特（Richard White）寫道。進步時代的創新在相當程度上即是對此一現實的回應：試圖重新取回個人的主體性，並且重振民主公民精神，認為只有如此才能可靠化解鋪天蓋地的焦慮。

　　進步主義改革者在絕望面前激起了希望，聚焦於各式各樣的問題，然後提出為數驚人的創新解決方案，共同促成了這個國家的正向發展。不過，令人意外的是他們一開始在心目中並沒有一份國家藍圖。社會主義同樣也是在上個世紀之交開始獲得愈來愈多的追隨者，但它的指導性意識形態卻與進步主義形成鮮明對比。進步主義改革者極度務實，利用社會科學的新方法測試不同解決方案的好處。李普曼主張這類做法即是駕馭的關鍵所在。的確，真正的創新必須抱持開放的心胸進行實驗，不是以意識形態信念為前提。把辯

論局限在陷入僵局的左派／右派框架裡，將會導致高度的創造力遭到排除，那種創造力不但推動了我們上一次的正向發展，其所產生的解決方案也廣受跨黨派的美國民眾所喜愛。

這點最清楚明白的例子，也許就是我們在前幾章提過的高中運動。普及的免費公立高中是一項幾乎完全來自地方的創新，二十世紀初期在小城鎮裡誕生，儘管哈佛等地的學者在十九世紀末就開始傳播這種想法。那時候的學生如果想要接受「普通學校」以上的教育，通常必須付費接受私人教導。除此之外，有少數城市設有菁英中等學校，例如波士頓拉丁學校（Boston Latin），只招收天資特別聰穎的學生。不過，中西部有少數幾個社區體認到，迅速變遷的經濟對於教育程度更高的勞工需求日益增長，因此開始號召民眾聯合起來，提供開放所有人就讀的免費中等學校。成功增稅籌措經費的城鎮紛紛興建公立高中，結果由於教育帶來的經濟報酬愈來愈高，這種觀念隨即如野火般橫掃全國；或者用當今的比喻來說，這種觀念迅速暴紅。因此，美國大收斂背後一項最強大的力量，以及我們在正向發展期間之所以能在日趨全球化的經濟裡勝過其他國家的原因，就是我們大幅擴張了工作人口的教育。說來驚人，這點竟然幾乎完全是由下而上的成果。

進步主義者的另一個關鍵特徵，是他們同時著手因應的議題極為多樣化。由於這項運動有很大部分是奠基在公民行動之上，因此進步主義並沒有對各類改革區分優先性，而是從底層開始對社會進行全面性的整頓，並且奠基於共有價值的重振。於是，進步主義者鼓吹的解決方案從免費公立高中乃至婦女權利與解散托拉斯等無所

不包。如同我們在第八章討論過的，美國近來的衰退涵蓋了極度多
元的經濟、社會、政治與文化挑戰，而且其中沒有一項可以被明白
指為其他一切挑戰的「肇因」。我們目前的問題具有相互增強的效
果，所以解決方案也必須要是如此。因此，當今的改革者與決策者
應該追隨進步時代前輩的榜樣。與其採取各自獨立的改革措施並且
互相競逐資源，要促成美國的另一項正向發展其實需要李普曼以及
他的同時代人士所達成的那種「巨大合作」。

老羅斯福在一九〇一年寫道：「關於這種工作〔改革〕必須以
什麼方式達成，並沒有不變的規則；但可以確定的是每一個人，不
論擔任什麼職務，都應該在某種程度上以某種方式投入其中。」[19]
進步主義者無法針對要做什麼才能造就另一次的正向發展提供藍
圖。增設高中以及重振兄弟會顯然都無助於解決當今的問題。不
過，二十世紀的正向發展所達到的成果，可以在該怎麼達成巨大改
變這方面為我們提供重要的教訓：必須從我們自己的社群開始，並
且體認到集體行動不只具有抗議的潛在力量，而是能夠為一個重新
想像的美國奠定基礎。

抗爭浪潮

鄰里、城市以及全國各州的個人與集體行動雖然提供了進步主
義運動背後的創新活力，進步主義者卻很快就明白到這一點：地方
性的解決方案並不足以因應本質上屬於整體性的問題，尤其是這類
問題經常不只局限於一座城市或者一個州。

在《赫爾館二十年》（*Twenty Years at Hull-House,* 1910）這部著作裡，珍・亞當斯描述了自己早期為工作貧窮者爭取權利的一項經驗。當時她試圖與一名工廠老闆直接協商，原因是那個老闆因為自己的疏忽而導致兩名少年受傷與一名少年死亡。亞當斯記述自己當時滿心天真，以為只要訴諸那個老闆的良心即可補救狀況，結果卻因為對方拒絕採取任何作為而深感震驚。像亞當斯這樣的進步主義者，在促成變革方面累積了愈來愈多經驗之後，逐漸理解到他們必須施加另一種不同類型的壓力，而且需要有政府介入，才能確保公平、安全以及共同利益。

不過，政府大規模干預社會與經濟的做法，在二十世紀之交仍是一種充滿爭議的新概念。因此，他們必須從事龐大的草根組織工作，以便為改革立法爭取廣泛支持。亞當斯開始把自己爭取窮人權益的工作和全國其他移民安置志工的工作連結起來、工會開始協調合作以發動規模更大也更有效的罷工、志願社團利用自己身為聯合地方分會的力量發起廣泛抗爭，女性投票權運動者則在州與國家層級致力建構聯盟。個人、地方團體以及市級與州級行為者一旦互相分享最佳實踐，並且找到彼此的共同目標，才會開始發現自己的力量實際上有多麼大。

當今的社會企業家針對各式各樣的問題創立了許多組織與計畫，但經常僅是狹隘聚焦於對特定群體或目標有益的優先事項與提議，所以感覺起來比較像是「不同『集體』之間的戰爭」，而不是一股公民行動的浪潮。我們在目前尚未看到一項真正跨黨派的運動把這些專門針對個別議題的努力結合起來，形成一項由公民主導、

要求大規模改革的呼籲。要造就這樣的現象,需要的不只是募款、非營利計畫、街頭抗議,或者以選戰為基礎的組織活動,而是必須由散布全國的團體從事持久並且協調一致的努力。此外,也需要一種新的敘事,把各自獨立的活動結合在對美國未來的廣泛願景之下,並且重新訓練以及重塑一般美國民眾的積極公民精神。[20]

當今的草根組織者所面臨的另一項挑戰,是現代社會與政治環境裡的網路與社群媒體。這些相對新穎的科技所具有的廣泛效果仍然受到社會科學家的研究與辯論,而且這些科技對我們的社群以及社會資本會有什麼影響,在相當程度上仍然沒有定論。[21] 談到政治動員,一般的想法是線上組織行為對於任何現代運動都極為重要,但有些研究卻顯示過度依賴虛擬網絡會造成脆弱的運動,極少能夠達成運動的廣泛目標。[22] 實際上,運用網路的加速力量所獲得的最令人鼓舞的成效,乃是在於創造出「融合」面對面與線上網絡的新做法。這種做法仰賴社群媒體傳播訊息,但利用面對面會議來建立構成行動基礎的人際關係與技能。

根據社會學家黛娜・費雪(Dana Fisher)從事的研究,有些徵象顯示當今的「反抗」運動開始出現這些特色。她指出,自從二〇一七年一月二十一日的「女性大遊行」(Women's March)這項川普時代的第一場群眾抗議活動以來,抗議人士參與的各項遊行、運動、罷工與聯盟就出現高度重疊。經常由線上組織行為促成的示威參與,在公民轉變為行動者而回到他們的社群之後,似乎也就成為更多地方行動的催化劑。不同於許多人的假設,這種運動截至目前為止的領導人都不是極左派的政界人士,而是針對自己生活中的重

要問題設法加以解決的一般民眾，[23] 還有以中產階級、中年並且受過大學教育的族群為主的女性，這點相當引人注目地呼應了美國上一次的正向發展。[24]

社會學家莉雅‧戈斯（Leah Gose）、政治學家斯科奇波以及史學家拉拉‧普特南（Lara Putnam），也發現日益成長的「反抗」運動（從女性大遊行、反川普集會，乃至期中選舉的投票動員）在相當驚人的程度上受到大大小小城鎮裡數以千計的草根團體所維繫，並且有效結合了傳統組織形式與強而有力的線上交流。[25] 至於這些團體是不是能夠制定、推動以及維繫一項廣泛的變革計畫，則仍待觀察。

政治回應

進步主義者的草根組織行為相當驚人，不只是在規模上，也包括其所凸顯的議題之多，還有在爭取立法上所獲得的成果，從而深切改變了美國未來數十年的面貌。不過，進步運動能夠成功的關鍵，乃是政治領袖對於行動浪潮的反應。如果沒有像老羅斯福與威爾遜這些精明的政治企業家，把人民的抗爭有效轉變為獲得跨黨派支持的政策與方案，這項運動留下的影響恐怕不會這麼久遠。

不過，不是只有進步時代的總統善加利用了那股浪潮。即便是在進步時代結束許久之後才掌握國家大權的小羅斯福，也在他的政府當中起用了許多經驗豐富的進步主義改革者，並且善用他們開創的社群敘事與草根基礎建設，而得以在興旺的二〇年代所帶來的衰

退之後將美國拉回正向發展的道路。

　　進步主義者的許多運動在剛開始都不成功，而且標舉改革旗幟
通過的大部分立法也在事後證明缺乏效果。不過，如政治評論家迪
歐尼（E.J. Dionne）所寫的：「民主是一場漫長的遊戲，必須向抗拒
改革的人士施壓⋯⋯並且提供未來的選民最終能夠支持的提案。」[26]
新政的許多招牌方案終於理解到那個由勞工、工會領袖、技術官
僚、睦鄰之家工作者、中產階級商界人士、激進女性、備受磨練的
菁英，還有其他許多人士共同組成的雜湊聯盟，歷經數十年努力從
事組織工作，究竟是想要達成什麼目標。要理解他們留下的影響，
一大關鍵就是必須體認到全國政治領導出現在持久廣泛的公民參與
之後，而不是之前。

　　當今的改革者應該要向前輩學習，不只將精力投注於擁護政治
候選人，也要建立一項奠基於議題之上的草根運動，這樣他們自己
還有未來的領袖才能夠從中汲取力量，進而造成長久的變革。

青年主導的願景

　　進步運動和我們當今面臨的挑戰有關的最後一個特徵，就是那
項運動相當年輕。我們在本章講述其經歷與觀念的那些改革者和寫
作者，都是不到四十歲就已經成為爭取變革的重要發言者與重要力
量。老羅斯福也在四十二歲成為史上最年輕的總統。

　　如同現在，當時這些年輕的變革造就者也覺得自己誕生於其中
的美國和他們的父母在成長過程中認識的那個美國完全不一樣。他

們深深認為過往時代的邏輯絕對無法因應這個徹底改變的世界所面對的挑戰。就許多方面而言，他們的想法確實沒錯，他們對於美國可以而且應該成為什麼模樣所進行的重新想像，把這個國家帶上了一條完全不同的道路。

當今的挑戰也一樣難以解決，因此同樣需要大量的年輕勇氣、活力與想像加以克服。所以，美國的命運在很大程度上握在後嬰兒潮世代的手裡。今天的問題不是由當今的年輕人造成的，但如同一百二十五年前的那群前輩，他們也必須捨棄漂流的憤世嫉俗，而擁抱駕馭的希望。

不過，和過往的改革者不一樣的是，我們今天擁有遠遠更多的工具和資源，能夠幫助我們更明白瞭解這個國家的經歷、我們在先前曾有一次成功達到了什麼成果，以及先前的世代還有哪些問題尚未解決。利用這些工具揭露「自我─集體─自我」曲線，我們希望本書能夠做出重要貢獻，彌縫當今的世代落差，並且開創更有效果的全國對話，這點對於重建一個有力的美國「集體」而言，將會是一項至關緊要的元素。

當然，任何一批足以在美國造成當代正向發展的改革，都必須要做出可能會在某些人眼中顯得非常激進的路線改變，就像一百年前的狀況一樣。如同我們在第三章指出的，在進步時代受到全國重視的議題，和當今受到辯論的議題具有驚人的相似性：全民健康保險；建構老年人、失業者與殘障人士的安全網；累進所得稅與遺產稅；環境規範；勞動改革；限制大型獨占企業逾越分際的行為；性別平等；還有競選財務改革。進步主義者雖然務實，但在追求那些

從根本上深深重塑美國並且為正向發展奠定基礎的方案與政策之時，卻是毫不妥協。團結起來找出共同目標，建立共同基礎，並且發展出對於共同利益的共有願景，是絕對必要的事情，但單純只有「大家同在一起」，並無法改善龐大的經濟不平等、遏止絕望之死，或者終結種族歧視與性別歧視。

我們開始看到進步時代的策略教訓受到綜合運用，尤其是在與氣候變遷這項終極「集體」議題相關的運動裡。社運人士針對不作為的代價提出道德覺醒的呼籲。公民、市政府與州政府也紛紛實驗激進的創新、規範與法律，以便在地方層級遏制環境惡化的影響。組織者利用網路以及面對面的方法號召群眾抗議。此外，青年也帶頭提出急迫而激切的行動號召。

我們能否為美國當前面對的所有挑戰都賦予同樣的迫切性？這些元素又是否最終能夠成功結合起來，為美國催生新一波的正向發展？

警世故事

本書透過歷史分析與統計證據，主張進步時代是美國歷史上一個明確的轉捩點。進步主義者當然沒有解決鍍金時代的所有問題，但他們確實造就了一項正向發展，隨著時間發揮出愈來愈大的效果。他們促成的變革，使得美國的繁榮受到比較平等的分享，公民之間有比較多的交流與連結，政治人物比較能夠妥協，而且文化也比較朝向一個共同目標。然而，這些改革者的故事並非完全充滿情

操高尚的英勇與博愛，而是也帶有重要的警世經驗。我們如果想要在當今的美國造就類似的轉捩點，就不能不注意他們的這些經驗。

第一項值得警惕之處，是必須避免矯枉過正的誘惑。進步主義緊接在民粹主義之後興起，並與社會主義直接競爭。這兩種運動也倡議許多相同的理念，卻未能達成目標，其中一大原因就是這兩種運動未能迎合美國人的各種價值觀。相較之下，進步主義者打造了緩慢而穩定的改革，作為革命以外的另一種選項。進步主義改革者很快就發現，如果想要成功，就必須要妥協：設法讓私有財產、個人自由和經濟成長能夠與社群理想以及對弱者的保護處於比較平等的地位，並且努力在既有的體系當中促成變革。[27]

不過，他們並非總是這麼明智。確立禁酒的憲法第十八條修正案，對於個人自由的侵害遠超過大多數美國人民的預期，也遠非較為溫和的禁酒倡導者數十年來推廣的那種自願戒酒。這項法律造成了預期之外的結果，包括鼓勵黑市生產、壯大組織犯罪，以及引起廣泛的反對。終於在一九三三年廢除的這項禁酒令，是史上唯一遭到完全廢除的憲法修正案。

禁酒令是立意良善的改革者為了保護女性、兒童與窮人而過度擴張社會控制的作為。這項立法的目標是一項真實存在的問題，但最終卻造成矯枉過正的後果，而且美國人不能也不願容忍此一後果。這起事件也許預示了一九五〇年代的一個類似現象，當時逐漸擴展的集體主義與從眾壓力成了引人厭惡的對象，並且釀成文化與政治反彈。過度個人主義的解決方案絕對不是過度社群主義，也不是否決自由與自決等同樣重要的美國價值觀。解決方案要能夠長久

持續，並且具有廣泛的吸引力，就必須尊重美國人民的所有理想。

　　第二項值得警惕之處甚至更加重要，就是在平等與包容方面絕對不能妥協。奠基在科學種族歧視之上的種族隔離與白人民族主義，在極大程度上瀰漫於許多進步主義者的思想當中，導致他們認定有些被迫害者不值得受到捍衛，也將部分人排除於日益擴張的「集體」之外。簡單舉幾個例子：進步時代正是吉姆・克勞法興起的時期，威爾遜是最公開抱持種族歧視態度的總統，而且小羅斯福的新政終究也歧視有色人種與女性。另一方面，艾達・威爾斯和杜博依斯的奮鬥與珍・亞當斯還有芙洛倫絲・凱利等白人進步主義者的努力密不可分，不但與他們合作創立全國有色人種協進會，而且他們也是活躍並且能言善道的模範，代表一種比較包容的進步主義理念。

　　針對一項如此多元化的運動，幾乎不可能提出全面適用的評價，但大多數學者一致認為種族歧視在進步主義改革者當中是常態，而不是例外。此外，進步主義雖是一項極度兼容並蓄的運動，主要卻是由白人中產階級領導與推行。他們不僅決定誰能夠受益於這些改革，也決定了經過重塑的美國將呈現什麼樣貌。事實證明這些現實問題重重，因為任何形式的排除都違反了這個國家的立國原則。還有一個原因則是（如同美國的「自我—集體—自我」世紀教導我們的），未能認真看待完全包容，破壞了美國「集體」年代的完成度，從而最終播下了後續衰退的種子。

　　因此，以批判性的態度檢視我們上次從「自我」轉向「集體」的那個時刻，可以讓我們更明白自己該如何促使國家再度踏上正向

發展的道路，但也警惕了我們，在追求這項目標的過程中如果不忠於個人自由，如果沒有對平等與包容抱持堅定不移的信念，最終將會連累我們的一切努力。因此，除了進步時代在道德覺醒、公民復興、觀念的交互影響、草根動員、精明的政治領導以及年輕人的動員這些方面所提供的出色典範之外，我們也必須仔細檢視其失敗之處，並且在我們企圖再度翻轉情勢的同時設法矯正這些問題。

美國進入二十世紀之時所出現的正向發展，不是某一個政黨、某一項政策或政見，也不是某一位富有魅力的領袖獨力造成的結果，而是無數公民在自己的影響範圍裡努力不懈，共同創造出一場批評與變革的巨大騷動：真真切切從「自我」轉向「集體」。對於經歷過十九世紀最後幾十年間那段動盪時期的美國人而言，這樣的轉變絕非必然，甚至也不在預期之中。然而，那項轉變還是明白而漸進地發生了：我們的研究以鮮明的細節闡述了此一現象。在良心受到激發而且愛國心受到召喚的情況下，那個世代裡意識形態各異的進步主義改革者挺身而出，為了追求變革而從事各種實驗、創新、組織與努力，涵蓋範圍從底層的廉租公寓、鄰里、牢房與工會，乃至上層的州議會、國會、最高法院以及白宮。史學家對於他們的動機以及採取的方法雖然辯論不休，但進步主義者留下的影響卻明白可見：在經濟平等、政治禮讓、社會凝聚以及文化利他主義等明確衡量標準上，他們促成了真正的正向進步，並且在二十世紀的頭六十五年間產生了加成效果。「我們感到自己追求的目標扭轉了現實，」李普曼在正向發展才展開十四年就提出了這項充滿希望的結論：「我們從這些跡象當中獲取自信。」[28]

　　我們今天面對的狀況與挑戰，雖然經常與過去有著令人發毛的相似性，但是在不少重要面向當然還是與第一個鍍金時代的美國人面臨的情形有所不同。因此，我們選擇的道路以及創造的解決方案必然也不會一樣。然而，藉由回顧而更加理解二十世紀初期的改革者懷有的心態，以及他們使用的工具和策略，也許能夠讓我們獲得所需的知識與能力，藉以克服當下這個時代的漂流，達成我們自己的駕馭形式，最終翻轉國家的方向，開創美國歷史的新篇章。不過，要為美國造就新的正向發展，我們必須把目標設定得比我們的前輩更高，堅定追求這項困難但絕對值得的計畫，也就是打造一個因為富有包容性而可長可久的美國「集體」。

個人主義與社群之間的取捨？

　　在保護個人的利益、權利與自主性，以及維繫團結的感受、共同的目標以及共同命運這兩端之間，該怎麼樣才算是達到適切的平衡？如同先前對進步時代及其現代對應的討論所明白顯示的，這是二十世紀初期的迫切問題，到了今天又再度是如此。[29]

　　許多美國政治思想家都主張這兩種價值觀在本質上互相競爭：一方是社會團結、平等、共有的利益、共有的命運、相互義務，以及共有的價值觀，另一方則是個人權利、多元性、自由、「吃苦耐勞」的個人主義，以及互相容讓的寬容。單純採取「自我」與「集體」的二分法，暗示了必須在社群主義的平等與個人主義的自由之間做出零和的取捨。我們雖然承認這兩者之間存在著恆久的緊張關

係，卻不認為我們非得在這兩者之間擇一不可，也不認為所有的好
處都只存在於某一邊。

此外，必須明白指出的是，「自我」與「集體」的連續體在概
念與實證上都不同於一般人比較熟悉的左派與右派光譜。[30] 個人主
義者與社群主義者同樣可見於政治光譜的兩端，因為個人主義與社
群主義同樣都是美國的立國理想。

如同政治哲學家丹妮爾・艾倫近來指出的，

> 政治哲學家造就了平等與自由之間必然存在著緊張關係的觀
> 點。……身為大眾的我們，對這種論點照單全收。我們認為自
> 己在自由與平等之間只能擇一，而我們近年的選擇比較傾向自
> 由。在自由至上主義的廣泛影響下，兩黨都揚棄了我們的獨立
> 宣言，對我們承繼的遺產嗤之以鼻。這樣的選擇很危險。我們
> 要是捨棄平等，就會失去一條至關緊要的紐帶，這條紐帶不但
> 把我們結合成一個社群，也讓我們得以成為一個能夠在集體與
> 個人層次上追求自由的民族。[31]

如同艾倫，我們也反對更多自由必然會縮減平等與社群的觀
點，而是認同托克維爾的看法，亦即「正確理解下的」個人主義完
全能夠相容於社群和平等。

如同我們在第六至八章討論過的，後六○年代的趨勢從某些觀
點來看其實有其好處：比起二十世紀中葉，美國現在基本上是比較
多元、比較寬容，也比較開放的社會。但從其他觀點來看，後六○

年代的趨勢卻也導致國家走入令人反感的死胡同。在第二章，我們指出美國人在二十世紀的頭六十幾年間同時享有快速經濟成長以及更高的平等與社群發展這種兩全其美的狀況；與此相反的是，美國人自從六〇年代以來同時遭遇了成長緩慢以及平等與社群衰退這種兩頭落空的情形。

　　我們在本書一再指出，美國的「集體」所涵蓋的範圍雖然在二十世紀上半葉逐漸擴大，而且我們也持續追求矯正種族與性別不平等的歷史任務，但一九六〇年的美國在這些面向距離完美仍然非常遙遠（至今仍是如此）。因此，我們從這個「自我—集體—自我」世紀學到的歷史教訓有正反兩面：我們學到美國人在先前曾經一度奮力擺脫像我們現在陷身其中的這種泥沼，但也學到在第一個進步時代以及後續的幾十年裡，我們對於「集體」的涵蓋範圍可以有多大所設定的目標不夠高，對於完全包容的挑戰也看待得不夠認真。因此，我們今天面對的問題不是我們有沒有能力或者應不應該逆轉歷史的浪潮，而是能否重振先前的社群主義美德，同時又不至於翻轉我們在個人自由方面達成的進步。這兩種價值觀都是美國價值觀，我們需要這兩者的平衡與融合。

　　這項工作並不容易，而且攸關美國實驗的成功。不過，在我們展望不確定的未來之際，必須記住美國的「自我—集體—自我」世紀所帶來的這項堪稱最重要的教訓：如同老羅斯福所言：「我們國家生活的根本準則，同時也是其他一切準則背後的基礎準則，就是整體而言，長期來看，不論是向上提升還是向下沉淪，我們都是共同進退。」[33]

誌謝

本書的誕生過程不太尋常。羅伯特・普特南探究幾個鮮為人知的資料庫之時（這是他最喜歡的休閒活動），無意間在幾個歷史模式之間發現了出人意料的合流現象，因而忍不住違背他向長久以來深深支持自己的太太 Rosemary 許下的承諾，亦即《階級世代》（*Our kids,* 2015）會是他的最後一本書。後來，他發現要把這種量化證據放在廣泛的質化敘事當中恐將淪為徒勞，於是找上了夏琳・蓋瑞特（Shaylyn Romney Garrett），她不但曾是羅伯特的學生，也是他的合作夥伴暨好友，同時也是一位非凡的作家，在她自己的社會行動當中長久以來都深深著迷於進步時代的改革者。

令我們雙方欣喜不已的是，這樣的合作日益深化，同時也加深了我們的友誼與互相敬重。我們在一開始雖然各自負責撰寫不同的章節，接著卻共同仔細討論了幾乎每一頁的內容，所以現在就算是我們自己，也難以確認到底書中的哪些概念是由誰提出。由兩個所屬世代與背景如此不同的人共同合作，無疑對本書大有助益。

　　談到本書的誕生背景，占有最重要地位的無疑是那群才華出眾又勤奮認真的研究助理，他們埋首於這項計畫長達三年，依據我們的主題查閱先前各種相關研究，範圍涵蓋超過一個世紀以及幾乎所有的社會科學，並且不屈不撓地尋覓少有人知的歷史檔案。這個團隊的成員包括 Laura Humm Delgado、Meredith Dost、Leah Downey、Ali Hakim、George Kynaston、Alex Mierke-Zatwarnicki、Noah Putnam、Daria Rose、Yael Schacher、Caroline Tervo，以及 Anna Valuev。這個團隊裡有部分成員因其貢獻之廣，應當特別標舉：Aidan Connaughton、Charles (Chaz) Kelsh、Amy Lakeman、Jeff Metzger，以及 Jonathan Williams。此外，有兩位團隊成員在本書的最後階段扮演至關重要的角色：在我們對六〇年代與種族平等歷史的理解當中，Casey Bohlen 的貢獻無可取代；還有 Jonah Hahn，他扮演的角色從原本的研究助理逐漸演變為正式夥伴，參與了這項計畫的所有面向，也成為我們的資訊科技顧問。Jonah 蒐查無數資料來源與引用文獻的努力雖然令人激賞，但我們最感謝的是他在我們萃取結論之時所提供的批判性回饋與精妙分析。

　　哈佛大學是這項研究計畫的主要根據地，一如我們先前的其他研究，而且我們尤其感謝 Harvard Kennedy School 及其院長 Douglas Elmendorf。如同任何一所大型大學，哈佛也有可能極為零散，但在這裡可以找到無窮無盡的傑出同僚，全都樂於慷慨貢獻自己的時間以及跨越各種學科與學院界線的專業。我們要在此向許多為我們的研究提供協助的同僚致上深沉謝意，但我們得出的結論絕非他們的責任：Lizabeth Cohen、Matthew Desmond、David Ellwood、Richard

Freeman、Jeffry Frieden、Stephen Goldsmith、Peter A. Hall、Jonathan Hansen、Nathaniel Hendren、Gary King、Michèle Lamont、Scott Mainwaring、Robert Manduca、Robert J. Sampson、Mario Small、James H. Stock、Lawrence H. Summers、Moshik Temkin、Mary C. Waters，以及 Arne Westad。

　　除了哈佛的同僚之外，我們也深深感激其他分屬許多機構與學科的同僚與朋友針對個別章節所從事的批判性閱讀，以及針對量化與質化的相關證據所提供的協助。這些人士包括 Joel Aberbach、Dale Bell、Joyce Avrech Berkman、Leo Braudy、Andrew Cherlin、April Clark、Miles Corak、Heidi Hartmann、Daniel J. Hopkins、Paul O. Jenkins、David M. Kennedy、Peter H. Lindert、Anne-Marie Livingstone、Taylor Mann、Robert Mare、Andrew McAfee、Keith Neuman、Paul Pierson、Jonathan F. Putnam、Philip Oreopoulos、Lisa Tetrault、Daniel Wasserman、Harry Wiland、Jeffrey G. Williamson、Scott Winship，以及 Gavin Wright；但一樣要再次強調，書中如有任何錯誤，皆是我們自己的責任。

　　前述的免責聲明也同樣適用於那些不辭辛勞為整份手稿提供建議的朋友，包括 Xavier de Souza Briggs、David Brooks、Peter Davis、Angus Deaton、Robert O. Keohane、Michael Meeropol，以及 Bernard Banet。我們尤其要特別感謝 Bernard 在三年的時間裡，幾乎每天不斷寄送與我們整體研究範圍相關的簡報與學術研究。這實在是一項非凡的友誼之舉。

　　我們兩人都非常感謝 James T. Kloppenberg 教授，儘管各有不

同原因。我們兩人都是在他的引介下認識了進步主義者以及二十世紀美國史的變動規模。夏琳在哈佛就讀大學的時候修了 Kloppenberg 的思想史課程，畢業論文即是探究睦鄰運動留下的社會與政治遺緒，以及珍‧亞當斯與約翰‧杜威還有其他同時代人士的生平與成就。巧合的是，羅伯特在二十年後因為與 Kloppenberg 的一場午餐閒聊，而在這段熱切談話的鼓舞下跳脫自己的學科舒適圈，開始從事最後造就了本書的研究計畫。如果沒有 Kloppenberg 對我們兩人的影響，實在很難想像本書能夠寫成。我們要懇求 Kloppenberg 的史學家同儕，你們如果認為本書有任何價值，都請歸功於他，但書中如果有任何錯誤，都必須完全由我們負起責任。

只要是有相當篇幅與複雜度的寫作計畫，必然都需要有最高水準的工作人員協助。我們欣然肯定 Lisa MacPhee 的貢獻，還有在她之前那些才華洋溢的前任人員：Kyle Siegel、Louise Kennedy Converse、Tom Sander，以及我們的大學生助理 Cyrus Motanya。

我們也要感謝我們傑出的編輯 Bob Bender、他才華出眾的合作夥伴 Johanna Li，還有他們在 Simon & Schuster 出版社的同事，以他們的敏銳判斷力引導這項寫作計畫，並且為了我們在撰寫時程當中出乎意料的延遲而配合調整。

夏琳‧蓋瑞特補充如下：

我首先要感謝我長久以來的恩師羅伯特‧普特南邀請我和他合作這項寫作計畫。我永遠都會記得他初次向我提起這個點子的時候，對於他自己發現的那些趨勢驚奇不已的模樣。我當時完全沒想

到自己會參與揭露這個重要故事的工作。我加入這個團隊的時候，為本書從事的研究已經近乎完成，大家為那些調查與分析所投入的無數時間實在令我深感敬佩。能夠幫忙想出該怎麼以具有一致性的方式把這些極度廣泛的故事呈現出來，並且形塑「自我─集體─自我」敘事的架構，是一項令人興奮的挑戰。我在這段期間學到的東西毫不亞於我所做出的貢獻。羅伯特在寫作過程中極度親切又支持。在我們認識至今的這二十年裡，我不但在他的各項計畫裡扮演了各種角色，也和他合作寫了兩本書，他也一直是我職業生涯裡最重要的影響力。他和他的太太 Rosemary 都是優雅、慷慨與和善的耀眼典範。

我也要感謝 David Brooks 與他在 Aspen Institute 的 Weave: The Social Fabric Project 計畫團隊在我寫作本書的期間為我提供機會，讓我得以到全國各地親眼目睹當今的美國社區所面臨的挑戰，以及在我們國家的各個角落早已開始推行的無數草根解決方案。我也要感謝 David 在寫作方面為我提供指引，協助我重拾對於說故事的熱情，並且為我賦予表達自身觀點的勇氣。

對於 Louise Knight、Ronda Jackson、Ashley Quarcoo、April Lawson、Jake Garrett、Anna Kearl 以及其他許多人，我要感謝你們的友誼與支持，和我一起討論出如何思考本書當中的部分關鍵元素。

我也真心感謝我的家人、朋友、鄰居，還有教會會眾（屬於我自己的小小「集體」），在這項寫作計畫過程中某些比較困難的時刻為我提供支持（以及對我感同身受！）。我要特別謝謝我的父母，

Ron 與 Peggy Romney，還有我的姻親 Vern 與 Nanette Garrett，以及 Maria Vosloo、Gloria Unrein、Jill Phetsomphu、Samira Greenhalgh、 Jessica Garrett 與 Elizabeth Garrett，他們全都在我最需要幫忙的時候 為我和我的女兒給予愛與關懷。還有 Holly Wall，謝謝你和我分享 你的天賦，並且無私提供我在生理、情感與靈性上所需的支持，讓 我在這項寫作計畫的過程中得以保持健康、清明而且平衡。

對於我心愛的 Sophia Eve，感謝你忍受媽咪無窮無盡地把精力 投入這本書裡，也和我一同歡慶每一個里程碑，並以一個只有六歲 的小孩所能做到的方式為我提供真誠的幫助與鼓勵。但願你能夠像 媽媽一樣找到自己的熱情，並以智慧、勇氣與堅定的信心追求自己 改善世界的夢想！

寫下這些文字的時候，我正在等待自己即將誕生的兒子來臨。 我要感謝他讓我在沒有太多不適的情況下完成這項計畫！我真心希 望他誕生在其中的美國，會是一個已經轉往正向發展的國家，而且 我子女的世代將會為這個動盪不安的世界帶來光明與希望。

我最後也最誠心的感謝，則是要獻給我最好的朋友暨丈夫 James Garrett，感謝他在這項計畫期間不斷鼓勵我以及相信我。如果沒有 他的愛、支持與耐心，我就不會是今天的我。我要把我們為本書作 結的那句話獻給他：「我們……生活的根本準則，同時也是其他一 切準則背後的基礎準則，就是整體而言，長期來看，不論是向上提 升還是向下沉淪，我們都是共同進退。」

羅伯特‧普特南補充如下：

在我的職業生涯裡，我一再獲得許多人的幫忙，包括長期以來的朋友、昔日的學生，以及同事。除了我們在先前共同感謝過的那些同事與評論者之外，我還要特別提出 Larry M. Bartels、David Campbell、Russell J. Dalton、Sergio Fabbrini、Morris P. Fiorina、Carolyn and Norman Fletcher、Kristin A. Goss、David Halpern、Jennifer Hochschild、Ronald Inglehart、Carol Leger、Chaeyoon Lim、Jed Rakoff、Jennifer Rubin、Theda Skocpol，以及 Paul Solman。

最重要的是，我要趁此機會感謝 Robert Axelrod 在智識上為我帶來的終生助益。自從我們在一九六四年秋天進入耶魯研究所的第一天開始，Robert 和我就結成最要好的朋友。多年來，我們發展出了幾乎每年夏天都會共度幾天的習慣，針對我們各自的智識興趣所出現的演變進行坦率而批判性的思想交流。能夠和這位被認為是他那個世代最具創意的社會科學家享有這樣的夥伴關係，對我而言實在是無比珍貴又令人快慰。

Michelle Alexander 與 Nannerl Keohane 這兩位美國首要的公共知識分子，為我在私下針對種族與性別所提出的初期論點提供了深刻的批評。我不曉得他們兩人對我們修正過後的論點會有什麼感想，但我想要公開記錄他們兩人分別為我提供的幫助。他們的直率迫使我更加深入思考種族與性別正義所需要的條件。

除了哈佛以外，我也欣然感謝其他幾個機構為這項計畫所提供的熱情接待與慷慨支持。

- 德州農工大學，尤其是 Hagler Institute for Advanced Study；研究所所長 John L. Junkins；文理學院院長 Pamela Matthews；Guy Whitten 與 Paul Kellstedt 這兩位德州農工大學政治學系的傑出成員；Janica Magat 與 Flavio Souza 這兩位熟練的博士研究助理；還有政治學系的全體人員。我待在德州農工大學的時間不但充滿樂趣，也為本書各項曲線背後某些較為先進的統計技術帶來了關鍵幫助。

- 牛津大學，尤其是 Nuffield College 及其傑出院長 Andrew Dilnot 還有優異的教職員，以及牛津教授 Jonathan Gershuny、Anthony Heath 與 Danny Dorling；還有當時在牛津大學 Centre for Time Use Research 擔任英國國家學術院博士後研究員的 Evrim Altintas。如同在我職業生涯中的其他時刻，Nuffield 那種認真又放鬆的獨特氛圍，提供了一種能夠讓人發揮創意與「大」問題搏鬥的絕佳環境。

- 超過二十年來，我一直和新罕布夏州慈善基金會一連串非凡的領袖享有成效豐碩的合作關係，其中最早的一位就是該基金會的長期總裁（同時也是我鍾愛的好友）Lew Feldstein。在本書的寫作計畫當中，這項合作關係也在其傑出的總裁暨執行長 Dick Ober 手中延續下去；而他手下的職員，尤其是 Katie Merrow，更是針對我們處理種族與性別議題的方式舉行了一場極具建設性的批評討論會。

兩位職業上的長期好友暨同僚，因為他們對這項計畫的貢獻而

值得特別致謝：

　　自從一九九〇年代中期以來，我的職業道路就開始一再與少年老成的明尼亞波利斯副市長 Rip Rapson 交會。隨著 Rip 先是在學術界向上攀升，接著在慈善界的地位也愈來愈高，而終究成為克萊斯基基金會（Kresge Foundation）的主席，我們都一直以朋友的身分保持聯繫。在二〇一六年的一場晚餐上，Rip 問我當時在忙什麼。我說我考慮要退休，但是對自己無意間發現的一個小謎題深感好奇。結果甜點都還沒上桌，Rip 就說他也同樣對這項謎題深感好奇，如果克萊斯基基金會可以幫上忙，我一定要讓他知道。由於他相信我有可能得出值得重視的結論，克萊斯基基金會因此獨力支持這項計畫達四年之久，而且從來沒有質疑過我，就算是拖稿的時候也一樣。我深深感謝 Rip 對於《國家如何反彈回升》的信任與鼓勵，我最主要的希望就是本書不會令他失望。

　　Rafe Sagalyn 是我二十五年來的好友暨出版經紀人，他對自己的工作總是極為擅長。不過，他對這項計畫的貢獻更是無與倫比，從構思到執行乃至書名都是。我在一開始還不確定自己的統計曲線是否值得寫成一本書，就是在他的熱情鼓舞下而得以堅持下去。我後來對於自己是否能夠完成這項比起原本規劃還要龐大許多的計畫開始感到疑慮，Rafe 不但促使我和夏琳合作，也持續為我們提供支持。後來我們兩人為了書名陷入僵局，Rafe 與他的同事 Brandon Coward 提議了現在我們所有人都一致認為非常適切的這個書名。過去二十五年來，不論我在寫作方面有什麼成就，Rafe Sagalyn 都是一大原因。

　　當然，在本書的專業方面對我助益最大的無疑是夏琳・蓋瑞特。在我過去半個世紀有幸教導過的數千名學生裡，夏琳不但是數一數二優異的一位，也是我共事過最頂尖的其中一位合作夥伴。她二十年前在我的課堂上交出的第一篇論文，探討的就是進步時代及其後果，所以我們在本書回歸這個主題也絕非偶然。她從哈佛畢業五年後，即因為和我還有 David Campbell 合作撰寫 *American Grace*，而以研究者與作者的身分回到學校。她對《國家如何反彈回升》的貢獻，起初雖是以傑出的寫作能力為主，但隨即就增添了實質性與知識性的部分。由於她先前對進步時代的深切研究，她因此在建構本書的敘事當中居功厥偉，包括引言與結論裡強調鍍金時代與進步時代之間的相似之處以及我們今天面臨的挑戰這些部分。夏琳身為作家與傳記作者的前途光明，我也以我們的友誼為傲。

　　如同先前所有的著作，我一直都深深感謝我的太太 Rosemary，還有我們的兩個孩子（Jonathan 與 Lara，現在他們兩人都已經是傑出的作者），以及我們的七個孫子女（Miriam、Gray、Gabriel、Noah、Alonso、Gideon 與 Eleanor，其中有些人已經展開了前景看好的寫作生涯）。一如過去，我的家人也為本書做出了重要貢獻，尤其是為其注入了超出我力所能及的當代氣息。

　　在我發表過的所有著作裡，只有 Rosemary 讀過每一個字並且為每一頁提出批評。每個人都需要有個最要好的朋友，但我長久以來一直都享有和我最要好的朋友結為夫妻這項不尋常的優勢。Rosemary 為我的每一堂研討課做餅乾給學生吃，為我寫的每一本書整理所有的檔案，養育我們的子女和孫子女、記得每一個老朋友的

名字、以她的愛讓我在每個黑暗時刻得以保持理智，同時又是一位
傑出的特殊教育專業人員，也是貨真價實的社會資本家，而這一切
都幾乎沒有獲得任何公開肯定。能夠和這個了不起的人在一起，是
我這輩子最幸運的事情，也是我做過最聰明的選擇。熟識我們的人
都知道 Rosemary 是我們這項合夥關係當中的大股東，儘管我們有
些朋友有時也許會納悶我是否曉得這一點。我剛剛才體認到這項事
實。

注釋

致讀者：

本書使用的 Ngram 證據乃是基於二〇一九年底所能取得的最新資料。第五章提及的 Ngram 網站本身在二〇二〇年七月進行修改，納入了採用稍微不同的方法所獲取的資料。

第一章 | 過去乃是序幕

1　Alexis de Tocqueville, *Democracy in America*, 2nd ed., vol. 2 (Cambridge, MA: Sever & Francis, 1863), chap. 8. 他在幾章之後警告指出，個人權利受到的強調如果壓倒集體利益，可能會造成危及民主的後果。見 Jonathan M. Hansen, *The Lost Promise of Patriotism: Debating American Identity, 1890–1920* (Chicago: University of Chicago Press, 2003), 189–90.

2　我們當然必須認知到托克維爾的觀察反映了他自己身為上層階級白人男性的身分背景。不過，他確實體認到奴隸制度之惡，也體認到奴隸制度對於這個新成立的共和國以及其理想構成一項特別難以應付的挑戰。（見 Alexis de Tocqueville, *Democracy in America*, 2nd ed., vol. 1 [Cambridge, MA: Sever & Francis, 1863], chap. 10。）托克維爾對於美國奴隸制度的觀點，與他對美國民主的評估究竟如何交會，學者有過不少辯論。關於這個問題的進一步討論，見 Sally Gershman, "Alexis de Tocqueville and Slavery," *French Historical Studies* 9, no. 3 (1976): 467–83, doi:10.2307/286232; Richard W. Resh, "Alexis De Tocqueville and the Negro: Democracy in America Reconsidered," *The Journal of Negro History* 48, no. 4 (n.d.): 251–59, doi:10.2307/2716328;

and Barbara Allen, "An Undertow of Race Prejudice in the Current of Democratic Transformation: Tocqueville on the 'Three Races' of North America," in *Tocqueville's Voyages: The Evolution of His Ideas and Their Journey Beyond His Time*, ed. Christine Dunn Henderson (Indianapolis: Liberty Fund, 2014), 244–77.

3　由於我們在本書經常提及鍍金時代與進步時代，因此也許應該在此指出，不論是我們還是大部分的史學家，對於鍍金時代何時結束而進步時代又是何時開始並沒有完全精確的看法。大致上來說，「鍍金時代」指的是一八七〇至一九〇〇年間，「進步時代」則是指一九〇〇至一九一五年間。如同其他一切的歷史分界線，此一劃分也不是全然嚴謹明確，因為屬於進步運動的發展在先前那個時期就有明白可見的先例，而屬於鍍金時代的發展也延續到了後續的時期。

4　在建構圖 1.1 的概括曲線以及後續章節裡其他類似的概括曲線當中，我們都採用兩種各自獨立的縱向因素分析法，一個是 James Stimson 的配對比例演算法（dyad ratio algorithm），以及 James Stock 與 M. W. Watson 的最大期望法（Expectation-Maximization）。關於 Stock-Watson 的方法，見 James H. Stock and Mark W. Watson, "Dynamic Factor Model," in *The Oxford Handbook of Economic Forecasting*, eds. Michael P. Clements and David F. Hendry (New York: Oxford University Press, 2011)，以及 James H. Stock and Mark W. Watson, "Dynamic Factor Models, Factor-Augmented Vector Autoregressions, and Structural Vector Autoregressions in Macroeconomics," in *Handbook of Macroeconomics*, vol. 2 (Amsterdam: Elsevier, 2016), 415–525. 關於 Stimson 的方法，見 James A. Stimson, "The Dyad Ratios Algorithm for Estimating Latent Public Opinion: Estimation, Testing, and Comparison to Other Approaches," *Bulletin de Méthodologie Sociologique* 137–38, no. 1 (2018): 201–8, doi:10.1177/0759106318761614；未出版的使用指南可見於：http://stimson.web.unc.edu/software/。關於 Stimson 方法的使用例子，見 James A. Stimson, *Public Opinion in America: Moods, Cycles, and Swings*, 2nd ed. (London: Routledge, 2019)。

　　Stock-Watson 方法對於計量經濟學家而言比較熟悉，比較熟悉 Stimson 方法的則是政治學家。Stimson 方法比較能夠處理資料欠缺（例如沒有舉行總統大選的那些年間，就沒有分裂投票的狀況可供衡量），因此本書對於因素分數的計算都是使用 Stimson 方法。不過，在各種衡量標準都高度聚焦於單一主要因素的情況下，我們的資料利用這兩種不同方法所得出的結果基本上並無不同。

　　圖 1.1 的曲線反映了四項分別的 Stimson 式因素分析，分析對象是第二、三、四、五章在經濟、政治、社會與文化等面向分別使用的關鍵變數。每一條曲線的時間涵蓋範圍，依據背後資料的時間範圍而稍有不同；只有在背後的成分變數有一大部分的資料都沒有欠缺的年分，我們才會將其包含

在內。圖 1.2 的概括曲線是基於另一項 Stimson 式因素分析，把四個領域的所有可得變數全部結合起來。其中的資料點代表標準化因素分數，可以在一條曲線當中針對不同年分進行比較，或是針對不同曲線的同一個年分進行比較，但沒有能夠輕易解讀的數值意義（例如百分比或美元）。

我們深深感謝德州農工大學的 Guy D. Whitten、Paul Kellstedt、Janica Magat 與 Flavio Souza 在這方面所提供的珍貴協助，但我們如何呈現以及解讀他們提出的結果，完全是我們自己的責任。

5　一個例外是 Peter Turchin, *Ages of Discord: A Structural-Demographic Analysis of American History* (Chaplin, CT: Beresta Books, 2016).

6　"Bush Hits New Low as 'Wrong Track' Rises," (ABC News, May 12, 2008), http://abcnews.go.com/images/PollingUnit/1064a1Bush-Track.pdf; http://www.pollingreport.com/right.htm. https://www.thedailybeast.com/weve-been-on-the-wrong-track-since-1972.

7　Kim Parker, Rich Morin, and Juliana Menasce Horowitz, "Looking to the Future, Public Sees an America in Decline on Many Fronts," (Pew Research Center, March 21, 2019), https://www.pewsocialtrends.org/2019/03/21/public-sees-an-america-in-decline-on-many-fronts/.

8　"Stress in America: The State of Our Nation" (American Psychological Association, November 1, 2017), https://www.apa.org/news/press/releases/stress/2017/state-nation.pdf.

9　「好啦，老人家」是在二〇一九年迅速傳遍網路的一個迷因，廣受年輕人喜愛，用於嘲笑戰後嬰兒潮世代在一般人眼中的刻板印象。見 Karen Heller, "It Was the Year of 'OK Boomer,' and the Generations Were at Each Other's Throats," *The Washington Post*, December 24, 2019, https://www.washingtonpost.com/lifestyle/it-was-the-year-of-ok-boomer-and-the-generations-were-at-each-others-throats/2019/12/24/a2c2b586-1792-11ea-8406-df3c54b3253e_story.html.

10　Rebecca Edwards, *New Spirits: Americans in the Gilded Age, 1865–1905* (New York: Oxford University Press, 2006), 242.

11　Alfred North Whitehead, *The Concept of Nature: Tarner Lectures Delivered in Trinity College, November, 1919*, Tarner Lectures 1919 (Cambridge: University Press, 1920), 143.

12　探討進步時代的學術文獻又廣又深，以下是美國歷史上這個時期的豐富記述當中的幾個例子：Lewis L. Gould, *America in the Progressive Era, 1890–1914*, Seminar Studies in History (Harlow, UK: Longman, 2001); Nell Irvin Painter, *Standing at Armageddon: The United States, 1877–1919* (New York: W. W. Norton, 2008); Richard McCormick, "Public Life in Industrial America," in *The New American History* (Philadelphia: Temple University Press, 1997);

John Chambers and Vincent Carosso, *The Tyranny of Change: America in the Progressive Era, 1900–1917* (New York: St. Martin's Press, 1980); Richard Hofstadter, *The Age of Reform: From Bryan to F.D.R*, 1st ed. (New York: Vintage, 1955); Sean Dennis Cashman, *America in the Gilded Age: From the Death of Lincoln to the Rise of Theodore Roosevelt*, 3rd ed. (New York: New York University Press, 1993); Steven J. Diner, *A Very Different Age: Americans of the Progressive Era* (New York: Hill & Wang, 1998); Samuel P. Hays, *The Response to Industrialism, 1885–1914*, 2nd ed., The Chicago History of American Civilization (Chicago: University of Chicago Press, 1995); Robert H. Wiebe, *The Search for Order, 1877–1920*, 1st ed. (New York: Hill & Wang, 1966); Paul Boyer, *Urban Masses and Moral Order in America, 1820–1920* (Cambridge, MA: Harvard University Press, 1992); Edwards, *New Spirits*; Benjamin Parke De Witt, *The Progressive Movement: A Non-Partisan Comprehensive Discussion of Current Tendencies in American Politics* (New Brunswick, NJ: Transaction Publishers, 2013); Elizabeth Sanders, *Roots of Reform: Farmers, Workers, and the American State, 1877–1917*, American Politics and Political Economy (Chicago: University of Chicago Press, 1999); Allen Freeman Davis, *Spearheads for Reform: The Social Settlements and the Progressive Movement, 1890–1914* (New Brunswick, NJ: Rutgers University Press, 1984); Michael E. McGerr, *A Fierce Discontent: The Rise and Fall of the Progressive Movement in America, 1870–1920* (New York: Free Press, 2003).

第二章 | 經濟：平等的興起與衰退

1   Steven Pinker, *Enlightenment Now: The Case for Reason, Science, Humanism, and Progress* (New York: Viking, 2018). 美國的科技變遷與經濟進步有一份標準（而且也比較細膩）的記述，見 Robert J. Gordon, *The Rise and Fall of American Growth: The U. S. Standard of Living Since the Civil* War (Princeton: Princeton University Press, 2016).

2   Charles I. Jones, "The Facts of Economic Growth," in *Handbook of Macroeconomics*, eds. John B. Taylor and Harald Uhlig, vol. 2A (Amsterdam: Elsevier, 2016), 3–69. 一九二九年至今的資料取自 NIPA Table 7.1, Line 10。一八七〇至一九二八年的資料來自 Madison project 資料庫，採用美國人均國內生產毛額的 rgdpnapc 變數。二〇一一年美元的 Madison 基準換算為二〇〇九年的價值。另見 Louis Johnston and Samuel H. Williamson, "What Was the U.S. GDP Then?," accessed November 25, 2019, https://www.measuringworth.com/datasets/usgdp/.

3   Jones, "Facts of Economic Growth."

4　Nicholas Kaldor, "Capital Accumulation and Economic Growth," in *The Theory of Capital*, ed. Douglas Hague (London: Palgrave Macmillan, 1961), 177–222, https://doi.org/10.1007/978-1-349-08452-4_10. Kaldor 寫道：「我提議以下列的『典型事實』作為建構理論模型的起點：生產總量與勞動生產力以穩定增長率持續成長；生產力成長沒有受到記錄的衰退率趨勢。」

5　Angus Deaton, *The Great Escape: Health, Wealth, and the Origins of Inequality* (Princeton: Princeton University Press, 2013) and Robert J. Gordon, *The Rise and Fall of American Growth* 為長期年成長率在一九七〇年之後的下滑提供了大量證據。

6　Maria Cecilia P. Moura, Steven J. Smith, and David B. Belzer, "120 Years of U.S. Residential Housing Stock and Floor Space," August 11, 2015, PLOS ONE 10.1371/journal.pone.0134135; Stanley Lebergott, *The American Economy: Income, Wealth and Want* (Princeton: Princeton University Press, 2015); Sue Bowden and Avner Offer, "Household Appliances and the Use of Time: The United States and Britain Since the 1920s," *Economic History Review* 47, no. 4 (1994): 725–48.

7　Transportation Energy Data Book, Edition 36, Office of Energy Efficiency and Renewable Energy, U.S. Department of Energy, Table 3.6, https://cta.ornl.gov/data/chapter3.shtml. 鑒於汙染、全球暖化與通勤等問題，不是每個人都會把汽車的大量增加視為一種加分，但美國人似乎相當重視這一點，視之為物質進步的象徵。

8　See Derek Thompson, "The 100-Year March of Technology in 1 Graph," *The Atlantic*, April 7, 2012, https://www.theatlantic.com/technology/archive/2012/04/the-100-year-march-of-technology-in-1-graph/255573/.

9　這項主題的相關文獻極為龐大。三份頗有幫助的概觀著作為 David M. Cutler and Grant Miller, "The Role of Public Health Improvements in Health Advances: The Twentieth-Century United States," *Demography* 42, no. 1 (February 2005): 1–22; "Mortality in the United States: Past, Present, and Future," Penn Wharton Budget Model, June 27, 2016, https://budgetmodel.wharton.upenn.edu/issues/2016/1/25/mortality-in-the-united-states-past-present-and-future; and Maryaline Catillon, David Cutler, and Thomas Getzen, "Two Hundred Years of Health and Medical Care: The Importance of Medical Care for Life Expectancy Gains," Working Paper 25330 (National Bureau of Economic Research, December 2018), https://doi.org/10.3386/w25330.

10　S. H. Woolf, and H. Schoomaker, "Life Expectancy and Mortality Rates in the United States, 1959–2017," JAMA 322, no. 20 (2019): 1996–2016. Doi:https://doi.org/10.1001/jama.2019.16932; Gina Kolata and Sabrina Tavernise, "It's

Not Just Poor White People Driving a Decline in Life Expectancy," *New York Times*, November 26, 2019, https://www.nytimes.com/2019/11/26/health/life-expectancy-rate-usa.html; Olga Khazan, "Poor Americans Really Are in Despair," *The Atlantic*, June 19, 2018, https://www.theatlantic.com/health/archive/2018/06/poor-americans-really-are-in-despair/563105/.

11　關於自殺數上升的資料，見 Holly Hedegaard, Sally C. Curtin, and Margaret Warner, "Suicide Mortality in the United States, 1999–2017" (Hyattsville, MD: National Center for Health Statistics, 2018), https://www.cdc.gov/nchs/products/databriefs/db330.htm. 關於用藥過量造成的死亡，見 Holly Hedegaard, Margaret Warner, and Arialdi M. Miniño, "Drug Overdose Deaths in the United States, 1999–2016" (Hyattsville, MD: National Center for Health Statistics, 2017), https://www.cdc.gov/nchs/products/databriefs/db294.htm. 關於肝硬化死亡的資訊，來自 Elliot B. Tapper and Neehar D. Parikh, "Mortality Due to Cirrhosis and Liver Cancer in the United States, 1999–2016: Observational Study," *BMJ*, July 18, 2018, k2817, https://doi.org/10.1136/bmj.k2817.

12　Anne Case and Angus Deaton, *Deaths of Despair and the Future of Capitalism* (Princeton: Princeton University Press, 2020).

13　Julia Haskins, "Suicide, Opioids Tied to Ongoing Fall in US Life Expectancy: Third Year of Drop," *The Nation's Health*, vol. 49 (March 2019): 1-10.

14　Noreen Goldman, Dana A. Glei, and Maxine Weinstein, "Declining Mental Health Among Disadvantaged Americans," *Proceedings of the National Academy of Sciences* 115, no. 28 (July 10, 2018): 7290–95, https://doi.org/10.1073/pnas.1722023115. 「絕望死」的敘事雖然主要聚焦於沒有大學學位的貧窮中年白人人口，但所有種族與族裔群體還有男性和女性的自殺率，在一九九九年以來都往上攀升。美國疾管署針對吸毒過量率的城鄉差異所提出的報告，顯示了像羥氫可待因酮這種鴉片類藥物，在鄉下的郡裡受到濫用的比率較高，但像是吩坦尼這類合成鴉片類藥物，則是在都市的郡裡造成的死亡數較高。見 Holly Hedegaard, Arialdi M. Miniño, and Margaret Warner, "Urban–Rural Differences in Drug Overdose Death Rates, by Sex, Age, and Type of Drugs Involved, 2017," NCHS Data Brief No. 345, August 2019 (Hyattsville, MD: National Center for Health Statistics, 2019), https://www.cdc.gov/nchs/products/databriefs/db345.htm.

15　Mark Strauss, "Four-in-Ten Americans Credit Technology with Improving Life Most in the Past 50 Years," *Fact Tank—News in the Numbers* (blog), October 12, 2017, https://www.pewresearch.org/fact-tank/2017/10/12/four-in-ten-americans-credit-technology-with-improving-life-most-in-the-past-50-years/.

16　在解放之前，黑人極少能夠獲得任何正式學校教育。在重建時期，黑人兒

童的在學率迅速上升至三分之一左右，但在重建時期結束二十年後的一九〇〇年，這個數字卻還是沒變。Robert A. Margo, *Race and Schooling the South: 1880–1950: An Economic History* (Chicago: University of Chicago Press, 1990).

17　高中的迅速擴張在短期內造成種族落差擴大，原因是供黑人就讀的高中發展得比較慢，在南方尤其如此。見 Claudia Goldin, "America's Graduation from High School: The Evolution and Spread of Secondary Schooling in the Twentieth Century," *The Journal of Economic History* 58, no. 2 (June 1998): 345–74, https://doi.org/10.1017/S0022050700020544. 我們在最後一章對於高中運動有比較詳盡的討論。

18　關於高中革命及其影響的文獻非常龐大，但其中的關鍵著作是 Claudia Goldin and Lawrence F. Katz, *The Race Between Education and Technology* (Cambridge, MA: The Belknap Press of Harvard University Press, 2008). 關於長期教育變革的統計證據，有一項頗有幫助的概觀，見 Claudia Goldin, "Education," in chapter Bc, ed. Susan B. Carter et al., *Historical Statistics of the United States, Earliest Times to the Present: Millennial Edition,* ed. Susan B. Carter et al. (New York: Cambridge University Press, 2006), https://doi.org/10.1017/ISBN-9780511132971.Bc.ESS.01.

19　Historical Statistics of the United States, Millennial Edition Bc258-264, http://dx.doi.org/10.1017/ISBN-9780511132971; Trends in High School Dropout and Completion Rates in the United States: 2014 (National Center for Educational Statistics, US Department of Education, 2018), https://nces.ed.gov/pubs2018/2018117.pdf; James J. Heckman and Paul A. LaFontaine, "The American High School Graduation Rate: Trends and Levels," *Review of Economics and Statistics* 92, no. 2 (May 2010): 244–62, https://doi.org/10.1162/rest.2010.12366. 隨著戰後嬰兒潮世代長大，絕對在學率於是在那個年代達到巔峰，但圖 2.6 顯示的不是絕對人數，而是比率，所以高中畢業率長期升高趨勢當中的這段停滯，不能歸咎於單純的人口統計。相反的，隨著學生的原始人數減少，在學率理當提升，才能填補那些空出來的教室。

20　近來這項上升背後的原因並未確立。見 Richard J Murnane, "U.S. High School Graduation Rates: Patterns and Explanations," *Journal of Economic Literature* 51, no. 2 (June 2013): 370–422, https://doi.org/10.1257/jel.51.2.370, and Mark Dynarski, "What We Don't Know About High Schools Can Hurt Us" (Washington, DC: The Brookings Institution, May 18, 2017), https://www.brookings.edu/research/what-we-dont-know-about-high-schools-can-hurt-us/ and the sources cited there.

21　教育增長在一九八〇與九〇年代的「暫停」，在 Peter H. Lindert and Jeffrey

G. Williamson, *Unequal Gains: American Growth and Inequality Since 1700* (Princeton: Princeton University Press, 2016), 213; 230–32，以及 Goldin and Katz, *The Race Between Education and Technology* 都有提及，但那些作者主要聚焦於受過教育的成年人「存量」，而我們在此處則是聚焦於畢業生在年輕人當中的「流量」，以便精確判定遲緩情形的出現時間。

22　羅斯福總統在一九四四年簽署《美國退伍軍人權利法案》之後，概述其中的福利為提供每學年多達五百美元的補助，還有發放每月津貼。在一九四五年，賓州大學的學費是四百美元，加上二十美元的「雜費」。另見 U.S. Department of Veterans Affairs, "Education and Training," About GI Bill: History and Timeline, November 21, 2013, https://www.benefits.va.gov/gibill/history.asp, and Mark Frazier Lloyd, "Tuition and Mandated Fees, Room and Board, and Other Educational Costs at Penn, 1940–1949," 2003, https://archives.upenn.edu/exhibits/penn-history/tuition/tuition-1940-1949.

23　我們在第六與第七章討論教育程度的性別與種族落差。

24　撰寫本章的過程中，我們受益於這部即將出版的重要著作：Charles L. Ballard, "The Fall and Rise of Income Inequality in the United States: Economic Trends and Political-Economy Explanations," in *Inequality and Democracy in America*, ed. Tobin Craig, Steven Kautz, and Arthur Melzer (Philadelphia: University of Pennsylvania Press, forthcoming).

25　Lindert and Williamson, *Unequal Gains*, see chaps. 6 and 7, esp. 173.

26　富人與窮人的所得落差在二十世紀上半葉的縮減，被稱為「大收斂」、「大夷平」或「大壓縮」。我們通常使用第一個名詞，但這三個名詞指的都是同一個現象。這個用語因為以下著作而普及：Timothy Noah, *The Great Divergence: America's Growing Inequality Crisis and What We Can Do About It* (New York: Bloomsbury Press, 2017), and Paul R. Krugman, *The Conscience of a Liberal* (New York: W. W. Norton, 2007).

27　Lindert and Williamson, *Unequal Gains*, esp. 194.

28　Ibid., 196. See also Claudia Goldin and Lawrence F. Katz, "Decreasing (and Then Increasing) Inequality in America: A Tale of Two Half Centuries," in *The Causes and Consequences of Increasing Inequality*, ed. Finis Welch (Chicago: University of Chicago Press, 2001), 37–82.

29　圖 2.8 聚焦於頂端 1% 的家庭在總所得當中的占比，其基礎是過去一百年來的所得分配（包括資本所得以及免稅的健康與附加福利，還有州稅與地方稅）在最近受到的一項最全面的計算：Thomas Piketty, Emmanuel Saez, and Gabriel Zucman, "Distributional National Accounts: Methods and Estimates for the United States," *The Quarterly Journal of Economics* 133, no. 2 (May 2018): 553–609, https://doi.org/10.1093/qje/qjx043. 關於彙整這些趨勢所面對的各種方法學挑戰，同見這份文獻裡的討論。這種做法背後的假

設，在經濟學家之間仍然備受爭議，但另一種比較傳統的做法，所得出的結果也是類似的長期倒 U 形曲線。見 Thomas Piketty and Emmanuel Saez, "Income Inequality in the United States, 1913–1998," *The Quarterly Journal of Economics* 118, no. 1 (February 2003): 1–39, https://doi.org/10.1162/00335530360535135。近來有一份獨立評論利用多種統計方法檢視所得不平等的歷史趨勢，證實了圖 2.8 所呈現的那種基本倒 U 形曲線，見 Chad Stone et al., "A Guide to Statistics on Historical Trends in Income Inequality" (Washington, DC: Center on Budget and Policy Priorities, August 21, 2019)。一般來說，保守派分析者都主張主流見解對於不平等情形的估計程度過高，但我們此處的焦點不是在於不平等的絕對程度，而是在於長期的起伏趨勢。所得與財富不平等現象的基本倒 U 形曲線，在根本上都受到各黨派的專家所接受。

30　Lindert and Williamson, *Unequal Gains*, 194–95.

31　Goldin and Katz, "Decreasing (and then Increasing) Inequality in America," 37–82.

32　關於財富長期趨勢的一項權威性陳述，見 Edward N. Wolff, *A Century of Wealth in America* (Cambridge, MA: Belknap Press of Harvard University Press, 2017).

33　Emmanuel Saez, "Income and Wealth Inequality: Evidence and Policy Implications," *Contemporary Economic Policy* 35, no. 1 (2017), 8.

34　Piketty, Saez, and Zucman, "Distributional National Accounts." See also Emmanuel Saez and Gabriel Zucman, "Wealth Inequality in the United States Since 1913: Evidence from Capitalized Income Tax Data," *The Quarterly Journal of Economics* 131, no. 2 (May 2016): 519–78, https://doi.org/10.1093/qje/qjw004.

35　Edward N. Wolff 採用一組稍微不同的時間序列，顯示由頂端 1% 的占比加以衡量的財富分配，在二〇一三至一六年間大幅上升。見 Edward N. Wolff, "Household Wealth Trends in the United States, 1962 to 2016: Has Middle Class Wealth Recovered?," Working Paper 24085 (National Bureau of Economic Research, November 2017), https://doi.org/10.3386/w24085.

36　Saez, "Income and Wealth Inequality," 13. Gabriel Zucman, "Global Wealth Inequality," *Annual Review of Economics* 11, no. 1 (August 2, 2019): 109–38, https://doi.org/10.1146/annurev-economics-080218-025852 顯示頂端的 0.01% 擁有將近 10% 的總財富。

37　Saez, "Income and Wealth Inequality," 14–15; Chad Stone et al., "A Guide to Statistics."

38　Saez and Zucman, "Wealth Inequality in the United States Since 1913," 523.

39　Piketty, Saez, and Zucman, "Distributional National Accounts."

40　Saez, "Income and Wealth Inequality," 16.

41　Goldin and Katz, "Decreasing (and then Increasing) Inequality in America." 我們將在第三與第五章進一步探討進步主義在二〇年代的「暫停」現象。

42　Émile Durkheim, *Suicide: A Study in Sociology* (New York: Free Press, 1951); Bruce P. Dohrenwend, "Egoism, Altruism, Anomie, and Fatalism: A Conceptual Analysis of Durkheim's Types," *American Sociological Review* 24, no. 4 (August 1959): 466–73, https://doi.org/10.2307/2089533; Walter Scheidel, *The Great Leveler: Violence and the History of Inequality from the Stone Age to the Twenty-First Century*, Princeton Economic History of the Western World (Princeton: Princeton University Press, 2017).

43　Douglas S. Massey, *Categorically Unequal: The American Stratification System* (New York: Russell Sage Foundation, 2007), 5.

44　Piketty, Saez, and Zucman, "Distributional National Accounts," 577–78.

45　Lindert and Williamson, *Unequal Gains*, 221.

46　Piketty, Saez, and Zucman, "Distributional National Accounts," 577–79.

47　David Leonhardt, "How the Upper Middle Class Is Really Doing," *New York Times*, February 24, 2019, https://www.nytimes.com/2019/02/24/opinion/income-inequality-upper-middle-class.html; Matthew Stewart, "The 9.9 Percent Is the New American Aristocracy," *The Atlantic*, June 2018, https://www.theatlantic.com/magazine/archive/2018/06/the-birth-of-a-new-american-aristocracy/559130/.

48　Jessica L. Semega, Kayla R. Fontenot, and Melissa A. Kollar, "Income and Poverty in the United States: 2016," *Current Population Reports* (Washington, DC: United States Census Bureau, September 2017), Table A-2. 頂端 1% 與 0.1% 的資料取自 Piketty, Saez, and Zucman, "Distributional National Accounts," Tables B10 and B11 of Appendix II. 這些數字都是經過通膨調整的稅前與移轉前數字。皮凱提、賽斯與祖克曼針對頂端 1% 與 0.1% 的資料採用了一種稍微不同的通膨調整方式以及年所得估計方式，但本文裡的廣泛比較基本上不受影響。

49　Ballard, "The Fall and Rise of Income Inequality in the United States," 4.

50　David Card, Ciprian Domnisoru, and Lowell Taylor, "The Intergenerational Transmission of Human Capital: Evidence from the Golden Age of Upward Mobility," Working Paper 25000 (National Bureau of Economic Research, September 2018), https://doi.org/10.3386/w25000. 他們雖然發現高品質公共教育在二十世紀上半葉改善了世代之間的機會平等，這個故事卻不是全然正面。學校平等對於教育當中的向上流動具有因果決定性，這點可能解釋了流動率為何系統性地依據種族與地點而異。教育當中的種族隔離，導致非裔美國人兒童陷入巨大的劣勢。

51　Raj Chetty et al., "The Fading American Dream: Trends in Absolute Income

Mobility Since 1940," *Science* 356, no. 6336 (April 28, 2017): 398–406, https://doi.org/10.1126/science.aal4617. Nathaniel G Hilger, "The Great Escape: Intergenerational Mobility in the United States Since 1940," Working Paper 21217 (National Bureau of Economic Research, May 2015), https://doi.org/10.3386/w21217; and Michael Hout and Alexander Janus, "Educational Mobility in the United States Since the 1930s," in *Whither Opportunity?: Rising Inequality, Schools, and Children's Life Chances*, eds. Greg J. Duncan and Richard J. Murnane (New York: Russell Sage Foundation, 2011), 165–85 發現絕對教育流動也存在類似的模式:先是不斷上升,但是到了一九七五年左右即轉而下滑。Robert M. Hauser et al., "Occupational Status, Education, and Social Mobility in the Meritocracy," in *Meritocracy and Economic Inequality*, eds. Kenneth Arrow, Samuel Bowles, and Steven Durlauf (Princeton: Princeton University Press, 2000), 179–229 發現職業地位的絕對流動也有類似的模式。至於相對跨世代流動是否也有類似的轉捩點,當前的研究看法不一。Hilger and Hout and Janus 發現相對教育流動(和所得流動密切相關)在一九四〇至七〇年左右的這段期間出現增長,接著穩定下來,甚至稍有逆轉。另見 James J. Feigenbaum et al., "The American Dream in the Great Depression: US Absolute Income Mobility, 1915–1940" (unpublished manuscript, 2019),其中估計絕對流動在一九四〇至六五年左右的這段期間有所上升,因此這項變數呈現出典型的 U 形曲線,在一九六五年達到成人收入水準的這個出生群當中達到最高的流動性。我們依循經濟學家的標準做法,假設特定出生群當中的個人在所得階級體系當中的地位,會在三十歲達到相對穩定的狀態,因為在那個年齡之前的所得水準會受到仍然在學以及因為其他因素而導致所得特別低的青年所扭曲。相較之下,在後續章節討論不同世代的態度差異之時,例如看待信任、種族以及性別的態度,我們則是依循社會心理學家的慣例,假設態度平均會在十八到二十一歲之間固定下來。經濟學家與社會心理學家對於生命週期階段提出的這些假設都各有充分的理由。

52 See Yonatan Berman, "The Long Run Evolution of Absolute Intergenerational Mobility," (unpublished manuscript, 2018), Table 3, 40-41, https://static.wixstatic.com/ugd/4a2bc3_0d734d65a96b419abacbffe261d85b5d.pdf. 可得的證據能夠回溯到一九一七年的出生群,但我們無法知道他們在三十歲之前與自己的父親在同年齡的狀態比較起來如何。因此,這項對於流動的衡量標準只能以一九四七年作為起點。

53 這些時期的時間劃分並不精確,見 Cutler and Miller, "The Role of Public Health Improvements in Health Advances" and Dora L. Costa, "Health and the Economy in the United States from 1750 to the Present," *Journal of Economic Literature* 53, no. 3 (September 2015): 503–70.

54　Lindert and Williamson, *Unequal Gains*, 7. See also Michael R. Haines, "Inequality and Infant and Childhood Mortality in the United States in the Twentieth Century," *Explorations in Economic History* 48, no. 3 (2011): 418–28, and Aaron Antonovsky, "Social Class, Life Expectancy and Overall Mortality," *The Milbank Memorial Fund Quarterly* 45, no. 2 (April 1967): 31–73, https://doi.org/10.2307/3348839.

55　Jacob Bor, Gregory H Cohen, and Sandro Galea, "Population Health in an Era of Rising Income Inequality: USA, 1980–2015," *The Lancet* 389, no. 10077 (April 8, 2017): 1475–90, https://doi.org/10.1016/S0140-6736(17)30571-8.

56　National Academies of Sciences, Engineering, and Medicine, *The Growing Gap in Life Expectancy by Income: Implications for Federal Programs and Policy Responses* (Washington, DC: The National Academies Press, 2015), 63. 二〇一九年，研究者利用美國疾管署在一九九三至二〇一七年間對美國人口的健康狀況所從事的一項大型每年調查得到的結果，指出所得分群之間的健康指標落差愈來愈大，儘管種族之間的落差有所縮減。Frederick J. Zimmerman and Nathaniel W. Anderson, "Trends in Health Equity in the United States by Race/Ethnicity, Sex, and Income, 1993–2017," *JAMA Network Open* 2, no. 6 (June 28, 2019): e196386, https://doi.org/10.1001/jamanetworkopen.2019.6386 發現富裕人口的健康結果保持穩定，但最低所得群體的健康則是「隨著時間而大幅衰退」。

57　Case and Deaton, *Deaths of Despair and the Future of Capitalism*.

58　Office of Senator Mike Lee, "Long-Term Trends in Deaths of Despair," SCP Report 4-19, Social Capital Project (Washington, DC: United States Congress Joint Economic Committee, September 5, 2019), https://www.jec.senate.gov/public/index.cfm/republicans/analysis?ID=B29A7E54-0E13-4C4D-83AA-6A49105F0F43.

59　區域收斂時期的經典文獻是 Robert J. Barro et al., "Convergence Across States and Regions," *Brookings Papers on Economic Activity* 22, no. 1 (1991): 107–82, https://doi.org/10.2307/2534639. 關於聯邦政策造成的影響，見 Bruce J. Schulman, *From Cotton Belt to Sunbelt: Federal Policy, Economic Development, and the Transformation of the South, 1938–1980* (Durham, NC: Duke University Press, 1994) and Gavin Wright, *Sharing the Prize: The Economics of the Civil Rights Revolution in the American South* (Cambridge, MA: Belknap Press of Harvard University Press, 2013).

60　See C. Cindy Fan and Emilio Casetti, "The Spatial and Temporal Dynamics of US Regional Income Inequality, 1950–1989," *The Annals of Regional Science* 28, no. 2 (June 1994): 177–96, https://doi.org/10.1007/BF01581768; David J. Peters, "American Income Inequality Across Economic and Geographic

Space, 1970–2010," *Social Science Research* 42, no. 6 (November 1, 2013): 1490–1504, https://doi.org/10.1016/j.ssresearch.2013.06.009; Orley M. Amos, "Evidence of Increasing Regional Income Variation in the United States: 1969–2006," *Modern Economy* 5 (January 1, 2014): 520–32, https://doi. org/10.4236/me.2014.55049; Peter Ganong and Daniel Shoag, "Why Has Regional Income Convergence in the U.S. Declined?" *Journal of Urban Economics* 102 (November 1, 2017): 76–90; Clara Hendrickson, Mark Muro, and William A. Galston, "Countering the Geography of Discontent: Strategies for Left-Behind Places" (The Brookings Institution, November 2018), https://www.brookings.edu/research/countering-the-geography-of-discontent-strategies-for-left-behind-places/; and Robert A. Manduca, "The Contribution of National Income Inequality to Regional Economic Divergence," *Social Forces* 90 (December 2019): 622–48, https://doi.org/10.1093/sf/soz013.

61　經濟不平等 U 形曲線的肇因受到經濟學家的大量討論，只是他們都比較關注大分歧，而不是在那之前的大收斂。以下是部分主要學者：Lindert and Williamson, *Unequal Gains*, 206–18 and 221–41 強調政治衝擊，包括戰爭、勞動供給減少（外來移民受限以及家庭人數減少）、大眾教育興起加上科技變革減緩、金融部門的時代改變，可能還有貿易。Noah, *The Great Divergence* 強調教育／科技落差、外來移民、貿易、最低工資政策、工會衰微，以及菁英的反窮人態度。Anthony B. Atkinson, *Inequality: What Can Be Done?* (Cambridge, MA: Harvard University Press, 2015), and Peter A. Diamond, "Addressing the Forces Driving Inequality in the United States," *Contemporary Economic Policy* 34, no. 3 (July 2016): 403–11, https://doi. org/10.1111/coep.12184 強調全球化、科技變遷、金融化、工會、薪資常態改變，以及政府的課稅和移轉。另一項有用的概觀是 Stone et al., "A Guide to Statistics on Historical Trends in Income Inequality"。除了其他因素之外，迪頓還強調家庭組成與崩壞：婚姻可讓夫妻匯集各自的收入形成家庭所得，這點在過去半個世紀以來對於高所得群體帶來超乎比例的效益，因為婚姻在低所得群體出現了超乎比例的衰退，我們後續將在第四章談到這一點。所以，個人收入的差異無法反映出雙份所得的夫妻與單親媽媽之間的差別。在本章當中，我們暫且將這些複雜的細節擺在一旁。

62　全球化除了用來解釋經濟不平等的曲線之外，我們在第八章也將探討全球化在解釋「自我─集體─自我」曲線當中所扮演的角色。

63　Ronald Findlay and Kevin H. O'Rourke, *Power and Plenty: Trade, War, and the World Economy in the Second Millennium* (Princeton: Princeton University Press, 2007), particularly chaps. 7–10; Kevin H. O'Rourke and Jeffrey G. Williamson, *Globalization and History: The Evolution of a Nineteenth-Century Atlantic Economy* (Cambridge, MA: MIT Press, 1999)，尤其是探討全球化反

彈以及國際資本流動的章節，其中這兩者的發展都依循 U 形曲線；還有 Jeffrey G. Williamson, *Winners and Losers over Two Centuries of Globalization*, WIDER Annual Lectures 6 (Helsinki: World Institute for Development Economics Research, 2002)，其中生動描繪了移民限制在一九〇〇年以前幾十年間的變化。Piketty, Saez, and Gabriel, "Distributional National Accounts," 604，主張美國底層 50% 崩垮的情形，遠超過其他先進開放經濟（例如法國）的情形，而這點即顯示國內因素非常重要。

64 如欲淺嚐有關外來移民對於不平等的可能影響的學術辯論，見 Goldin and Katz, "Decreasing (and then Increasing) Inequality in America"; David Card, "Immigration and Inequality," *American Economic Review* 99, no. 2 (May 2009): 1–21, https://doi.org/10.1257/aer.99.2.1; Giovanni Peri, "Immigration, Native Poverty, and the Labor Market," in *Immigration, Poverty, and Socioeconomic Inequality*, eds. David Card and Steven Raphael (New York: Russell Sage Foundation, 2013), 29–59; and George J. Borjas, *Immigration Economics* (Cambridge, MA: Harvard University Press, 2014).

65 關於貿易會在增加總體福利的同時造成不平等更加嚴重的論點，見 Hartmut Egger and Udo Kreickemeier, "Fairness, Trade, and Inequality," *Journal of International Economics* 86, no. 2 (March 2012): 184–96, https://doi.org/10.1016/j.jinteco.2011.10.002. 關於貿易在一九七〇年代是不平等的來源，但在一九八〇或九〇年代卻非如此的論點，見 Bernardo S. Blum, "Trade, Technology, and the Rise of the Service Sector: The Effects on US Wage Inequality," *Journal of International Economics* 74, no. 2 (March 2008): 441–58, https://doi.org/10.1016/j.jinteco.2007.06.003. 關於來自低工資開發中國家的進口產品並未造成美國勞工工資降低的論點，見 Lawrence Edwards and Robert Lawrence, "US Trade and Wages: The Misleading Implications of Conventional Trade Theory," Working Paper 16106 (Cambridge, MA: National Bureau of Economic Research, June 2010), https://doi.org/10.3386/w16106. 關於貿易自由化本身實際上會降低不平等的論點，見 Florence Jaumotte, Subir Lall, and Chris Papageorgiou, "Rising Income Inequality: Technology, or Trade and Financial Globalization?," International Monetary Fund Working Paper, 2008。至於我們較為認同的一項比較細膩的論點，指稱「貿易在擴大工資不平等方面扮演了可觀的角色，但其累加效果有限，而且國家內部大部分的工資不平等升高情形也無法由全球化加以解釋」，見 Elhanan Helpman, "Globalization and Wage Inequality," Working Paper 22944 (National Bureau of Economic Research, December 2016), https://doi.org/10.3386/w22944.

66 無可否認，進步時代的許多改革努力（例如工會或者反托拉斯立法）都根源自鍍金時代，但其發展速度與力道卻是到了新世紀才開始增加。

67 關於一項非常類似的論點，見 Piketty, Saez, and Zucman, "Distributional

National Accounts," 604–5.

68 Goldin and Katz, *The Race Between Education and Technology*.

69 同上。他們估計指出，這段時期的每年高中畢業生供應量超出需求約1%。

70 一如所有經濟理論，技術偏向型科技變遷理論也不免有其批評者，而且也無法確知這項理論在此一領域當中的主導地位是否能夠長久持續。舉例而言，見 Jaison R. Abel, Richard Deitz, and Yaquin Su, "Are Recent College Graduates Finding Good Jobs?," *Current Issues in Economics and Finance* 20, no. 1 (2014): 1–8, and Jonathan Horowitz, "Relative Education and the Advantage of a College Degree," *American Sociological Review* 83, no. 4 (August 2018): 771–801, https://doi.org/10.1177/0003122418785371.

71 Claudia Goldin, "Egalitarianism and the Returns to Education During the Great Transformation of American Education," *Journal of Political Economy* 107, no. S6 (December 1999): S65–S94, https://doi.org/10.1086/250104.

72 在這一節裡，我們主要把工會視為一種經濟現象，而在第四章則是把工會視為一種社會與社群現象；明顯可見，工會這兩者都是。

73 See Michael E. McGerr, *A Fierce Discontent: The Rise and Fall of the Progressive Movement in America, 1870–1920* (New York: Free Press, 2003), esp. chap. 4.

74 Nell Irvin Painter, *Standing at Armageddon: The United States, 1877–1919* (New York: W. W. Norton, 1987): 44, 95, *et passim*; Leo Troy, *Trade Union Membership, 1897–1962* (New York: National Bureau of Economic Research, 1965): 2. 工會會員人數在一九〇五至〇九年間有所下滑，但接著又恢復成長。

75 Philip Taft and Philip Ross, "American Labor Violence: Its Causes, Character, and Outcome," in *The History of Violence in America: A Report to the National Commission on the Causes and Prevention of Violence*, eds. Hugh Davis Graham and Ted Robert Gurr, 1969, http://www.ditext.com/taft/violence.html.

76 Nelson Lichtenstein, *State of the Union: A Century of American Labor*, revised and expanded ed. (Princeton: Princeton University Press, 2013). 有些工業家追求的「福利資本主義」這種相關概念，雖是向業主對自己的員工負有義務這種愈來愈著名的觀念致敬，但實際上公司主導的方案經常受到事實證明帶有父權色彩，甚至會壓迫勞工的權利。Lizabeth Cohen, *Making a New Deal: Industrial Workers in Chicago, 1919–1939* (Cambridge: Cambridge University Press, 1990).

77 Richard Freeman, "Spurts in Union Growth: Defining Moments and Social Processes," in *The Defining Moment: The Great Depression and the American Economy in the Twentieth Century*, eds. Michael Bordo, Claudia Goldin, and Eugene White (Chicago: University of Chicago Press, 1998), 265–95.

78 August Meier and Elliott Rudwick, *Black Detroit and the Rise of the UAW* (Ann Arbor: University of Michigan Press, 2007), https://doi.org/10.3998/mpub.

99863.

79　Gallup Inc., "Labor Unions," Gallup.com, accessed August 26, 2018, http://www.gallup.com/poll/12751/Labor-Unions.aspx.

80　關於圖 2.12 以及工會的成長與衰微，見 Richard Freeman, "Spurts in Union Growth," esp. 1890–1994; Barry T. Hirsch and David A. Macpherson, "Unionstats.com—Union Membership and Coverage Database from the CPS," Unionstats.com, 2017, http://unionstats.com/, esp. 1995–2015; and Richard Freeman, "Do Workers Still Want Unions? More Than Ever," Briefing Paper 182, Agenda for Shared Prosperity (Washington, DC: Economic Policy Institute, February 22, 2007), http://www.sharedprosperity.org/bp182/bp182.pdf; and Lichtenstein, State of the Union.

81　Gary N. Chaison and Joseph B. Rose, "The Macrodeterminants of Union Growth and Decline," in The State of the Unions, Industrial Relations Research Association Series, ed. George Strauss, Daniel G. Gallagher, and Jack Fiorita (Madison, WI: IRRA, 1991), 3–45, esp. 33.

82　G. William Domhoff, "The Rise and Fall of Labor Unions in the U.S.: From the 1830s Until 2012 (but Mostly the 1930s–1980s)," Who Rules America?, February 2013, https://whorulesamerica.ucsc.edu/power/history_of_labor_unions.html.

83　Lichtenstein, State of the Union.

84　Robert D. Putnam, Bowling Alone: The Collapse and Revival of American Community (New York: Simon & Schuster, 2000), 80–82.

85　關於把工會會員人數與頂層 10% 的所得占比連結起來的其他類似證據，見 Celine McNicholas, Samantha Sanders, and Heidi Shierholz, "First Day Fairness: An Agenda to Build Worker Power and Ensure Job Quality" (Economic Policy Institute, August 22, 2018), FIGURE A: "Union membership and share of income going to the top 10 percent, 1917–2015," https://www.epi.org/publication/first-day-fairness-an-agenda-to-build-worker-power-and-ensure-job-quality/.

86　Lichtenstein, State of the Union; Cohen, Making a New Deal; Domhoff, "Who Rules America."

87　Henry S. Farber et al., "Unions and Inequality over the Twentieth Century: New Evidence from Survey Data," Working Paper 24587 (National Bureau of Economic Research, May 2018), https://doi.org/10.3386/w24587.

88　Richard B. Freeman and James L. Medoff, What Do Unions Do? (New York: Basic Books, 1984). 這部標誌性研究的結論，也就是工會具有減少不平等的效果，受到了許多近期研究的延伸、補充，以及基本上的證實。見 McKinley L. Blackburn, David E. Bloom, and Richard B. Freeman, "The

Declining Economic Position of Less Skilled American Men," in *A Future of Lousy Jobs?: The Changing Structure of U.S. Wages*, ed. Gary Burtless (Washington, DC: Brookings Institution, 1990); John DiNardo, Nicole M. Fortin, and Thomas Lemieux, "Labor Market Institutions and the Distribution of Wages, 1973–1992: A Semiparametric Approach," *Econometrica* 64, no. 5 (September 1996): 1001–44, https://doi.org/10.2307/2171954; Dierk Herzer, "Unions and Income Inequality: A Panel Cointegration and Causality Analysis for the United States," *Economic Development Quarterly* 30, no. 3 (2016): 267–74, https://doi.org/10.1177/0891242416634852.

89 Jake Rosenfeld, *What Unions No Longer Do* (Cambridge, MA: Harvard University Press, 2014).

90 Jake Rosenfeld, Patrick Denice, and Jennifer Laird, "Union Decline Lowers Wages of Nonunion Workers: The Overlooked Reason Why Wages Are Stuck and Inequality Is Growing" (Washington, DC: Economic Policy Institute, August 30, 2016), https://www.epi.org/publication/union-decline-lowers-wages-of-nonunion-workers-the-overlooked-reason-why-wages-are-stuck-and-inequality-is-growing/.

91 Bruce Western and Jake Rosenfeld, "Unions, Norms, and the Rise in U.S. Wage Inequality," *American Sociological Review* 76, no. 4 (2011): 513–37, https://doi.org/10.1177/0003122411414817; Tom VanHeuvelen, "Moral Economies or Hidden Talents? A Longitudinal Analysis of Union Decline and Wage Inequality, 1973–2015," *Social Forces* 97, no. 2 (2018): 495–529.

92 Carola Frydman and Raven Molloy, "Pay Cuts for the Boss: Executive Compensation in the 1940s," *The Journal of Economic History* 72, no. 1 (March 12, 2012): 225–51, https://doi.org/10.1017/S002205071100249X.

93 DiNardo, Fortin, and Lemieux, "Labor Market Institutions and the Distribution of Wages"; David Card, "The Effect of Unions on Wage Inequality in the U.S. Labor Market," *ILR Review* 54, no. 2 (January 2001): 296–315, https://doi.org/10.1177/001979390105400206; Farber et al., "Unions and Inequality over the Twentieth Century."

94 明顯可見，教育和工會化也深受公共政策所影響。

95 Kenneth F. Scheve and David Stasavage, *Taxing the Rich: A History of Fiscal Fairness in the United States and Europe* (Princeton: Princeton University Press, 2016); Piketty, Saez, and Zucman, "Distributional National Accounts."

96 McGerr, *A Fierce Discontent*, 98.

97 聯邦所得稅率的資料來源：Tax Policy Center, http://www.taxpolicycenter.org/taxfacts/displayafact.cfm?Docid=543]. 總稅率的資料來源：Piketty, Saez, and Zucman, "Distributional National Accounts," Appendix Table II-G2:

Distributional Series。這兩個經過平滑處理的時間序列之間的相關為 r=.9。

98 Piketty, Saez, and Zucman, "Distributional National Accounts," 599–601.

99 圖 2.14 的資料來源：Tax Foundation, "Federal Corporate Income Tax Rates, Income Years 1909–2012," taxfoundation.org; World Tax Database, Office of Tax Policy Research; Internal Revenue Service, Instructions for Form 1120. 公司所得稅趨勢的另一種衡量方式，是檢視總公司稅收在國民總所得當中的占比；這種衡量方法也顯示出同樣的基本 U 形曲線，先是出現上升，尤其是在一九三○年代中期到五○年代中期之間，接著開始下滑。公司稅收資料取自美國經濟分析局，聯邦政府當期稅收：Taxes on corporate income [B075RC1Q027SBEA], retrieved from FRED, Federal Reserve Bank of St. Louis, https://fred.stlouisfed.org/series/B075RC1Q027SBEA, November 25, 2019. 國民所得資料取自 U.S. Department of Commerce, Bureau of Economic Analysis, National Data GDP and Personal Income, https://apps.bea.gov/iTable/iTable. cfm?reqid=19&step=2#reqid=19&step=2&isuri=1&1921=survey.

100 Andrew Carnegie, "Wealth," *North American Review* 148, no. 391 (June 1889): 653–64.

101 感謝布魯金斯學會的 Eleanor Krause 與 Isabel Sawhill 提供她們在這項主題當中尚未發表的資料，呈現於圖 2.15 當中。她們的參考文獻包括 Darien B. Jacobson, Brian G. Raub, and Barry W. Johnson, "The Estate Tax: Ninety Years and Counting," Internal Revenue Service (2007), https://www.irs.gov/pub/irs-soi/ninetyestate.pdf; USDA Economic Research Service, "Federal estate taxes," https://www.ers.usda.gov/topics/farm-economy/federal-tax-issues/federal-estate-taxes.aspx. 請注意：免稅標準經過通膨調整，採用的是所有都市消費者在九月到八月的年度平均消費者物價指數。二○一一年之後的實際免稅標準都經過通膨調整，那一年的標準是五百萬美元。

102 Kenneth Whyte, *Hoover: An Extraordinary Life in Extraordinary Times* (New York: Alfred A. Knopf, 2017), chap. 15.

103 Piketty and Saez, "Income Inequality in the United States, 1913–1998," quotation at 23.

104 Thomas Piketty, Emmanuel Saez, and Stefanie Stantcheva, "Optimal Taxation of Top Labor Incomes: A Tale of Three Elasticities," Working Paper 17616 (National Bureau of Economic Research, November 2011), https://doi.org/10.3386/w17616.

105 Piketty, Saez, and Zucman, "Distributional National Accounts," 583.

106 Michael Harrington, *The Other America: Poverty in the United States* (New York: Macmillan, 1962), chap. 6.

107 Piketty, Saez, and Zucman, "Distributional National Accounts," 601–3.

108 Robert Sahr, "Using Inflation-Adjusted Dollars in Analyzing Political Developments," *PS: Political Science and Politics* 37, no. 2 (April 2004): 273–84, https://doi.

org/10.1017/S1049096504004226. Monthly Benefits for AFDC-TANF Family and Social Security Retired Worker and Wife, Selected Years 1936 to 2001, in Constant (2003) Dollars. Source of current-dollar data: Social Security Bulletin Annual Statistical Supplement, 2002, Tables 5.H1 and 9.G1, https://www.ssa. gov/policy/docs/statcomps/supplement/2002/index.html.

109 一般稱為「福利」的育有未成年子女家庭補助／貧窮家庭暫時性救助金，並不是政府補助美國貧窮人口的唯一方案，但這項方案可讓人明白看出對於老年窮人與非老年窮人的補助在一九七○年之後所出現的分歧發展。

110 Richard White, *Railroaded: The Transcontinentals and the Making of Modern America* (New York: W. W. Norton, 2011), especially chaps. 5 and 9.

111 Lindert and Williamson, *Unequal Gains*, 217.

112 Thomas Philippon and Ariell Reshef, "Wages and Human Capital in the U.S. Finance Industry: 1909–2006," *The Quarterly Journal of Economics* 127, no. 4 (2012): 1551–1609, https://doi.org/10.1093/qje/qjs030. See also Lindert and Williamson, *Unequal Gains*, 201.

113 Jonathan Tepper with Denise Hearn, *The Myth of Capitalism: Monopolies and the Death of Competition* (Hoboken, NJ: John Wiley & Sons, 2018).

114 Vivien Hart, *Bound by Our Constitution: Women, Workers, and the Minimum Wage* (Princeton: Princeton University Press, 1994).

115 圖 2.18 的資料來源：1938–2009: Department of Labor, "History of Federal Minimum Wage Rates Under the Fair Labor Standards Act, 1938–2009," https://www.dol.gov/whd/minwage/chart.htm; 1968–2020: Federal Reserve Economic Data (FRED), https://fred.stlouisfed.org/se ries/STTMINWGFG; CPI data from FRED https://fred.stlouisfed.org/series/CWUR0000SA0#0. 許多州與地方政府近來都把最低工資提高到國家水準以上，表示全國人口加權平均最低工資在過去十年的增長速度可能比圖 2.18 所顯示的還要快。

116 聯邦最低工資的起伏與 50/20 工資比（第五十個百分位數與第二十個百分位數的工資比）的變化最為緊密相關，這個工資比反映了低等所得與中等所得分類之間的差距。另見 David H. Autor, Alan Manning, and Christopher L. Smith, "The Contribution of the Minimum Wage to US Wage Inequality over Three Decades: A Reassessment," *American Economic Journal: Applied Economics* 8, no. 1 (January 2016): 58–99, https://doi.org/10.1257/app.20140073, as well as "The Effects of a Minimum-Wage Increase on Employment and Family Income" (Washington, DC: Congressional Budget Office, February 18, 2014), https://www.cbo.gov/publication/44995.

117 Piketty, Saez, and Zucman, "Distributional National Accounts," 604–5.

118 有一項重要研究檢視了一九七○年代對於商業的政治動員，以此作為大分歧的部分解釋，見 Jacob S. Hacker and Paul Pierson, *Winner-Take-All Politics:*

How Washington Made the Rich Richer—and Turned Its Back on the Middle Class (New York: Simon & Schuster, 2010).

119 Piketty and Saez, "Income Inequality in the United States, 1913–1998"; Paul Krugman, "For Richer," *New York Times Magazine*, October 20, 2002, https://www.nytimes.com/2002/10/20/magazine/for-richer.html; Atkinson, *Inequality: What Can Be Done?*; Diamond, "Addressing the Forces Driving Inequality in the United States."

120 關於胡佛擔任總統期間的展望與政策,見第三章。

121 Sam Pizzigati, *The Rich Don't Always Win: The Forgotten Triumph over Plutocracy That Created the American Middle Class, 1900–1970* (New York: Seven Stories Press, 2012); Krugman, *The Conscience of a Liberal*, 145–47.

122 David Leonhardt, "When the Rich Said No to Getting Richer," *New York Times*, September 5, 2017, https://www.nytimes.com/2017/09/05/opinion/rich-getting-richer-taxes.html; Matt Miller, "What Mitt Romney's Father Could Teach Him About Economic Fairness," *Washington Post*, January 18, 2012, https://www.washingtonpost.com/opinions/what-mitt-romneys-father-could-teach-him-about-economic-fairness/2012/01/18/gIQAB3Wj7P_story.html. 另見 T. George Harris, *Romney's Way: A Man and an Idea* (Englewood Cliffs, NJ: Prentice-Hall, 1968),書中提到喬治・羅姆尼把吃苦耐勞的個人主義稱為「只不過是一面用來掩飾貪婪的政治旗幟而已」。

123 Huma Khan, "Mitt Romney Made $22 Million, Paid Less Than 14 Percent in Taxes," *ABC News*, January 24, 2012, https://abcnews.go.com/Politics/OTUS/mitt-romney-made-42-million-paid-14-percent/story?id=15423615; David Corn, "Secret Video: Romney Tells Millionaire Donors What He Really Thinks of Obama Voters," *Mother Jones*, September 17, 2012, https://www.motherjones.com/politics/2012/09/secret-video-romney-private-fundraiser/; Leonhardt, "When the Rich Said No to Getting Richer." See also Jacob S. Hacker and Paul Pierson, *American Amnesia: How the War on Government Led Us to Forget What Made America Prosper* (New York: Simon & Schuster, 2016), 15–18.

124 見注釋 1.4。

第三章｜政治:從部落主義到相互禮讓,接著又退回原點

1 在探索以及理解本章所使用的眾多學術文獻當中,我們要感謝 Amy Lakeman 的大力協助。國會極化的經典圖表原本提出於 Nolan Mc-Carty, Keith T. Poole, and Howard Rosenthal, *Polarized America: The Dance of Ideology and Unequal Riches*, 2nd ed. (Cambridge: MIT Press, 2016). 我們更新了這幅

圖表，採用的資料來自於 Jeffrey B. Lewis, Keith Poole, Howard Rosenthal, Adam Boche, Aaron Rudkin, and Luke Sonnet, *Voteview: Congressional Roll-Call Votes Database* (2019), https://voteview.com/. 原始圖表的安排方式以「向上」代表更加極化，我們只是單純把這幅圖表顛倒過來，對於趨勢的走向沒有影響。由於眾議院與參議院的個別曲線極為貼近，因此圖 3.1 顯示的是這兩條曲線平均的基本平滑化趨勢。方法學家辯論過這幅圖表的細節，例如唱名表決可能高估了政黨的團結性，因為政黨領袖會避免造成黨內分歧的議題提交表決。我們在本章稍後提出極化的其他衡量方式，同樣也證實了這條曲線的基本形狀。如同 Nolan McCarty 近來在他的傑作 *Polarization* (New York: Oxford University Press, 2019), 30–38 指出的：「使用這些不同的衡量方式終究對於美國立法機構極化的基本現象無甚影響。……任何一項單一衡量標準雖然不免引來許多批評與限定條件，但橫跨許多不同資料的整體證據，對於國會議員在過去四十年愈來愈趨極化的情形卻都呈現出幾乎完全相同的故事。」

2　過去半個世紀愈來愈趨極化的發展究竟始於何時，其時間界定是略微武斷決定的結果，因為這條曲線當平滑。不過，Nolan McCarty 在 *Polarization* 當中省思了一項一般共識，認為這段時期始於一九七〇年代。我們在本章稍後會回頭探討這個時間界定的問題。

3　作為圖 3.1 的來源，McCarty, Poole, and Rosenthal 的 *Polarized America* 雖然認為這個主要層面呈現了經濟重分配，其他人卻認為只是單純衡量了政黨歧見，不論那些歧見的目標議題是什麼。見 John H. Aldrich, Jacob M. Montgomery, and David B. Sparks, "Polarization and Ideology: Partisan Sources of Low Dimensionality in Scaled Roll Call Analyses," *Political Analysis* 22, no. 4 (Autumn 2014): 435–56, doi:10.1093/pan/mpt048.

4　Helmut Norpoth, "The American Voter in 1932: Evidence from a Confidential Survey," *PS, Political Science & Politics* 52, no. 1 (2019): 14–19, doi:10.1017/S1049096518001014.

5　Sara N. Chatfield, Jeffery A. Jenkins, and Charles Stewart III, "Polarization Lost: Exploring the Decline of Ideological Voting After the Gilded Age," SSRN Scholarly Paper (Rochester, NY: Social Science Research Network, January 12, 2015), https://papers.ssrn.com/abstract=2548551.

6　Michael Kazin, *A Godly Hero: The Life of William Jennings Bryan* (New York: Alfred A. Knopf, 2006), 61.

7　David W. Brady, *Congressional Voting in a Partisan Era: A Study of the McKinley Houses and a Comparison to the Modern House of Representatives* (Lawrence: University Press of Kansas, 1973), chap. 3, as cited in Morris P. Fiorina, *Unstable Majorities: Polarization, Party Sorting, and Political Stalemate* (Chicago: Hoover Institution Press, 2017), 163.

8　B. Dan Wood and Soren Jordan, *Party Polarization in America: The War over Two Social Contracts* (Cambridge: Cambridge University Press, 2017), Fig. 3.3, pp. 84–85 探討了公民罷工與公民動亂，尤其是在一八七七至一九一九年間。

9　Douglas Eckberg, "Crime and Victimization," in *Historical Statistics of the United States: Earliest Times to the Present*, ed. Susan B. Carter, millennial ed. (Cambridge: Cambridge University Press, 2006), Table Ec251-253. 關於這個時期的種族問題，見 Henry Louis Gates, Jr., *Stony the Road: Reconstruction, White Supremacy, and the Rise of Jim Crow* (New York: Penguin, 2019).

10　關於種族政治在一九一〇至六〇年間受到的壓抑，見 Steven Levitsky and Daniel Ziblatt, *How Democracies Die* (New York: Crown, 2018)。Edward G. Carmines and James A. Stimson, *Issue Evolution: Race and the Transformation of American Politics* (Princeton: Princeton University Press, 1989) 主張種族在重建時期結束後就開始被排除於國家施政目標之外。重建時期之後，國會在一九五七年以前都沒有再考慮過任何民權立法，而重建時期之後的總統也沒有提出任何重大的民權方案，直到一九四八年才終於由杜魯門打破這種狀況。另一方面，Eric Schickler 主張非裔美國人及其盟友早在一九三〇年代就推促北方的州政黨因應種族不平等問題；見 Eric Schickler, *Racial Realignment: The Transformation of American Liberalism, 1932–1965*, Princeton Studies in American Politics (Princeton: Princeton University Press, 2016).

11　Edmund Morris, *Theodore Rex*, 1st ed. (New York: Random House, 2001); Sidney Milkis, *Theodore Roosevelt, the Progressive Party, and the Transformation of American Democracy* (Lawrence: University Press of Kansas, 2009); Lewis L. Gould, *America in the Progressive Era, 1890–1914*, Seminar Studies in History (London: Routledge, 2001); Lewis L. Gould, *The Presidency of Theodore Roosevelt*, 2nd ed., revised and expanded, American Presidency Series (Lawrence: University Press of Kansas, 2011); George E. Mowry, *The Era of Theodore Roosevelt, 1900–1912*, The New American Nation Series (New York: Harper, 1958).

12　Hans Noel, *Political Ideologies and Political Parties in America*, Cambridge Studies in Public Opinion and Political Psychology (New York: Cambridge University Press, 2013), 141.

13　http://teachingamericanhistory.org/library/document/progressive-platform-of-1912/.

14　白宮在一九一三年以前受到進步派共和黨人控制，在一九一三年之後則是受到進步派民主黨人控制。文中的數字是兩院與所有關鍵表決的平均。資料來源：https://www.govtrack.us/congress/votes.

15　Erik Olssen, "The Progressive Group in Congress, 1922–1929," *Historian* 42, no. 2 (1980): 244–63, doi:10.1111/j.1540-6563.1980.tb00581.x, as cited in

Chatfield, Jenkins, and Stewart III, "Polarization Lost."

16　Jean Edward Smith, *FDR* (New York: Random House, 2007), 177.

17　僅有的重要例外是在一九〇四年敗選的民主黨候選人派克（Alton Parker）、一九二〇年的共和黨候選人哈定，還有一九二四年敗選的民主黨候選人約翰・戴維斯（John Davis）。麥金利是名義上的例外，在一八九六年當選，接著在一九〇〇年順利連任之後即遭到刺殺。杜魯門以及在一九四四與四八年兩度代表共和黨參選總統但都以落敗收場的湯瑪斯・杜威，因為年紀太小而來不及在進步時代活躍於政治上。不過，杜魯門以進步主義的新政支持者身分進軍全國政治，杜威則是在進步派州長李曼（Herbert Lehman）與市長拉瓜迪的支持下踏入全國政治。二十世紀上半葉的其他共和黨候選人，包括老羅斯福、塔夫特、休斯（Charles Evans Hughes）、柯立芝、胡佛、蘭登與威爾基，踏入政治的時候都是進步運動的成員，但柯立芝在當選總統之時已變得保守許多，胡佛則是在一九三二年敗選之後隨即轉向比較保守的立場。

18　關於哈定的生平，見 Andrew Sinclair, *The Available Man: The Life Behind the Masks of Warren Gamaliel Harding* (New York: Macmillan, 1965); and Robert K. Murray, *The Harding Era: Warren G. Harding and His Administration* (Minneapolis: University of Minnesota Press, 1969)。關於柯立芝的生平，見 Amity Shlaes, *Coolidge* (New York: Harper, 2013); Donald R. McCoy, *Calvin Coolidge: The Quiet President* (Lawrence: University Press of Kansas, 1988); Claude Moore Fuess, *Calvin Coolidge: the Man from Vermont* (Westport, CT: Greenwood Press, 1976); and Robert Sobel, *Coolidge: An American Enigma* (Washington, DC: Regnery, 1998).

19　Kenneth Whyte, *Hoover: An Extraordinary Life in Extraordinary Times* (New York: Alfred A. Knopf, 2017), quotation at p. 205.

20　David M. Kennedy, *Freedom from Fear: The American People in Depression and War, 1929–1945*, *The Oxford History of the United States,* vol. 9 (New York: Oxford University Press, 1999), 11–12, 45–48.

21　H. W. Brands, *Traitor to His Class: The Privileged Life and Radical Presidency of Franklin Delano Roosevelt* (New York: Doubleday, 2008).

22　關於一九二〇至一九四〇年代的政黨政治，見 Kennedy, *Freedom from Fear.*

23　Frederick Lewis Allen, *Since Yesterday: The 1930s in America, September 3, 1929–September 3, 1939* (New York: Harper & Brothers, 1940), 189：「如果有個來自火星的外星人比較了一九三六年的兩黨政見，焦點不是放在其中的批評譴責以及自豪吹噓，而是放在其中的正面建議，那麼他可能會納悶眾人在這場選戰裡的情緒為何會如此高漲。」

24　Hendrik Meijer, *Arthur Vandenberg: The Man in the Middle of the American Century* (Chicago: University of Chicago Press, 2017), 162.

25 關於國會政治，見 Kennedy, *Freedom from Fear*, chap. 11, esp. 341–43; and Eric Schickler, "New Deal Liberalism and Racial Liberalism in the Mass Public, 1937–1968," *Perspectives on Politics* 11, no. 1 (March 2013): 75–98, doi:10. 1017/S1537592712003659：「新政的經濟方案與種族解放在早期受到的看待態度有所相關，遠早於國家政黨菁英對民權採取不同立場之前。……新政自由主義的意識形態意義在一九三〇年代晚期變得更為鮮明，原因是認同羅斯福這項方案的群體出現變化，以及新政人士在一九三七至三八年間陷入的爭議。」

26 文中的數字是所有關鍵表決的平均，在可能的情況下也涵蓋國會兩院。資料來源：https://www.govtrack.us/congress/votes 以及 https://library.cqpress. com/cqresearcher/.

27 David Levering Lewis, *The Improbable Wendell Willkie: The Businessman Who Saved the Republican Party and His Country, and Conceived a New World Order*, 1st ed. (New York: Liveright, 2018)。關於一九四〇年的政黨政見，見 Gerhard Peters and John T. Woolley, "Republican /Democratic Party Platform of 1940 Online," The American Presidency Project, https://www.presidency. ucsb.edu/node/273387. 民主黨人直到一九四四年才支持《平等權利修正案》，也沒有提及私刑與平等投票權。

28 關於黑人的政黨認同趨勢資料，見 Philip Bump, "When Did Black Americans Start Voting So Heavily Democratic?," Washington Post, July 7, 2015, https:// www.washingtonpost.com/news/the-fix/wp/2015/07/07/when-did-black-americans-start-voting-so-heavily-democratic/. 當然，大多數的非裔美國人直到一九六〇年代末期才開始享有投票自由，這點將在第六章進一步討論。

29 Paul F. Boller, *Presidential Campaigns* (New York: Oxford University Press, 1984), 259–61。「共和黨的政見接受了羅斯福大部分的政策，包括國內與外交政策，但宣稱該黨在政策的管理上會表現得比較好，並且一如往常譴責政府對於商業的過度干預。」

30 我們要感謝 Daria Rose 針對就職演說所寫的報告。

31 關於艾森豪時代，見 William I. Hitchcock, *The Age of Eisenhower: America and the World in the 1950s* (New York: Simon & Schuster, 2018). 他寫給哥哥的信件內容引文：https://teachingamericanhistory.org/library/document/letter-to-edgar-newton-eisenhower/.

32 See James T. Patterson, *Grand Expectations: The United States, 1945–1974*, *The Oxford History of the United States*, vol. 10 (New York: Oxford University Press, 1996), chap. 10.

33 Hitchcock, *The Age of Eisenhower*.

34 See Patterson, *Grand Expectations*, chaps. 8–10.

35　As quoted in Sam Rosenfeld, *The Polarizers: Postwar Architects of Our Partisan Era* (Chicago: University of Chicago Press, 2018), 64.

36　James L. Sundquist, *Politics and Policy: The Eisenhower, Kennedy, and Johnson Years* (Washington, DC: Brookings Institution, 1968), 479.

37　John Morton Blum, *Years of Discord: American Politics and Society, 1961–1974* (New York: W. W. Norton, 1991), 161.

38　這項對比受到一項事實所凸顯，亦即支持《民權法案》與《投票權法案》的共和黨議員實際上比民主黨議員稍多，這是自由派的北方共和黨人與保守派的南方民主黨人造成的結果。不過，在其他各項主題上（向貧窮宣戰、聯邦醫療保險／聯邦醫療補助、外來移民，以及教育），則是有 47% 的共和黨議員支持詹森的政策。文中的數字是所有關鍵表決的平均，在可能的情況下也涵蓋國會兩院。資料來源：https://www.govtrack.us/congress/votes 以及 https://library.cqpress.com/cqresearcher/.

39　Patterson, *Grand Expectations*, 719.

40　Ibid., 740.

41　John Stoehr, "The Real Romney Legacy," *The American Conservative*, January 28, 2016, https://www.theamericanconservative.com/articles/the-real-romney-legacy/.

42　Patterson, *Grand Expectations*, 762.

43　David S. Broder, "The Party's Over," *The Atlantic*, March 1972, https://www.theatlantic.com/magazine/archive/1972/03/the-partys-over/307016/.

44　Evron Kirkpatrick, "'Toward a More Responsible Two-Party System': Political Science, Policy Science, or Pseudo-Science?," *The American Political Science Review* 65, no. 4 (December 1971): 965–90.

45　簽署了《一九六四年民權法案》之後，詹森據說感嘆指稱民主黨人「失去南方已有一個世代之久」，但這句經常受到引述的話從來沒有人找到明確的出處。

46　尼克森的政治軍師 Kevin Phillips 顯然在他的著作當中推廣了「南方策略」一詞，見 Kevin Phillips, *The Emerging Republican Majority* (New Rochelle, NY: Arlington House, 1969).

47　「我們的人民致力找尋一個可以信奉的理念。我們需要的到底是第三政黨，還是一個重新振興的第二政黨，高舉的旗幟上沒有柔和淺淡的色彩，而是醒目鮮豔的顏色，明白顯示我們在所有令人民感到煩惱的議題上所抱持的立場？」Ronald Reagan, "Let Them Go Their Way 1975," in *Reagan at CPAC: The Words That Continue to Inspire a Revolution*, ed. Matt Schlapp (Washington, DC: Regnery, 2019), 39–40.

48　關於保守意識形態的新論述在這些年間對共和黨的目標所造成的影響，以及對政黨極化的影響，見第五章的進一步討論。

49　共和黨對於「大政府」的反對比較常見於他們的修辭裡，而不是在實際政策當中。雷根確實有減少管制與稅收，但卻增加了軍事支出，對於國內支出的削減也不及他承諾的幅度。共和黨雖然聲稱反對「提高課稅再增加支出」的政策，卻是在收入方面的實踐比支出方面來得徹底。

50　https://www.reaganfoundation.org/ronald-reagan/reagan-quotes-speeches/inaugural-address-2/.

51　Jonathan Freedland, "The Contender Ain't Down Yet; Twice a Presidential Candidate, Twice Defeated, the Rev. Jesse Jackson Is Still Fighting—For Civil Rights and Against the 'Whitelash,'" *The Guardian* (London), June 3, 1995.

52　為了方便起見，我們在本書有時會以「教會」一詞代表所有的宗教機構，而不只是基督教的機構。

53　政黨隸屬關係是否會影響選民的政策觀點，至今在政治學家之間仍然頗具爭議性。關於個人在政黨隸屬關係不變的情況下改變議題與意識形態立場的證據，見 Matthew Levendusky, *The Partisan Sort: How Liberals Became Democrats and Conservatives Became Republicans* (Chicago: University of Chicago Press, 2009), chap. 6; Geoffrey C. Layman and Thomas M. Carsey, "Party Polarization and Party Structuring of Policy Attitudes: A Comparison of Three NES Panel Studies," *Political Behavior* 24, no. 3 (2002): 199–236; and Geoffrey Layman and Thomas Carsey, "Party Polarization and 'Conflict Extension' in the American Electorate," *American Journal of Political Science* 46, no. 4 (October 2002): 786–802. 然而，墮胎議題似乎會促使人改變政黨立場而不是對這個議題的立場：Mitchell Killian and Clyde Wilcox, "Do Abortion Attitudes Lead to Party Switching?," Political Research Quarterly 61, no. 4 (2008): 561–73. 近來的研究顯示同志權與墮胎對於政黨認同造成的影響通常大於反向立場：Paul Goren and Christopher Chapp, "Moral Power: How Public Opinion on Culture War Issues Shapes Partisan Predispositions and Religious Orientations," *American Political Science Review*, 111, no. 1 (2017): 110–28. Most recently, see Michele F. Margolis, *From Politics to the Pews: How Partisanship and the Political Environment Shape Religious Identity* (Chicago: University of Chicago Press, 2018).

54　P. David Pearson, "The Reading Wars," *Educational Policy* 18, no. 1 (2004): 216–52. 不可否認，許多民主黨人都偏好特許學校，視之為一種介於公立學校與私立學校之間的做法。

55　關於種族政治在極化的起源與時機當中所扮演的角色，有另一項類似的解讀，見 McCarty, *Polarization*, chap. 5。我們將在第六章回頭探討種族與極化的議題。

56　這六次關鍵表決的對象是歐巴馬的經濟振興方案、陶德—法蘭克金融管制法案（Dodd-Frank financial regulation）、莉莉·萊德貝特性別薪資平等法

（Lily Ledbetter gender pay equity）、歐巴馬健保（先是創立這項法案，接著又加以推翻），以及二〇一七年的川普減稅案。

57　See Jane Mayer, *Dark Money: The Hidden History of the Billionaires Behind the Rise of the Radical Right* (New York: Doubleday, 2016); Theda Skocpol and Alexander Hertel-Fernandez, "The Koch Network and Republican Party Extremism," 14, no. 3 (September 2016): 681–99, doi:10.1017/S1537592716001122; and https://en.wikipedia.org/wiki/Lewis_F._Powell_Jr.#Powell_Memorandum.

58　McCarty, *Polarization*, 3. Thomas E. Mann and Norman J. Ornstein, *It's Even Worse than It Looks: How the American Constitutional System Collided with the New Politics of Extremism*, new and expanded edition (New York: Basic Books, 2016) 也強調近期極化的不對稱性。民主黨的相對穩定性當中的唯一例外（程度截至目前為止還相當輕微），是代表女性和少數族群的議員增加所造成的些微左傾。不過，即便把這一點納入考量，整體的極化還是極度不對稱。

59　Marina Azzimonti, "Partisan Conflict and Private Investment," *Journal of Monetary Economics* 93 (January 2018): 114–31, doi:10.1016/j.jmoneco.2017.10.007. 這項衡量標準，是五大全國報紙數位電子資料庫當中描述了民選官員歧見的文章占比，以一九九〇年等於 100 作為基準。

60　國會極化在近年來也受到州級政治所呼應。見 Boris Shor and Nolan McCarty, "The Ideological Mapping of American Legislatures," *American Political Science Review* 105, no. 3 (August 2011): 530–51, doi:10.1017/ S0003055411000153. 極化在一九八〇年以來也影響了司法部門以及最高法院，只見司法人員的任命與確認投票都愈來愈聚焦於黨派意識形態，而且法官也愈來愈反映任命他們的政黨。見 Richard L. Hasen, "Polarization and the Judiciary," *Annual Review of Political Science* 22, no. 1 (May 11, 2019): 261–76, doi:10.1146 /annurev-polisci-051317-125141; Neal Devins and Lawrence Baum, "Split Definitive: How Party Polarization Turned the Supreme Court into a Partisan Court," *Supreme Court Review* (2016): 301–65; Corey Ditslear and Lawrence Baum, "Selection of Law Clerks and Polarization in the U.S. Supreme Court," *The Journal of Politics* 63, no. 3 (August 2001): 869–85, doi:10.1111 /0022-3816.00091; and Amanda Frost, "Hasen on Political Polarization and the Supreme Court," SCOTUSblog (Nov. 14, 2018, 10:01 AM), https://www. scotusblog.com/2018/11/academic-highlight-hasen-on-political-polarization- and-the-supreme-court/. 不過，對於州級或司法政治的極化，我們缺乏一九八〇年以前的系統性證據。

61　Fiorina, *Unstable Majorities*, chap. 7. See also Daniel J. Hopkins, *The Increasingly United States: How and Why American Political Behavior Nationalized*, Chicago Studies in American Politics (Chicago: University of

Chicago Press, 2018).

62　關於這種極化衡量方式的開創性使用方法，涵蓋一九五三至二〇〇一年這段期間，見 Gary C. Jacobson, "Partisan Polarization in Presidential Support: The Electoral Connection," Congress & the Presidency 30, no. 1 (2003): 1–36, doi:10.1080/07343460309507855. 我們採用蓋洛普檔案當中在以前不曾受過分析的調查，把這項分析向前延展到一九三〇年代晚期，另外也向後推展至二〇一九年，採用的是以下這個網站的最新資料：https://news.gallup.com/poll/203198/presidential-approval-ratings-donald-trump.aspx.

63　總統的跨黨派支持度在一九八九與二〇〇二年激增，代表了兩次波灣戰爭展開所產生的立即性「聚旗效應」，但這種情形立刻就消失於兩黨對於這些戰爭的激烈辯論當中。

64　Joseph Bafumi and Robert Y. Shapiro, "A New Partisan Voter," *The Journal of Politics* 71, no. 1 (January 2009): 1–24, doi:10.1017/S0022381608090014.

65　Larry Bartels, "Partisanship and Voting Behavior, 1952–1996," *American Journal of Political Science* 44, no. 1 (January 2000): 35–50, doi:10.2307/2669291; Bafumi and Shapiro, "A New Partisan Voter."

66　這個方法學上相當複雜的議題，有一項思慮周到的分析，見 Fiorina, *Unstable Majorities*, chap. 6。另見 Jean M. Twenge et al., "More Polarized but More Independent: Political Party Identification and Ideological Self-Categorization Among U.S. Adults, College Students, and Late Adolescents, 1970–2015," *Personality and Social Psychology Bulletin* 42, no. 10 (2016): 1364–1383, doi:10.1177/0146167216660058; and Bartels, "Partisanship and Voting Behavior, 1952–1996."

67　Bafumi and Shapiro, "A New Partisan Voter," 3, 18.

68　Ibid., 8.

69　有些研究者對這種觀點提出質疑。見 Stephen Ansolabehere, Jonathan Rodden, and James Snyder, "The Strength of Issues: Using Multiple Measures to Gauge Preference Stability, Ideological Constraint, and Issue Voting," *American Political Science Review* 102 (May 1, 2008): 215–32, doi:10.1017/S0003055408080210.

70　John Zaller, "What Nature and Origins Leaves Out," *Critical Review* 24, no. 4 (December 1, 2012): 569–642, doi:10.1080/08913811.2012.807648.

71　Christopher H. Achen and Larry M. Bartels, *Democracy for Realists: Why Elections Do Not Produce Responsive Government*, Princeton Studies in Political Behavior (Princeton: Princeton University Press, 2016). Morris P. Fiorina, "Identities for Realists," *Critical Review* 30, no. 1–2 (2018): 49–56, doi:10.1080/08913811.2018.1448513 主張認同為選民提供了一種潛在探索方式，可能不像 Achen 與 Bartels 認為的那麼缺乏基礎。

72　Michael Barber and Jeremy Pope, "Does Party Trump Ideology? Disentangling Party and Ideology in America," *The American Political Science Review* 113, no. 1 (2019): 38–54, doi:10.1017/S0003055418000795. See also Thomas B. Edsall, "Trump Says Jump. His Supporters Ask, How High?," *New York Times*, September 14, 2017.

73　Marc Hetherington, Meri Long, and Thomas Rudolph, "Revisiting the Myth: New Evidence of a Polarized Electorate," *Public Opinion Quarterly* 80, no. S1 (2016): 321–50, doi:10.1093/poq/nfw003.

74　Bafumi and Shapiro, "A New Partisan Voter," 7–8.

75　Shanto Iyengar, Tobias Konitzer, and Kent Tedin, "The Home as a Political Fortress: Family Agreement in an Era of Polarization," *The Journal of Politics* 80, no. 4 (October 2018): 1326–38, doi:10.1086/698929.

76　關於這個段落，見 Robert D. Putnam, *Bowling Alone: The Collapse and Revival of American Community* (New York: Simon & Schuster, 2000), 342. 也許會令讀者感到意外的是，在這段極化時期，愈來愈多的美國民眾都自稱懷有「溫和」意識形態，但此一模式反映的現象是有愈來愈多人在政黨認同上自稱為「獨立」選民。在這兩種案例當中，自稱為溫和派或獨立選民的美國民眾，可能都是在心理上想要和自己覺得愈來愈令人反感的政治保持距離。Alan Abramowitz 也利用其他證據而主張指出，比較投入於政治的選民通常會選擇比較極端的立場，也比較會認同相關的政黨。見 Alan I. Abramowitz, *The Disappearing Center: Engaged Citizens, Polarization, and American Democracy* (New Haven: Yale University Press, 2010).

77　Bartels, "Partisanship and Voting Behavior, 1952–1996"; Bill Bishop, *The Big Sort: Why the Clustering of like-Minded America Is Tearing Us Apart* (Boston: Houghton Mifflin, 2008); Edward L. Glaeser and Bryce A. Ward, "Myths and Realities of American Political Geography," *Journal of Economic Perspectives* 20, no. 2 (Spring 2006): 119–44, doi:10.1257/jep.20.2.119; Bafumi and Shapiro, "A New Partisan Voter"; Samuel J. Abrams and Morris P. Fiorina, "'The Big Sort' That Wasn't: A Skeptical Reexamination," *PS: Political Science & Politics* 45, no. 2 (April 2012): 203–10, doi:10.1017/S1049096512000017; Ron Johnston, Kelvyn Jones, and David Manley, "The Growing Spatial Polarization of Presidential Voting in the United States, 1992–2012: Myth or Reality?" 49, no. 4 (October 2016): 766–70, doi:10.1017/S1049096516001487; and Ryan Enos, "Partisan Segregation," https://scholar.harvard.edu/files/renos/files/brownenos.pdf. 後面這兩項研究大體上支持 Bishop 與 Cushing 的觀點，而與 Abrams 與 Fiorina 或者 Glaeser 與 Ward 意見不同，認為美國社會存在大量的政治隔離與空間極化。

78　關於近期的例子，見 "The Partisan Divide on Political Values Grows Even

Wider," Pew Research Center, October 5, 2017, http://www.people-press.org/
2017/10/05/the-partisan-divide-on-political-values-grows-even-wider/#overview;
"Extending Political Polarization in the American Public," Pew Research Center,
June 12, 2014, http://www.people-press.org/2014/06/12/political-polarization-
in-the-american-public/; and http://www.people-press.org/interactives/political-
polarization-1994-2017/, Pew Research Center, October 20, 2017;

79 Lilliana Mason, *Uncivil Agreement: How Politics Became Our Identity* (Chicago:
University of Chicago Press, 2018).

80 Ross Butters and Christopher Hare, "Three-fourths of Americans Regularly
Talk Politics Only with Members of Their Own Political Tribe," *Washington
Post*, May 1, 2017.

81 Yphtach Lelkes, "Mass Polarization: Manifestations and Measurements," *Public
Opinion Quarterly* 80, no. S1 (2016): 392–410, doi:10.1093/poq/nfw005; and
Marc Hetherington and Jonathan Weiler, *Prius or Pickup?: How the Answers to
Four Simple Questions Explain America's Great Divide* (New York: Houghton
Mifflin Harcourt, 2018). Marc Hetherington 與他的同僚主張情感連結（而
不是議題或意識形態）才是極化的存在處。Marc J. Hetherington and Thomas J.
Rudolph, *Why Washington Won't Work: Polarization, Political Trust, and the
Governing Crisis*, Chicago Studies in American Politics (Chicago: University of
Chicago Press, 2015).

82 Pew Research Center, "Partisanship and Political Animosity in 2016," June 22,
2016, http://www.people-press.org/2016/06/22/partisanship-and-political-
animosity-in-2016/.

83 Lelkes, "Mass Polarization"; Gaurav Sood and Shanto Iyengar, "Coming to
Dislike Your Opponents: The Polarizing Impact of Political Campaigns," *SSRN
Electronic Journal*, 2016, doi:10.2139/ssrn.2840225; Shanto Iyengar, Gaurav
Sood, and Yphtac Lelkes, "Affect, Not Ideology: A Social Identity Perspective
on Polarization," *Public Opinion Quarterly* 76, no. 3 (Fall 2012): 405–31,
doi:10.1093/poq/nfs038. "Political Polarization in the American Public," *Pew
Research Center for the People and the Press*, June 12, 2014, https://www.people-
press.org/2014/06/12/political-polarization-in-the-american-public/; Emily
Badger and Niraj Chokshi, "How We Became Bitter Political Enemies," *New
York Times*, June 15, 2017, The Upshot, https://www.nytimes.com/2017/06/
15/upshot/how-we-became-bitter-political-enemies.html.

84 Iyengar, Sood, and Lelkes, "Affect, Not Ideology," 413.

85 Ibid., 416.

86 Shanto Iyengar and Sean J. Westwood, "Fear and Loathing Across Party Lines:
New Evidence on Group Polarization," *American Journal of Political Science* 59,

no. 3 (2015): 690–707, doi:10.1111/ajps.12152. Iyengar 與 Westwood 調整了內隱聯結測驗（Implicit Association Test）以調查黨派情感，這種測驗衡量個人把內團體與外團體聯想於正面或負面性質所需的時間。不同於自我報告的這種外顯調查，內隱衡量方式據說比較能夠精確呈現調查對象的真實感受，原因是內隱衡量方式能夠避開認知處理的影響。Iyengar 與 Westwood 發現了一項重要的隱性種族偏見，但儘管有這項可觀的落差，「種族造成的情感效果卻遠遠不及政黨那麼強烈」。

87　Iyengar, Konitzer, and Tedin, "The Home as a Political Fortress," quotation at 1326.

88　Iyengar, Sood, and Lelkes, "Affect, Not Ideology," 421–27. 這種情感極化似乎不是由意識形態的分歧所促成，但看起來確實會受到激烈政治競選活動稍微強化。

89　同上，417-18。政治學家 Lynn Vavreck 利用獨立證據指出，一九五八年只有不到 30% 的美國人重視子女結婚對象的政黨立場，但在二〇一六年則有將近 60%。Lynn Vavreck, "A Measure of Identity: Are You Wedded to Your Party?," *New York Times*, January 31, 2017.

90　關於婚姻的政黨極化，見 Iyengar, Konitzer, and Tedin, "The Home as a Political Fortress"，以及其中引用的其他著作。請注意，Iyengar 的研究比較的是一九六〇年代中期（極化的低點）與二〇一〇年代中期的婚姻。在先前那個時期，新婚夫妻的政治意見只有大約一半相同，但今天則是達到四分之三左右。為了強調挑選結婚對象的重要性，他們不理會婚後的逐漸趨同，也不理會由宗教或教育等其他特質所造成的表面性趨同。關於線上交友，見 Gregory A. Huber and Neil Malhotra, "Political Homophily in Social Relationships: Evidence from Online Dating Behavior," *The Journal of Politics* 79, no. 1 (January 2017): 269–83, doi:10.1086/687533.

91　See Robert D. Putnam and David E. Campbell, *American Grace: How Religion Divides and Unites Us* (New York: Simon & Schuster, 2012), 148–54.

92　Eitan Hersh and Yair Ghitza, "Mixed Partisan Households and Electoral Participation in the United States," *PLOS ONE* 13, no. 10 (October 10, 2018): e0203997, doi:10.1371/journal.pone.0203997 發現八十歲以上的夫妻身屬同一個政黨的可能性，比三十歲的夫妻高出 66%。另見 https://fivethirtyeight.com/features/how-many-republicans-marry-democrats/.

93　關於這段時期的跨宗教婚姻以及跨信仰好感有所增加的情形，見 Putnam and Campbell, *American Grace*, 148–59, 521–40.

94　後一九七〇年極化現象的肇因在近期有一項全面性的概觀著作（但對於我們所強調的二十世紀頭六十幾年間的去極化現象背後的肇因，並沒有投以那麼多的關注），見 McCarty, *Polarization*, chaps. 5–6.

95　G. C. Layman, T. M. Carsey, and J. M. Horowitz, "Party Polarization in American Politics: Characteristics, Causes, and Consequences," *Annual Review of Political Science* 9, no. 1 (2006): 83–110, doi:10.1146/annurev.polisci.9. 070204.105138; Marc J. Hetherington, "Review Article: Putting Polarization in Perspective," *British Journal of Political Science* 39, no. 2 (2009): 413–48, doi:10.1017/S0007123408000501; Levendusky, *The Partisan Sort*; James Druckman, Erik Peterson, and Rune Slothuus, "How Elite Partisan Polarization Affects Public Opinion Formation," *The American Political Science Review* 107, no. 1 (2013): 57–79, doi:10.1017/S0003055412000500; Hetherington and Rudolph, *Why Washington Won't Work*; Ryan L. Claassen and Benjamin Highton, "Policy Polarization Among Party Elites and the Significance of Political Awareness in the Mass Public," *Political Research Quarterly* 62, no. 3 (2009): 538–51, doi:10.1177/1065912908322415; and Zaller, "What Nature and Origins Leaves Out."

96 有些學者，尤其是 Morris Fiorina，不太願意把「分群」視為一種極化的形態。關於菁英與大眾極化的關係這整個議題，見 McCarty, *Polarization*, chap. 4.

97 John Zaller, *The Nature and Origins of Mass Opinion* (Cambridge: Cambridge University Press, 1992); Achen and Bartels, *Democracy for Realists*, 258–64.

98 Greg Adams, "Abortion: Evidence of an Issue Evolution," *American Journal of Political Science* 41, no. 3 (1997): 718, doi:10.2307/2111673.

99 Noel, *Political Ideologies and Political Parties in America* 尤其強調評論家與公共知識分子對於政治意識形態與政黨的相互一致所造成的影響。

100 McCarty, *Polarized America*.

101 Bryan J. Dettrey and James E. Campbell, "Has Growing Income Inequality Polarized the American Electorate? Class, Party, and Ideological Polarization," *Social Science Quarterly* 94, no. 4 (December 2013): 1062–83, doi:10.1111/ssqu.12026; John V. Duca and Jason L. Saving, "Income Inequality and Political Polarization: Time Series Evidence over Nine Decades," *Review of Income and Wealth* 62, no. 3 (September 2016): 445–66, doi:10.1111/roiw.12162. 關於 McCarty 近來承認實際上的發生時間並不符合他原本認為不平等肇致極化的假設，見 McCarty, *Polarization*, 78–81。

102 McCarty, *Polarization*, chap. 6 仔細檢視了選區劃分不公、初選以及競選財務規定在肇致極化方面所可能扮演的角色，總結指出：「證據⋯⋯大體上否決了這些制度特徵是加強極化的重大肇因這種觀點」(p. 5)。他也不認為極化是政黨領袖刻意造成的結果 (pp. 81-84)。

103 關於媒體（包括社群媒體在內）可能扮演的因果角色，目前證據正反參半。這些證據有一項值得參考的概述，見同上，88-97。

104 這項理論提出於 Joseph A. Schumpeter, *Capitalism, Socialism, and Democracy* (New York: Harper & Brothers, 1942), chaps. 21–22.

105 William H. Haltom Jr., *The Other Fellow May Be Right: The Civility of Howard Baker* (Tennessee Bar Association Press, 2017).

106 Danielle Allen, "An Inspiring Conversation About Democracy," *Ezra Klein Show*, September 30, 2019, https://www.stitcher.com/podcast/the-ezra-klein-show/e/64250447?autoplay=true.

107 McCarty, *Polarization*, chap. 7.

108 Frances E. Lee, *Insecure Majorities: Congress and the Perpetual Campaign* (Chicago: University of Chicago Press, 2016) 對這項論點的呈現最具說服力。由於極化與不穩定多數在實證上緊密相關，因此難以確定這兩項因素各自必須為政治僵局負起多少責任。

109 雷根執政時期的六大立法案，包括三項課稅與支出法案、儲貸管制鬆綁、犯罪立法，以及移民改革，在國會平均獲得 74% 的共和黨議員與 64% 的民主黨議員支持；如同詹森，雷根的部分法案獲得反對黨的支持也高於他自己的政黨。

110 Hetherington and Rudolph, Why Washington Won't Work, 4. 圖 3.8 奠基於 Pew Research Center (April 11, 2019), Public Trust in Government: 1958–2019, https://www.people-press.org/2019/04/11/public-trust-in-government-1958-2019/. 皮尤檔案彙整了過去六十年來由 National Election Study、CBS/New York Times、Gallup、ABC/Washington Post 以及 Pew 本身所從事的調查。

111 圖 3.10 以兩個調查檔案的資料建構出政治效能的複合指標。國家選舉研究反覆詢問受調者是否同意這兩句陳述：（1）人民對於政府具有發言權；（2）政府官員重視人民的想法。哈里斯民意調查反覆詢問受調者是否同意以下這五句類似的陳述：（1）富者愈富，窮者愈窮；（2）你的想法不再具有太大的重要性；（3）大多數握有權力者都試圖占像你這樣的人便宜；（4）掌管國家的人其實不在乎你遭遇什麼狀況；（5）你被發生在自己周圍的事情排除在外。對於以上的每一句陳述，回答「同意」即是表達了政治偏激的態度。這兩項指標當中的每句陳述都密切相關，顯示這些陳述都同屬於一個中心層面。這七句陳述在長期之下都顯示了相同的基本模式。Harris poll: https://theharrispoll.com/wp-content/uploads/2017/12/Harris-Interactive-Poll-Research-ALIENATION-1982-02.pdf and https://theharrispoll.com/in-the-midst-of-the-contentious-presidential-primary-elections-the-harris-poll-measured-how-alienated-americans-feel-as-part-of-a-long-term-trend-the-last-time-alienation-was-measured-was-in-novemb/.

112 Steven Levitsky and Daniel Ziblatt, "How Wobbly Is Our Democracy?," *New York Times*, January 27, 2018, https://www.nytimes.com/2018/01/27/opinion/sunday/democracy-polarization.html.

113 分裂投票也具有相同的趨勢，但落後十年左右，想必是因為黨紀需要一段時間才會滲透到國會議員候選人提名競爭當中。

114 見注釋 1.4。

第四章 | 社會：孤立與團結

1 Alexis de Tocqueville, *Democracy in America* (Garden City, NY: Doubleday, 1969), 506; Wilson C. McWilliams, *The Idea of Fraternity in America* (Berkeley: University of California Press, 1973); Thomas Bender, *Community and Social Change in America* (New Brunswick, NJ: Rutgers University Press, 1978).

2 在探索以及理解本章所使用的眾多學術文獻當中，我們要感謝 Amy Lakeman 的大力協助。本章採用了一部著作的刪節內容與證據（通常經過更新），取自 Robert D. Putnam, *Bowling Alone: The Collapse and Revival of American Community* (New York: Simon & Schuster, 2000), esp. chaps. 3, 7, 8, and 23.

3 Walter Lippmann, *Drift and Mastery* (Englewood Cliffs, NJ: Prentice Hall, 1961 [1914]), 92.

4 William Allen White, *The Old Order Changeth: A View of American Democracy* (New York: Macmillan, 1910), 250–52.

5 John Dewey, "The Democratic State," in *The Political Writings*, eds. Debra Morris and Ian Shapiro (Indianapolis: Hackett Publishing Company, 1993), 180.

6 Jean B. Quandt, *From the Small Town to the Great Community: The Social Thought of Progressive Intellectuals* (New Brunswick, NJ: Rutgers University Press, 1970), 44–45, quoting Mary Parker Follett, *The New State, Group Organization the Solution of Popular Government* (New York: Longmans, Green, 1918), 251.

7 Robert Ezra Park, *Society: Collective Behavior, News and Opinion, Sociology and Modern Society*, Robert Ezra Park, 1864–1944, *Collected Papers*, vol. 3 (Glencoe, IL: Free Press, 1955), 147, as quoted in Quandt, *From the Small Town to the Great Community*, 146.

8 Theda Skocpol et al., "How Americans Became Civic," in *Civic Engagement in American Democracy*, eds. Theda Skocpol and Morris P. Fiorina (Washington, DC: Brookings Institution Press, 1999), 27–80.

9 Theda Skocpol, "United States: From Membership to Advocacy," in *Democracies in Flux: The Evolution of Social Capital in Contemporary Society*, ed. Robert D. Putnam (New York: Oxford University Press, 2002); Mark Wahlgren Summers, *The Gilded Age, or, The Hazard of New Functions* (Upper Saddle River, NJ: Prentice-Hall, 1997), 49.

10 Gerald Gamm and Robert D. Putnam, "The Growth of Voluntary Associations

in America, 1840–1940," *Journal of Interdisciplinary History* 29, no. 4 (Spring 1999): 511–57.

11 Skocpol et al., "How Americans Became Civic." 規模曾經達到那麼大的組織比例為五十八分之二十九。至今仍然存在的這些大型會員組織（不論衰微得多麼嚴重），有超過半數都是成立於一八七〇至一九二〇年間：在總數四十三個當中占了二十四個。

12 Theda Skocpol, *Diminished Democracy: From Membership to Management in American Civic Life*, The Julian J. Rothbaum Distinguished Lecture Series, vol. 8 (Norman: University of Oklahoma Press, 2003), 23–24. 她接著強調這些團體「通常都是聯盟，把不同階級的公民聚集在一起，並且將數以千計的地方團體連結起來，也把那些地方團體連結於由代表所治理的全州與全國活動中心」。

13 我們在本書採用的大部分其他衡量標準，包括本章使用的衡量標準，都顯示社經與政治團結的最低點出現在二十世紀之交，但我們在此處討論的公民組織正向發展，則是始於十九世紀末。

14 Putnam, *Bowling Alone*, 386–87.

15 See W. S. Harwood, "Secret Societies in America," *The North American Review* 164, no. 486 (1897): 617–20; and David T. Beito, *From Mutual Aid to the Welfare State: Fraternal Societies and Social Services, 1890–1967* (Chapel Hill: University of North Carolina Press, 2000), quotations at 14, 10, 3, 27. Beito 明白指出兄弟會組織的一個中心功能，就是提供人壽、健康與意外保險，而隨著私人企業與政府在一九二〇與一九三〇年代開始接掌這些功能，兄弟會也就失去了一項重要的存在理由。

16 Skocpol, *Diminished Democracy*, esp. 56–59 and 107–9.

17 Richard L. McCormick, "Public Life in Industrial America, 1877–1917," in Eric Foner, ed., *The New American History* (Philadelphia: Temple University Press, 1990): 93–117; Theda Skocpol, *Protecting Soldiers and Mothers: The Political Origins of Social Policy in the United States* (Cambridge, MA: Harvard University Press, 1995), chap. 6; Nell Irvin Painter, *Standing at Armageddon: The United States, 1877–1919* (New York: W. W. Norton, 1989), esp. 105.

18 Theodora Penny Martin, *The Sound of Our Own Voices: Women's Study Clubs, 1860–1910* (Boston: Beacon Press, 1987), quotation at 172.

19 Daniel Okrent, *Last Call: The Rise and Fall of Prohibition* (New York: Scribner, 2010).

20 Howard Husock, "Elks Clubs, Settlement Houses, Labor Unions and the Anti-Saloon League: Nineteenth and Early Twentieth-Century America Copes with Change" (Harvard University, January 1, 1997), 8, https://case.hks.harvard.edu/elks-clubs-settlement-houses-labor-unions-and-the-anti-saloon-league-

nineteenth-and-early-twentieth-century-america-copes-with-change/; Marvin Lazerson, "Urban Reform and the Schools: Kindergartens in Massachusetts, 1870–1915," *History of Education Quarterly* 11, no. 2 (Summer 1971): 115–42, doi:10.2307/367590; Michael Steven Shapiro, *Child's Garden: The Kindergarten Movement from Froebel to Dewey* (University Park: Penn State University Press, 1983); Skocpol, *Protecting Soldiers and Mothers.*

21 Elizabeth Anne Payne, *Reform, Labor, and Feminism: Margaret Dreier Robins and the Women's Trade Union League,* Women in American History (Urbana: University of Illinois Press, 1988); Annelise Orleck, *Common Sense & a Little Fire: Women and Working-Class Politics in the United States, 1900–1965* (Chapel Hill: University of North Carolina Press, 1995); David Von Drehle, *Triangle: The Fire That Changed America* (New York: Atlantic Monthly Press, 2003), chap. 3.

22 Rowland Berthoff, *An Unsettled People: Social Order and Disorder in American History* (New York: Harper & Row, 1971), 273; Steven J. Diner, *A Very Different Age: Americans of the Progressive Era* (New York: Hill & Wang, 1998), 91.

23 Theda Skocpol, Ariane Liazos, and Marshall Ganz, *What a Mighty Power We Can Be: African American Fraternal Groups and the Struggle for Racial Equality,* Princeton Studies in American Politics (Princeton: Princeton University Press, 2006); W. E. B. Du Bois, *The Philadelphia Negro: A Social Study* (Philadelphia: University of Pennsylvania Press, 1996), 224–33, as cited in Loretta J. Williams, *Black Freemasonry and Middle-Class Realities,* University of Missouri Studies (1926) 69 (Columbia: University of Missouri Press, 1980), 85; Jesse Thomas Moore, Jr., *A Search for Equality: The National Urban League, 1910–1961* (University Park: Penn State University Press, 1981); Ralph Watkins, "A Reappraisal of the Role of Volunteer Associations in the African American Community," *Afro-Americans in New York Life and History* 14, no. 2 (July 31, 1990): 51–60; Evelyn Brooks Higginbotham, *Righteous Discontent: The Women's Movement in the Black Baptist Church, 1880–1920* (Cambridge, MA: Harvard University Press, 1993); Anne Firor Scott, "Most Invisible of All: Black Women's Voluntary Associations," *The Journal of Southern History* 56, no. 1 (February 1990): 3–22; Diner, *A Very Different Age,* 141–47; Summers, *The Gilded Age,* 288.

24 Boyer, *Urban Masses and Moral Order;* LeRoy Ashby, *Saving the Waifs: Reformers and Dependent Children, 1890–1917* (Philadelphia: Temple University Press, 1984); Dominick Cavallo, *Muscles and Morals: Organized Playgrounds and Urban Reform, 1880–1920* (Philadelphia: University of Pennsylvania Press,

1981); Michael B. Katz, "Child-Saving," *History of Education Quarterly* 26, no. 3 (Autumn 1986): 413–24; David I. Macleod, *Building Character in the American Boy: The Boy Scouts, YMCA, and Their Forerunners, 1870–1920* (Madison: University of Wisconsin Press, 1983); Franklin M. Reck, *The 4-H Story: A History of 4-H Club Work* (Ames: Iowa State College Press, 1957); Michael Rosenthal, *The Character Factory: Baden-Powell and the Origins of the Boy Scout Movement* (New York: Pantheon, 1986).

25 Skocpol et al., "How Americans Became Civic," 61. 這種成長模式受到一項計畫當中未發表的證據所證實，描述於 Gamm and Putnam, "The Growth of Voluntary Associations"。

26 Jeffrey A. Charles, *Service Clubs in American Society: Rotary, Kiwanis, and Lions* (Urbana: University of Illinois Press, 1993), esp. 1–33.

27 有許多的例子，不只限於服務性社團，見同上，chap. 1。

28 圖 4.2 的用意只是要粗略概括超過三十個組織的經驗；讀者如有興趣，請參考各個組織的個別圖表，收錄於 Appendix III of Putnam, *Bowling Alone*。鑒於橫跨一整個世紀的會員資料必定帶有若干不確定性，而且在邊緣應該納入哪些團體又不免有其武斷性，因此圖 4.2 的起伏細節不該受到過度解讀。我們企圖納入大致從一九一〇到二〇一〇年間的所有大型全國地方分會式公民組織，加上部分比較小的「小眾」組織，例如哈達薩、全國有色人種協進會、樂觀者協會，以及四健會。（工會與專業協會都被排除於這幅圖外，但在本章稍後會受到探討，還有在 *Bowling Alone* 裡也是。）由於圖 4.2 的廣泛輪廓也可見於這批形形色色的組織當中大多數的組織，所以我們相當有信心這幅圖代表了這類組織的會員人數的廣泛歷史趨勢。為了確認圖 4.2 沒有受到我們的假設（亦即會員人數在二十世紀的最後三十幾年間逐漸下滑）所影響，因此我們排除了幾個在二十世紀上半葉陷入衰微的十九世紀大型協會，例如紅人兄弟會（Redmen），但有幾個在第二次世界大戰之後仍然聲勢強大的組織則包含在內，例如百業會。不過，納入或是排除這些組織都沒有大幅改變圖 4.2 那一百二十年的整體輪廓。我們針對 *Bowling Alone* 的 Appendix III 所列出的每個組織計算了每年全國會員人數在相關人口當中的占比，例如每一千個育有子女的家庭當中有幾個家長教師聯誼會會員，每一千名退伍軍人當中有幾個退伍軍團協會（American Legion）的會員，每一千名猶太裔婦女當中有多少個哈達薩會員等等。針對其中欠缺的年分，我們則是以鄰近年分進行插值。為了讓每個組織在不論大小與市占率的情況下都具有相等的權重，我們計算了每個組織的「標準分數」，把一個組織在某一年的市占率拿來和該組織在整個世紀期間的平均市占率比較，然後再把所有組織在那一年的標準分數平均起來。由於採取這種標準化方法，因此縱軸衡量的不是絕對會員率，而是相對於世紀平均的趨勢。把這幅圖裡的資料從一九九八年更新到二〇一六年的 Taylor

Mann（Pine Capital, Brownsboro, Texas 75756, Taylor@Pinecapitalpartners. com），似乎也採取相同的這種程序，只是他找不到若干婦女組織的當代會員人數，因為這些組織在性別隔離程度降低的二十一世紀似乎喪失了其原本的認同，至少在美國是如此。這些組織包括職業婦女協會（Business and Professional Women）、女子保齡球大會（Women's International Bowling Congress），以及女童軍。在二〇〇〇年之後排除這些團體，造成的淨效果是稍微低估了二十一世紀的衰退。我們感謝 Mann 先生慷慨分享他的資料，也感謝 Theda Skocpol 教授針對美國結社歷史與我們從事了許多深富啟發性的討論，並且慷慨分享她自己在這項主題的研究計畫當中所蒐集的資料。不過，此處呈現的證據和結論完全都由我們自己負責。見 Skocpol et al., "How Americans Became Civic," 27–80; and Skocpol, *Diminished Democracy*。

29　*The Encyclopedia of Associations* (Detroit: Gale Research Company, various years); Kay Lehman Schlozman, John T. Tierney, *Organized Interests and American Democracy* (New York: Harper & Row, 1986); Jack L. Walker, *Mobilizing Interest Groups in America: Patrons, Professions, and Social Movements* (Ann Arbor: University of Michigan Press, 1991); Frank R. Baumgartner and Beth L. Leech, *Basic Interests: The Importance of Groups in Politics and in Political Science* (Princeton: Princeton University Press, 1998), esp. 102–6.

30　David Horton Smith, "National Nonprofit, Voluntary Associations: Some Parameters," *Nonprofit and Voluntary Sector Quarterly* 21, no. 1 (1992): 81–94. 我們證實了 Smith 的發現，以二百個社團的隨機樣本和《社團百科全書》的若干版本（一九五六、一九六八、一九七八、一九八八以及一九九八）當中的個別社團比較。

31　Skocpol, *Diminished Democracy*, 13, 138, 219, 159–63, *et passim*.

32　Christopher J. Bosso and Burdett A. Loomis, "The Color of Money: Environmental Groups and Pathologies of Fund Raising," in *Interest Group Politics*, 4th ed., eds. Allan J. Cigler and Burdett A. Loomis (Washington, DC: CQ Press, 1995), 101–30, esp. 117; interviews with Greenpeace staff members.

33　Frank R. Baumgartner and Jack L. Walker, "Survey Research and Membership in Voluntary Associations," *American Journal of Political Science* 32, no. 4 (November 1988): 908–28; Tom W. Smith, "Trends in Voluntary Group Membership: Comments on Baumgartner and Walker," *American Journal of Political Science* 34, no. 3 (August 1990): 646–61; Joseph Veroff, Elizabeth Douvan, and Richard A Kulka, *The Inner American: A Self-Portrait from 1957 to 1976* (New York: Basic Books, 1981).

34　這些調查檔案全都詳細描述於 Appendix I of *Bowling Alone*，而且全都可透過 Roper Center for Public Opinion Research 取得。

35　根據一九八七年舉行的一九八七年社會概況調查，61% 的組織成員都在某

個時間擔任過委員會的委員，也有 46% 擔任過幹部。一九七三年的一項
哈里斯調查（study number 2343 at the University of North Carolina Institute for
Research in the Social Sciences）發現 48% 的組織成員都擔任過分會幹部，
與一九八七年社會概況調查的數字幾乎相同。

36　Putnam, *Bowling Alone*, Fig. 10, p. 60

37　伍迪・艾倫的這句話受到別人引述，經常都是寫為「人生」，但他後來指
　　稱自己記得當初說的不是「人生」，而是「成功」。（https://en.wikiquote.
　　org/wiki/Woody_Allen）。

38　DBB Needham Life Style surveys as cited in Putnam, *Bowling Alone*, Fig. 11, p.
　　61 and pp. 420–24, updated here for 1999–2005. See Appendix I of *Bowling
　　Alone* for methodological details.

39　我們感謝 Robinson 教授分享「美國人時間運用」檔案（Americans' Use of
　　Time），以及 Dan Devroye 對於這些資料的詳細分析。我們得出的結果和
　　Robinson and Godbey 不太相同，原因是我們為資料加權，以便（1）校正
　　一九六五年調查當中的抽樣異常，以及（2）確保一週當中每一天的日記
　　都具有相同的權重。其中最重要的調整所校正的問題，就是一九六五年的
　　樣本排除了部分社區當中的家庭，包括人口不到三萬五千人的社區，以及
　　居民全是退休人士的社區。

40　Putnam, *Bowling Alone*, 61–62. 多少有些出人意料的是，工時的縮減不只出
　　現在男性身上，女性也是如此。見 Robinson and Godbey, *Time for Life*, and
　　Suzanne M. Bianchi, Melissa A. Milkie, Liana C. Sayer, and John P. Robinson,
　　"Is Anyone Doing the Housework? Trends in the Gender Division of
　　Household Labor," *Social Forces* 79 (2000): 191–228.

41　此處提及的所有時間使用趨勢，在統計上都深具重要性。在 *Bowling Alone*
　　出版六年後，這種衰退的基本模式受到了另一項研究證實：Robert
　　Andersen, James Curtis, and Edward Grabb, "Trends in Civic Association Activity
　　in Four Democracies: The Special Case of Women in the United States," *American
　　Sociological Review* 71, no. 3 (June 2006): 376–400.

42　局部例外包括自助支持團體以及（在二〇一六年之後）地方政治改革團體，
　　尤其是在受過大學教育的女性之間。見 Lara Putnam, "Middle America
　　Reboots Democracy: The Emergence and Rapid Electoral Turn of the New
　　Grassroots," in *Upending American Politics: Polarizing Parties, Ideological Elites,
　　and Citizen Activists from the Tea Party to the Anti-Trump Resistance*, eds. Theda
　　Skocpol and Caroline Tervo (New York: Oxford University Press, forthcoming).

43　這一節的內容主要基於 Putnam, *Bowling Alone*, chap. 4，以及 Robert D.
　　Putnam and David E. Campbell, *American Grace: How Religion Divides and
　　Unites Us* (New York: Simon & Schuster, 2012), chaps. 3–4.

44　「教會」與「上教會的信徒」都是基督教用語，但為了簡單起見，我們以

這些詞語廣泛指涉所有的宗教會眾與所有的宗教信徒。

45 關於前兩段那些概述的支持證據，見 Putnam and Campbell, *American Grace*, chap. 13.

46 Roger Finke and Rodney Stark, *The Churching of America, 1776–2005: Winners and Losers in Our Religious Economy*, rev. ed. (New Brunswick, NJ: Rutgers University Press, 2005).

47 Ibid., 22–23; Peter Dobkin Hall, *A Historical Overview of Philanthropy, Voluntary Associations, and Nonprofit Organizations in the United States, 1600–2000* (New Haven: Yale University Press, 2006); Walter W. Powell and Richard Steinberg, eds., *The Nonprofit Sector: A Research Handbook* (New Haven: Yale University Press, 2006), 36.

48 Elizabeth Drescher, "Nones by Many Other Names: The Religiously Unaffiliated in the News, 18th to 20th Century," in *Oxford Handbooks Online*, December 5, 2014, https://www.oxfordhandbooks.com/view/10.1093/oxfordhb/9780199935420.001.0001/oxfordhb-9780199935420-e-16.

49 Ray Stannard Baker, *The Spiritual Unrest* (New York: Frederick A. Stokes Company, 1910), 56, as cited in Drescher, "Nones by Many Other Names."

50 Sydney E. Ahlstrom, *A Religious History of the American People*, 2nd ed. (New Haven: Yale University Press, 2004), 952. "Church Members in Population: They Would Fill the White States, and Unchurched Would Fill Dark States," *Washington Post*, September 12, 1909, cited by Drescher, "Nones by Many Other Names." 這些數字因為在分母中納入兒童，所以可能稍微低估了教會成員人數在成年人口當中的占比。

51 Ahlstrom, *Religious History of the American People*, 844.

52 成功神學有個著名的溫和派例子，就是 Joel Osteen 的超級暢銷著作：Joel Osteen, *Your Best Life Now: 7 Steps to Living at Your Full Potential* (New York: Faithwords, 2004).

53 社會福音運動以及這項運動與進步運動之間的連結，一點都不簡單。詳見 Ahlstrom, *A Religious History of the American People*, and Martin E. Marty, *Modern American Religion,* vol. 1: *The Irony of It All, 1893–1919* (Chicago: University of Chicago Press, 1986).

54 Walter Rauschenbusch, *A Theology for the Social Gospel* (New York: Macmillan, 1917).

55 Charles M. Sheldon, *In His Steps: "What Would Jesus Do?,"* author's revised ed. (New York: H. M. Caldwell Company, 1899), 11–12.

56 E. Brooks Holifield, "Toward a History of American Congregations," in *American Congregations*, vol. 2, eds. James P. Wind and James W. Lewis (Chicago: University of Chicago Press, 1994), 23–53, quotation at 39–41.

57　Bruce Duncan, *The Church's Social Teaching: From Rerum Novarum to 1931* (North Blackburn, Australia: Collins Dove, 1991), 48ff.

58　Higginbotham, *Righteous Discontent*, 7.

59　Arthur S. Link and Richard L. McCormick, *Progressivism* (Wheeling, IL: Harlan Davidson, 1983), 23; Cashman, *America in the Gilded Age*, 370; McWilliams, *Idea of Fraternity*, 479–81.

60　在衡量上，我們必須區分教會出席率和教會成員數。這兩者在個人與總體層次上雖有廣泛的相關性，但明顯不同：表示自己屬於某個會眾的美國人遠多於聲稱自己固定出席禮拜的人。此外，教會成員數的可靠證據涵蓋的時期遠遠比較長，原因是這種證據在一定程度上以教會紀錄為基礎，在早年尤其如此。不過，教會出席率必須奠基於調查，而且除了一九四〇年代的少數幾項蓋洛普民調以外，採用固定標準化問題的調查一直到一九六〇年左右才開始出現。在成員數與出席率方面，我們最好把任何一年的數字都視為粗略估計，而廣泛的趨勢則比較可靠。在成員數資料方面，我們首先仰賴《美國歷史統計》。《美國歷史統計》系列的基礎是美國人口普查局在一九三〇年代期間以及之前的宗教普查，還有一九三〇年代之後的《美國教會年鑑》（*Yearbook of American Churches*），這部年鑑的內容是在人口普查局於一九〇六年停止收集這種資訊之後，針對非政府組織主持的宗教團體所進行的調查。該以什麼為分母是一大問題，因為有些教派只限成人參加，因此分母應當是全美的成年人口；但有些教派允許青少年加入，所以分母也應該納入年輕人。依據《美國歷史統計》的方法筆記，我們決定十歲以上的人口是適當的分母。以十歲作為分界點，是在這兩種彙報做法之間取得的中間點，也讓《美國歷史統計》的成員資料比較趨近於蓋洛普民調。解決了分母問題之後，我們接著利用一九九〇年代以前的《美國歷史統計》資料與之後的蓋洛普資料結合而成一條曲線。早期的蓋洛普民調數字仰賴於一個多少有些改變的問題，也通常是基於某一年裡的單獨一項民調，而且早期民調做法可能比較不可靠，所以在這兩者出現分歧的情況下，我們就仰賴《美國歷史統計》的資料。在早期的那段期間，蓋洛普估計的成員率約比一九三〇與四〇年代的《美國歷史統計》數字高出十到十五個百分點，但在一九五〇年之後則是出現趨同。圖4.4包含這兩套數據，但使用局部加權迴歸平滑曲線建構一組合理的連續性拼接時間序列，用於衡量教會成員數。

61　關於這段時期的歷史，見 Ahlstrom, *A Religious History of the American People*, and Robert Wuthnow, *The Restructuring of American Religion: Society and Faith Since World War II* (Princeton: Princeton University Press, 1988), 53.

62　Putnam and Campbell, *American Grace*, 85.

63　這個出生群被 Tom Brokaw, *The Greatest Generation* (New York: Random House, 1998) 讚揚為「最偉大的一代」，在 Putnam, *Bowling Alone* 當中則稱為「漫

長公民世代」。

64 蓋洛普民調針對教會出席率提供了為時最長的連續調查資料，始於一九四
　　○年代最早的全國性調查，這些資料即是圖 4.5 的基礎。不過，我們有理
　　由對蓋洛普資料抱持謹慎態度。在一九八○年之後的數十年間，蓋洛普民
　　調顯示教會出席率維持驚人的穩定，甚至還有所上升，但其他長期調查序
　　列資料則顯示教會出席率下滑，因此到了一九九○年代，蓋洛普的數字持
　　續不斷地大幅高於其他任何固定調查。（關於教會出席率的衡量以及截至
　　二○○七年為止的蓋洛普異常現象，詳見 Putnam and Campbell, *American
　　Grace*。）不過，就在專家對於這項差異開始提出嚴正質疑之際，二○○
　　五年之後的蓋洛普數據卻出現了邊降，從二○○五年的 43% 下滑至二○
　　一四年的 37%，大幅趨近其他調查結果。對於這項「機構效應」消退的情
　　形，沒有人能夠提出良好的解釋，但眾所皆知詢問教會出席率的問題帶有
　　強烈的「社會讚許」偏誤，而且也有理由相信這種偏誤的程度在蓋洛普當
　　中比較高，但現在已經消退。為了一致性，圖 4.5 完全都是奠基於已發表
　　的蓋洛普資料。

65 Putnam and Campbell, *American Grace*, 374.

66 Ahlstrom, *A Religious History of the American People*, 952.

67 Robert Wuthnow, "Recent Pattern of Secularization: A Problem of Generations?,"
　　American Sociological Review 41 (October 1976); Wuthnow, *Restructuring of
　　American Religion*, 17.

68 Andrew J. Cherlin, *The Marriage-Go-Round: The State of Marriage and the
　　Family in America Today* (New York: Alfred A. Knopf, 2009), 74.

69 Robert N. Bellah, "Civil Religion in America," *Daedalus* 96, no. 1 (1967):
　　1–21.

70 Ahlstrom, *A Religious History of the American People*, 954.

71 Will Herberg, *Protestant, Catholic, Jew: An Essay in American Religious Sociology*
　　(Garden City, NY: Doubleday, 1955), 58.

72 我們將在第八章指出，通常被稱為「六○年代」的這個動盪時期其實始於
　　一九六四年左右，並且持續至一九七四年左右。

73 Ahlstrom, *A Religious History of the American People*, 1080–81.

74 Maurice Isserman and Michael Kazin, *America Divided: The Civil War of the
　　1960s*, 3rd ed. (New York: Oxford University Press, 2008), 249.

75 一九六○年代的宗教創新有一份大體上抱持贊同態度的陳述，見 Robert S.
　　Ellwood, *The Sixties Spiritual Awakening: American Religion Moving from
　　Modern to Post Modern* (New Brunswick, NJ: Rutgers University Press, 1994).
　　See also Robert Wuthnow, *After Heaven: Spirituality in America Since the 1950s*
　　(Berkeley: University of California Press, 1998).

76 Robert N. Bellah et al., *Habits of the Heart: Individualism and Commitment in*

American Life (Berkeley: University of California Press, 1985), 221.

77 Amanda Porterfield, *The Transformation of American Religion: The Story of a Late-Twentieth-Century Awakening* (New York: Oxford University Press, 2001), 18.

78 Wuthnow, *After Heaven*, 2.

79 這一段的所有資料都彙編自 Gallup Poll Reports。

80 Putnam and Campbell, *American Grace*, 92–94, 99, 127–30. 既有的證據無法讓我們證明性常規的改變肇致了宗教隸屬關係的衰退，但這兩者極為緊密相關。

81 David Kinnaman and Gabe Lyons, *Unchristian: What a New Generation Really Thinks About Christianity—And Why It Matters* (Grand Rapids, MI: Baker Books, 2007).

82 教外人士早在一九六八年就受到注意：見 Glenn M. Vernon, "The Religious 'Nones': A Neglected Category," *Journal for the Scientific Study of Religion* 7 (1968): 219–29. 不過，當時這類人士在人口當中只占很小一部分。針對教外人士在一九九〇年代激增的現象所從事的第一項重要研究，是 Michael Hout and Claude S. Fischer, "Why More Americans Have No Religious Preference: Politics and Generations," *American Sociological Review* 67, no. 2 (April 2002): 165–90.

83 教外人士的比率會受到我們提問的方式所影響，但影響程度沒有想像中那麼大。不論調查當中採用什麼樣的文字排列，幾乎每個長期調查檔案都顯示教外人士從一九九〇至九二年間開始迅速增長，而且高度集中於年輕人。

84 關於教外人士類別以及在調查中辨識他們的挑戰，有一項詳細討論可見於 Putnam and Campbell, *American Grace*, 120–27.

85 整體而言，拉丁裔人口的宗教參與程度介於最高的非裔美國人以及最低的白人之間。同上，274-87。

86 資料來源：General Social Survey。亞裔美國人與拉丁裔人口的近期趨勢相似於黑人與白人，但他們在較早年代的樣本規模太小，無法從事可靠的估計。

87 Michael Hout and Claude S. Fischer, "Explaining Why More Americans Have No Religious Preference: Political Backlash and Generational Succession, 1987–2012," *Sociological Science* 1 (October 2014): 423–47.

88 David Voas and Mark Chaves, "Is the United States a Counterexample to the Secularization Thesis?," *American Journal of Sociology* 121, no. 5 (March 1, 2016): 1517–56.

89 微觀判斷下，出席率和奉獻似乎都在一九六〇年左右達到巔峰，成員數則是在五年左右之後達到巔峰，但這樣恐怕過度微觀，而有犧牲準確性之

嫌。

90 John Ronsvalle and Sylvia Ronsvalle, *The State of Church Giving Through 2016: What Do Denominational Leaders Want to Do with $368 Billion More a Year?* (Champaign, IL: Empty Tomb, Inc., 2014)，以及此一系列當中的其他年鑑。我們感謝 Ronsvalle 夫妻精心重建許多年間的宗教慈善義舉，以及慷慨分享他們的資料。

91 See Patrick M. Rooney, "The Growth in Total Household Giving Is Camouflaging a Decline in Giving by Small and Medium Donors: What Can We Do about It?," *Nonprofit Quarterly*, September 13, 2018; Chuck Collins, Helen Flannery, and Josh Hoxie, "Gilded Giving 2018: Top-Heavy Philanthropy and Its Risks to the Independent Sector," Institute for Policy Studies (November 2018); Nicole Wallace and Ben Myers, "In Search of⋯ America's Missing Donors," *Chronicle of Philanthropy* (June 5, 2018); Laurie E. Paarlberg and Hyunseok Hwang, "The Heterogeneity of Competitive Forces: The Impact of Competition for Resources on United Way Fundraising," *Nonprofit and Voluntary Sector Quarterly* 46, no. 5 (October 1, 2017): 897–921.

92 近期有一批文獻批評了鉅額捐贈的成長。見 David Callahan, *The Givers: Wealth, Power, and Philanthropy in a New Gilded Age* (New York: Alfred A. Knopf, 2017); Rob Reich, *Just Giving: Why Philanthropy Is Failing Democracy and How It Can Do Better* (Princeton: Princeton University Press, 2018); Anand Giridharadas, *Winners Take All: The Elite Charade of Changing the World* (New York: Alfred A. Knopf, 2018); Joanne Barkan, "Plutocrats at Work: How Big Philanthropy Undermines Democracy," *Social Research* 80, no. 2 (2013): 635–52; and Nick Tabor, "Why Philanthropy Is Bad for Democracy," *New York* magazine, August 26, 2018.

93 Ralph Chaplin, *Wobbly: The Rough-and-Tumble Story of an American Radical* (Chicago: University of Chicago Press, 1948).

94 James T. Patterson, *Grand Expectations: The United States, 1945–1974*, Oxford History of the United States, vol. 10 (New York: Oxford University Press, 1996), 40.

95 Lizabeth Cohen, *Making a New Deal: Industrial Workers in Chicago, 1919–1939*, 2nd. ed. (Cambridge: Cambridge University Press, 2008).

96 Thomas C. Cochran and William Miller, *The Age of Enterprise: A Social History of Industrial America,* rev. ed. (New York: Harper, 1961), 235.

97 Joshua Benjamin Freeman, *Working-Class New York: Life and Labor Since World War II* (New York: New Press, 2000).

98 General Social Survey, www.norc.org.

99 Nelson Lichtenstein, *State of the Union: A Century of American Labor* (Princeton:

Princeton University Press, 2003); Freeman, *Working-Class New York.*

100 Jonah Caleb Saline Hahn, *From Dark to Dawn: How Organizational Social Capital Impacts Manufacturing Workers After Job Loss* (BA Honors thesis, Committee on Degrees in Social Studies, Harvard University, 2017), p. 103. 關於賓州東部煤礦場勞工團結的瓦解，見 Jennifer M. Silva, *We're Still Here: Pain and Politics in the Heart of America* (New York: Oxford University Press, 2019).

101 關於美國家庭的歷史，我們深受 Andrew J. Cherlin 教授的幫忙，他是美國首要的家庭社會學家之一。尤其見 Andrew J. Cherlin, *Marriage, Divorce, Remarriage*, rev. and enlarged ed., Social Trends in the United States (Cambridge, MA: Harvard University Press, 1992); Cherlin, *The Marriage-Go-Round*; Andrew J. Cherlin, *Labor's Love Lost: The Rise and Fall of the Working-Class Family in America* (New York: Russell Sage Foundation, 2014).; Nancy F. Cott, *Public Vows: A History of Marriage and the Nation* (Cambridge, MA: Harvard University Press, 2002); Arland Thornton and Linda Young-DeMarco, "Four Decades of Trends in Attitudes Toward Family Issues in the United States," *Journal of Marriage and the Family* (November 1, 2001): 1009–37; Shelly Lundberg, Robert A. Pollak, and Jenna Stearns, "Family Inequality: Diverging Patterns in Marriage, Cohabitation, and Childbearing," *The Journal of Economic Perspectives* 30, no. 2 (Spring 2016): 79–102; Stephanie Coontz, *The Way We Really Are: Coming to Terms with America's Changing Families* (New York: Basic Books, 1997); Catherine A. Fitch and Steven Ruggles, "Historical Trends in Marriage Formation: The United States, 1850–1990," in *The Ties That Bind: Perspectives on Marriage and Cohabitation,* ed. Linda J. Waite (New York: Aldine de Gruyter, 2000), 59–88; and Betsey Stevenson and Justin Wolfers, "Marriage and Divorce: Changes and Their Driving Forces," *The Journal of Economic Perspectives* 21, no. 2 (Spring 2007): 27–52.

102 Eric Klinenberg, *Going Solo: The Extraordinary Rise and Surprising Appeal of Living Alone* (New York: Penguin, 2012).

103「脆弱家庭」的概念指的是非傳統親子組合，在長期之下有多名父親與母親的流動，這些父母的配對通常是非婚姻關係，而且也相當短暫。見 Sara McLanahan, Kate Jaeger, and Kristin Catena, "Children in Fragile Families," in Oxford Handbook of Children and the Law, ed. James G. Dwyer (Oxford Handbooks Online: Oxford University Press, 2019)。關於指標性的脆弱家庭研究，詳見 https://fragilefamilies.princeton.edu/.

104 聚焦於三十至四十四歲的這段年齡區間，能夠控制生命週期兩端在長時間之下的改變：一端是結婚時間延後，另一端是愈來愈多的喪偶者。有許多方法可以衡量婚姻發生率，辨別「目前已婚」與「曾經結過婚」，或者個

別聚焦於男性和女性或者白人與非白人。不過，不管我們用什麼方法加以衡量，美國的婚姻發生率在過去一百二十五年來的起伏都形成一條漫長的鐘擺曲線，正如圖 4.10 所示。見 Michael R. Haines, "Long-Term Marriage Patterns in the United States from Colonial Times to the Present," *The History of the Family* 1, no. 1 (January 1, 1996): 15–39, esp. 15.

105 Cherlin, *The Marriage-Go-Round*, 68.

106 Ibid., 63–67.

107 Ibid., 71.

108 Ibid., 75.

109 Ibid., 84.

110 Ibid., 85–86.

111 Ibid., 88.

112 Arland Thorton, William G. Axinn, and Yu Xie, "Historical Perspectives on Marriage," in *Family, Ties and Care: Family Transformation in a Plural Modernity*, eds. Hans Bertram and Nancy Ehlert (Leverkusen, Germany: Verlag Barbara Budrich, 2011), 57.

113 Cherlin, *Marriage, Divorce, Remarriage*, 7, 20–25.

114 Ibid., 11–12.

115 Catherine Fitch, Ron Goeken, and Steven Ruggles. "The Rise of Cohabitation in the United States: New Historical Estimates," Minnesota Population Center, Working Paper 3 (2005).

116 "Wide Acceptance of Cohabitation, Even as Many Americans See Societal Benefits in Marriage," *Fact Tank—News in the Numbers*, November 5, 2019, https://www.pewresearch.org/fact-tank/2019/11/06/key-findings-on-marriage-and-cohabitation-in-the-u-s/ft_19-11-05_marriagecohabitation_wide-acceptance-cohabitation/.

117 Cherlin, *The Marriage-Go-Round*, 100.

118 「在擁有大學學歷的美國人當中，我們可以看到更多以婚姻為中心的家庭生活；至於教育程度較低的人口，則是比較仰賴婚姻以外的其他選擇，例如未婚同居或者單親家庭，而且婚姻解組的比率也比較高。」Andrew Cherlin, "Degrees of Change: An Assessment of the Deinstitutionalization of Marriage Thesis," *Journal of Marriage and Family* 82, no. 1 (Feb 2020). 另見 Lundberg, Pollak, and Stearns, "Family inequality"; Sara McLanahan, "Diverging Destinies: How Children Fare Under the Second Demographic Transition," *Demography* 41, no. 4 (2004): 607–27; and McLanahan, Jaeger, and Catena, "Children in Fragile Families," 2019. 如欲進一步瞭解指標性的脆弱家庭研究，見 https://fragilefamilies.princeton.edu/.

119 Cherlin, *Marriage, Divorce, Remarriage*, 15–16.

120 Cherlin, *The Marriage-Go-Round*, 102.

121 Lisa Bonos and Emily Guskin, "It's Not Just You: New Data Shows More than Half of Young People in America Don't Have a Romantic Partner," *Washington Post*, March 21, 2019, https://www.washingtonpost.com/lifestyle/2019/03/21/its-not-just-you-new-data-shows-more-than-half-young-people-america-dont-have-romantic-partner/, citing the General Social Survey, https://gssdataexplorer.norc.org/trends/Gender%20&%20Marriage?measure=posslq.

122 Cherlin, *Labor's Love Lost*, 17, 18, 21. (This trend is less marked among African Americans.)

123 Robert D. Mare, "Educational Homogamy in Two Gilded Ages: Evidence from Inter-Generational Social Mobility Data," *The ANNALS of the American Academy of Political and Social Science* 663 (January 1, 2016): 117–39, doi:10.1177/0002716215596967.

124 See Donald T Rowland, "Historical Trends in Childlessness" *Journal of Family Issues* 28, no. 10 (2007): 1311–37, doi:10.1177/0192513X07303823.

125 T. J. Matthews and Brady E. Hamilton, "Delayed Childbearing: More Women Are Having Their First Child Later in Life," *NCHS Data Brief*, no. 21 (August 2009): 1–8; S. E. Kirmeyer and B. E. Hamilton, "Transitions Between Childlessness and First Birth: Three Generations of U.S. Women," *Vital and Health Statistics,* Series 2, *Data Evaluation and Methods Research*, no. 153 (August 2011): 1–18.

126 Michael R. Haines, "Demography in American Economic History," *The Oxford Handbook of American Economic History,* eds. Louis P. Cain, Price V. Fishback, and Paul W. Rhode, vol. 1, July 16, 2018.

127 Cherlin, *Marriage, Divorce, Remarriage*, 18–19.

128 資料來源：B. E. Hamilton and C. M. Cosgrove, "Central Birth Rates, by Live-Birth Order, Current Age, and Race of Women in Each Cohort from 1911 Through 1991: United States, 1960–2005," Table 1 (Hyattsville, MD: National Center for Health Statistics), /nchs/nvss/cohort_fertility_tables.html. 橫軸標誌一個女性出生群滿三十歲的年分，相較於在同一年滿四十五歲的另一個女性出生群。一名在一九六〇年達到四十五歲的母親，在一九四五年會是三十歲的母親，但有些女性在一九四五年三十歲之時雖然還未生育，到了一九六〇年四十五歲的時候則是已經有了子女。關於這方面的資料，見 S. E. Kirmeyer and B. E. Hamilton, "Transitions Between Childlessness and First Birth: Three Generations of US Women," Vital and Health Statistics, Series 2, Data Evaluation and Methods Research 153 (August 2011): 1–18; Rowland, "Historical Trends in Childlessness"; and Tomas Frejka, "Childlessness in the United States," in Childlessness in Europe: Contexts, Causes, and Consequences, eds.

Michaela Kreyenfeld, Dirk Konietzka (Cham, CH: Springer Open, 2017), 159–79.

129 Ruth Shonle Cavan and Katherine Howland Ranck, *The Family and the Depression, a Study of One Hundred Chicago Families* (Chicago: University of Chicago Press, 1938). See also Robert D. Putnam, *Our Kids: The American Dream in Crisis* (New York: Simon & Schuster, 2015), 74–75.

130 關於完整的資料來源，見注釋4.101。額外文獻還有S. Philip Morgan, "Late Nineteenth- and early Twentieth-Century Childlessness," *American Journal of Sociology* (1991): 779–807; Jan Van Bavel, "Subreplacement fertility in the West before the baby boom: Past and current perspectives," *Population Studies* 64, no. 1 (2010): 1–18; Cherlin, *Labor's Love Lost*; Kirmeyer and Hamilton, "Transitions Between Childlessness and First Birth"; Daniel T. Lichter et al., "Economic Restructuring and Retreat from Marriage," *Social Science Research* 3, no. 2 (2002); and Michael Greenstone and Adam Looney, "Marriage Gap: Impact of Economic and Technological Change on Marriage Rates" (The Hamilton Project, February 2012), https://www.hamiltonproject.org/assets/legacy/files/downloads_and_links/020312_jobs_greenstone_looney.pdf.

131 根據 Adam Isen and Betsey Stevenson, "Women's Education and Family Behavior: Trends in Marriage, Divorce and Fertility," Working Paper 15725 (National Bureau of Economic Research, February 2010), doi:10.3386/w15725，在第一個鍍金時代，受過大學教育的女性結婚的可能性最低。

132 Sara McLanahan, Kathryn Edin, and their collaborators, https://fragilefamilies.princeton.edu/.

133 Robert D. Putnam, *Our Kids: The American Dream in Crisis* (New York: Simon & Schuster, 2015), 78–79 and sources cited there.

134 Michael Taylor, *Community, Anarchy, and Liberty* (Cambridge: Cambridge University Press, 1982), 28–29. See also Alvin W. Gouldner, "The Norm of Reciprocity: A Preliminary Statement," *American Sociological Review* 25, no. 2 (April 1960): 161–78.

135 Tocqueville, *Democracy in America*, 525–28.

136 Wendy M. Rahn and John E. Transue, "Social Trust and Value Change: The Decline of Social Capital in American Youth, 1976–1995," *Political Psychology* 19, no. 3 (September 1998): 545–65, quotation at 545.

137 廣泛的社會信任不同於信任特定人（例如你的鄰居或者總統）或者特定機構（工會、警方、聯邦政府等等）。現在，所有這些不同意義的信任都已經有了龐大的文獻。近期的一項概觀是 Kenneth Newton, "Social and Political Trust," in *The Oxford Handbook of Political Behavior*, eds. Russell Dalton and Hans-Dieter Klingemann (New York: Oxford University Press,

2007), 342–61. 關於較早之前一項針對廣泛社會信任及其在近年來的衰微所從事的討論，見 Putnam, *Bowling Alone*, 137–42。

138 對於這個單一問題，我們把回答同意的百分比計算為在全部有效回覆當中的占比，排除欠缺的資料。

139 Putnam, *Bowling Alone*, 137–41. 為了驗證普特南的主張而從事的大多數後續研究，都完全仰賴社會概況調查，而沒有檢視普特南使用的第二個資料檔案。在恆美 DDB 生活型態資料檔案當中，以「大多數人都是誠實的」這個問題所進行的調查，在一九七五至二〇〇五年間也出現了相同的衰退現象。見 Putnam, *Bowling Alone*, Figure 39, p. 141. 恆美 DDB 生活型態調查描述於 Putnam, *Bowling Alone*, Appendix 2, pp. 429–30，並且更新至二〇〇五年。關於後續對於此一基本趨勢的證實，以及一項至少能夠做出部分解釋的世代論點，見 Robert V. Robinson and Elton F. Jackson, "Is Trust in Others Declining in America? An Age–Period–Cohort Analysis," *Social Science Research* 30, no. 1 (March 1, 2001): 117–45, doi:10.1006/ssre.2000.0692; April K. Clark and Marie A. Eisenstein, "Interpersonal Trust: An Age–Period–Cohort Analysis Revisited," *Social Science Research* 42, no. 2 (March 1, 2013): 361–75, doi:10.1016/j.ssresearch.2012.09.006; and April K. Clark, "Rethinking the Decline in Social Capital," *American Politics Research* 43, no. 4 (2015): 569–601, doi:10.1177/1532673X14531071.

140 在幾乎所有的社會裡，窮人信任別人的程度總是低於富人，也許是因為富人能夠獲得別人比較多誠實與敬重的對待。在美國，黑人的信任程度低於白人，財務困頓者低於財務寬裕者，大城市的人口低於小鎮居民，犯罪受害者或者經歷過離婚的人也低於那些沒有過這類經驗的人。這類人對調查人員說「大多數人都不能信任」，並不只是一種偏執的表現，而是反映了他們的個人經驗。面對信任程度在一九七〇年代以來已然降低的這項論點，比較精巧的檢驗則是通常會控制其他可能影響信任的人口因素，包括種族、階級與性別。關於針對信任及其相關事物的大量研究，近期有一項值得參考的概觀，見 Kenneth Newton, "Social and Political Trust"。

141 認為世代的形成乃是發生在世代成員達到成熟年齡（十九到二十一歲左右）的這項假設，可以追溯到世代分析的起源：K. Mannheim, "The Problem of Generations," in *Essays on the Sociology of Knowledge: Collected Works*, vol. 5, ed. Paul Kecskemeti (London: Routledge, 1952), 276–322, originally published in German in 1927–28.

142 Stephen W. Raudenbush and Anthony S. Bryk, *Hierarchical Linear Models: Applications and Data Analysis Methods*, 2nd ed., *Advanced Quantitative Techniques in the Social Sciences* 1 (Thousand Oaks, CA: Sage Publications, 2002); Yang Yang and Kenneth C. Land, "A Mixed Models Approach to the Age-Period-Cohort Analysis of Repeated Cross-Section Surveys, with an

Application to Data on Trends in Verbal Test Scores," *Sociological Methodology 2006,* vol. 36 (December 2006): 75–97; Yang Yang and Kenneth C. Land, "Age-Period-Cohort Analysis of Repeated Cross-Section Surveys—Fixed or Random Effects?," *Sociological Methods & Research* 36, no. 3 (2008): 297–326, doi:10.1177/0049124106292360. 我們在此處採用 CCREM 做法，能夠估計出生群差異，以及消除年齡與時期效應還有其他人口因素（例如教育）之後的淨值。我們也探索了 CGLIM 與 Intrinsic Estimator models，結果得到的出生群曲線和圖 4.14 的 CCREM 曲線幾乎無法區分。我們感謝 April K. Clark 針對當代的「年齡一時代一出生群」技術慷慨提供諮詢，但我們仍然為自己使用這種技術的方式負起完全責任。關於圖 4.14 使用的估計，我們仰賴於 Clark, "Rethinking the Decline in Social Capital"。

143 社會孤立與寂寞雖然彼此相關，卻也是社會團結的不同面向：一個屬於社會學層面，另一個屬於心理學層面。有些證據顯示這兩者在近數十年來都出現增長，但這點仍然頗具爭議性。見 Miller McPherson, Lynn Smith-Lovin, and Matthew E. Brashears, "Social Isolation in America: Changes in Core Discussion Networks over Two Decades," *American Sociological Review* 71, no. 3 (2006): 353–75, doi:10.1177/000312240607100301; Miller McPherson, Lynn Smith-Lovin, and Matthew E. Brashears, "Social Isolation in America: Changes in Core Discussion Networks over Two Decades: Correction," *American Sociological Review* 73, no. 6 (December 2008): 1022, doi:10.1177/000312240807300610; Claude S. Fischer, "The 2004 GSS Finding of Shrunken Social Networks: An Artifact?," *American Sociological Review* 74, no. 4 (2009): 657–69, doi:10.1177/000312240907400408; Matthew Brashears, "Small Networks and High Isolation? A Reexamination of American Discussion Networks," *Social Networks* 33, no. 4 (October 2011): 331–41, doi:10.1016/j.socnet.2011.10.003; Keith N. Hampton, Lauren F. Sessions, and Eun Ja Her, "Core Networks, Social Isolation and New Media: How Internet and Mobile Phone Use Is Related to Network Size and Diversity," *Information, Communication & Society* 14, no. 1 (2011): 130–55, doi:10.1080/1369118X.2010.513417; Klinenberg, *Going Solo*; John T. Cacioppo and William Patrick, *Loneliness: Human Nature and the Need for Social Connection* (New York: W. W. Norton, 2009); Jacqueline Olds and Richard S. Schwartz, *The Lonely American: Drifting Apart in the Twenty-first Century* (Boston: Beacon Press, 2009); and *All the Lonely Americans* (Report of the Congressional Joint Economic Committee [August 2018]), https://www.jec.senate.gov/public/index.cfm/republicans/2018/8/all-the-lonely-americans. 由於我們對這兩種現象在本書探究的這一整個世紀期間缺乏良好的證據，因此本書不把這些議題納入考量。

144 見注釋 1.4。

第五章｜文化：個人主義相對於社群

1　本章的靈感來自與傑出哈佛思想史學家 James Kloppenberg 從事的一系列
談話，但此一靈感產生的結果當然不是他的責任。在探索以及理解本章使
用的眾多學術文獻方面，我們特別感謝 Alex Mierke-Zatwarnicki 與 Casey
Bohlen 的大力協助。

2　John Donne, *Devotions upon Emergent Occasions and Severall Steps in My
Sicknes* (London: Printed for Thomas Iones, 1624), Meditation 17. https://
www.gutenberg.org/files/23772/23772-h/23772-h.htm.

3　See Dave Nussbaum, "Tight and Loose Cultures: A Conversation with Michele
Gelfand," *Behavioral Scientist*, January 17, 2019, https://behavioralscientist.
org/tight-and-loose-cultures-a-conversation-with-michele-gelfand/; Michele
Gelfand, *Rule Makers, Rule Breakers: How Tight and Loose Cultures Wire Our
World* (New York: Simon & Schuster, 2018).

4　Thomas Bender, "Lionel Trilling and American Culture," *American Quarterly*
42, no. 2 (June 1990): 324–47, doi:10.2307/2713020.

5　Jennifer Ratner-Rosenhagen, *The Ideas That Made America: A Brief History*
(New York: Oxford University Press, 2019); E. J. Dionne, *Our Divided Political
Heart: The Battle for the American Idea in an Age of Discontent* (New York:
Bloomsbury, 2012)，其中主張美國歷史在個人主義與社群主義之間來回擺
盪的論點，與本章頗為近似。

6　關於二十世紀最後幾十年間的個人主義與社群主義發展，最具影響力的一
本書也許是 Robert N. Bellah, William M. Sullivan, Steven M. Tipton, Richard
Madsen, and Ann Swidler, *Habits of the Heart: Individualism and Commitment in
American Life* (Berkeley: University of California Press, 1985)，而且這本書也
率先指出社會往過度個人主義轉向的初期發展。

7　"Overton Window," in *Wikipedia*, November 18, 2018, https://en.wikipedia.
org/w/index.php?title=Overton_window&oldid=926722212.

8　James T. Kloppenberg, *Toward Democracy: The Struggle for Self-Rule in
European and American Thought* (New York: Oxford University Press, 2016),
633–702; Daniel Walker Howe, *What Hath God Wrought: The Transformation
of America, 1815–1848*, *The Oxford History of the United States* (unnumbered)
(New York: Oxford University Press, 2009); William Lee Miller, *Lincoln's
Virtues: An Ethical Biography* (New York: Alfred A. Knopf, 2002); Richard
Carwardine, *Lincoln: A Life of Purpose and Power* (New York: Alfred A. Knopf,
2006), 11–28.

9　"The Significance of the Frontier in American History" (1893)，可見於 https://
www.historians.org/about-aha-and-membership/aha-history-and-archives/

historical-archives/the-significance-of-the-frontier-in-american-history. 另見他在一九一〇年對美國歷史學會發表的會長致詞，他在其中把邊疆時代的個人主義對比於一種追逐新式民主認知的新興需求，並且將這種民主認知與進步主義改革者畫上等號：*American Historical Review* 16, no. 2 (1910): 217–33, https://www.historians.org/about-aha-and-membership/aha-history-and-archives/presidential-addresses/frederick-jackson-turner.

10　Samuel Bazzi, Martin Fiszbein, and Mesay Gebresilasse, "Frontier Culture: The Roots and Persistence of 'Rugged Individualism' in the United States," Working Paper 23997 (National Bureau of Economic Research), November 2017, 23997, doi:10.3386/w23997.

11　斯賓塞據稱是「十九世紀最後幾十年間最著名的歐洲知識分子」，見 "Herbert Spencer," in *Wikipedia*, October 26, 2019, https://en.wikipedia.org/w/index.php?title=Herbert_Spencer&oldid=923093648.

12　H. W. Brands, *American Colossus: The Triumph of Capitalism, 1865–1900* (New York: Doubleday, 2010), 558–59.

13　Henry Louis Gates, Jr., *Stony the Road: Reconstruction, White Supremacy, and the Rise of Jim Crow* (New York: Penguin, 2019); Daniel Okrent, *The Guarded Gate: Bigotry, Eugenics, and the Law That Kept Two Generations of Jews, Italians, and Other European Immigrants out of America* (New York: Scribner, 2019).

14　James T. Kloppenberg, *The Virtues of Liberalism* (New York: Oxford University Press, 1998), 126.

15　這幾句話有部分改寫自 Ratner-Rosenhagen, *The Ideas That Made America*, chap. 5.

16　關於「社會資本」一詞在進步時代的歷史，有一項經過深入研究而且思慮周詳的討論，見 James Farr, "Social Capital: A Conceptual History," Political Theory, 32:1 (February 2004): 6-33。Farr 把這個詞語在二十世紀末出現於公共論述當中的部分功勞歸給我們其中一人（普特南）。「社會資本」的 Ngram 明白證實了這個詞語在一九〇七至一〇年間首度廣獲使用，接著陷入長久的沉寂，直到一九九三年之後才又大量湧現。

17　Marta Cook and John Halpin, "The Role of Faith in the Progressive Movement," https://www.americanprogress.org/issues/democracy/reports/2010/10/08/8490/the-role-of-faith-in-the-progressive-movement/.

18　Google 在二〇〇〇年針對書籍的處理方式進行技術變更，所以二〇〇〇年至二〇〇八年間的資料在某些方面恐怕會與先前年分的結果不相容。不過，我們還是遵循大多數研究者的做法，使用這整套檔案庫裡包含二〇〇八年在內從頭到尾的內容。為了把每一年之間的起伏波動減到最低，我們使用了經過局部加權迴歸平滑法處理的資料，通常採用 .15 這個 alpha 參數。我們使用「不分大小寫」的搜尋字眼，因此包括了「Social Gospel」、 「social gospel」、「Social gospel」，甚至是「social Gospel」。

19　關於奠基在 Ngram 之上的研究這個迅速擴張的領域，其他關鍵參考文獻
　　包括 Patricia M. Greenfield, "The Changing Psychology of Culture from 1800
　　Through 2000," *Psychological Science* 24, no. 9 (September 2013): 1722–31,
　　doi:10.1177/0956797613479387; Jean-Baptiste Michel et al., "Quantitative
　　Analysis of Culture Using Millions of Digitized Books," *Science* 331, no. 6014
　　(January 14, 2011): 176–82, doi:10.1126/science.1199644; Jean M. Twenge,
　　W. Keith Campbell, and Brittany Gentile, "Changes in Pronoun Use in
　　American Books and the Rise of Individualism, 1960–2008," *Journal of Cross-
　　Cultural Psychology* 44, no. 3 (2013): 406–15, doi:10.1177/002202211
　　2455100; Rong Zeng and Patricia M. Greenfield, "Cultural Evolution over the
　　Last 40 Years in China: Using the Google Ngram Viewer to Study Implications
　　of Social and Political Change for Cultural Values," *International Journal of
　　Psychology* 50, no. 1 (February 2015): 47–55, doi:10.1002/ijop.12125.

20　深深感謝 Andrew McAfee 與 Evrim Altintas 分別指引我們使用 Ngram。

21　Zeng and Greenfield, "Cultural Evolution over the Last 40 Years in China,"
　　49.

22　有一項重要的方法學批評，見 Eitan Adam Pechenick, Christopher M.
　　Danforth, and Peter Sheridan Dodds, "Characterizing the Google Books Corpus:
　　Strong Limits to Inferences of Socio-Cultural and Linguistic Evolution," PLOS
　　ONE 10, no. 10 (October 7, 2015): 1–14. e0137041, doi:10.1371/journal.
　　pone.0137041. 每本書在這套 Google 檔案庫裡都只出現一次，所以受到比
　　較廣泛閱讀的書籍並沒有獲得更大的權重。另外也有一些證據顯示，在過
　　去一個世紀左右以來，科學性與技術性的書籍變得相對比較常見，因此科
　　學與技術術語在這套檔案庫裡出現的頻率比較高。這種狀況對於某些目的
　　而言會構成重要限制，但是對於我們歸納出美國文化在個人主義與社群主
　　義軸線上的廣泛變化而言，則不具關鍵重要性。

23　「適者生存」一詞最早在一八六七年以具有意義的方式出現在美國書籍裡，
　　當時是《物種起源》出版的七年後，同時也是「社會福音」一詞首度出現
　　的三十年前。「適者生存」與「社會福音」的重要性在此處衡量於兩條不
　　同的縱軸上，原因是前者的出現頻率幾乎總是高於後者，也許是因為前者
　　這個詞語也出現在科學出版品當中，而不只是在有關社會哲學的書裡。若
　　在同一條軸線上衡量這兩個詞語，將會模糊掉這兩種概念各自的重要性出
　　現起伏的時間。

24　Jane Addams, *Twenty Years at Hull-House*, quoted in Ratner-Rosenhagen, *The
　　Ideas That Made America*, 109.

25　http://www.theodore-roosevelt.com/images/research/speeches/trnationalismspeech.
　　pdf. 二〇一一年十二月，算得上是新進步主義者的歐巴馬總統在歐沙瓦托

米呼應了老羅斯福的演說：「老羅斯福在一九一〇年來到歐沙瓦托米這裡，提出了他所謂的新民族主義的願景。他說：『我們的國家……如果要有任何意義，就必須代表真正民主的勝利……其經濟制度必須保證每個人都有機會展現出自己最好的一面。』」https://obamawhitehouse.archives. gov/thepressoffice/2011/12/06/remarkspresidenteconomyosawatomie-kansas.

26　Michael E. McGerr, *A Fierce Discontent: The Rise and Fall of the Progressive Movement in America, 1870–1920* (New York: Free Press, 2003), 64–67.

27　Ngram 也顯示「睦鄰」、「基督教社會主義」以及「社群」的文化重要性在一八九〇至一九二〇年間明顯上升，但這幾個詞語在二十世紀後續時間裡的命運各自不同。

28　見 David M. Kennedy, *Freedom from Fear: The American People in Depression and War, 1929–1945, The Oxford History of the United States*, vol. 9 (New York: Oxford University Press, 1999)。關於一九三〇年代的文化，見 Frederick Lewis Allen, *Since Yesterday: The 1930s in America, September 3, 1929– September 3, 1939* (New York: Harper & Brothers, 1940), 201–24.

29　Herbert Hoover, *American Individualism* (Garden City, NY: Doubleday, 1922). 如同我們在第三章提到的，胡佛在晚年成了極度保守派的新政批評者。

30　Kloppenberg, *The Virtues of Liberalism*, 134–38.

31　引用於 Charles Austin Beard, "The Myth of Rugged American Individualism," *Harper's Monthly* (December 1931). 即便在經濟大蕭條期間，許多美國民眾還是不全然支持由政府為失業者提供補助，因為他們認為失業者的不幸是自己造成的結果。關於這一點的證據，見 Katherine S. Newman and Elisabeth S. Jacobs, *Who Cares?: Public Ambivalence and Government Activism from the New Deal to the Second Gilded Age* (Princeton: Princeton University Press, 2010), chap. 1.

32　Beard, "The Myth of Rugged American Individualism," 22.

33　*World Film Directors: Volume One 1890–1945*, ed. John Wakeman (New York: H. W. Wilson, 1988), 100.

34　Speech by Franklin D. Roosevelt before the Troy, New York, people's forum, March 3, 1912, https://www.nps.gov/parkhistory/online_books/cany/fdr/part1.htm.

35　Kennedy, *Freedom from Fear*, 145–46; Ratner-Rosenhagen, *The Ideas That Made America*, chap. 6.

36　See http://library.cqpress.com/cqresearcher/document.php?id=cqresrre1931120300; Jean Edward Smith, *Eisenhower in War and Peace* (New York: Random House, 2012), chap. 5; and Stuart D. Brandes, *Warhogs: A History of War Profits in America* (Lexington: University Press of Kentucky, 1997), pp. 205–8.

37　原本為了在音樂廳演奏而創作的〈平民號角曲〉，在將近七十年後的今天仍然經常受到英語世界使用於公共慶典活動當中。"Fanfare for the

Common Man," in Wikipedia, November 1, 2019, https://en.wikipedia.org/w/ index.php?title=FanfarefortheCommonMan&oldid=923976555. 當然，那個時代還沒有人會覺得曲名裡的「Man」隱含了男性沙文主義。Ngram 分析顯示「fanfare」與「Common Man」都沒有出現類似的趨勢，所以這幅圖表主要反映的並不是這首音樂作品本身的影響力。

38　如同第二章提到的，所得的全國分配在一九四五至七五年間逐漸變得比較平等，表示勞動階級的美國人口在年度經濟成長當中分得的份額稍微大於高所得的美國人口，儘管實際上的所得分配本身距離平等仍然非常遙遠。James T. Patterson, *Grand Expectations: The United States, 1945–1974, The Oxford History of the United States*, vol. 10 (New York: Oxford University Press, 1996), 321–22.

39　James Truslow Adams, *The Epic of America* (Garden City, NY: Blue Ribbon Books, 1941), 404.

40　See Robert J. Shiller, "The Transformation of the 'American Dream,'" *New York Times*, August 4, 2017.

41　Arthur M. Schlesinger, *The Vital Center: The Politics of Freedom* (Boston: Houghton Mifflin, 1949), 256.

42　Martin Luther King Jr., "Letter from a Birmingham Jail," *African Studies Center—University of Pennsylvania*, accessed November 22, 2019, https://www.africa.upenn.edu/Articles_Gen/Letter_Birmingham.html.

43　John F. Kennedy, "Radio and Television Report to the American People on Civil Rights, June 11, 1963," John F. Kennedy Presidential Library and Museum, accessed November 22, 2019, https://www.jfklibrary.org/archives/other-resources/john-f-kennedy-speeches/civil-rights-radio-and-television-report-19630611.

44　Gary S. Selby, *Martin Luther King and the Rhetoric of Freedom: The Exodus Narrative in America's Struggle for Civil Rights, Studies in Rhetoric and Religion* 5 (Waco, TX: Baylor University Press, 2008).

45　William I. Hitchcock, *The Age of Eisenhower: America and the World in the 1950s* (New York: Simon & Schuster, 2018), chap. 6.

46　Marie Jahoda, "Psychological Issues in Civil Liberties," *American Psychologist* 11, no. 5 (1956): 234–20, quotation at 234.

47　David Riesman, Nathan Glazer, and Reuel Denney, *The Lonely Crowd: A Study of the Changing American Character*, abridged and rev. ed. (New Haven: Yale University Press, 2001).

48　"David Riesman, Sociologist Whose 'Lonely Crowd' Became a Best Seller, Dies at 92," *New York Times*, May 11, 2002.

49　William Hollingsworth Whyte, *The Organization Man* (New York: Simon & Schuster, 1956), chaps. 2 4, 5. 這個時期還有另一本書也強調盲目遵從規則

的危險性，見 Hannah Arendt, *Eichmann in Jerusalem: A Report on the Banality of Evil*, revised and enlarged ed. (New York: Viking, 1964).

50　For example, Dan Reidel, "Oroville Dam: Photos Taken Weeks Before Spillway Broke Show Something Wrong," *Mercury News*, March 11, 2017.

51　關於艾許的實驗及其後果，有一項值得參考的概觀，見 Saul A. McLeod, "Solomon Asch—Conformity Experiment," *Simply Psychology* (Dec. 28, 2018). Retrieved from https://www.simplypsychology.org/asch-conformity.html

52　引文取自 John Greenwood, "How Would People Behave in Milgram's Experiment Today?," *Behavioral Scientist*, July 24, 2018, https://behavioralscientist.org/how-would-people-behave-in-milgrams-experiment-today/.

53　Knud Larsen, "Conformity in the Asch Experiment," *Journal of Social Psychology* 94 (1974): 303–4; Steven Perrin and Christopher Spencer, "The Asch Effect—A Child of Its Time?," *Bulletin of the British Psychological Society* 33 (1980): 405–6; Rod Bond and Peter B. Smith, "Culture and Conformity: A Meta-Analysis of Studies Using Asch's (1952b, 1956) Line Judgment Task," *Psychological Bulletin* 119, no. 1 (January 1996): 111–37, doi:10.1037/0033-2909.119.1.111.

54　Jennifer Burns, *Goddess of the Market: Ayn Rand and the American Right* (Oxford: Oxford University Press, 2009); Daniel Stedman Jones, *Masters of the Universe: Hayek, Friedman, and the Birth of Neoliberal Politics* (Princeton: Princeton University Press, 2013); Angus Burgin, *The Great Persuasion: Reinventing Free Markets Since the Depression* (Cambridge, MA: Harvard University Press, 2015).

55　蘭德關於「守護同胞」的這段話引自 "The Mike Wallace Interview, Ayn Rand," March 12, 1959, https://www.youtube.com/watch?v=1ooKsv_SX4Y at 18:53. Altruism quotation from Ayn Rand, *The Virtue of Selfishness: A New Concept of Egoism* (New York: Penguin, 1964), 112.

56　David Corn, "Secret Video: Romney Tells Millionaire Donors What He Really Thinks of Obama Voters," *Mother Jones*, September 17, 2012, https://www.motherjones.com/politics/2012/09/secret-video-romney-private-fundraiser/.

57　Alvin Toffler, "Playboy Interview: Ayn Rand," *Playboy*, March 1964, 35–43.

58　James Stewart, "As a Guru, Ayn Rand May Have Limits. Ask Travis Kalanick," *New York Times* (online), July 13, 2017. https://www.nytimes.com/2017/07/13/business/ayn-rand-business-politics-uber-kalanick.html.

59　萊恩的這段話，出現在二〇〇五年對阿特拉斯協會發表的一場演說當中二分三十八秒處："Paul Ryan and Ayn Rand's Ideas: In the Hot Seat Again," *The Atlas Society*, April 30, 2012, https://atlassociety.org/commentary/commentary-blog/4971-paul-ryan-and-ayn-rands-ideas-in-the-hot-seat-again.

60 Francis Fukuyama, *The Great Disruption: Human Nature and the Reconstitution of Social Order* (New York: Free Press, 1999), 13–14.

61 Herbert Marcuse, "Selection from One Dimensional Man," in *The American Intellectual Tradition*, eds. David A. Hollinger and Charles Capper, 6th ed., vol. 2 (New York: Oxford University Press, 2011). 關於新左派，見 Maurice Isserman, *If I Had a Hammer: The Death of the Old Left and the Birth of the New Left*, rpt. ed. (Urbana: University of Illinois Press, 1993); David Farber, *Chicago '68* (Chicago: University of Chicago Press, 1994); Jim Miller, *Democracy Is in the Streets: From Port Huron to the Siege of Chicago* (Cambridge, MA: Harvard University Press, 1994); Douglas C. Rossinow, *The Politics of Authenticity: Liberalism, Christianity, and the New Left in America*, rev. ed. (New York: Columbia University Press, 1998); and Van Gosse, *Rethinking the New Left: An Interpretative History* (New York: Palgrave Macmillan, 2005).

62 Students for a Democratic Society (U.S.), *The Port Huron Statement: (1962)* (Chicago: C. H. Kerr, 1990).

63 Todd Gitlin, *The Sixties: Years of Hope, Days of Rage*, rev. ed. (New York: Bantam, 1993), 209.

64 Erik H. (Erik Homburger) Erikson, *Young Man Luther: A Study in Psychoanalysis and History*, Austen Riggs Center, Monographs, No. 4 (New York: W. W. Norton, 1958).

65 這一段乃是奠基於一項針對「認同危機」、「種族認同」、「性別認同」與「認同政治」所進行的 Ngram 分析（這項分析並未顯示於此）。

66 "Citizenship Rights and Responsibilities," U.S. Citizenship and Immigration Services, accessed November 22, 2019, https://www.uscis.gov/citizenship/learners/citizenship-rights-and-responsibilities.

67 我們此處的「權利」使用的是複數形式「rights」，因為這個詞語的單數形式充滿了模稜兩可的意義。「責任」的單數形式「responsibility」則是比複數形式「responsibilities」常見得多，儘管這兩者相對於「權利」呈現出來的曲線都相同。

68 Mary Ann Glendon, *Rights Talk: The Impoverishment of Political Discourse* (New York: Free Press, 1991).

69 Joseph Bagley, *The Politics of White Rights: Race, Justice, and Integrating Alabama's Schools* (Athens: University of Georgia Press, 2018).

70 Duane F. Alwin, "Cohort Replacement and Changes in Parental Socialization Values," *Journal of Marriage and the Family* 52, no. 2 (1990): 347–60. See also Michael Hout and Claude S. Fischer, "Explaining Why More Americans Have No Religious Preference: Political Backlash and Generational Succession, 1987–2012," *Sociological Science* 1 (October 2014): 423–47, doi:10.15195/

v1.a24，其中強調指出，「在整體的個人自主性，以及性與藥物等領域的自主性當中」，都存在著世代差異。

71 以 Ngram Viewer 查詢「自助」一詞在一八八〇至二〇〇八年間的使用情形；以及 Robert Wuthnow, *After Heaven: Spirituality in America Since the 1950s* (Berkeley: University of California Press, 1998), esp. 153.

72 "Share, v.2," in *Oxford English Dictionary Online* (Oxford: Oxford University Press, 2019), http://www.oed.com/view/Entry/177535.

73 Christopher Lasch, *The Culture of Narcissism: American Life in an Age of Diminishing Expectations* (New York: W. W. Norton, 1979).

74 Jean M. Twenge, *Generation Me: Why Today's Young Americans Are More Confident, Assertive, Entitled—And More Miserable than Ever Before* (New York: Free Press, 2006), 68–69.

75 Jean M. Twenge and W. Keith Campbell, *The Narcissism Epidemic: Living in the Age of Entitlement* (New York: Atria, 2009), 4.

76 同上，67。關於她最新資料的摘要，見 Jean M. Twenge, W. Keith Campbell, and Nathan T. Carter, "Declines in Trust in Others and Confidence in Institutions Among American Adults and Late Adolescents, 1972–2012," *Psychological Science* 25, no. 10 (2014): 1914–23, doi:10.1177/0956797614545133.

77 See "Graphic detail," The Economist (Feb 16, 2019) https://www.economist.com/graphic-detail/2019/02/16/the-names-of-migrants-to-america-suggest-they-were-individualists; Geert Hofstede, *Culture's Consequences: Comparing Values, Behaviors, Institutions and Organizations Across Nations*. 2nd ed. (Thousand Oaks CA: Sage Publications, 2001); and https://www.hofstede-insights.com/models/national-culture/.

78 Jean M. Twenge, Emodish M. Abebe, and W. Keith Campbell, "Fitting In or Standing Out: Trends in American Parents' Choices for Children's Names, 1880–2007," *Social Psychological and Personality Science* 1, no. 1 (2010): 19–25, doi:10.1177/1948550609349515. Knudsen, Anne Sofie Beck, "Those Who Stayed: Individualism, Self-Selection and Cultural Change During the Age of Mass Migration" (January 24, 2019), available at SSRN: https://ssrn.com/abstract=3321790 or http://dx.doi.org/10.2139/ssrn.3321790; Yuji Ogihara et al., "Are Common Names Becoming Less Common? The Rise in Uniqueness and Individualism in Japan," *Frontiers in Psychology* 6 (2015): 1490, doi:10.3389/fpsyg.2015.01490; Michael E. W. Varnum and Shinobu Kitayama, "What's in a Name?: Popular Names Are Less Common on Frontiers," *Psychological Science* 22, no. 2 (2011): 176–83, doi:10.1177/0956797610395396. 關於其他使用出生名衡量文化的經濟學與社會學研

究，見 Samuel Bazzi et al., "Frontier Culture," 2.

79　"Background Information for Popular Names," Social Security Administration, accessed November 22, 2019, https://www.ssa.gov/oact/babynames/background.html.

80　在此一脈絡下使用吉尼係數的其他研究包括 Twenge et al, "Fitting In or Standing Out," Richard Woodward, "Do Americans Desire Homogeneity?;" Twenge et al, "Still standing out: children's names in the United States during the Great Recession and correlations with economic indicators: Names and economic conditions," *Journal of Applied Social Psychology*, 46, no. 11, (2016): 663–670 (2016); Wentian Li, "Analyses of baby name popularity distribution in U.S. for the last 131 years," *Complexity* 18, no.1 (2012): 44-50.

81　Gabriel Rossman, "Now These Are the Names, Pt 2," *Code and Culture*, August 23, 2012, https://codeandculture.wordpress.com/2012/08/23/now-these-are-the-names-pt-2/.

82　Twenge, Abebe, and Campbell, "Fitting In or Standing Out."

83　關於代名詞使用和人際關係強度與穩定度的關聯性，見 Richard B. Slatcher, Simine Vazire, and James W. Pennebaker, "Am 'I' More Important than 'We'? Couples' Word Use in Instant Messages," *Personal Relationships* 15, no. 4 (2008): 407–24, doi:10.1111/j.1475-6811.2008.00207.x。關於語言使用和憂鬱的關係，見 Stephanie Rude, Eva-Maria Gortner, and James Pennebaker, "Language Use of Depressed and Depression-Vulnerable College Students," *Cognition and Emotion* 18, no. 8 (2004): 1121–33, doi:10.1080/02699930441000030。關於代名詞比悲傷字眼更能夠可靠預測憂鬱的證據，見 Cindy Chung and James Pennebaker, "The Psychological Functions of Function Words," in *Social Communication*, ed. Klaus Fiedler, Frontiers of Social Psychology (New York: Psychology Press, 2007), 343–59。關於代名詞與社群創傷，見 Michael Cohn, Matthias Mehl, and James Pennebaker, "Linguistic Markers of Psychological Change Surrounding September 11, 2001," *Psychological Science* 15, no. 10 (2004): 687–93; and Lori D. Stone and James W. Pennebaker, "Trauma in Real Time: Talking and Avoiding Online Conversations About the Death of Princess Diana," *Basic and Applied Social Psychology* 24, no. 3 (2002): 173–83, doi:10.1207/S15324834BASP2403_1.

84　James W. Pennebaker, *The Secret Life of Pronouns: What Our Words Say About Us* (New York: Bloomsbury, 2011).

85　Greenfield, "The Changing Psychology of Culture from 1800 Through 2000."

86　Twenge, Campbell, and Gentile, "Changes in Pronoun Use in American Books and the Rise of Individualism, 1960–2008."

87　Thomas Wolfe, "The 'Me' Decade and the Third Great Awakening," *New York* magazine, April 8, 2008, http://nymag.com/news/features/45938/.

88 同樣的基本 U 形模式可見於「我的 / 我們的」以及「我 / 我們」，但沒有在「他 / 她 / 它 / 他們」當中。

89 見注釋 1.4。

90 嚴格說來，我們此處指的是各項衡量標準對於產生自縱向因素分析的單一因素所造成的負荷量。

第六章 | 種族與美國的「集體」

1 鑒於我們在本章的目的是要檢視長達一個世紀的種族平等趨勢，並且把這些趨勢拿來和「自我—集體—自我」曲線比較，因此我們的討論只聚焦於非裔美國人，原因是我們在這段期間對於其他族群缺乏持續性的可靠資料。根據皮尤研究中心所言，「美國在其歷史上的大部分時間，一直都有兩大種族，而且直到近數十年來，白人與黑人也都支配了人口普查的種族類別」（Kim Parker et al., "Race and Multiracial Americans in the U.S. Census," *Pew Research Center's Social & Demographic Trends Project*, June 11, 2015, https://www.pewsocialtrends.org/2015/06/11/chapter-1-race-and-multiracial-americans-in-the-u-s-census/）。美洲原住民、亞裔、拉丁裔以及其他有色人種都有極度重要的故事需要述說，而且他們也都各自以獨特的方式致力達成平等與包容。我們的目的不是要貶抑或者忽略他們的歷史，而是要把我們的討論奠基於一個群體上，原因是我們對這個群體擁有最可靠並且涵蓋了整個世紀的資料。我們在第八章還會短暫回頭探討外來移民以及他們與「自我—集體—自我」曲線的關係。

2 W. E. B. Du Bois, *The Souls of Black Folk* (Mineola, NY: Dover, 1994).

3 Henry Louis Gates, *Stony the Road: Reconstruction, White Supremacy, and the Rise of Jim Crow* (New York: Penguin, 2019), 8; *The African Americans: Many Rivers to Cross* (PBS Television, 2003).

4 Gates, *Stony the Road*, 26.

5 其中的三個例子是喬治亞州的人頭稅（1877）、南卡羅萊納州的八箱法（1882），以及阿拉巴馬州的塞爾法（Sayre Law, 1892）。

6 Richard White, *The Republic for Which It Stands: The United States During Reconstruction and the Gilded Age, 1865–1896, The Oxford History of the United States* (unnumbered) (New York: Oxford University Press, 2017), 37–40.

7 Ibid., 101–2; Isabel Wilkerson, *The Warmth of Other Suns: The Epic Story of America's Great Migration* (New York: Vintage, 2011), 41–42.

8 David M. Oshinsky, *Worse than Slavery: Parchman Farm and the Ordeal of Jim Crow Justice* (New York: Free Press, 1996).

9 Wilkerson, *The Warmth of Other Suns*, 53–54.

10　United States Bureau of the Census Administration and Customer Services Division, "Statistical Abstract of the United States, 1999: The National Data Book," Superintendent of Documents, 1999, 847.

11　Thomas D. Snyder, *120 Years of American Education: A Statistical Portrait* (Washington, DC: Department of Education, Office of Educational Research and Improvement, National Center for Education Statistics, 1993), 14.

12　Ibid., 21.

13　William J. Collins and Robert A. Margo, "Race and Home Ownership: A Century-Long View," *Explorations in Economic History* 38, no. 1 (January 2001): 68–92, doi:10.1006/exeh.2000.0748.

14　Peter H. Lindert and Jeffrey G. Williamson, *Unequal Gains: American Growth and Inequality Since 1700*, Princeton Economic History of the Western World (Princeton: Princeton University Press, 2016), 190.

15　這個比喻當然有可能解讀為暗示了多種族社會當中的權力動態。（坐在駕駛座上的是誰，又是誰的腳踩著油門？）我們希望本章提供的證據足以明白顯示我們的信念，即種族平等與包容的正面與負面變化都會受到由上而下與由下而上的力量所促成，而且此一過程涉及了白人與黑人領袖與公民相互交織的行動。權力與特權無疑是這個故事當中的重要元素，但「放開油門」僅是對一項統計趨勢的客觀描述，也就是二十世紀晚期在種族平等進展上的減緩。

16　如同我們在本書一再強調的，由於我們主要的興趣是在差不多一百二十五年間的改變速率、時機，以及方向，因此我們在各章當中通常聚焦於趨勢，而不是絕對的量度。如果要理解我們對種族不平等的分析，尤其必須記住這一點。我們如果說種族平等出現了改善或者進展，絕不是主張平等已經達成，或是那樣的改善已經足夠，或者改變的步調足夠迅速。我們關注的是趨勢究竟是朝向種族之間更大的平等還是不平等，以及這些趨勢在什麼時候開始、加速、減速，或者翻轉，以及這樣的發展能夠讓我們對於「自我─集體─自我」曲線以及美國在種族不平等方面持續不斷的掙扎這兩者之間的關係獲得什麼樣的理解。

17　圖 6.1 的資料來自 National Center for Health Statistics, Centers for Disease Control and Prevention, "Death Rates and Life Expectancy at Birth." 一九二〇年代初期的飆升也許可歸因於黑人在當時的流感疫情當中死亡率低於預期。見 Helene Økland and Svenn-Erik Mamelund, "Race and 1918 Influenza Pandemic in the United States: A Review of the Literature," *International Journal of Environmental Research ond Public Health* 16, no. 14 (2019): 2487. doi:10.3390/ijerph16142487.

18　See Anne Case and Angus Deaton, *Deaths of Despair and the Future of Capitalism* (Princeton NJ: Princeton University Press, 2020), chapter 5.

19 健康資料匯總自以下文獻的表格：W. Michael Byrd and Linda A. Clayton, *An American Health Dilemma: A Medical History of African Americans and the Problem of Race, Beginnings to 1900* (New York: Routledge, 2000); W. Michael Byrd and Linda A. Clayton, *An American Health Dilemma: Race, Medicine, and Health Care in the United States 1900–2000* (New York: Routledge, 2002); Leah Boustan and Robert A Margo, "Racial Differences in Health in Long-Run Perspective: A Brief Introduction," Working Paper 20765 (National Bureau of Economic Research, December 2014), doi:10.3386/w20765; Robert D. Grove and Alice M. Hetzel, *Vital Statistics Rates in the United States, 1940–1960* (Washington, DC: National Center for Health Statistics, 1968), 887, accessed October 22, 2019, https://www.cdc.gov/nchs/data/vsus/vsrates1940_60.pdf; National Center for Health Statistics, "Advance Report of Final Mortality Statistics, 1979," *Monthly Vital Statistics Report* 31, no. 6 (September 30, 1982); Robert N. Anderson and Sherry L. Murphy, "Report of Final Mortality Statistics, 1995," *Monthly Vital Statistics Report* 45, no. 11 (1997): 80; Donna L. Hoyert, Sherry L. Murphy, and Kenneth D. Kochanek, "Deaths: Final Data for 1999," *National Vital Statistics Report* 49, no. 9 (September 21, 2001); Arialdi M. Miniño et al., "Deaths: Final Data for 2000," *National Vital Statistics Report* 50, no. 15 (September 16, 2002).

20 James D. Anderson, *The Education of Blacks in the South, 1860–1935* (Chapel Hill: University of North Carolina Press, 1988), 151, 182.

21 Ibid., 189, 191, 236.

22 M. Richard Cramer, Ernest Q. Campbell, and Charles E. Bowerman, "Social Factors in Educational Achievement and Aspirations Among Negro Adolescents," Cooperative Research Project no. 1168 (U.S. Department of Health, Education, and Welfare, 1966), https://files.eric.ed.gov/fulltext/ED010837.pdf.

23 Robert A. Margo, *Race and Schooling in the South, 1880–1950: An Economic History*, (Chicago: University of Chicago Press, 1990), 10.

24 Anderson, *The Education of Blacks in the South, 1860–1935*, 138–39.

25 James R. Mingle, *Black Enrollment in Higher Education: Trends in the Nation and the South* (Atlanta: Southern Regional Education Board, 1978), 8.

26 Vincent P. Franklin, *The Education of Black Philadelphia: The Social and Educational History of a Minority Community, 1900–1950* (Philadelphia: University of Pennsylvania Press, 1979), 48–50.

27 南方學校品質的資料，來自以下文獻當中的估計與計算：Margo, *Race and Schooling in the South*, 22; Lindert and Williamson, *Unequal Gains*, 188–89; David Card and Alan Krueger, "School Quality and Black-White Relative

Earnings—A Direct Assessment," *Quarterly Journal of Economics* 107, no. 1 (1992): 151–200; John J. Donohue, James J. Heckman, and Petra E. Todd, "The Schooling of Southern Blacks: The Roles of Legal Activism and Private Philanthropy, 1910–1960," *The Quarterly Journal of Economics* 117, no. 1 (2002): 230, doi:10.1162/003355302753399490. 最重要也最普遍的改善發生在一九三五年之後的十五年裡，Donohue, Heckman, and Todd 將其歸功於全國有色人種協進會提起的訴訟以及私人的慈善作為。

28 Lindert and Williamson, *Unequal Gains*, 188–89.

29 Stephen Thernstrom et al., *America in Black and White: One Nation, Indivisible* (New York: Simon & Schuster, 1997), 85. 關於一九〇四至五二年間南方特定州的類似資料，見 Charles T. Clotfelter, *After Brown: The Rise and Retreat of School Desegregation* (Princeton: Princeton University Press, 2004), 16.

30 Margo, *Race and Schooling in the South*, 64.

31 Clotfelter, *After Brown*, 16.

32 關於北方學校種族隔離的討論，見 Gerald N. Rosenberg, *The Hollow Hope: Can Courts Bring About Social Change?*, 2nd ed., American Politics and Political Economy (Chicago: University of Chicago Press, 2008), 98–100; Franklin, *The Education of Black Philadelphia*, 37–47; and Davison M. Douglas, *Jim Crow Moves North: The Battle over Northern School Desegregation, 1865–1954*, Cambridge Historical Studies in American Law and Society (New York: Cambridge University Press, 2005), 139–51.

33 Anderson, *The Education of Blacks in the South*, 1988; Jeannie Oakes, *Keeping Track: How Schools Structure Inequality* (New Haven: Yale University Press, 1985); Jeannie Oakes and Gretchen Guiton, "Matchmaking: The Dynamics of High School Tracking Decisions," *American Educational Research Journal* 32, no. 1 (1995): 3–33, doi:10.3102/00028312032001003; Grace Kao and Jennifer S. Thompson, "Racial and Ethnic Stratification in Educational Achievement and Attainment," *Annual Review of Sociology* 29, no. 1 (2003): 417–42, doi:10.1146/annurev.soc.29.010202.100019.

34 關於這一段與下一段的證據，見 Gavin Wright, *Sharing the Prize: The Economics of the Civil Rights Revolution in the American South* (Cambridge, MA: Belknap Press of Harvard University Press, 2013), esp. 162; Clotfelter, *After Brown*, esp. 56; and Gary Orfield and Chungmei Lee, "Historical Reversals, Accelerating Resegregation, and the Need for New Integration Strategies" (A report of the Civil Rights Project, UCLA: August 2007), 28 and 33. https:// civilrightsproject.ucla.edu/research/k-12-education/integration-and-diversity/ historic-reversals-accelerating-resegregation-and-the-need-for-new-integration-strategies-1/orfield-historic-reversals-accelerating.pdf.

35　關於一九六〇年之後的學校種族融合趨勢，見 Clotfelter, *After Brown*: 56; Gary Orfield and Chungmei Lee, "Historic Reversals, Accelerating Resegregation, and the Need for New Integration Strategies" (A report of the Civil Rights Project, UCLA, August 2007): 28, 33, https://civilrightsproject.ucla.edu/research/k-12-education/integration-and-diversity/historic-reversals-accelerating-resegregation-and-the-need-for-new-integration-strategies-1/orfield-historic-reversals-accelerating.pdf; and Wright, *Sharing the Prize*, 161.

36　在學校品質的衡量上，縱向資料少得出人意外，但現代學校落差的統計數據可見於：Center for American Progress, "Students of Color Still Receiving Unequal Education," August 22, 2012, https://www.americanprogress.org/issues/education-k-12/news/2012/08/22/32862/students-of-color-still-receiving-unequal-education/.

37　James P. Smith, "Race and Human Capital," *The American Economic Review* 74, no. 4 (1984): 685–98; Robert A. Margo, "Obama, Katrina, and the Persistence of Racial Inequality," *The Journal of Economic History* 76, no. 2 (2016): 301–41.

38　Margo, "Obama, Katrina, and the Persistence of Racial Inequality"; John J. Donohue III and James Heckman, "Continuous Versus Episodic Change: The Impact of Civil Rights Policy on the Economic Status of Blacks," Working Paper 3849 (National Bureau of Economic Research, November 1991); Wright, *Sharing the Prize*; James P. Smith and Finis R. Welch, "Black Economic Progress After Myrdal," *Journal of Economic Literature* 27, no. 2 (1989): 519–64; James P. Smith, "Race and Human Capital," *The American Economic Review* 74, no. 4 (1984): 685–98. 我們在這一節引用的研究，雖然使用的衡量指標各自不同（諸如人均所得、男性工資、包括勞工與非勞工的男性總收入等等），卻都一致發現黑人與白人的所得平等在一九四〇至一九七〇年間的進步幅度最大。

39　Thomas N. Maloney, "Wage Compression and Wage Inequality Between Black and White Males in the United States, 1940–1960," *The Journal of Economic History* 54, no. 2 (1994): 358–81, doi:10.1017/S0022050700014522.

40　Lindert and Williamson, *Unequal Gains*, 191–92.

41　Robert Manduca, "Income Inequality and the Persistence of Racial Economic Disparities," *Sociological Science* 5 (2018): 182–205. See also Patrick J. Bayer and Kerwin Kofi Charles, "Divergent Paths: Structural Change, Economic Rank, and the Evolution of Black-White Earnings Differences, 1940-2014," Working Paper 22797 (National Bureau of Economic Research, Inc, September 2017), https://ideas.repec.org/p/nbr/nberwo/22797.html.

42　有一張大體上類似的圖表，見 Margo, "Obama, Katrina, and the Persistence of Racial Inequality," Figure 1. See also Jennifer L. Hochschild, *Facing up to the American Dream: Race, Class, and the Soul of the Nation*, Princeton Studies in American Politics (Princeton: Princeton University Press, 1995); William A. Darity and Samuel L. Myers, *Persistent Disparity: Race and Economic Inequality in the United States Since 1945* (Northampton, UK: Edward Elgar Publishing, 1998); John Bound and Richard Freeman, "What Went Wrong? The Erosion of Relative Earnings and Employment Among Young Black Men in the 1980s," *Quarterly Journal of Economics* 107, no. 1 (February 1992): 201–32; Amitabh Chandra, "Is the Convergence of the Racial Wage Gap Illusory?," Working Paper 9476 (National Bureau of Economic Research, February 2003), doi:10.3386/w9476; Derek Neal and Armin Rick, "The Prison Boom and the Lack of Black Progress After Smith and Welch," Working Paper 20283 (National Bureau of Economic Research, July 2014), doi:10.3386/w20283; Patrick J. Bayer and Kerwin Kofi Charles, "Divergent Paths: A New Perspective on Earnings Differences Between Black and White Men Since 1940," SSRN Scholarly Paper (Rochester, NY: Social Science Research Network, July 5, 2018), https://papers.ssrn.com/abstract=3208755.

43 Margo, "Obama, Katrina, and the Persistence of Racial Inequality," 308.

44 Bayer and Charles, "Divergent Paths," (2018), 1461; Moritz Kuhn, Moritz Schularick, and Ulrike Steins, "Income and Wealth Inequality in America, 1949–2016," IDEAS Working Paper Series from RePEc, 2018, doi:10.21034/iwp.9.

45 Bayer and Charles, "Divergent Paths" (2017); Neal and Rick, "The Prison Boom and the Lack of Black Progress After Smith and Welch"; Bruce Western and Becky Pettit, "Black-White Wage Inequality, Employment Rates, and Incarceration 1," *American Journal of Sociology* 111, no. 2 (2005): 553–78, doi:10.1086/432780; Bruce Western, *Punishment and Inequality in America* (New York: Russell Sage Foundation, 2006); Bruce Western, Steve Redburn, and Jeremy Travis, "The Growth of Incarceration in the United States: Exploring Causes and Consequences," April 30, 2014, doi:10.17226/18613.

46 Hochschild, *Facing up to the American Dream*, 49; William J. Wilson, *The Truly Disadvantaged: The Inner City, the Underclass, and Public Policy*, 2nd ed. (Chicago: University of Chicago Press, 2012).

47 圖 6.5 的資料來源：1900–1970 rates from Steven Ruggles, Sarah Flood, Ronald Goeken, Josiah Grover, Erin Meyer, Jose Pacas, and Matthew Sobek, IPUMS USA: Version 9.0, 1% Samples, Minneapolis: IPUMS, 2019. 一九七三至二〇一七年的比率來自 US Census Bureau, Housing Survey and US Census Bureau, Current Population Survey/Housing Vacancy Survey. 關於黑人的住宅

自有率在吉姆・克勞法時期的上升，見 William J. Collins and Robert A. Margo, "Race and Home Ownership from the End of the Civil War to the Present," Working Paper 16665 (National Bureau of Economic Research, January 2011), doi:10.3386/w16665.

48　Kuhn, Schularick, and Steins, "Income and Wealth Inequality in America, 1949–2016." 請注意，前引的 Collins and Margo 主張這項趨勢呈現的形貌不太一樣，因為他們把這項計算呈現為一種落差，而不是比率。不過，其背後的數據並無不同。

49　Leah Platt Boustan and Robert A. Margo, "White Suburbanization and African-American Home Ownership, 1940–1980," Working Paper 16702 (National Bureau of Economic Research, August 2013), doi:10.3386/w16702.

50　Keeanga-Yamahtta Taylor, *Race for Profit: How Banks and the Real Estate Industry Undermined Black Homeownership, Justice, Power, and Politics* (Chapel Hill: University of North Carolina Press, 2019).

51　Gregory D. Squires, "Predatory Lending: Redlining in Reverse," *Shelterforce*, January 1, 2005, https://shelterforce.org/2005/01/01/predatory-lending-redlining-in-reverse/.

52　Laurie Goodman, Jun Zhu, and Rolf Pendall, "Are Gains in Black Homeownership History?," *Urban Wire*, February 14, 2017, https://www.urban.org/urban-wire/are-gains-black-homeownership-history.

53　V. O. (Valdimir Orlando) Key, *Southern Politics in State and Nation* (New York: Alfred A. Knopf, 1950); J. Morgan Kousser, *The Shaping of Southern Politics: Suffrage Restriction and the Establishment of the One-Party South, 1880–1910*, Yale Historical Publications, Miscellany 102 (New Haven: Yale University Press, 1974); Laughlin McDonald, *A Voting Rights Odyssey: Black Enfranchisement in Georgia* (Cambridge: Cambridge University Press, 2003), 30–44.

54　Hanes Walton, *The African American Electorate: A Statistical History* (Thousand Oaks, CA: CQ Press, 2012).

55　Milton C. Sernett, *Bound for the Promised Land: African American Religion and the Great Migration*, C. Eric Lincoln Series on the Black Experience (Durham, NC: Duke University Press, 1997), 17.

56　Walton, *The African American Electorate*, 469–79.

57　Dianne M. Pinderhughes, *Race and Ethnicity in Chicago Politics: A Reexamination of Pluralist Theory* (Urbana: University of Illinois Press, 1987), 84, 86. 必須注意的是，歸化程序幾乎可以確定對於波蘭與義大利移民的選民登記率具有負面影響。

58　Ibid., 77.

59　同上，90-91。有一項當代分析得出了大體上相同的結論，見 Harold F.

Gosnell, "The Chicago 'Black Belt' as a Political Battleground," *American Journal of Sociology* 39, no. 3 (November 1933): 329–41, doi:10.1086/216435.

60　Wright, *Sharing the Prize*；圖 6.6 從一九四〇至六九年間的資料是選民教育計畫的估計，彙整自 David J. Garrow, *Protest at Selma: Martin Luther King, Jr., and the Voting Rights Act of 1965* (New Haven: Yale University Press, 1978) 7, 11, 19, 189, 200；一九七〇至二〇〇〇年間的資料來自人口普查局，彙整於 Stanley, *Voter Mobilization*, pp. 97；一九八〇至二〇〇八年的資料彙整於 Bullock and Gaddie, *Triumph of Voting Right*s, pp. 380–82; 2010–2018 data US Census Bureau, Current Population Survey, P-20 Tables.

61　關於另一種觀點，見 Philip A. Klinkner, *The Unsteady March: The Rise and Decline of Racial Equality in America* (Chicago: University of Chicago Press, 1999)，其中主張美國的種族進步都只有十到十五年間的短暫躍升，而且也只有在特定狀況的組合下才會發生：例如戰爭需要黑人人力，或者對抗敵人需要平等主義的修辭，或是國內的政治抗爭施壓要求改革。Klinkner 指出，進步之後總是接著出現好幾年的停滯與衰退，原因是白人菁英重新鞏固了他們（根深柢固）的權力，致力阻擋改革並且擁抱不平等。

62　圖 6.7 的資料取自 Ida A. Brudnick and Jennifer E. Manning, *African American Members of the United States Congress: 1870–2018*, RL30378, Congressional Research Service; Jennifer E. Manning, Membership of the 116th Congress: A Profile, RL45583, Congressional Research Service. 證據顯示，黑人獲得更多的政治代表在南方促成了高度的經濟效益，尤其是地方公共財的供應增加，例如教育。見 Andrea Bernini, Giovanni Facchini, and Cecilia Testa, "Race, Representation and Local Governments in the US South: The Effect of the Voting Rights Act," SSRN Scholarly Paper (Rochester, NY: Social Science Research Network, March 1, 2018), https://papers.ssrn.com/abstract=3138836.

63　Henry Louis Gates, *Stony the Road*.

64　一九五三年，在全國有色人種協會的壓力下，*Amos 'n' Andy* 這部帶有種族歧視色彩的電視影集受到取消。這部影集改編自一個由白人演員為黑人角色配音的廣播節目，取消之後仍然持續不斷重播，直到一九六〇年才受到 CBS 電視臺完全下架。*Sanford and Son*（1972）、*Good Times*（1974）、以及 *The Jeffersons*（1975）是最早完全由黑人演員擔綱的電視節目。

65　Thomas J. Sugrue, *The Origins of the Urban Crisis: Race and Inequality in Postwar Detroit* (Princeton: Princeton University Press, 1996); Herman P. Miller, *Rich Man, Poor Man* (New York: Crowell, 1964), as cited in Charles Willie, "The Inclining Significance of Race," *Society* 15, no. 5 (1978): 14, doi:10.1007/BF02701608.

66　Trevon D. Logan and John M. Parman, "The National Rise in Residential Segregation, *Journal of Economic History* 77, no. 1 (March 2017): 127-170.

67 Richard Rothstein, *The Color of Law: A Forgotten History of How Our Government Segregated America* (New York: Liveright, 2017).

68 見：David M. Cutler, Edward L. Glaeser, and Jacob L. Vigdor, "The Rise and Decline of the American Ghetto," *Journal of Political Economy* 107, no. 3 (June 1999): 455–506, doi:10.1086/250069. 這幾位作者指出，種族隔離基本上有三種可能的發展方式：一種是「集中入口」模式，也就是黑人居民偏好居住在以黑人占多數的鄰里當中；另一種是「集體行動種族歧視」，也就是白人居民以形式障礙限制黑人入住特定鄰里；第三種是「分散式種族歧視」，也就是白人居民額外花錢以便住在以白人占多數的鄰里當中，造成白人遷徙以及藉由高房價阻擋黑人移入的現象。他們利用平均居住成本的資料，發現集體行動種族歧視模式最能夠解釋二十世紀中葉的種族隔離，原因是黑人居民為同等住宅付出的成本比白人居民高（他們既然因為高房價而被排除於白人鄰里之外，為住宅付出的成本理當要比較低才對），而且新移入的黑人居民付出的成本不比長期居民高（如果是集中入口模式，新進居民付出的成本應該會比較高）。他們發現這項模式到了一九九〇年已出現翻轉，也就是說種族隔離的形式障礙已受到分散式種族歧視所取代。

69 Ibid.

70 關於北方城市的種族隔離住宅發展，尤其是因應兩次大遷徙而造成的結果，這方面的關鍵著作包括：Arnold R. Hirsch, *Making the Second Ghetto: Race and Housing in Chicago, 1940–1960*, Historical Studies of Urban America (Chicago: University of Chicago Press, 1998); Amanda I. Seligman, *Block by Block: Neighborhoods and Public Policy on Chicago's West Side*, Historical Studies of Urban America (Chicago: University of Chicago Press, 2005); Kenneth T. Jackson, *Crabgrass Frontier: The Suburbanization of the United States* (New York: Oxford University Press, 1985); Sugrue, *The Origins of the Urban Crisis*; Robert O. Self, *American Babylon: Race and the Struggle for Postwar Oakland*, Politics and Society in Twentieth-Century America (Princeton: Princeton University Press, 2003); and Kevin Michael Kruse, *White Flight: Atlanta and the Making of Modern Conservatism*, Politics and Society in Twentieth-Century America (Princeton: Princeton University Press, 2005).

71 圖 6.8 的資料來源：入獄比率取自 Patrick A. Langan, Race of Prisoners Admitted to State and Federal Institutions, 1926–86, NCJ-125618 (Washington, DC: US Department of Justice, Bureau of Justice Statistics, 1999)。監禁比率取自 US Department of Justice, Bureau of Justice Statistics, Correctional Populations in the United States Series, 1985–2016 and Prisoners Series, 1980–2017. 人口估計取自 national intercensal tables, 1900–2010, US Census Bureau. 圖 6.8 拼接了入獄比率和監禁比率，以完整涵蓋一九二六

到二〇一七年間的狀況。入獄比率指的是每年進入矯正機構的人數，監禁比率指的是每年關在牢裡的總人數。監禁比率比入獄比率高，原因是刑期較長的囚犯在連續多年間都會一再被計入監獄人口當中。因此，監禁比率比較能夠精確顯示任何一個時間點的全體監獄人口數，但入獄比率則是比較能夠顯示出檢察改革措施的效果。

72　Henry Louis Gates and Isabel Wilkerson, "A Conversation with Isabel Wilkerson: On America's Great Migration," *Du Bois Review: Social Science Research on Race* 7, no. 2 (Fall 2010): 257–69, doi:10.1017/S1742058X10000433.

73　Zellmer R. Pettet and Charles E. Hall, *Negroes in the United States, 1920–32* (Washington, DC: Bureau of the Census, 1935), http://archive.org/details/negroesinuniteds1920pett.

74　Transcript, *Remembering Jim Crow*, accessed October 23, 2019, http://americanradioworks.publicradio.org/features/remembering/transcript.html.

75　Rothstein, *The Color of Law*; Matt Lassiter, "De Jure/De Facto Segregation: The Long Shadow of a National Myth," in *The Myth of Southern Exceptionalism*, ed. Matt Lassiter and Joseph Crestino (New York: Oxford University Press, 2010).

76　Emmett J. Scott, *Negro Migration During the War*, American Negro, His History and Literature (New York: Arno, 1969), 16–18.

77　不過，大遷徙造成了北方黑人與新進移民之間的經濟競爭。關於經濟增長並未平均分配於北方的黑人之間這項論點，見 Leah Boustan, *Competition in the Promised Land: Black Migrants in Northern Cities and Labor Markets*, NBER Series on Long-Term Factors in Economic Development (Princeton: Princeton University Press, 2017).

78　Reynolds Farley, *The Color Line and the Quality of Life in America*, Population of the United States in the 1980s (New York: Russell Sage Foundation, 1987), 302.

79　Cheryl Lynn Greenberg, *To Ask for an Equal Chance: African Americans in the Great Depression*, African American History Series (Lanham, MD: Rowman & Littlefield, 2009), 13, 18; James T. Patterson, *Grand Expectations: The United States, 1945–1974, The Oxford History of the United States*, vol. 10 (New York: Oxford University Press, 1996), 387–88.

80　Scott, *Negro Migration during the War*, 79–85.

81　Anderson, *The Education of Blacks in the South*, 202–3.

82　Wilkerson, *The Warmth of Other Suns*, 527.

83　Ibid., 45–46.

84　Ibid., 13.

85　Isabel Wilkerson, "The Long-Lasting Legacy of the Great Migration,"

Smithsonian, accessed October 23, 2019, https://www.smithsonianmag.com/history/long-lasting-legacy-great-migration-180960118/.

86 大多數學者都主張遷徙為離開南方的人口所帶來的效益相當大。見 Larry H. Long and Lynne R. Heltman, "Migration and Income Differences Between Black and White Men in the North," *American Journal of Sociology* 80, no. 6 (1975): 1391–1409, doi:10.1086/225996; Stanley Lieberson and Christy Wilkinson, "A Comparison Between Northern and Southern Black Residing in the North," *Demography* 13, no. 2 (1976): 199–224, doi:10.2307/2060801; Stanley Lieberson, "A Reconsideration of the Income Differences Found Between Migrants and Northern-Born Blacks," *American Journal of Sociology* 83, no. 4 (1978): 940–66; Stewart E. Tolnay, "The Great Migration Gets Underway: A Comparison of Black Southern Migrants and Nonmigrants in the North, 1920," *Social Science Quarterly* 82, no. 2 (2001): 235–52, doi:10.1111/0038-4941.00020; Christine Leibbrand et al., "Neighborhood Attainment Outcomes for Children of the Great Migration 1," *American Journal of Sociology* 125, no. 1 (2019): 141–83, doi:10.1086/703682. 不過，另外有些學者則指稱那些遷徙人口從移居當中得到的好處並不太大：Suzanne C. Eichenlaub, Stewart E. Tolnay, and J. Trent Alexander, "Moving Out but Not Up: Economic Outcomes in the Great Migration," *American Sociological Review* 75, no. 1 (2010): 101–25, doi:10.1177/0003122409357047; Robert Boyd, "Black Women in the 'Black Metropolis' of the Early Twentieth Century: The Case of Professional Occupations," *Journal of Sociology and Social Welfare* 40, no. 2 (2013): 103–17. 至於健康方面，Dan A. Black et al., "The Impact of the Great Migration on Mortality of African Americans: Evidence from the Deep South," *American Economic Review* 105, no. 2 (February 2015): 477–503, doi:10.1257/aer.20120642 主張指出，對於出生在南方腹地的黑人而言，移居北方城市其實有損他們的壽命長度。

87 Jessica Gordon Nembhard, *Collective Courage: A History of African American Cooperative Economic Thought and Practice* (University Park: Penn State University Press, 2014); Cedric J. Robinson, *Black Movements in America*, Revolutionary Thought/Radical Movements (New York: Routledge, 1997); Gates, *Stony the Road*; Wilkerson, *The Warmth of Other Suns*.

88 Vanessa Northington Gamble, *Making a Place for Ourselves: The Black Hospital Movement, 1920–1945* (New York: Oxford University Press, 1995); Leah Boustan and Robert A. Margo, "Racial Differences in Health in the United States: A Long-Run Perspective," in *The Oxford Handbook of Economics and Human Biology* (Oxford: Oxford University Press, 2016), 742; Edward Beardsley, *A History of Neglect: Health Care for Blacks and Mill Workers in the*

Twentieth-Century South (Knoxville: University of Tennessee Press, 1987), 114–16.

89 Anderson, *The Education of Blacks in the South,* 153.

90 Daniel Aaronson and Bhashkar Mazumder, "The Impact of Rosenwald Schools on Black Achievement," *Journal of Political Economy* 119, no. 5 (October 2011): 821–88, doi:10.1086/662962.

91 Anderson, *The Education of Blacks in the South*, 80–83; Robert A. Margo, *Race and Schooling in the South, 1880–1950: An Economic History.* 不過，Anderson 與 Margo 都指出黑人社群在這個時期的學校擴張過程當中仍然保有重要的影響力：在羅森沃德設立的學校當中如此，原因是社區參與了學校的資金籌募與建築工程；而更廣泛的原因，則是南方人口外移造成的勞工短缺以及全國有色人種協進會的施壓，使得黑人社群獲得政治籌碼。

92 Werner Troesken, *Water, Race, and Disease*, NBER Series on Long-Term Factors in Economic Development (Cambridge, MA: MIT Press, 2004); Boustan and Margo, "Racial Differences in Health in the United States"; David M. Cutler and Grant Miller, "The Role of Public Health Improvements in Health Advances: The Twentieth-Century United States," *Demography* 42, no. 1 (February 2005): 1–22; Marcella Alsan and Claudia Goldin, "Watersheds in Child Mortality: The Role of Effective Water and Sewerage Infrastructure, 1880 to 1920," Working Paper 21263 (National Bureau of Economic Research, May 2018), doi:10.3386/w21263.

93 David McBride, *Integrating the City of Medicine: Blacks in Philadelphia Health Care, 1910–1965* (Philadelphia: Temple University Press, 1989), 43–45.

94 Beardsley, *A History of Neglect*, 119–26.

95 Vincent P. Franklin, *The Education of Black Philadelphia: The Social and Educational History of a Minority Community, 1900–1950* (Philadelphia: University of Pennsylvania Press, 1979), 48–50.

96 Beardsley, *A History of Neglect*, 134–37.

97 Byrd and Clayton, *An American Health Dilemma*; Beardsley, *A History of Neglect*, 157–63; McBride, *Integrating the City of Medicine*, 129–30.

98 Beardsley, *A History of Neglect*, 157–63; 177–80; Karen Kruse Thomas, *Deluxe Jim Crow: Civil Rights and American Health Policy, 1935–1954* (Athens: University of Georgia Press, 2011); Byrd and Clayton, *An American Health Dilemma*, 2000, 143, 148–49.

99 Byrd and Clayton, *An American Health Dilemma*, 142.

100 Beardsley, *A History of Neglect*, 169–71.

101 這類陳述包括 Jennifer A. Delton, *Rethinking the 1950s: How Anticommunism and the Cold War Made America Liberal* (New York: Cambridge University

Press, 2013); Mary L. Dudziak, *Cold War Civil Rights: Race and the Image of American Democracy*, Politics and Society in Twentieth-Century America (Princeton: Princeton University Press, 2000).

102 J. D. Hall, "The Long Civil Rights Movement and the Political Uses of the Past," *Journal of American History* 91, no. 4 (2005): 1233–63, doi:10.2307/3660172.

103 Dorian Lynskey, "How the Fight to Ban *The Birth of a Nation* Shaped American History," *Slate*, March 31, 2015, https://slate.com/culture/2015/03/the-birth-of-a-nation-how-the-fight-to-censor-d-w-griffiths-film-shaped-american-history.html.

104 National Humanities Center, "NAACP Silent Protest Parade, flyer & memo, July 1917," https://nationalhumanitiescenter.org/pds/maai2/forward/text4/silentprotest.pdf.

105 Olivia B. Waxman, "The Forgotten March That Started the National Civil Rights Movement Took Place 100 Years Ago," *Time*, accessed October 24, 2019, https://time.com/4828991/east-saint-louis-riots-1917/.

106 Paul Finkelman, *Encyclopedia of African American History, 1896 to the Present: From the Age of Segregation to the Twenty-first Century* (Oxford: Oxford University Press, 2009), 81.

107 關於小羅斯福一再允許南方民主黨人在新政立法當中添加歧視性條款以換取新政通過的論點，見 Ira Katznelson, *Fear Itself: The New Deal and the Origins of Our Time* (New York: Liveright, 2013). 然而，Katznelson 也承認指出，不論這些條款造成多大的限制，新政仍然發揮了前所未有的效果，把非裔美國人大幅納入美國的「集體」當中。

108 David M. Kennedy, *Freedom from Fear: The American People in Depression and War, 1929–1945*, The Oxford History of the United States, vol. 9 (New York: Oxford University Press, 1999), 378.; Christopher Linsin, "Something More than a Creed: Mary Mcleod Bethune's Aim of Integrated Autonomy as Director of Negro Affairs," *Florida Historical Quarterly* 76, no. 1 (1997): 20–41.

109 Eric Schickler, *Racial Realignment: The Transformation of American Liberalism, 1932–1965*, Princeton Studies in American Politics (Princeton: Princeton University Press, 2016).; Eric Schickler, Kathryn Pearson, and Brian D. Feinstein, "Congressional Parties and Civil Rights Politics from 1933 to 1972," *The Journal of Politics* 72, no. 3 (2010): 672–89; Jeffrey A. Jenkins and Justin Peck, "Building Toward Major Policy Change: Congressional Action on Civil Rights, 1941–1950," *Law and History Review* 31, no. 1 (2013): 139–98; Hans Noel, "The Coalition Merchants: The Ideological Roots of the Civil Rights

Realignment," *The Journal of Politics* 74, no. 1 (2012): 156–73, doi:10.1017/ S0022381611001186.

110 Patterson, *Grand Expectations*, 20.

111 American Public Media, *Remembering Jim Crow*, Part Two, American RadioWorks, http://americanradioworks.publicradio.org/features/remembering/ transcript.html.

112 Patterson, *Grand Expectations*, 25.

113 Kennedy, *Freedom from Fear*, 765–68.

114 一九五〇年七月，聯合國教科文組織發布了〈種族問題〉，這是四份聲明當中的第一份。這四份聲明的目的在於釐清科學家對於種族所擁有的知識，並且對種族歧視提出道德譴責。這份聲明受到當時多個學門當中的首要研究者簽署。

115 Delton, *Rethinking the 1950s*, 97.

116 "Executive Order 9981: Establishing the President's Committee on Equality of Treatment and Opportunity In the Armed Forces," *U.S. Equal Employment Opportunity Commission*, accessed November 22, 2019, https://www.eeoc.gov/ eeoc/history/35th/thelaw/eo-9981.html.

117 Gunnar Myrdal, *An American Dilemma: The Negro Problem and Modern Democracy*, 20th anniversary ed. (New York: Harper & Row, 1962), Preface, xviiii.

118 Patterson, *Grand Expectations*, 386–87.

119 DC Editorial, "Superman: A Classic Message Restored," *DC*, August 25, 2017, https://www.dccomics.com/blog/2017/08/25/superman-a-classic-message- restored.

120 Patterson, *Grand Expectations*, 386–87.

121 Quoted in ibid., 413.

122 根據 Patterson（同上）所言，在艾森豪執政末期，只有 28% 的南方黑人能夠投票。這個比例在密西西比更是只有低得可憐的 5%。

123 Ibid., 474–75.

124 LBJ Presidential Library, "President Johnson's Special Message to the Congress: The American Promise," March 15, 1965, http://www.lbjlibrary.org/lyndon- baines-johnson/speeches-films/president-johnsons-special-message-to-the- congress-the-american-promise.

125 關於美國種族態度變化的學術文獻為數極為龐大，部分關鍵文獻包括 Howard Schuman, Charlotte Steeh, Lawrence Bobo, Maria Krysan, *Racial Attitudes in America: Trends and Interpretations*, rev. ed. (Cambridge: Harvard University Press, 1997); Lawrence D. Bobo, James R. Kluegel, and Ryan A. Smith, "Laissez-faire Racism: The Crystallization of a Kinder, Gentler Anti-

Black Ideology," in *Racial Attitudes in the 1990s: Continuity and Change*, eds. Steven A. Tuch and Jack K. Martin (Westport, CT: Praeger, 1997): 15–44; Donald R. Kinder and Howard Schuman, "Racial Attitudes: Developments and Divisions in Survey Research," chap. 13 in *A Telescope on Society: Survey Research and Social Science at the University of Michigan and Beyond*, eds. James House et al. (Ann Arbor: University of Michigan Press, 2004); David O. Sears and P. J. Henry, "Over Thirty Years Later: A Contemporary Look at Symbolic Racism," *Advances in Experimental Social Psychology* 37 (2005): 95–150; Lawrence D. Bobo, Camille Z. Charles, Maria Krysan, and Alicia D. Simmons, "The Real Record on Racial Attitudes," in *Social Trends in American Life: Finds from the General Social Survey since 1972*, ed. Peter V. Marsden (Princeton: Princeton University Press, 2012), 38–83; Tyrone A. Forman and Amanda E. Lewis, "Beyond Prejudice? Young Whites' Racial Attitudes in Post–Civil Rights America, 1976–2000," *American Behavioral Scientist* 59 (2015): 1394–1428. 儘管學者通常同意「傳統」白人種族歧視到了一九七〇年代已大致上消失，但他們對於取而代之的是什麼則意見分歧。有些人認為是「象徵性」種族歧視，有些則認為是「無意識」或「隱性」種族歧視。檢視隱性而非顯性的種族偏見之時，學者發現白人受試者展現了比較高度的負面態度，邁向正面態度的進步速度也緩慢得多。這種資料累積的時間雖然不足以讓我們辨識出歷史趨勢，其中顯示的負面種族態度卻還是比先前的其他衡量型態所揭露的程度還高。舉例而言，見 Lawrence D. Bobo, "Racial Attitudes and Relations at the Close of the Twentieth Century," in *America Becoming: Racial Trends and Their Consequences*, vol. 1 (Washington, DC: National Academies Press, 2001), 276–78, doi:10.17226/9599. Figure 6.9 draws on Schuman et al., *Racial Attitudes in America*, 104–108, and Maria Krysan and Sarah Moberg, *A Portrait of African American and White Racial Attitudes* (University of Illinois Institute of Government and Public Affairs (September 9, 2016): 2, http://igpa.uillinois.edu/files/reports/A-Portrait-of-Racial-Attitudes.pdf.

126 Andrew Kohut, "50 Years Ago: Mixed Views about Civil Rights but Support for Selma Demonstrators," Pew Research Center, accessed October 24, 2019, https://www.pewresearch.org/fact-tank/2015/03/05/50-years-ago-mixed-views-about-civil-rights-but-support-for-selma-demonstrators/.

127 LBJ Presidential Library, "President Johnson's Special Message to the Congress: The American Promise.".March 15, 1965,. http://www.lbjlibrary.org/lyndon-baines-johnson/speeches-films/president-johnsons-special-message-to-the-congress-the-american-promise. "Lyndon Johnson Gave a Speech about Legislation Giving Every American the Right to Vote—LBJ Presidential Library," accessed October 24, 2019, http://www.lbjlibrary.org/lyndon-baines-

johnson/speeches-films/president-johnsons-special-message-to-the-congress-the-american-promise.

128 Andrew Kohut, "50 Years Ago: Mixed Views about Civil Rights but Support for Selma Demonstrators."

129 Doug McAdam and Karina Kloos, *Deeply Divided: Racial Politics and Social Movements in Post-War America: Racial Politics and Social Movements in Post-War America* (Oxford University Press, 2014), 104–5.

130 關於民權運動烈士名單，見 Southern Poverty Law Center's Civil Rights Memorial: https://www.splcenter.org/what-we-do/civil-rights-memorial/civil-rights-martyrs.

131 Patterson, *Grand Expectations*, 685–86.

132 McAdam and Kloos, *Deeply Divided*, 109.

133 關於克納委員會報告的詳細討論，見 Fred R. Harris and Lynn A. Curtis, *Healing Our Divided Society: Investing in America Fifty Years after the Kerner Report* (Philadelphia: Temple University Press, 2018). 關於詹森究竟為何拒絕接受該委員會的建議，證據雖然極為貧乏，但有關這項事實的若干討論可見於以下這兩份文獻：Lester Graham, "The Kerner Commission and Why Its Recommendations Were Ignored," July 28, 2017, https://www.michiganradio.org/post/kerner-commission-and-why-its-recommendations-were-ignored; Alice George, "The 1968 Kerner Commission Got It Right, But Nobody Listened," *Smithsonian*, March 1, 2018, https://www.smithsonianmag.com/smithsonian-institution/1968-kerner-commission-got-it-right-nobody-listened-180968318/.

134 Patterson, *Grand Expectations*, 704.

135 McAdam and Kloos, *Deeply Divided*, 104–6.

136 Schuman et al., *Racial Attitudes in America*, 123–25. 這種反對情形的一個例外，是自由住居立法獲得的支持一直不斷升高。Schuman et al. 把這項例外歸因於這種立法極度接近於機會平等與不歧視的抽象原則，而不是像學校種族融合這類政策，會令人聯想到「強迫」校車接送方案。

137 同上，172-75。關於顯示這項趨勢仍在持續中的新證據，見 M. Krysan and S. Moberg, "Trends in Racial Attitudes," August 25, 2016, http://igpa.uillinois.edu/programs/racial-attitudes. 另見 Maria Krysan and Sarah Moberg, "A Portrait of African American and White Racial Attitudes," University of Illinois Institute of Government and Public Affairs (September 9, 2016): 2. http://igpa.uillinois.edu/files/reports/A-Portrait-of-Racial-Attitudes.pdf. 這個網站針對 Howard Schuman et al., *Racial Attitudes in America* 談到的趨勢提供了非常值得參考的新資訊。

138 Schuman et al., *Racial Attitudes in America*, 140–43.

139 Ibid., 156–59.

140 National Center for Health Statistics, "Health, United States, 2017—Data Finder: Table 15" (Hyattsville, MD: U.S. Department of Health and Human Services, 2018), https://www.cdc.gov/nchs/hus/contents2017.htm#Table_015.

141 Corinne A. Riddell, Sam Harper, and Jay S. Kaufman, "Trends in Differences in US Mortality Rates Between Black and White Infants," *JAMA Pediatrics* 171, no. 9 (2017): 911–913, doi:10.1001/jamapediatrics.2017.1365.

142 Valerie Wilson, "Black Workers' Wages Have Been Harmed by Both Widening Racial Wage Gaps and the Widening Productivity-Pay Gap," *Economic Policy Institute*, accessed October 24, 2019, https://www.epi.org/publication/black-workers-wages-have-been-harmed-by-both-widening-racial-wage-gaps-and-the-widening-productivity-pay-gap/; Manduca, "Income Inequality and the Persistence of Racial Economic Disparities"; Eileen Patten, "Racial, Gender Wage Gaps Persist in U.S. despite Some Progress," *Pew Research Center*, accessed October 24, 2019, https://www.pewresearch.org/fact-tank/2016/07/01/racial-gender-wage-gaps-persist-in-u-s-despite-some-progress/; Elise Gould, "The State of American Wages 2017: Wages Have Finally Recovered from the Blow of the Great Recession but Are Still Growing Too Slowly and Unequally," *Economic Policy Institute*, accessed October 24, 2019, https://www.epi.org/publication/the-state-of-american-wages-2017-wages-have-finally-recovered-from-the-blow-of-the-great-recession-but-are-still-growing-too-slowly-and-unequally/; Bayer and Charles, "Divergent Paths," (2018); Rodney E. Hero and Morris E. Levy, "The Racial Structure of Economic Inequality in the United States: Understanding Change and Continuity in an Era of 'Great Divergence,'" *Social Science Quarterly* 97, no. 3 (2016): 491–505, doi:10.1111/ssqu.12327.

143 Alvin Chang, "The Data Proves That School Segregation Is Getting Worse," *Vox*, March 5, 2018, https://www.vox.com/2018/3/5/17080218/school-segregation-getting-worse-data.

144 Nikole Hannah-Jones, "The Resegregation of Jefferson County," *The New York Times*, September 6, 2017, sec. Magazine, https://www.nytimes.com/2017/09/06/magazine/the-resegregation-of-jefferson-county.html.

145 Robert Reinhold, "Poll Indicates More Tolerance, Less Hope," *New York Times*, February 26, 1978, https://www.nytimes.com/1978/02/26/archives/poll-indicates-more-tolerance-less-hope.html.

146 Bobo et al, "The *Real* Record on Racial Attitudes," 70.

147 Donald Kinder and HowardSchuman, "Racial Attitudes," 379, citing Mary Jackman, *The Velvet Glove: Paternalism and Conflict in Gender, Class, and Race Relations* (Berkeley: University of California Press, 1994).

148 Adam Gopnik, "How the South Won the Civil War," April 1, 2019, https://www.newyorker.com/magazine/2019/04/08/how-the-south-won-the-civil-war. Gopnik 的評論直接指涉了許多美國黑人在重建時期前後的差別，但事實證明這個說法也適用於後來的其他時代。

149 Schulman, *The Seventies*, 77.

150 Charles L. Ballard, "The Fall and Rise of Income Inequality in the United States: Economic Trends and Political Economy Explanations," unpublished ms., Michigan State University, October 18, 2017, 59.

151 McAdam and Kloos, *Deeply Divided*.

152 Schulman, *The Seventies*, 76–77. 另外還有兩部文獻也主張一九六〇年代的權利革命實際上導致了美國「集體」的破滅：Jefferson Cowie, *The Great Exception: The New Deal and the Limits of American Politics* (Princeton: Princeton University Press, 2017) and Jefferson Cowie, *Stayin' Alive: The 1970s and the Last Days of the Working Class* (New York: New Press, 2010).

153 St. Clair Drake and Horace R. Cayton, *Black Metropolis: A Study of Negro Life in a Northern City*, revised and enlarged ed. (Chicago: University of Chicago Press, 1993), 101.

第七章 | 性別與美國的「集體」

1 交織性指的是個人如果身屬多個在歷史上遭到排斥的群體，可能會遭遇重疊的歧視形態，從而放大個人的劣勢經驗。如欲進一步理解交織性的概念與後果，見 Angela Y. Davis, *Women, Race, and Class* (New York: Vintage, 1983); Kimberle Crenshaw, "Demarginalizing the Intersection of Race and Sex: A Black Feminist Critique of Antidiscrimination Doctrine, Feminist Theory and Antiracist Politics," *University of Chicago Legal Forum*, vol. 1989, Article 8; *The Combahee River Collective Statement,* https://americanstudies.yale.edu/sites/default/files/files/Keyword%20Coalition_Readings.pdf.

2 我們進一步承認性別本身也是一種愈來愈受質疑的分類方式。

3 Kate Clarke Lemay, ed., *Votes for Women! A Portrait of Persistence* (Princeton: Princeton University Press, 2019), 6–7.

4 Ibid., 5.

5 在學者之間，認為女性主義運動是以「一波波」的型態發生的這種觀念，是一種頗有爭議的架構（例如第一波究竟始於何時）。我們在本章將會探討這個議題，而終究認同反對派學者的看法，認為這種敘事的有效性與實用性都引人質疑。

6 Christine Stansell, *The Feminist Promise: 1792 to the Present* (New York: Modern Library, 2011), 149.

7　Francine D. Blau and Anne E. Winkler, *The Economics of Women, Men, and Work*, 8th ed. (New York: Oxford University Press, 2018), 95.

8　Claudia Goldin, "The Work and Wages of Single Women, 1870–1920," *Journal of Economic History* 40, no. 1 (1980): 81–88; Claudia Goldin, "The Quiet Revolution That Transformed Women's Employment, Education, and Family," *American Economic Review* 96, no. 2 (May 2006): 1–21, doi:10.1257/000282806777212350.

9　Stansell, *The Feminist Promise*, 150.

10　關於種族與二十世紀初期美國女性主義的交織，詳見 Estelle B. Freedman, *No Turning Back: The History of Feminism and the Future of Women*, 1st ed. (New York: Ballantine, 2002), 73–81; Martha S. Jones, "The Politics of Black Womanhood, 1848–2008," in *Votes for Women!: A Portrait of Persistence*, ed. Kate Clarke Lemay (Princeton: Princeton University Press, 2019), 6–7.

11　這條修正案本身雖然適用於所有女性，但如同我們在第六章討論過的，種族歧視的持續存在導致許多黑人女性在實際上被排除於投票權之外。

12　Stansell, *The Feminist Promise*, 154.

13　Claudia Goldin, "A Grand Gender Convergence: Its Last Chapter," *American Economic Review* 104, no. 4 (April 2014): 1091–1119, doi:10.1257/aer.104.4.1091.

14　穩定進展的第二種敘事究竟適用範圍多麼廣泛，以及是否適切認知了那些因為自身的種族和階級條件而持續遭到邊緣化的女性在進步速度上較為緩慢的情形，至今仍然備受史學家辯論。

15　圖 7.1 的資料來源：Historical Statistics of the United States, Millennial Edition Bc258-264, http://dx.doi.org/10.1017/ISBN-9780511132971; Trends in High School Dropout and Completion Rates in the United States: 2014 (National Center for Educational Statistics, US Department of Education, 2018), https://nces.ed.gov/pubs2018/2018117.pdf.

16　Nancy Woloch, *Women and the American Experience*, 1st ed. (New York: Alfred A. Knopf, 1984), 543; Susan B. Carter and Mark Prus, "The Labor Market and the American High School Girl, 1890–1928," *The Journal of Economic History* 42, no. 1 (March 1982): 164, doi:10.1017/S0022050700027030.

17　Claudia Goldin, "The Rising (and Then Declining) Significance of Gender," Working Paper 8915 (National Bureau of Economic Research) NBER Working Paper Series, April 2002, 6–9, doi:10.3386/w8915.

18　圖 7.2 與 7.3 的資料來源：US Department of Commerce, Census Bureau, U.S. Census of Population: 1960, vol. I, part 1; J. K. Folger and C. B. Nam, *Education of the American Population* (1960 Census Monograph); Current Population Reports, Series P-20, various years; Current Population Survey,

Annual Social and Economic Supplement, 1970 through 2018; National Center for Education Statistics, Table 104.10. 所有女性當中的大學畢業生占比在一九五〇年代雖然實際上沒有下滑，卻追不上男性當中迅速增長的大學畢業生占比。關於戰後時期的女性在教育、婚姻、家庭與職業等方面的選擇，有一項引人入勝的概觀，見 Jessica Weiss, *To Have and to Hold: Marriage, the Baby Boom, and Social Change* (Chicago: University of Chicago Press, 2000)，其中利用美國夫妻的訪談而針對這個時期的性別關係建構出一份第一手陳述。

19 Martha May, *Women's Roles in Twentieth-Century America*, Women's Roles in American History (Westport, CT: Greenwood Press, 2009), 98–99.

20 Blau and Winkler, *The Economics of Women, Men, and Work*, 197.

21 Ibid., 196–99.

22 Goldin, "The Quiet Revolution That Transformed Women's Employment, Education, and Family," 18–19.

23 如欲進一步理解緩慢而穩定的「演進」為二十世紀後期較為劇烈的「革命」開拓了道路這種觀點，見 Goldin, "The Quiet Revolution That Transformed Women's Employment, Education, and Family."

24 如同部分學者指出的，究竟該如何界定以及衡量女性的「工作」其實頗有爭議。許多歷史上的女性工作型態，例如出租家裡的房間、農場工作，以及家庭製造業，都不會被納入典型的「勞動力」量度當中。不過，這種無工資工作極度難以估計，所以在檢視性別不平等的時候，大多數人都同意使用「市場工作」（也就是雇傭勞動市場當中的工作）進行衡量是比較適切的做法。舉例而言，見 Michael B. Katz, Mark J. Stern, and James J. Fader, "Women and the Paradox of Economic Inequality in the Twentieth-Century," *Journal of Social History* 39, no. 1 (2005): 65–88.

25 Claudia Goldin 指出，這項緩慢而穩定的趨勢當中有個例外，就是「育有一個不滿一歲幼童的已婚婦女（二十至四十四歲），其勞動力參與率從一九七三年的〇‧二〇飆升至二〇〇〇年的〇‧六二」。Goldin, "The Quiet Revolution That Transformed Women's Employment, Education, and Family," 8.

26 U.S. Department of Labor, Bureau of Labor Statistics, Table A-1, Employment Status of the Civilian Population by Sex and Age, https://www.bls.gov/news.release/empsit.t01.htm.

27 舉例而言，非裔美國人女性在早期的工作比率較高，這點經常被歸因於非裔美國人男性在吉姆‧克勞法之下無法賺得足夠養家的收入，因此許多妻子都因為必要而不得不工作。在經濟大蕭條期間，黑人女性受到失業的衝擊最大，勞動力參與率則在一九五〇年之後攀升幅度最大。

28 Susan B. Carter, "Labor Force," in *Historical Statistics of the United States:*

Earliest Times to the Present, ed. Susan B. Carter et al. (New York: Cambridge University Press, 2006), 2–26.

29　Goldin, "The Rising (and Then Declining) Significance of Gender," 36. See also Claudia Goldin, *Understanding the Gender Gap: An Economic History of American Women*, NBER Series on Long-Term Factors in Economic Development (New York: Oxford University Press, 1990), chaps. 3, 4.

30　Freedman, *No Turning Back: The History of Feminism and the Future of Women*, 176–79.

31　Blau and Winkler, *The Economics of Women, Men, and Work*, 173.

32　Elise Gould, "The State of American Wages 2017: Wages Have Finally Recovered from the Blow of the Great Recession but Are Still Growing Too Slowly and Unequally" (Economic Policy Institute, March 1, 2018).

33　"Equal Pay Day: What You Need to Know About the Gender Wage Gap in 2017," *FemChat*, April 4, 2017, https://femchat-iwpr.org/2017/04/04/equal-pay-day-2017/.

34　Ariane Hegewisch and Heidi Hartmann, "The Gender Wage Gap: 2018 Earnings Differences by Race and Ethnicity," March 2019, https://iwpr.org/wp-content/uploads/2019/03/C478_Gender-Wage-Gap-in-2018.pdf.

35　See Figure 2, Ariane Hegewisch et al., "Separate and Not Equal? Gender Segregation in the Labor Market and the Gender Wage Gap," September 2010, https://iwpr.org/wp-content/uploads/wpallimport/files/iwpr-export/publications/C377.pdf.

36　Julie Brines, "Economic Dependency, Gender, and the Division of Labor at Home," *American Journal of Sociology* 100, no. 3 (1994): 652–88, doi:10.1086/230577.

37　Claudia Goldin et al., "The Expanding Gender Earnings Gap: Evidence from the LEHD-2000 Census," *American Economic Review* 107, no. 5 (2017): 110–14, doi:10.1257/aer.p20171065; Erling Barth and Claudia Olivetti, *The Dynamics of Gender Earnings Differentials: Evidence from Establishment Data*, vol. 23381 (Cambridge: National Bureau of Economic Research, 2017).

38　Nikki Graf, Anna Brown, and Eileen Patten, "The Narrowing, but Persistent, Gender Gap in Pay" (Pew Research Center, March 22, 2019), https://www.pewresearch.org/fact-tank/2019/03/22/gender-pay-gap-facts/.

39　Francine D. Blau, Peter Brummund, and Albert Liu, "Trends in Occupational Segregation by Gender 1970–2009: Adjusting for the Impact of Changes in the Occupational Coding System," *Demography* 50, no. 2 (April 2013): 471–92, doi:10.1007/s13524-012-0151-7. Sources for Figure 7.8: Matthew Sobek, *Historical Statistics of the United States, Earliest Times to the Present: Millennial*

Edition, Table Ba4207-4213; US Census (1950–2000; Steven Ruggles, Katie Genadek, Ronald Goeken, Josiah Grover, and Matthew Sobek, Integrated Public Use Microdata Series: Version 7.0 [dataset] (Minneapolis: University of Minnesota, 2017); American Community Survey (2001–2016); Ruggles et al. (2017) as calculated by Kim A. Weeden.

40 研究顯示，職業性別隔離在一九七〇年代以來的變化，大部分都是因為女性進入了先前由男性支配的職業。見 Blau and Winkler, *The Economics of Women, Men, and Work*, 168.

41 關於職業性別隔離的計算方式，有一項較為技術性的解釋，見同上，165。

42 Ibid., 159.

43 Woloch, *Women and the American Experience*, 240.

44 Goldin, "The Rising (and Then Declining) Significance of Gender," 10–11.

45 Ibid., 20–22.

46 James T. Patterson, *Grand Expectations: The United States, 1945–1974*, The Oxford History of the United States, vol. 10 (New York: Oxford University Press, 1996), 33.

47 Blau and Winkler, *The Economics of Women, Men, and Work*, 30.

48 Emilie Stoltzfus, *Citizen, Mother, Worker: Debating Public Responsibility for Child Care after the Second World War*, Gender & American Culture (Chapel Hill: University of North Carolina Press, 2003).

49 不過，勞動階級黑人女性更加支持「同工同酬」，因為她們較常從事與男性比較「相等」的「繁重骯髒」工作。見 Dorothy Sue Cobble, *The Other Women's Movement: Workplace Justice and Social Rights in Modern America*, Politics and Society in Twentieth-Century America (Princeton: Princeton University Press, 2004), 98–101.

50 David M. Kennedy, *Freedom from Fear: The American People in Depression and War, 1929–1945*, The Oxford History of the United States, vol. 9 (New York: Oxford University Press, 2001), 779–81.

51 Goldin, "The Rising (and Then Declining) Significance of Gender," 4.

52 Patterson, *Grand Expectations*, 361–69. 這項結論也呼應於 Kennedy, *Freedom from Fear*, 781–82.

53 Janet E. Halley, Catharine A. MacKinnon, and Reva B. Siegel, *Directions in Sexual Harassment Law* (New Haven: Yale University Press, 2004), 8–11.

54 Ariane Hegewisch and Emma Williams-Baron, "The Gender Wage Gap by Occupation 2016; and by Race and Ethnicity" (Institute for Women's Policy Research, April 4, 2017), https://iwpr.org/publications/gender-wage-gap-occupation-2016-race-ethnicity/.

55 See Ruth Milkman, *On Gender, Labor, and Inequality* (Chicago: University of

Illinois Press, 2016).

56 Katz, Stern, and Fader, "Women and the Paradox of Economic Inequality in the Twentieth-Century." 關於提高工作時間的彈性如何能夠終究消除性別薪資落差的討論，見 Goldin, "A Grand Gender Convergence: Its Last Chapter." 另 見 Francine D. Blau and Lawrence M. Kahn, "The Gender Wage Gap: Extent, Trends, and Explanations," Working Paper 21913 (National Bureau of Economic Research, January 2016), doi:10.3386/w21913; and Youngjoo Cha and Kim A. Weeden, "Overwork and the Slow Convergence in the Gender Gap in Wages," *American Sociological Review* 79, no. 3 (June 2014): 457–84, doi:10.1177/0003122414528936.

57 圖 7.9 的資料來源：一九二○至一九三六：J. Kevin Corder and Christina Wolbrecht, *Counting Women's Ballots: Female Voters from Suffrage Through the New Deal* (Cambridge: Cambridge University Press, 2016), 258；一九四八至二○一六：American National Election Study Guide to Public Opinion and Electoral Behavior, "Voter Turnout 1948–2016." 另見 "Gender Differences in Voter Turnout," Center for American Women and Politics, Eagleton Institute of Politics, Rutgers University (September 16, 1919), https://cawp.rutgers.edu/sites/default/files/resources/genderdiff.pdf.

58 關於女性的政治活動在兩波女性主義之間陷入低盪的學術研究，有一項代表性的觀點，見 Ethel Klein, *Gender Politics: From Consciousness to Mass Politics* (Cambridge, MA: Harvard University Press, 1984), chap. 1. 至於修正主義觀點，見下引 Kristin Goss 的著作。關於女性持續採取行動爭取權益的現象，尤其是在地方層級，進一步的文獻紀錄見 Kathleen A. Laughlin and Jacqueline L. Castledine, *Breaking the Wave: Women, Their Organizations, and Feminism, 1945–1985*, New Directions in American History (New York: Routledge, 2011); and Susan M. Hartmann, *The Other Feminists: Activists in the Liberal Establishment* (New Haven: Yale University Press, 2013). 關於勞動階級與非裔美國人在一九三○到一九六○年代期間爭取權益的行動，見 Annelise Orleck, "We Are That Mythical Thing Called the Public: Militant Housewives During the Great Depression," in *Unequal Sisters: An Inclusive Reader in U.S. Women's History*, 4th ed. (New York: Routledge, 2008); Lisa Levenstein, "African American Women and the Politics of Poverty in Postwar Philadelphia," *OAH Magazine of History* 26, no. 1 (January 1, 2012): 31–35, doi:10.1093/oahmag/oar051; Rhonda Y. Williams, *The Politics of Public Housing: Black Women's Struggles Against Urban Inequality* (New York: Oxford University Press, 2004); and Roberta Gold, "'I Had Not Seen Women like That Before': Intergenerational Feminism in New York City's Tenant Movement," in *No Permanent Waves: Recasting Histories of U.S. Feminism* (New

Brunswick, NJ: Rutgers University Press, 2010).

59　對於女性在政黨當中扮演的角色在二十世紀頭六十幾年間的演變，學者各有不同的解讀。舉例而言，比較以下這部文集裡的文章：Melanie S. Gustafson, Kristie Miller, and Elisabeth Israels Perry, *We Have Come to Stay: American Women and Political Parties, 1880–1960* (Albuquerque: University of New Mexico Press, 1999).

60　Kristin A. Goss, "The Swells Between the 'Waves': American Women's Activism, 1920–1965," in *The Oxford Handbook of U.S. Women's Social Movement Activism*, Oxford Handbooks Online (New York: Oxford University Press, 2017), 53.

61　關於女性議題如何與政黨政治互動的詳細歷史，見 Jo Freeman, *A Room at a Time: How Women Entered Party Politics* (Lanham, MD: Rowman & Littlefield, 2000).

62　Kristin A. Goss, *The Paradox of Gender Equality: How American Women's Groups Gained and Lost Their Public Voice*, CAWP Series in Gender and American Politics (Ann Arbor: University of Michigan Press, 2013).

63　Cobble, *The Other Women's Movement*, 145, quoted in Goss, "'The Swells Between the 'Waves': American Women's Activism, 1920–1965," 59–60.

64　Kristi Andersen, *After Suffrage: Women in Partisan and Electoral Politics Before the New Deal*, American Politics and Political Economy (Chicago: University of Chicago Press, 1996), 16, 119.

65　A. W. Geiger, Kristen Bialik, and John Gramlich, "The Changing Face of Congress in 6 Charts," *Fact Tank—News in the Numbers*, February 15, 2019, https://www.pewresearch.org/fact-tank/2019/02/15/the-changing-face-of-congress/.

66　Elaine Martin, "Bias or Counterbalance? Women Judges Making a Difference," in *Women in Politics: Outsiders or Insiders?*, 4th ed. (Upper Saddle River, NJ: Prentice-Hall, 2005), 21.

67　Drew Desilver, "A Record Number of Women Will Be Serving in the New Congress," *Fact Tank—News in the Numbers*, December 18, 2018, https://www.pewresearch.org/fact-tank/2018/12/18/record-number-women-in-congress/.

68　針對這種歷史解讀簡單舉兩個例子，見 William H. Chafe, *The Paradox of Change: American Women in the 20th Century* (Oxford: Oxford University Press, 1992), 157; and Rosalind Rosenberg, *Divided Lives: American Women in the Twentieth Century* (New York: Hill & Wang, 1992), 130–31. 關於女性受到看待的態度在二十世紀中葉之前幾無改變，最常受到史學家引用以支持此一論點的三項民調包括 "The Fortune Survey: Women in America. Part I,"

Fortune 34, no. 2 (August 1946): 5–5; "The Fortune Survey: Women in America. Part 2," *Fortune* 34, no. 3 (September 1946): 5–5; and "The American Woman: Her Attitudes on Family, Sex, Religion and Society," *Saturday Evening Post,* December 22–29, 1962, 15–32.

69　舉例而言，見 Christopher H. Achen, "Mass Political Attitudes and Survey Response," *American Political Science Review* 69, no. 4 (December 1975): 1218–31, doi:10.2307/1955282; Duane F. Alwin and Jon A. Krosnick, "Aging, Cohorts, and the Stability of Sociopolitical Orientations Over the Life Span," *American Journal of Sociology* 97, no. 1 (July 1991): 169–95, doi:10.1086/229744; David O. Sears and Carolyn L. Funk, "Evidence of the Long-Term Persistence of Adults' Political Predispositions," *The Journal of Politics* 61, no. 1 (1999): 1–28, doi:10.2307/2647773; and Gregory Markus, "Stability and Change in Political Attitudes: Observed, Recalled, and 'Explained,'" *Political Behavior* 8, no. 1 (1986): 21–44, doi:10.1007/BF00987591.

70　同一出生群裡的女性與男性受訪者之間也存在著歧異。整體而言，女性的態度通常帶有比男性更明顯的女性主義色彩。不過，如果依照受訪者的性別分類資料，還是可以看到同樣的趨勢：舉例而言，出生於第二次世界大戰之前的女性，抱持的觀點就沒有 X 世代那麼平等。引人注意的是，回答當中的這種性別差異從戰後嬰兒潮世代開始消失，只見男性開始追上女性，而對性別懷有比較平等的觀點。嬰兒潮世代與 X 世代當中的男性和女性，對於性別平等的觀點通常都頗為相似。此外，受訪者如果依照教育程度分類，也會出現差異。在一九七○與一九八○年代期間，高中學歷以下的受訪者對於性別平等的支持度都低於學歷超過高中者。到了一九九○與二○○○年代，這樣的差異就通常不復存在。最後，我們指出世代分析充滿了方法學上的複雜問題，尤其是我們在此處的分析（如同第六章）假設了重大生命週期變化都不存在。大多數的分析者都會同意，就第一階近似而言，這樣的假設並不算不合理。放寬這項假設也許會稍微減低我們提出的世代估計，但不太可能造成其中的差異消失。

71　Roberta S. Sigel, *Ambition & Accommodation: How Women View Gender Relations* (Chicago: University of Chicago Press, 1996).

72　這種減緩現象的證據也可見於 Arland Thornton and Linda Young-Demarco, "Four Decades of Trends in Attitudes Toward Family Issues in the United States: The 1960s Through the 1990s," *Journal of Marriage and the Family* 63, no. 4 (2001): 1009–37; and Kristin Donnelly et al., "Attitudes Toward Women's Work and Family Roles in the United States, 1976–2013," *Psychology of Women Quarterly* 40, no. 1 (2016): 41–54, doi:10.1177/0361684315590774.

73　圖 7.13 乃是奠基於性別平等的支持指數當中的平均出生群分數，涵蓋時間是該出生群出現在社會概況調查的那些年間。舉例而言，出生於一九二

〇至一九五九年間的美國人口出現在一九七二至二〇一四年間的每一次調查裡，但出生於一九二〇年以前的美國人口在二〇〇二年以後就不再出現在調查當中，而出生於一九八〇年之後的美國人口則是到了二〇〇〇年才開始出現在調查裡。以比較繁複的方法計算世代差異，也會產生基本上相同的長達一世紀的上升曲線。在圖 7.13 當中，出生群不是依據出生時間標示，而是依據他們「成年」的時間，亦即年滿二十歲，因為大多數學者都認為這是社會化完成的年齡。看待墮胎的態度顯示了一種相當不同的獨立時間趨勢，這點的詳細討論可見於 Putnam and Campbell, *American Grace*, 406–14 以及其中引用的文獻，所以才沒有包括於這個指數當中。

74　David Cotter and Joanna Pepin, "Trending Towards Traditionalism? Changes in Youths' Gender Ideology" (Council on Contemporary Families, March 30, 2017), https://contemporaryfamilies.org/2-pepin-cotter-traditionalism/.

75　Stephanie Coontz, "Do Millennial Men Want Stay-at-Home Wives?," *New York Times*, March 31, 2017, Opinion, https://www.nytimes.com/2017/03/31/opinion/sunday/do-millennial-men-want-stay-at-home-wives.html.

76　David Cotter, Joan M. Hermsen, and Reeve Vanneman, "The End of the Gender Revolution? Gender Role Attitudes from 1977 to 2008," *American Journal of Sociology* 117, no. 1 (July 2011): 259–89, doi:10.1086/658853.

77　Virginia Sapiro, "News from the Front: Inter-Sex and Intergenerational Conflict over the Status of Women," *Western Political Quarterly* 33, no. 2 (1980): 260–77, doi:10.2307/447298; Pia Peltola, Melissa A. Milkie, and Stanley Presser, "The 'Feminist' Mystique: Feminist Identity in Three Generations of Women," *Gender and Society* 18, no. 1 (2004): 122–44, doi:10.1177/0891243203259921.

78　Jennifer Glass, "Parenting and Happiness in 22 Countries" (Council on Contemporary Families, June 15, 2016), https://contemporaryfamilies.org/brief-parenting-happiness/.

79　Keira V. Williams, *Gendered Politics in the Modern South: The Susan Smith Case and the Rise of a New Sexism*, Making the Modern South (Baton Rouge: Louisiana State University Press, 2012). 同樣值得一提的是：共和黨雖曾把自己定位為女權議題的領袖，在一九九〇年代中期的政見裡卻完全不再提及女權。

80　關於此處引述的部分解釋以及其他解釋，有一項值得參考的概觀，見 Stephanie Coontz, "Gender and Millennials Online Symposium: Overview" (Council on Contemporary Families, March 30, 2017), https://contemporaryfamilies.org/coontz-overview/.

81　以下這篇文章檢視了這項主題的政治學文獻，結果大體上支持這些資料以及我們的解讀：「整體而言，從一九六〇年代初期到一九九〇年代這項偏

離性別角色傳統主義的趨勢，在婦女運動的全國興起之前就已展開。」N. Burns and K. Gallagher, "Public Opinion on Gender Issues: The Politics of Equity and Roles," *Annual Review Of Political Science* 13, no. 1 (June 15, 2010): 425–43, doi:10.1146/annurev.polisci.12.040507.142213.

82 Sigel, *Ambition & Accommodation*.

83 舉例而言，見 Carol J. Adams, "The Book That Made Us Feminists," *New York Times*, September 7, 2017, Opinion, https://www.nytimes.com/2017/09/07/opinion/sunday/kate-millet-feminists.html.

84 Goldin, "The Quiet Revolution That Transformed Women's Employment, Education, and Family."

85 舉例而言，見 Kimberle Crenshaw, "Mapping the Margins: Intersectionality, Identity Politics, and Violence Against Women of Color," *Stanford Law Review* 43, no. 6 (1991): 1241–99, doi:10.2307/1229039; and Jocelyn Frye, "Racism and Sexism Combine to Shortchange Working Black Women," *Center for American Progress*, August 22, 2019, https://www.americanprogress.org/issues/women/news/2019/08/22/473775/racism-sexism-combine-shortchange-working-black-women/.

86 *American Women: The Report of the President's Commission on the Status of Women and Other Publications of the Commission* (New York: Charles Scribner's Sons, 1965) 190, 198.

第八章 | 二十世紀的發展曲線

1 感謝美國太空總署的 Michael Werner 提出這項比喻。見 Michael Werner and Peter Eisenhardt, *More Things in the Heavens: How Infrared Astronomy Is Expanding Our View of the Universe* (Princeton: Princeton University Press, 2019).

2 Frederick Lewis Allen, *Since Yesterday: The 1930s in America, September 3, 1929–September 3, 1939* (New York: Harper & Brothers, 1940), 241.

3 由於第二章對於經濟平等的探討當中，有許多關鍵變數在一九一三年以前都有所欠缺，所以那條曲線只從一九一三年畫起。

4 嚴格說來，本書提及的數十種變數都具有高度的多元共線性。

5 分裂投票似乎比其他變數落後了十年左右。我們無法解釋這種異常情形。

6 量化傾向的讀者必定看得出本書聚焦於社會變革的第二種衍生結果。

7 巧合的是，美國政府在一九三〇年代初期就曾經贊助過這麼一項研究。堅定信奉社會科學的胡佛在一九三〇年委託了一項龐大的跨學科大部頭研究：U.S. President's Research Committee on Social Trends, *Recent Social Trends in the United States; Report of the President's Research Committee on Social*

Trends (New York: McGraw-Hill, 1933). 諷刺的是，等到這部研究著作出版之時，胡佛已經不是總統了。這項研究曾經一度是美國史學家深深熟悉的資料來源，但在近數十年受到忽略。其中有些章節實際上對於當時的「近期」社會趨勢可能代表什麼意義，提供了具有先見之明的分析，但那時候要猜測美國在二十世紀將會有什麼樣的發展還遠遠太早。舉例而言，見 Chapter 8, "Changing Social Attitudes and Interests," by Hornell Hart，其中探究了當時大量冒出的期刊（例如 *Time* 與 *Look*）當中的趨勢。

8　Albert O. Hirschman, *Shifting Involvements: Private Interest and Public Action* (Princeton: Princeton University Press, 1982).

9　Colin Woodard 這位學者也使用鐘擺的比喻，為美國歷史提出了一項和我們大體上一致的陳述：自由至上主義主導了鍍金時代，社群主義主導了新政至大社會期間，自由至上主義又再度主導了尼克森到川普期間。不過，他的解讀仰賴於十一個區域文化或者「民族」的主導地位變化，從社群主義的新英格蘭到自由至上主義的阿帕拉契，而且也無助於理解鐘擺為何會來回擺盪。見 Colin Woodard, *American Character: A History of the Epic Struggle Between Individual Liberty and the Common Good* (New York: Viking, 2016).

10　感謝 Jonathan F. Putnam 為我們釐清這個核心問題。

11　這不是一個假設性的例子。John V. Duca 與 Jason L. Saving 使用極為複雜的計量經濟學方法，發現「極化與不平等之間有雙向回饋」的證據。見 John V. Duca and Jason L. Saving, "Income Inequality and Political Polarization: Time Series Evidence over Nine Decades," *Review of Income and Wealth* 62, no. 3 (September 2016): 445–66, doi:10.1111/roiw.12162.

12　這種意義下的「敘事」不只是具有娛樂性的故事，而是一系列彼此相連的事件，有助於解釋一項歷史結果。

13　Robert J. Shiller, *Narrative Economics: How Stories Go Viral and Drive Major Economic Events* (Princeton, NJ: Princeton University Press, 2019), ix. 就細節而言，Shiller 在經濟學當中使用敘事的方式和我們在此處使用敘事的方式並不完全相同，但其中的相似之處仍然頗具啟發性。

14　Allen, *Explorations in Classical Sociological Theory: Seeing the Social World*, 3rd ed. (Los Angeles: Sage Publications, 2013), chap. 5; https://uk.sagepub.com/sites/default/files/upm-binaries/6109_Allen__Chapter_5[1]__Authority_and_Rationality___Max_Weber.pdf, 148. 韋伯的話語引自 *From Max Weber: Essays in Sociology*, eds. M. Weber, H. Gerth, and C. W. Mills (New York: Oxford University Press, 1946), 280.

15　Steven Brill, *Tailspin: The People and Forces Behind America's Fifty-Year Fall—And Those Fighting to Reverse It* (New York: Alfred A. Knopf, 2018) 歸咎於嬰兒潮世代的自命不凡；Francis Fukuyama, *The Great Disruption: Human Nature and the Reconstitution of Social Order* (New York: Free Press, 1999) 則

是採取比較細膩的觀點，但強調文化變遷是關鍵變數，而促成文化變遷的力量則是避孕藥、女性加入受薪勞動力，以及由此造成的家庭瓦解。

16　有一部我們極為欣賞的著作，就採取了這個我們並不認同的論點：Yuval Levin, *The Fractured Republic: Renewing America's Social Contract in the Age of Individualism* (New York: Basic Books, 2016). 我們與 Levin 對於二十世紀美國歷史的基本曲線模式看法相同：如他所言，是一項「聚合之後再拉開」的模式。不過，如同下一章所討論的，我們對於進步時代的解讀並不相同。在 Levin 的觀點中，進步人士為美國帶來了一個由上而下的強大中央政府，從而導致公民社會還有我們這個國家的「破裂」。但在我們的解讀當中，進步運動其實由下而上的成分遠多於由上而下，並且帶來了地方性解決方案與公民社會創新的大量開花結果，而終究昇華為聯邦方案。Levin 對於「聚合」時期的討論遠少於「拉開」時期，所以他對我們這條曲線的前半段所提出的解釋沒有那麼明確。反諷的是，雖有這些差異，但我們和 Levin 卻一致認為，要導正這個國家，重要的第一步就是在全國進行州與地方層級的政策實驗。進步主義法官 Louis Brandeis 曾經著名地將這種做法稱為「民主實驗室」。

17　Robert D. Putnam, *Bowling Alone: The Collapse and Revival of American Community* (New York: Simon & Schuster, 2000), 281–82.

18　Federal Reserve Bank of St. Louis and U.S. Office of Management and Budget, Federal Net Outlays as Percent of Gross Domestic Product [FYONGDA188S], retrieved from FRED, Federal Reserve Bank of St. Louis; https://fred.stlouisfed.org/series/FYONGDA188S, December 8, 2019. 關於各層級政府的總支出在國內生產毛額當中的占比，見 https://www.usgovernmentspending.com/past_spending. 在這整個時期，兩次世界大戰都促成了政府支出的巨幅飆升，但我們的分析只關注這些飆升的持續時間超越戰爭的部分。

19　Émile Durkheim, *Suicide: A Study in Sociology* (New York: Free Press, 1951).

20　William Graham Sumner, *Folkways: A Study of the Sociological Importance of Usages, Manners, Customs, Mores, and Morals* (Boston: Ginn & Co, 1911), 12–13.

21　Putnam, *Bowling Alone*, 267–72.

22　舉例而言，見 Richard G. Wilkinson and Kate Pickett, *The Spirit Level: Why More Equal Societies Almost Always Do Better* (New York: Allen Lane, 2009); Eric M. Uslaner and Mitchell Brown, "Inequality, Trust, and Civic Engagement," *American Politics Research* 33, no. 6 (2005): 868–894, doi:10.1177/1532673X04271903; and Keith Payne, *The Broken Ladder: How Inequality Affects the Way We Think, Live, and Die* (New York: Viking, 2017).

23　David Morris Potter, *People of Plenty: Economic Abundance and the American Character* (Chicago: University of Chicago Press, 1954).

24 見 Tyler Cowen, *The Great Stagnation: How America Ate All the Low-Hanging Fruit of Modern History, Got Sick, and Will (Eventually) Feel Better* (New York: Dutton, 2011); and John L. Campbell, *American Discontent: The Rise of Donald Trump and Decline of the Golden Age* (Oxford: Oxford University Press, 2018). 關於科技創新與生產力造成的效果（一九二〇至一九七〇），有一項高深而且證據齊備的論點，見 Robert J. Gordon, *The Rise and Fall of American Growth: The U.S. Standard of Living Since the Civil War* (Princeton: Princeton University Press, 2016).

25 Sendhil Mullainathan and Eldar Shafir, *Scarcity: Why Having Too Little Means So Much* (New York: Times Books/Henry Holt, 2013). See also Benjamin Friedman, "The Moral Consquences of Economic Growth," *Society* 43 (January/February 2006): 15–22.

26 E. J. Hobsbawm, *The Age of Extremes: A History of the World, 1914–1991*, 1st American ed. (New York: Vintage, 1994), 15–16, 286–87.

27 引人注意的是，根據 Ngram，「自我實現」一詞在一九六〇年代開始大量受到一般使用，在一九七五年達到巔峰，就在 Inglehart 建構他的論點之時，接著卻又幾乎徹底消失於美國文化當中。Inglehart 原本的論點提出於 Ronald Inglehart, "The Silent Revolution in Europe: Intergenerational Change in Post-Industrial Societies," *American Political Science Review* 65, no. 4 (1971): 991–1017, doi:10.2307/1953494，以及他後續的著作 Ronald Inglehart, *The Silent Revolution: Changing Values and Political Styles Among Western Publics* (Princeton: Princeton University Press, 1977). 如同所有植根於實證當中的傑出理論家，Inglehart 也在他的理論發表之後的將近半個世紀期間予以擴展，並且在一定程度上加以修正。關於最新版本，見 Ronald Inglehart, *Cultural Evolution: People's Motivations Are Changing, and Reshaping the World* (New York: Cambridge University Press, 2018).

28 Jynnah Radford, "Key Findings about U.S. Immigrants" (Pew Research Center, December 6, 2019), https://www.pewresearch.org/fact-tank/2019/06/17/key-findings-about-u-s-immigrants/.

29 Robert D. Putnam, "E Pluribus Unum: Diversity and Community in the Twenty-first Century: The 2006 Johan Skytte Prize Lecture," *Scandinavian Political Studies* 30, no. 2 (2007): 137–74, doi:10.1111/j.1467-9477.2007.00176.x.

30 關於外來移民在歷史上融入美國的情形，最出色的研究包括 *E Pluribus Unum?: Contemporary and Historical Perspectives on Immigrant Political Incorporation*, eds. Gary Gerstle and John H. Mollenkopf (New York: Russell Sage Foundation, 2001); Richard D. Alba and Victor Nee, *Remaking the American Mainstream: Assimilation and Contemporary Immigration* (Cambridge: Harvard

University Press, 2003); and Richard D. Alba, *Blurring the Color Line: The New Chance for a More Integrated America*, The Nathan I. Huggins Lectures (Cambridge: Harvard University Press, 2009).

31 Andrew Kohut, "From the archives: In '60s, Americans gave thumbs-up to immigration law that changed the nation," Pew Research Center Fact Tank (September 20, 2019). https://www.pewresearch.org/fact-tank/2019/09/20/in-1965-majority-of-americans-favored-immigration-and-nationality-act-2/#more-266999.

32 Anne Case and Angus Deaton, *Deaths of Despair and the Future of Capitalism* (Princeton: Princeton University Press, 2020), 227, 225, citing National Academies of Sciences, Engineering, and Medicine. The Economic and Fiscal Consequences of Immigration (Washington, DC: The National Academies Press, 2017.)

33 在關於六〇年代的辯論當中,其中一項就是這個標籤究竟涵蓋了哪些年。有關「六〇年代」究竟多長還是多短,有一項巧妙而風趣的概觀,見 M. J. Heale, "The Sixties as History: A Review of the Political Historiography," *Reviews in American History* 33, no. 1 (2005): 133–52, esp. 135. 我們在此處採取最傳統的做法,把這個時期界定為一九六〇年到一九七五年左右,有些人稱之為「漫長的六〇年代」。

34 Mark Lilla, *The Once and Future Liberal: After Identity Politics* (New York: HarperCollins, 2017), 8.

35 關於六〇年代的各種權威性觀點,見 James T. Patterson, *Grand Expectations: The United States, 1945–1974*, The Oxford History of the United States, vol. 10 (New York: Oxford University Press, 1996); Arthur Marwick, *The Sixties: Cultural Revolution in Britain, France, Italy, and the United States, c.1958–c.1974* (New York: Oxford University Press, 1998); and Maurice Isserman and Michael Kazin, *America Divided: The Civil War of the 1960s*, 3rd ed. (New York: Oxford University Press, 2008).

36 「革命」引自 Hobsbawm, *The Age of Extremes*, in the title of chap. 10;「復興」引自 5–18;「震波」與「斷裂」引自 Daniel T. Rodgers, *Age of Fracture* (Cambridge, MA: Belknap Press of Harvard University Press, 2011), 4;「新的美國」引自 Andrew Hartman, *A War for the Soul of America: A History of the Culture Wars*, 2nd ed. (Chicago: University of Chicago Press, 2019), 2;「一切就此改變」引自 Rob Kirkpatrick, *1969: The Year Everything Changed* (New York: Skyhorse Publishing, 2009).

37 Isserman and Kazin, *America Divided*, 305.

38 Todd Gitlin, *The Sixties: Years of Hope, Days of Rage*, rev. ed. (New York: Bantam, 1993).

39 不是所有的史學家都接受「兩個六〇年代」的說法。舉例而言,Van

Gosse, *Rethinking the New Left: An Interpretative History* (New York: Palgrave Macmillan, 2005) 就認為六〇年代晚期的運動是六〇年代初期精神的多元化版本，但仍是同一項運動。

40　Hobsbawm, *The Age of Extremes*, 334.

41　強調六〇年代以解體為主題的史學家包括 William L. O'Neill, *Coming Apart: An Informal History of America in the 1960's* (Chicago: Quadrangle, 1971); and John Morton Blum, *Years of Discord: American Politics and Society, 1961–1974* (New York: W. W. Norton, 1991); Isserman and Kazin, *America Divided*.

42　Patterson, *Grand Expectations*, 61–73 and 311–23.

43　https://millercenter.org/president/kennedy/campaigns-and-elections.

44　Patterson, *Grand Expectations*, 340–42.

45　Ta-Nehisi Coates 的 "Letter to My Son" in Coates, *Between the World and Me* (New York: Spiegel & Grau, 2015) 呼應了 James Baldwin, *The Fire Next Time* (New York: Dial Press, 1963) 前半段的 "Letter to My Nephew"，並不是偶然，因為後者省思了種族在美國歷史當中扮演的核心角色。

46　這句話也許比較不適用傅瑞丹，因為她聚焦的雖是一項廣泛議題，卻比較不是那麼聚焦於集體解決方案，儘管她的跟隨者很快就把注意力轉向公共政策問題。

47　"Post-Bourgeois Radicalism in France," unpublished manuscript (1969). 後來以法文發表於 Ronald Inglehart, "Revolutionnarisme Post-Bourgeois en France, en Allemagne et aux Etats-Unis," *Il Politico: Rivista Italiana di Scienze Politiche* 36, 2 (June, 1971) 209–236. 另見 Inglehart, "The Silent Revolution in Europe."

48　Charles A. Reich, *The Greening of America* (New York: Random House, 1970), 10, 19.

49　狄倫的標準學術傳記是 Sean Wilentz, *Bob Dylan in America* (New York: Doubleday, 2010).

50　有關披頭四歷史的廣泛談話，我們要感謝 Paul O. Jenkins, librarian of Franklin Pierce University and coeditor of *Teaching the Beatles,* eds. Paul O. Jenkins and Hugh Jenkins (New York: Routledge, 2018).

51　Barry Miles, *The Beatles Diary, Volume 1: The Beatles Years* (London: Omnibus, 2001).

52　Dan Piepenbring, "George Plimpton on Muhammad Ali, the Poet," *The Paris Review*, June 6, 2016, https://www.theparisreview.org/blog/2016/06/06/george-plimpton-on-muhammad-ali-the-poet/. 雖然許多聽眾都聽到他說「Me? We!」（我？應該是我們！），但阿里自己的回憶卻不一樣。根據阿里在二〇一六年發布的一則推文（https://twitter.com/MuhammadAli/status/71198 7024673120256?refsrc=twsrc%5Etfw%7Ctwcamp%5Etweetembed%7Ctwter m%5E711987024673120256&refurl=https%3A%2F%2Fgenius.com%2FMuhammad-ali-shortest-poem-ever-written-annotated），那首詩其實是「Me? Whee!」（我？帥呆了！）。

53　無可否認的是，在他喪命當時，全國大多數人，尤其是南方人口，都認為他是個激進的煽動者，甚至可能受到了蘇聯誘騙。他在輿論當中的形象直到後來才完全翻轉。

54　Evan Thomas, *Robert Kennedy: His Life* (New York: Simon & Schuster, 2000); Larry Tye, *Bobby Kennedy: The Making of a Liberal Icon* (New York: Random House, 2016).

55　《蒼蠅王》是高汀出版於一九五四年的一部經典小說，內容講述一群少年被困在一座荒島上。他們發展出規則以及一套組織系統，但由於沒有成人提供「文明化」的推動力，這些孩子最終變得暴力又凶殘。

56　Robert D. Putnam and David E. Campbell, *American Grace: How Religion Divides and Unites Us* (New York: Simon & Schuster, 2010), 92–93.

57　Todd Gitlin, *The Twilight of Common Dreams: Why America Is Wracked by Culture Wars* (New York: Henry Holt, 1995).

58　Hartman, *A War for the Soul of America*, 2–7.

59　根據始於一九六〇年代初期針對政治疏離所進行的每月哈里斯民調，大眾對於政治機構的信任在過去半個世紀以來的整體下滑，大部分都集中於（1）詹森在一九六五年初派遣超過十萬名美國士兵前往越南之後的十二個月裡（他在一九六四年的總統大選期間曾經承諾不會「派遣美國少年……去做該由亞洲少年做的事」）；（2）尼克森在一九七二年當選連任之後的十二個月裡，當時水門案的調查揭露了總統涉入這起醜聞的程度有多深。

60　美國海軍上校 Charlie Plumb，引述於 *The Seventies: One Nation Under Change*, CNN documentary, 2015, https://www.cnn.com/2015/06/06/us/seventies-producers-intro/index.html.

61　比 較 Peter Turchin, *Ages of Discord: A Structural-Demographic Analysis of American History* (Chaplin, CT: Beresta Books, 2016).

62　Thomas Wolfe, "The 'Me' Decade and the Third Great Awakening," *New York* magazine, (August 23, 1976), http://nymag.com/news/features/45938/.

63　Patterson, *Grand Expectations*, 786–90.

64　Richard Rorty, *Achieving Our Country: Leftist Thought in Twentieth-Century America* (Cambridge, MA: Harvard University Press, 1998), 86.

65　Bruce J. Schulman, *The Seventies: The Great Shift in American Culture, Society, and Politics* (New York: Free Press, 2001), 76–77.

第九章｜漂流與駕馭

1　Edward Bellamy, *Looking Backward, 2000–1887* (Boston: Houghton Mifflin, 1898).

2　Walter Lippmann, *Drift and Mastery: An Attempt to Diagnose the Current Unrest* (Madison: University of Wisconsin Press, 1985), 19.

3　Ibid., 99.

4　舉例而言，見 Yuval Levin, *The Fractured Republic: Renewing America's Social Contract in the Age of Individualism* (New York: Basic Books, 2016).

5　Richard Hofstadter, *The Age of Reform: From Bryan to F.D.R.*, 1st ed. (New York: Vintage, 1955), 5. 我們知道在進步時代的歷史解讀上，Hofstadter 屬於其中的一個學派，而且這個學派有許多批評者。關於進步時代的龐大歷史書寫，見注釋 1.12 的簡短概觀。

6　要完整描述進步時代的社會創新是如何達成的，需要好幾本書的篇幅。我們在此處的目標只是要提供極度簡短的概觀而已。關於更詳細的陳述，請參閱注釋 1.12 列出的文獻。

7　Kirstin Downey, *The Woman Behind the New Deal: The Life of Frances Perkins, FDR's Secretary of Labor and His Moral Conscience* (New York: Doubleday, 2009).

8　"Paul Harris: Rotary's Founder," *Rotary International*, accessed November 25, 2019, https://www.rotary.org/en/history-paul-harris-rotary-founder.

9　Paul P. Harris, "Rational Rotarianism," *The National Rotarian*, January 1911, http://clubrunner.blob.core.windows.net/00000010114/en-us/files/homepage/paul-harris-in-the-first-rotarian/pharris_rational_rotarianism_1911.pdf.

10　女性獲准加入扶輪社之後，「服務最多，獲益最大」（He profits most who serves best）這句標語當中的陽性代名詞「he」先是改為多數的「they」，接著再改為中性的「one」。"Rotary's Two Official Mottoes," *Rotary International*, accessed November 25, 2019, https://www.rotary.org/en/rotary-mottoes.

11　Peter H. Lindert and Jeffrey G. Williamson, *Unequal Gains: American Growth and Inequality Since 1700*, Princeton Economic History of the Western World (Princeton: Princeton University Press, 2016), 186; Douglas Eckberg, "Reported Victims of Lynching, by Race: 1882–1964," in *Historical Statistics of the United States, Earliest Times to the Present: Millennial Edition*, eds. Susan B. Carter et al. (New York: Cambridge University Press, 2006): Table Ec251–253.

12　Mia Bay, *To Tell the Truth Freely: The Life of Ida B. Wells*, 1st ed. (New York: Hill & Wang, 2009).

13　Tom L. Johnson, *My Story*, ed. Elizabeth J. Hauser, 1911, 43, http://clevelandmemory.org/ebooks/Johnson/index.html.

14　Lincoln Steffens, "Ohio: A Tale of Two Cities," *McClure's Magazine*, July 1905.

15 Washington Gladden, *The New Idolatry: And Other Discussions* (New York: McClure, Phillips & Co., 1905), 210–11.

16 Hofstadter, *The Age of Reform*, 207.

17 www.poorpeoplescampaign.org. Accessed January 9, 2020.

18 Richard White, *The Republic for Which It Stands: The United States During Reconstruction and the Gilded Age, 1865–1896*, The Oxford History of the United States (unnumbered) (New York: Oxford University Press, 2017), 268.

19 Theodore Roosevelt, "Reform Through Social Work," *McClure's Magazine*, March 1901, 576; Quoted in Hofstadter, *The Age of Reform*.

20 Hahrie Han, "When Does Activism Become Powerful?" *New York Times*, December 16, 2019, https://www.nytimes.com/2019/12/16/opinion/activism-power-victories.html.

21 關於因應此一問題的研究，較為完整的概觀與分析可見於 Robert D. Putnam, *Bowling Alone* (Simon & Schuster 2020) 增訂版後記。

22 舉例而言，見社會學家 Zeynep Tufecki 的著作。她研究了新興科技對於全球各地的社會運動所造成的影響。

23 Han, "When Does Activism Become Powerful?"

24 Dana Fisher, *American Resistance: From the Women's March to the Blue Wave* (New York: Columbia University Press, 2019).

25 Lara Putnam and Theda Skocpol, "Middle America Reboots Democracy," *Democracy Journal*, February 20, 2018, https://democracyjournal.org/arguments/middle-america-reboots-democracy/; Leah Gose and Theda Skocpol, "Resist, Persist, and Transform: The Emergence and Impact of Grassroots Resistance Groups Opposing the Trump Presidency," *Mobilization* 24, no. 3 (2019): 293–317, doi:10.17813/1086-671X-24-3-293; Theda Skocpol, "Making Sense of Citizen Mobilizations Against the Trump Presidency," *Perspectives on Politics*, 17, no. 2 (2019): 480–84, doi:10.1017/S153759271900104X.

26 E. J. Dionne, Jr., "This Is What Democracy Looks Like," *Washington Post*, accessed November 24, 2019, https://www.washingtonpost.com/opinions/this-is-what-democracy-looks-like/2019/01/06/489d254a-1087-11e9-84fc-d58c33d6c8c7_story.html.

27 舉例而言，Frances Perkins 為了促成保護性勞動法律通過，經常都只能接受漸進式的進步，而不能堅持革命性的改革。見 Downey, *The Woman Behind the New Deal*, chap. 5.

28 Lippmann, *Drift and Mastery*, 177.

29 在二十世紀之交，跟托克維爾一樣是法國知識分子的涂爾幹，撰寫了許多文章探討個人自由與社群凝聚之間的平衡。此外，他也像托克維爾一樣，最終主張達成這樣的平衡不但有可能，而且還是現代個人與社會茁壯發展

的必要條件。見 Galen Watts, "Pioneering Sociologist Foresaw Our Current Chaos 100 Years Ago," *The Conversation*, November 12, 2018, https://theconversation.com/pioneering-sociologist-foresaw-our-current-chaos-100-years-ago-105018.

30　E. J. Dionne, Jr., *Our Divided Political Heart: The Battle for the American Idea in an Age of Discontent* (New York: Bloomsbury, 2012).

31　Danielle S. Allen, *Our Declaration: A Reading of the Declaration of Independence in Defense of Equality* (New York: Liveright, 2014), 23.

32　Alexis de Tocqueville, *Democracy in America*, 2nd ed., vol. 2 (Cambridge, MA: Sever & Francis, 1863), chap. 8.

33　Theodore Roosevelt, "December 3, 1901: First Annual Message," Miller Center, October 20, 2016, https://millercenter.org/the-presidency/presidential-speeches/december-3-1901-first-annual-message.

春山之巔　010

國家如何反彈回升

The Upswing:
How America Came Together a Century Ago and How We Can Do It Again

作　　者　羅伯特‧普特南 Robert D. Putnam
　　　　　夏琳‧蓋瑞特 Shaylyn Romney Garrett
譯　　者　陳信宏
總 編 輯　莊瑞琳
責任編輯　吳崢鴻
行銷企畫　甘彩蓉
封面設計　盧卡斯工作室
內文排版　藍天圖物宣字社
出　　版　春山出版有限公司
　　　　　地址：11670 台北市文山區羅斯福路六段297號10樓
　　　　　電話：02-29318171
　　　　　傳真：02-86638233
總 經 銷　時報文化出版企業股份有限公司
　　　　　地址：33343桃園市龜山區萬壽路二段351號
　　　　　電話：02-23066842
製　　版　瑞豐電腦製版印刷股份有限公司
初版一刷　2021年10月

定　　價　新臺幣650元
有著作權 侵害必究（若有缺頁或破損，請寄回更換）

填寫本書線上回函

Email　　　SpringHillPublishing@gmail.com
Facebook　www.facebook.com/springhillpublishing/

國家圖書館出版品預行編目資料

國家如何反彈回升 / 羅伯特.普特南（Robert D. Putnam），夏琳.蓋瑞特（Shaylyn Romney
Garrett）著；陳信宏譯. -- 初版. -- 臺北市：春山出版有限公司, 2021.10
　面；　公分. --（春山之巔；10）
譯自：The upswing : how America came together a century ago and how we can do it again.
ISBN 978-626-95003-2-1（平裝）

1.政治文化 2.社會變遷 3.個人主義 4.美國史

541.48　　　　　　　　　　　　　　　　　　　　　　　　　　110014961

World as a Perspective

世界做為一種視野